法韵华章 北京知识产权法院十年探索丛书

秩序之锚

北京知识产权法院竞争垄断典型案例

刘双玉 主编

人民法院出版社

图书在版编目（CIP）数据

秩序之锚：北京知识产权法院竞争垄断典型案例 / 刘双玉主编. -- 北京：人民法院出版社，2024.9. （法韵华章：北京知识产权法院十年探索丛书）. ISBN 978-7-5109-4254-9

Ⅰ．D922.294.5

中国国家版本馆CIP数据核字第2024MA6798号

秩序之锚——北京知识产权法院竞争垄断典型案例

（法韵华章：北京知识产权法院十年探索丛书）

刘双玉　主编

策划编辑	赵　刚　陈晓璇
责任编辑	杨佳瑞
封面设计	东合社
出版发行	人民法院出版社
地　　址	北京市东城区东交民巷27号（100745）
电　　话	（010）67550638（责任编辑）　67550558（发行部查询）
	65223677（读者服务部）
客服QQ	2092078039
网　　址	http://www.courtbook.com.cn
E‐mail	courtpress@sohu.com
印　　刷	三河市国英印务有限公司
经　　销	新华书店

开　　本	787毫米×1092毫米　1/16
字　　数	486千字
印　　张	29
版　　次	2024年9月第1版　2024年9月第1次印刷
书　　号	ISBN 978-7-5109-4254-9
定　　价	100.00元

版权所有　侵权必究

法韵华章：北京知识产权法院十年探索丛书
编审委员会

主　任：刘双玉

副主任：宋鱼水　杜长辉　路　光

编　委：张晓霞　仪　军　周丽婷

　　　　姜庶伟　张　剑　谢甄珂

　　　　冯　刚　张晓丽　杨　静

秩序之锚——北京知识产权法院竞争垄断典型案例编辑委员会

主　编：刘双玉

副主编：宋鱼水

编委会：谢甄珂　肖俊逸　柴　鹏

经德秉智知公正　十年逐梦采华芝
——北京知识产权法院"京知十年"系列图书序

创新是引领发展的第一动力，保护知识产权就是保护创新。党的十八大以来，以习近平同志为核心的党中央将创新驱动发展战略上升为国家战略，知识产权保护迅速成为驱动高质量发展的内生动力。知识产权专门法院是通过集中管辖和专门机制，确保党中央知识产权司法保护政策落实的有力工具，在知识产权保护体系中发挥关键作用。经中央深改组第三次会议决策和十二届全国人大常委会第十次会议决定，北京知识产权法院作为全国首批三家（北京、上海、广州）知识产权法院之一，于2014年11月6日率先挂牌运行，承载着探索知识产权审判机制改革和提升知识产权司法保护水平的职责使命，肩负着党和人民对知识产权司法服务保障高质量发展的殷切嘱托和热切期待。

在全国知识产权审判体系中，北京知识产权法院的特殊性在于受理的近八成案件是集中管辖直接关系我国知识产权质量的全国范围内专利、商标、植物新品种、集成电路布图设计等知识产权授权确权第一审行政案件；专属管辖直接关系社会主义市场竞争秩序维护的全国范围内不服国务院反垄断执法机构行政处罚决定的第一审行政案件；指定管辖直接关系人民医药可及性的全国范围内药品专利链接相关民事纠纷案件。因此，我院在国内知识产权司法保护体系中具有特殊的基础性和枢纽性作用。自成立以来，我们始终坚持不忘初心、牢记使命，通过一大批备受国内外关注、记录时代发展的首例案件、典型案件、高价值案件的审理，向社会传递科技向善、文化自信、公平竞争的创新理念。

经德秉智，知公致正。在习近平法治思想指引下，我们秉持首善标准，注重守正创新，一步一个脚印，借创新发展之东风，创司法保护新天地。十年来，我院培育起专业化水平较高的、以高级法官为主体的近70人的法官队伍，组建了药品专利链接、数据保护、植物新品种、计算机软件等6个前沿领域的办案专班，培养了一批全国和北京市审判业务专家和首都青年法学家；通过精心部署，我们在北京市科技创新主阵地"三城一区"的科学城、科技园区设立了9个巡回审判庭和法官工作站，主动服务保障国家创新驱动发展战略；我们还创建了14名两院院士组成的创新保护专家委员会，充实了超过120人的技术调查官力量，确保大量高价值技术类案件公正高效审理。十年来，我院审结了各类知识产权案件近20万件，发布了19批200余件典型案例，75起标杆性案件被最高人民法院评选为全国典型案件；先后荣获中央和省部级奖项的专题调研有15项，出版集体和个人专著13册，法官们在核心期刊发表论文近50篇，连续多年在全国知识产权实务部门的学术研究成果排名中位居首位，赢得了国内外广泛赞誉与深度认同。

  春华秋实，尽采华芝。本次图书编辑工作，对过去十年，既是一种纪念，更是一种感谢；对未来十年，既是一个起点，更是一种嘱托。这套"京知十年"系列图书共6册，合计超过220万字，记述了京知人善作善成的智慧和久久为功的努力，既有严肃的司法判决，也有活跃的学术探索，还有深刻的问题反思，更有务实的改革举措。其中，《法界之新——司法审判研究与体制探索》集中了十年间数据、种业、共享经济、国际贸易、惩罚性赔偿、商业秘密等领域的前沿和疑难问题研究成果，体现了京知人在践行职责使命过程中的深入思考和持续探索。《法官之智——理论与实践探索论文集》挑选了十年间全院干警在学术研究、改革创新、队伍建设方面的所思所悟，反映了京知人在干事创业过程中的躬耕精神和创新智慧。四册典型案例精选了专利、商标、竞争垄断和著作权四大领域的经典案件，用裁判要旨提炼了法官办案思路和办案规则，并用法官评析的方式抒发了办案心路历程和司法情怀。

  大鹏之动，非一羽之轻也；骐骥之速，非一足之力也。看着案头厚厚的图书文稿，我作为图书总主编感到压力和动力并存，信任与感激同在！衷心感谢上级领导和社会各界十年来一以贯之的鼎力支持！感谢京知人默默耕耘、任劳任怨的倾情奉献！要特别感谢人民法院出版社领导和编辑们的大力支持和辛勤付出！由于时间仓促、能力有限，书中错误及疏漏之处在所难免，敬请广大读者批评指正！

总主编：刘双玉

目 录

反不正当竞争法篇

【第二条·一般条款】

1. 北京某科技公司诉北京某网络公司不正当竞争纠纷案
   ——特定场景下设置 Robots 协议的正当性判断/3

2. 北京某科技公司诉北京某文化公司不正当竞争纠纷案
   ——大量抓取短视频平台数据集合的不正当纠纷认定/16

3. 北京某旅游公司诉北京某科技公司不正当竞争纠纷案
   ——恶意注册并滥用商标权构成不正当竞争的认定/26

4. 某网络公司诉北京某信息公司、上海某体育文化公司不正当竞争纠纷案
   ——关于损害其他经营者利益的"陪伴式直播行为"的认定/36

5. 某信息公司诉某技术公司不正当竞争纠纷案
   ——浏览器更改 UA 设置的不正当竞争行为认定/45

6. 北京某数码公司诉北京某科技公司、北京某网络公司不正当竞争纠纷案
   ——在网络游戏中未经许可使用他人知名作品元素构成
   不正当竞争的认定/52

7. 北京某网络公司诉北京某技术公司、北京某科技公司不正当竞争纠纷案
   ——商业性利用用户数据信息行为的正当性分析/60

8. 深圳市某计算机公司诉北京某科技公司不正当竞争纠纷案
   ——浏览器过滤视频广告行为的不正当性认定/68

9. 北京某科技公司诉北京某信息公司不正当竞争纠纷案
   ——在他人搜索网址中使用某输入法后自动转入该输入法的搜索引擎的行为性质认定/76

10. 深圳某科技公司、深圳某计算机公司诉北京某科技公司不正当竞争纠纷案
    ——复制模仿知名游戏中游戏角色形象和名称等行为的不正当竞争行为认定/84

11. 北京某科技公司诉深圳市某网络公司不正当竞争纠纷案
    ——2019年《反不正当竞争法》中关于数据保护及不正当使用行为的认定/92

12. 北京甲教育公司诉北京乙教育公司不正当竞争纠纷案
    ——人才"挖墙脚"行为的不正当竞争认定/100

13. 深圳某公司诉四川某公司、北京某公司不正当竞争纠纷案
    ——平台租借游戏账号行为的不正当竞争认定/109

14. 北京某信息公司诉北京某品牌管理公司、赵某不正当竞争纠纷案
    ——盗用他人网站数据信息行为的不正当竞争认定/117

15. 某公司诉金某、北京某公司侵害商标权及不正当竞争纠纷案
    ——"摹仿式注册"并"碰瓷式维权"且胁迫商标高价交易的行为构成不正当竞争/125

16. 广州某公司、深圳某公司诉北京甲公司、北京乙公司等不正当竞争纠纷案
    ——企业数据权益的竞争法保护及不正当使用行为的认定/135

17. 深圳市某计算机系统公司等诉惠州市某网络科技公司不正当竞争纠纷案
    ——"分时租赁账号"行为中商业道德的认定/143

18. 加拿大某公司诉北京某公司、刘某某、石某不正当竞争纠纷案
　　——恶意制造主体之间经营地址及工作人员的混淆构成不正当
　　竞争行为/152

【第六条·仿冒混淆条款】

19. 上海某酒业公司诉通化某葡萄酒公司不正当竞争纠纷案
　　——关于擅自使用知名商品特有包装、装潢的认定/162

20. 某出版社诉北京某书店、湖南某公司等擅自使用知名商品特有名称、
　　包装、装潢案
　　——侵权行为与损害结果的因果关系对赔偿数额的影响/172

21. 北京甲餐饮公司诉北京乙餐饮公司不正当竞争纠纷案
　　——经营中断但具有历史商誉及潜在商业价值的老字号保护/179

22. 某股份公司诉上海某公司侵害商标权及不正当竞争纠纷案
　　——在企业邮箱后缀中擅自使用他人有一定影响的商号的行为构成
　　不正当竞争/188

23. 北京某网络公司诉北京某科技公司、广州某网络公司不正当
　　竞争纠纷案
　　——企业字号依法核准注册并非不正当竞争行为的抗辩理由/193

24. 北京某科技公司诉北京某装备公司、刘某不正当竞争纠纷案
　　——2019年《反不正当竞争法》第六条第四项的适用/200

【第八条·虚假宣传条款】

25. 王某、陈某诉董某、某报社侵害署名权及不正当竞争纠纷案
　　——虚假宣传与意思表示错误的界定/208

26. 穆某、陈某诉北京某影视公司、福建某影业公司、北京某互联网公司
　　不正当竞争纠纷案
　　——谎称翻拍他人作品的虚假宣传行为的司法认定/217

27. 北京某科技公司诉安徽某科技公司等侵害商标权及不正当竞争纠纷案
　　——捧杀合作伙伴并可能损害商誉的行为构成不正当竞争/227

【第九条·商业秘密条款】

28. 北京甲软件公司诉北京乙软件公司、青岛某研究院侵害商业秘密纠纷案
　　——购买侵犯技术秘密的产品是否适用善意取得/232

29. 北京某教育公司诉赵某侵害商业秘密纠纷案
　　——商业秘密侵权案件中惩罚性赔偿的适用/244

30. 北京某教育公司诉王某、北京某计算机公司、北京某信息公司
　　不正当竞争纠纷案
　　——学员ID作为经营秘密进行保护的认定要件及损害赔偿的计算/252

31. 北京甲公司诉郭某某等六被告侵犯商业秘密纠纷案
　　——员工违规关联交易并不当然构成侵犯商业秘密/264

32. 北京某体育公司、北京某文化公司、北京某旅游公司诉北京
　　某投资公司、金某等侵害商业秘密纠纷案
　　——侵犯商业秘密案件的举证责任分配/271

33. 河北某农牧公司诉北京市某禽业公司、杨某侵犯商业秘密纠纷案
　　——技术信息公开而不构成商业秘密的认定/281

34. 北京某软件公司诉北京某科技公司等侵害商业秘密纠纷案
　　——单一客户的深度信息构成商业秘密的认定标准/288

35. 北京甲某公司诉北京乙某公司等侵害技术秘密和因恶意提起
　　知识产权诉讼损害责任纠纷互诉案
　　——以综合类司法建议为抓手，促进智能网联汽车产业健康发展/294

目 录

【第十一条·商业诋毁条款】

36. 北京某文化公司诉广州某文化公司因恶意提起知识产权诉讼损害责任及不正当竞争纠纷案
    ——恶意提起知识产权诉讼的司法认定要件/301

37. 北京某投资公司诉北京某影视公司等不正当竞争纠纷案
    ——艺术评论正当性与不正当性的界限把握/309

38. 上海某信息公司、上海某网络公司诉北京某科技公司、北京某技术公司反不正当竞争纠纷案
    ——商业诋毁与侵害名誉权行为的界限/317

39. 某安全公司诉某传媒公司商业诋毁纠纷案
    ——自媒体编造、传播上市公司法定代表人的虚假言论可能构成对上市公司的商业诋毁/327

40. 北京某时装公司诉瑞士某公司商业诋毁纠纷案
    ——发送侵权警告函与商业诋毁的区分/338

【第十二条·互联网条款】

41. 北京某人才服务公司、北京某咨询公司诉北京某科技公司不正当竞争纠纷案
    ——《反不正当竞争法》中的"一般条款"与"互联网条款"的关系界定/347

42. 北京甲公司诉北京乙公司不正当竞争纠纷案
    ——技术中立并非不正当竞争行为的法定抗辩事由/357

43. 深圳市某计算机公司诉北京某科技公司、南京某技术公司不正当竞争纠纷案
    ——RPA自动点击技术在微信中进行批量操作的正当性评价及数据经营领域的商业道德认定/366

特许经营篇

44. 尹某某诉北京某皮具公司特许经营合同纠纷案
　　——涉虚假宣传问题的特许经营合同纠纷之法律解释路径和法律
　　　适用规则/377

45. 王某诉北京某公司特许经营合同纠纷案
　　——特许经营合同中解除事项判断规则/394

46. 孙某诉北京某教育公司特许经营合同纠纷案
　　——特许经营许可方协助选址开店义务的认定/400

反垄断法篇

47. 北京某药业公司诉某药业集团公司、江苏某药业公司拒绝交易纠纷
　　管辖权异议案
　　——拒绝交易行为侵权结果发生地的司法认定/411

48. 某油井服务公司诉某石油公司、某国际公司滥用市场支配地位纠纷案
　　——买方垄断情形中的"相关市场"认定/417

49. 周某诉惠某公司滥用市场支配地位纠纷案
　　——售后市场产品的相关市场界定/425

50. 北京某数字新媒体公司诉中国某管理协会滥用市场支配地位纠纷案
　　——认定滥用市场支配地位时"正当理由"的认定/440

51. 田某诉北京某公司双井店、上海某贸易公司垄断纠纷案
　　——间接消费者基于行政处罚决定提起反垄断后继民事诉讼的
　　　主体资格和举证责任问题/445

反不正当竞争法篇

第二条·一般条款

1. 北京某科技公司诉北京某网络公司不正当竞争纠纷案*
——特定场景下设置Robots协议的正当性判断

关键词　Robots协议　搜索引擎　商业道德　不正当竞争

基本案情

原告北京某科技公司诉称：北京某网络公司出于恶意限制竞争的不正当目的，在m.weibo.cn网站的robots.txt文件中，仅针对"今日头条"进行限制，阻止"今日头条"的网络机器人（ToutiaoSpider）抓取上述网站中对公众和其他所有网络机器人完全公开并可以自由访问的网站内容，具有限制和妨碍市场自由竞争的极大主观恶意。一方面导致北京某科技公司无法及时、完整地获取北京某网络公司网站的内容，降低北京某科技公司平台的良好用户体验，严重影响用户对北京某科技公司服务的市场评价，客观上增强了北京某网络公司在相应竞争领域的市场优势地位。另一方面，导致北京某科技公司在相应竞争领域处于明显不利地位，严重损害北京某科技公司的合法权益。北京某网络公司的上述行为严重违反了互联网行业公认的商业道德，违反了公平竞争、诚信的基本原则，不仅损害了北京某科技公司的合法权益，还严重损害了用户利益，扰乱了互联网行业正

---

* 本案例获全国法院系统2022年度优秀案例分析一等奖。

常的竞争秩序，构成不正当竞争，应当承担停止侵权、消除影响和赔偿损失等法律责任。请求：（1）判令被告立即停止通过 robots.txt 对原告的不正当竞争行为；（2）判令被告在本案判决生效之日起 3 日内，在"新浪微博"网站（包括 weibo.com、weibo.cn、m.weibo.cn 网站）首页显著位置连续 30 天刊登声明，消除影响；（3）判令被告赔偿原告经济损失人民币 1 亿元及制止侵权的合理支出 50 万元；（4）判令被告承担本案的全部诉讼费用。

被告北京某网络公司辩称：（1）北京某网络公司将北京某科技公司的爬虫机器人置于 robots.txt 黑名单，未损害（也不可能损害）北京某科技公司的人身权、财产权利（或法益），本案不符合诉的基本要件，应依法裁定驳回起诉。（2）北京某网络公司对 robots 协议的设置行为属于公司经营自主决定范围，且有合理的理由认为北京某科技公司是不受欢迎者，并将其置于黑名单。北京某科技公司经营的"今日头条"针对搜狐等多个主体实施了多起侵犯他人著作权、肖像权及不正当竞争行为，均表明北京某科技公司的网络机器人不受欢迎，有必要将之置于黑名单。因此请求法院裁定驳回起诉。

法院经审理查明：原告北京某科技公司成立于 2012 年 3 月 9 日，主要从事互联网信息服务、技术开发、技术推广等业务，其经营的主要产品为"头条网""今日头条"等。"ToutiaoSpider"系北京某科技公司所有和经营的"今日头条"产品的网络机器人。

被告北京某网络公司成立于 2010 年 8 月 9 日，主要从事互联网信息服务、技术开发、技术咨询等，是新浪微博（weibo.com、weibo.cn）的主办方。

北京某网络公司在 m.weibo.com 网站的 robots.txt 文件中作出如下设置：

User-agent：ToutiaoSpider

Disallow：/

User-agent：*

Disallow：* gsid = *

该设置表明北京某网络公司禁止北京某科技公司的网络机器人"ToutiaoSpider"抓取其网站信息。北京某网络公司认可其在 2016 年设置 robots.txt 文件时只是针对北京某科技公司。此外，北京某科技公司、北京某网络公司均认可北京某网络公司的涉案单方宣示行为只是文字上的记载,没有其他技术上的限制措施,且所有网络用户都可以看到涉案声明。一审庭审中,北京某网络公司认可涉案声明已于2019年7月18日进行了修改。

《互联网搜索引擎服务自律公约》第八条规定,互联网站所有者设置机器人协议应遵循公平、开放和促进信息自由流动的原则,限制搜索引擎抓取应有行业公认合理的正当理由,不利用机器人协议进行不正当竞争的行为,积极营造鼓励创新、公平公正的良性竞争环境。该公约发起单位中包括"新浪"。

北京某科技公司主张北京某网络公司的行为构成不正当竞争,请求停止通过 robots. txt 对北京某科技公司的不正当竞争行为,消除影响,赔偿其经济损失1亿元及制止侵权的合理支出50万元。

北京某网络公司否认构成不正当竞争,辩称 robots 协议只是文字宣示,不是技术措施,客观上无法阻止网络机器人抓取网络数据。事实上,被诉行为并未导致北京某科技公司的网络机器人无法正常抓取有关网络信息,北京某科技公司在被诉行为发生后仍然持续、大量地抓取新浪微博数据。北京某科技公司使用"ToutiaoSpider"抓取的内容并非用于搜索引擎服务,而是用于"微头条"等社交性质的内容产品,并向用户直接展示。北京某科技公司官方头条号公示的"头条搜索"爬虫 UA 为"Bytespider",而非"ToutiaoSpider"。

北京知识产权法院于2020年12月16日作出(2017)京73民初2020号民事判决:北京某网络公司的行为构成不正当竞争,被告北京某网络公司停止不正当竞争,消除影响,赔偿原告北京某科技公司经济损失30万元及合理开支34343元。宣判后,北京某网络公司以一审法院认定事实错误、适用法律不当为由提起上诉。北京市高级人民法院于2021年10月8日作出(2021)京民终281号民事判决:撤销一审判决,驳回北京某科技公司的诉讼请求。

裁判理由

法院生效裁判认为:

第一,robots 协议作为一种技术规范,其作用只在于标示该网站是否准许网络机器人访问、准许哪些网络机器人访问,但网络机器人识别该robots协议后,无论是否遵守,robots协议都不会起到强制禁止访问的结果。robots协议已经成为国内外搜索引擎行业普遍遵守的技术规范。网络服务商或网站所有者既可以在robots协议中列明准许或禁止网络机器人抓取的网站内容,也可以列明准许或不准许抓取其网站内容的网络机器人,即通常所说的"白名单""黑名单"制度。随着搜索技术和网络应用的发展,网络机器人的适用场景不断扩展,从通用搜索引擎领域,扩展到非搜索引擎的其他各种场景。搜索引擎是给被搜网站带来流量和利益,而非搜索引擎的网络机器人往往不是给被搜网站带来流量,反而可能带走被搜网站的流量。由于非搜索引擎场景应用的网络机器人,已经不像搜索引擎那样当然地对公众利益,以及互联网的互联、互通、共享、开放的精神产生影响。因此,在对这些网络机器人通过robots协议进行限制时,不宜当然地借用对于搜索引擎进行限制的规则。也就是说,《互联网搜索引擎服务自律公约》仅可作为搜索引擎服务行业的商业道德,而不能成为互联网行业通行的商业道德。北京某网络公司限制的"ToutiaoSpider"网络机器人的应用场景并非搜索引擎服务,而是"微头条"等非搜索引擎应用场景。因此,一审判决将《互联网搜索引擎服务自律公约》作为本案中商业道德的参考显有不妥。

第二,在非搜索引擎应用场景下,网络机器人不仅仅是抓取检索网站的信息编制成索引便于其他用户访问,而且往往是抓取其他网站公开的各种数据,甚至是其他网站中用户生成的数据,直接用于自己的商业行为之中。在数字经济时代,数据日益成为企业重要的生产要素,数据资源的获取与利用是极为重要的一种资源配置。网站经营者对数据的收集、整理等基本都付出了相应的人力、物力、财力和时间等经营成本。在不损害消费者利益、不损害公共利益、不损害竞争秩序的情况下,应当允许网站经营者通过robots协议对其他网络机器人的抓取进行限制,这是网站经营者经营自主权的一种体现。北京某科技公司的"toutiaospider"网络机器人将抓取后的内容直接"移植"到"微头条",实现对微博内容实质性替代的应用场景,虽然在一定程度上扩大了消费者对于用户发布内容的获取途径,但并没有实质上增加消费者的消费体验。即使北京某网络公司不允许北京某科技公司的"toutiaospider"网络机器人抓取,但消费者通过北京某网络公司的网站也可以获取用户发布的内容,或者通过搜索引擎搜索到用户发布在微博上的内容。因此，被诉行为并未对消费者的利益造成损害。

第三，对于网站经营者通过 robots 协议限制其他网站网络机器人抓取的行为，不应作为一种互联网经营模式来进行绝对化的合法性判断，而应结合 robots 协议设置方与被限制方所处的经营领域和经营内容、被限制的网络机器人的应用场景、robots 协议的设置对其他经营者、消费者以及竞争秩序的影响等多种因素进行综合判断。

关联索引

2019 年《中华人民共和国反不正当竞争法》第二条

一审：北京市知识产权法院（2017）京 73 民初 2020 号（2020 年 12 月 16 日）

二审：北京市高级人民法院（2021）京民终 281 号（2021 年 10 月 8 日）

法官评析

一、关于 Robots 协议及其纠纷情况

（一）Robots 协议的由来

Robots 协议英文全称为 Robots Exclusion Protocol，直译为机器人排除协议，又可称为爬虫协议、机器人协议，是指网站所有者通过一个置于网站根目录下的文本文件，即 robots.txt，告知搜索引擎的网络机器人（或称网络爬虫、网络蜘蛛）哪些网页不应被抓取，哪些网页可以被抓取，其本质上是受访网站与搜索引擎之间的一种交互方式。

在互联网行业发展早期，为了解决被抓取网站流量负载压力过大的问题，防止因网络爬虫程序频繁抓取、重复抓取而影响网站正常运行；同时，也为了识别抓取内容，让网络机器人避开不希望被抓取的内容，提高抓取效率，1994 年 6 月 30 日，一些网络机器人设计者及爱好者在网络机器人邮件组论坛上就荷兰工程师 Martijn Koster 的提议达成一致意见，并形成了最早的《机器人排除标准》（《A Standard for Robot Exclusion》），即 Robots 协议。但同时，前述标准明确指出，其"不是一个由标准组织备案的官方标准，也不属于任何商业组织。它没有强制执行力，也不能保证所

有目前的或未来的网络机器人将使用它"。此后，Robots协议成为多家搜索引擎普遍接受的行业标准。

在我国，中国互联网协会于2012年11月1日发布了由当时国内主要搜索引擎公司参加的《互联网搜索引擎服务自律公约》①，其中第七条规定："遵循国际通行的行业惯例与商业规则，遵守机器人协议（robots协议）"，第八条规定："互联网站所有者设置机器人协议应遵循公平、开放和促进信息自由流动的原则，限制搜索引擎抓取应有行业公认合理的正当理由，不利用机器人协议进行不正当竞争行为，积极营造鼓励创新、公平公正的良性竞争环境"。

（二）Robots协议限制抓取行为的表现形式及效果

按Robots协议要求，限制搜索引擎的爬虫程序抓取需要在网站根目录下设置一个txt文件，且应对robots.txt文件进行相关设置，例如：

User-agent：用于描述搜索引擎网络爬虫程序的名字。

Disallow：用于说明不希望被抓取的网页或目录；"*"代表所有搜索引擎的爬虫程序；"/"代表所有目录。

若某网站希望禁止任何搜索引擎的爬虫程序抓取，该网站的robots.txt文件写法如下：

User-agent：*

Disallow：/

若某网站希望禁止任何搜索引擎的爬虫程序抓取/cyberworld/map/目录、/tmp/目录及/foo.html文件，该网站的robots.txt文件写法如下：

User-agent：*

Disallow：/cyberworld/map/

Disallow：/tmp/

Disallow：/foo.html

上述简单的技术语言是提供给搜索引擎爬虫程序读取的。遵守协议的爬虫会首先读取要爬取的网站的robots.txt文件，对于禁止访问的数据不予

---

① 参见《互联网搜索引擎服务自律公约》，载中国互联网协会网站，https://isc.org.cn/article/10677720886931456.html。

收集。

从上述技术设置看，虽然可以通过设置 robots.txt 文件禁止某些搜索引擎爬虫程序抓取网站或网页之中的内容，但客观上，Robots 协议只是一项君子协议，并不是技术措施，愿意遵守 Robots 协议的爬虫程序会遵守它，不愿意遵守的则会熟视无睹。从法律层面，Robots 协议属于一项约定俗成的行业惯例，但不遵守 Robots 协议是否会产生反不正当竞争法意义上的法律责任，则需要结合实际具体分析，也因此产生了部分与 Robots 协议限制抓取行为相关的案例。

（三）与 Robots 协议相关的司法裁判

最早涉及 Robots 协议的纠纷是 eBay 与 Bidder's Edge 的案件。eBay 是一家提供个人交易平台的网站，用户需要注册并同意用户协议后才能成为该网站的注册用户。Bidder's Edge（以下简称 BE）是专门提供拍卖信息的聚合网站。BE 通过其"蜘蛛"程序抓取 eBay 网站的商品信息，放在自己的网站上供用户浏览。虽然 eBay 设置了 Robots 协议禁止 BE "蜘蛛"程序抓取信息，但 BE 并未遵守 Robots 协议。法院认定 BE 侵权成立，禁止其在未经 eBay 允许的情况下，通过任何自动查询程序、"蜘蛛"程序等设置抓取 eBay 的网站内容。

我国首起与 Robots 协议相关的不正当纠纷的案件系百某公司与奇某公司案。该案中，法院认定百某公司在缺乏合理、正当理由的情况下，以对网络搜索引擎经营主体区别对待的方式，限制奇某公司的 360 搜索引擎抓取其相关网站网页内容，并采取技术措施使网络用户使用 360 搜索引擎进行搜索并点击搜索结果栏中的百度内容链接时，阻断访问并跳转到百度搜索引擎网站主页，①从而影响 360 搜索引擎的正常运行，损害了奇某公司的合法权益和相关消费者利益，妨碍了正常的互联网竞争秩序，违反公平竞争、诚信原则和公认的商业道德，具有不正当性。②

该案之所以对设置 Robots 协议的行为作出不正当性评判，重要的考量

---

① 百某公司设置技术措施的行为由北京市高级人民法院另案审理［案号：北京市高级人民法院（2013）高民初字第 3755 号］。

② 参见（2013）一中民初字第 2668 号，判决已生效。

因素在于此纠纷发生于限制搜索引擎抓取信息的应用场景中。搜索引擎的爬虫程序往往是为了互联网信息的自由流动，便于使用该搜索引擎的用户快速准确地查询所需要的信息。通过 Robots 协议的设置阻碍搜索引擎的抓取，除了减少被限制搜索引擎的交易机会和竞争优势外，一定程度上也会增加用户的自主选择成本，损害用户利益。

非搜索引擎场景下的 Robots 协议限制抓取行为近年来亦时有出现，本案即其中之一。此外，在涉数据抓取使用行为的不正当竞争纠纷中，被告通常提出原告设置 Robots 协议限制其抓取数据的行为存在不正当性的抗辩理由。例如，北京某网络公司诉云某联网络科技（北京）有限公司（以下简称云某联公司）不正当竞争纠纷案中，云某联公司即提出，涉案数据是明星公开发布的信息，既不属于隐私类信息，也不属于限制流动的信息，北京某网络公司通过 Robots 协议限制除白名单之外的搜索引擎抓取数据，与涉案数据的公开性属性和互联网精神均相违背，故其据此主张云某联公司违反 Robots 协议抓取涉案数据的行为不正当缺乏依据。①

二、Robots 协议限制抓取行为的法律适用

对于适用 2019 年《反不正当竞争法》且与 Robots 协议限制抓取行为相关的案件，首先需要确定适用《反不正当竞争法》第二条（以下简称一般条款）还是《反不正当竞争法》第十二条（以下简称互联网专条）作为法律依据来判断被诉行为的正当性。

根据《最高人民法院关于适用〈中华人民共和国反不正当竞争法〉若干问题的解释》（以下简称《反不正当竞争法司法解释》）第一条的规定，互联网专条作为具体条款应当优先于一般条款适用。也就是说，对于可以归入互联网专条的不正当竞争行为，即使仅能归入互联网专条第二款第四项这一兜底条款，也应当优先适用互联网专条，不宜再适用一般条款。

但由于互联网行业的不正当竞争行为纷繁多样，互联网专条不可能在穷尽所有此类行为的情形下发挥规制作用，故互联网不正当竞争行为仍然可能落入一般条款的调整范围。此外，适用互联网专条的要件至少包括利

---

① 参见（2017）京 0108 民初 24512 号，判决已生效。

用技术手段以及实施妨碍、破坏其他经营者合法提供的网络产品或者服务正常运行两个方面。对于Robots协议限制抓取行为而言，虽然经营者设置Robots协议在本质上属于对技术手段的运用，但如前所述，Robots协议并不具有强制性而仅有"宣示"意义，故实质上不可能起到妨碍、破坏他人产品或服务运行的后果，缺乏适用互联网专条的条件。结合上述两点，与Robots协议限制抓取行为相关的不正当竞争案件应当适用一般条款进行评价为宜。下文据此围绕一般条款的诸要件对Robots协议限制抓取行为的正当性认定标准进行分析。

三、Robots协议限制抓取行为的正当性判断

（一）区分应用场景

要判断Robots协议限制抓取行为的相关设置是遵守还是违反了行业惯例，又是否违背了商业道德，首先要区分Robots协议的应用场景。

虽然Robots协议的设置初衷主要在于防止被抓网站的服务器过载影响到网站正常运行，以及防止爬虫程序抓取一些管理后台的内部信息、临时性文件、CGI脚本等对网络用户没有使用价值的数据，但随着爬虫程序应用场景的不断扩展，在非搜索引擎应用场景下，爬虫程序不仅抓取检索网站的信息编制成索引便于其他用户访问，还往往抓取其他网站公开的各种数据，甚至是其他网站中用户生成的数据，并将之直接用于自己的商业行为。在数字经济时代，数据日益成为企业重要的生产要素，数据资源的获取与利用是极为重要的一种资源配置。网站经营者对数据的收集、整理等都付出了相应的人力、物力、财力和时间等经营成本。因此，在判断被诉行为是否违反商业道德时，首先需要结合Robots协议的应用场景展开。

对于搜索引擎应用场景，基于搜索引擎之于消费者的特定功能是降低搜索成本，满足互联网互联、互通、共享、开放的精神，故在涉及经营者利益和社会公共利益的衡平上显然要更加倾向于信息互联互通、信息共享等一方，从而对搜索引擎经营者设置Robots协议作出更严格的限制，比如前述的百某公司与奇某公司一案。

但在非搜索引擎应用场景下，则应该给予经营者此类行为更多的宽容。例如，本案中，北京某网络公司通过Robots协议限制的"ToutiaoSpider"爬虫程序的应用场景并非搜索引擎服务,而是"微头条"等非搜索引擎应用场景。在此情况下,经营者显然无义务将自己网站的数据信息开放给非搜索引擎应用场景下的爬虫程序,允许网站经营者通过Robots协议对非搜索引擎应用场景下的抓取限制,这正是网站经营者经营自主权的一种体现。

(二) 非搜索引擎场景下的商业道德——个案判断

网络不正当竞争纠纷中,不应简单笼统地对被诉行为是否符合行业惯例和商业道德作出评价,而应将被诉行为置于其本应所属的行业及领域中,只有该行业及领域的行业惯例及商业道德才有对之进行评判考量的意义。正如某食品公司与马某庆等不正当竞争纠纷案①中,最高人民法院首次明确提出"经济人伦理标准",即商业道德要按照特定商业领域中市场交易参与者即经济人的伦理标准来加以评判,它既不同于个人品德,也不能等同于一般的社会公德,而是一种商业伦理。经济人追名逐利符合商业道德的基本要求,但不一定符合个人品德的高尚标准;企业勤于慈善和公益虽合乎社会公德,但怠于公益事业也并不违反商业道德。

因此,对于非搜索引擎场景下的Robots协议限制抓取行为,不能当然引用前述《互联网搜索引擎服务自律公约》中的相关内容作为确定行业惯例的标准,而需要结合Robots协议设置方与被限制方所处的经营领域和经营内容、被限制的网络机器人应用场景、Robots协议的设置对其他经营者、消费者以及竞争秩序的影响等多种因素进行综合判断。

互联网环境下,信息互通和无阻碍分享在一定程度上有利于用户及时全面地获取信息,促进互联网行业的快速发展。但是,互联网行业中的信息自由流动并非绝对无限,尤其是当数据成为重要的生产资料要素时,不同网络经营者之间围绕数据的投入与收益需要尽可能划定边界和范围,以确定各自的经营范围。因此,互联网行业中信息的自由流动应控制在合理范围内,即符合互联网行业诚信经营的商业道德,否则将不利于鼓励商业投入与创新。据此,如果将爬虫程序应用于非搜索引擎场景下,特别是将抓取到的经营者数据进行替代性或同质化利用,没有在实质上增加消费者

---

① 最高人民法院(2009)民申字第1065号民事裁定书。

福利，显然不符合诚信经营的基本商业道德。此种情形下，经营者通过设置，甚至针对性设置 Robots 协议限制抓取其数据，并不属于影响信息自由流动的不正当竞争行为。

例如本案中，北京某网络公司设置 Robots 协议限制北京某科技公司抓取新浪微博信息"移植"到其"微头条"中，不论此种抓取行为是否合法，显然与搜索引擎对网站和网页信息的抓取不可同日而语。"微头条"与新浪微博栏目的性质和功能相似，除了为快速"搬运"出另一个"新浪微博"创造条件外，并不会增加用户的服务体验、选择机会和知识增量，无法提升社会总体的福利水平。

（三）经营者与消费者之间利益平衡的判断——价值取向

《反不正当竞争法》第二条第二款规定的不正当竞争行为，是指经营者在生产经营活动中，违反该法规定，扰乱市场竞争秩序，损害其他经营者或者消费者合法权益的行为。相较于法律条文呈现的具体规定，权益平衡问题关注的是法律所确定的规范性行为模式背后的社会意义，而不是某一个案件的胜负得失。[①]《反不正当竞争法》作为规制市场竞争行为的法律，鼓励和允许商业模式、经营方式以及竞争策略的创新与发展，实现商业创新与维护市场公平、自由竞争的动态平衡。然而，由于网络服务涉及用户的数量广泛性、短时聚集性等特点，前述商业模式、经营方式以及竞争策略不仅关系经营者之间的竞争利益，更是与消费者整体福利等社会公共利益密不可分。因此，在判断网络经营者的竞争行为是否具有不正当性时，往往需要作出经营者与消费者之间利益平衡的考量。

在搜索引擎应用场景下，向用户提供快捷高效准确的搜索结果不仅是搜索引擎服务提供者服务水平和能力的体现，还是满足用户知情权、选择权等消费者利益的体现。百某公司与奇某公司案中，百某公司对 Robots 协议的设置方式是以白名单的形式区分希望抓取其相关网页内容的爬虫程序，在允许当时国内外主流搜索引擎程序抓取其网页内容的情况下，奇某公司的搜索引擎程序未能被纳入白名单，无法抓取其相关网页内容，这属

---

① ［英］尼尔·麦考密克：《法律推理与法律理论》，姜峰译，法律出版社 2005 年版，第147 页。

于对奇某公司采取的有针对性的限制抓取行为。虽然 Robots 协议本身赋予了网站经营者决定设置允许抓取或不允许抓取技术标准的权利，但也应遵循"公平、开放和促进信息自由流动的原则"，在没有充分合理的理由允许百某公司拒绝奇某公司的 360 搜索引擎抓取其相关网站信息的情况下，百某公司的相关行为，一定程度上使得使用 360 搜索引擎的用户获得搜索结果的信息减少，增加了用户的选择成本，减损了用户的权益。因此，法院最终认定百某公司的行为构成不正当竞争。

但在非搜索引擎应用场景下，由于爬虫程序并非用于搜索引擎服务，而是用于具体的网络应用服务，故一般不需要更多干预经营者对其自身网站 Robots 协议限制抓取的设置。例如，本案中，北京某科技公司主张北京某网络公司设置 Robots 协议限制其抓取存在不当性的理由主要是北京某网络公司针对性地设置 Robots 协议。但就其欲抓取以及实际抓取的新浪微博内容，并不属于为用户提供便捷高效的网络信息服务，只是将从新浪微博处"搬运"来的内容同质化地作为自己的服务内容提供给用户。此行为虽然在一定程度上拓宽了用户对于微博内容的获取途径，但并没有实质上增加或改变用户获得信息的质与量。因此，综合衡量各方权益，在非搜索引擎应用场景下，应当对经营者所设置的限制抓取的 Robots 协议给予更多容忍。

（四）其他因素的考量

不正当竞争纠纷作为一类特殊的侵权纠纷，在判断被诉行为是否具有不正当性时，也要遵循侵权要件的判断规则。例如被诉行为是否给原告造成了损失。在 Robots 协议限制抓取行为不正当纠纷案件中，虽然 Robots 协议客观上可能造成对包括被告在内的相关经营者的"歧视"，但针对限制他人抓取自己的网络数据"复制"网络服务这一行为而设置的 Robots 协议，因其并无技术措施效果，只是宣示性表示，故客观上无法阻止他人运用技术措施的数据抓取行为，一般不会产生实际的损害后果。

四、结论

随着网络技术的革新和网络竞争的加剧，Robots 协议在实际执行过程中需要更多地强调区分应用场景的必要性。除了搜索引擎应用场景外，在非搜索引擎应用场景下,对于经营者按自主意愿设置限制抓取范围的 Robots 协议,应给予较多的容忍空间,特别是在需要作出司法评价的情况下,更应本着谦抑原则,在尊重经营者自主经营权的基础上,谨慎判断 Robots 协议设置的正当与否。当然,相关行业也可根据当前 Robots 协议不同的适用场景,推动 Robots 协议限制抓取行为边界的进一步清晰,重新定义相关"行业惯例",以在纠纷出现时能够对商业道德作出更为准确的判断。

一审法院合议庭成员　张　剑　杨文起　施章义
二审法院合议庭成员　谢甄珂　曹丽萍　郭　伟
编写人　谢甄珂

2. 北京某科技公司诉北京某文化公司不正当竞争纠纷案*

——大量抓取短视频平台数据集合的不正当纠纷认定

关键词　不正当竞争　数据抓取　不正当性

基本案情

原告北京某科技公司诉称：北京某科技公司是抖音 App 的开发者和运营者。自抖音 App 上线以来，北京某科技公司投入大量的经营成本，通过高质量的运营以及对优质原创内容的扶持等，在同类产品中形成了竞争优势。北京某科技公司对该平台上的短视频及评论享有相关权益，受法律保护。北京某文化公司为刷宝 App 的开发者和运营者，与北京某科技公司之间存在直接竞争关系。北京某科技公司发现，北京某文化公司大量抓取抖音 App 的短视频文件及评论内容，并在刷宝 App 上展现、传播。北京某文化公司的行为替代了抖音 App 向用户提供内容并以此获得用户和流量，攫取了北京某科技公司的市场份额，削减了北京某科技公司的竞争优势及交易机会，构成不正当竞争。据此，北京某科技公司诉至一审法院，请求：（1）北京某文化公司立即停止涉案不正当竞争行为，即停止采用技术手段或人工方式获取来源于抖音 App 中的视频文件、评论内容并通过刷宝 App 向公众提供的行为；（2）本案判决生效之日起 3 日内，北京某文化公司在刷宝 App 首屏显著位置、《中国知识产权报》头版显著位置连续 30 日刊登声明、消除影响；（3）北京某文化公司赔偿北京某科技公司经济损失 4000

---

* 本案例入选最高人民法院发布的 2023 年人民法院反垄断和反不正当竞争典型案例。

万元。一审庭审中,北京某科技公司确认北京某文化公司停止了涉案行为,故撤回第一项诉讼请求。

被告北京某文化公司辩称:(1)北京某文化公司未经营刷宝App。(2)双方之间不存在竞争关系,北京某科技公司允许刷宝App在抖音平台上投放大量广告,双方具有良好的合作关系。(3)北京某科技公司主张受《反不正当竞争法》保护的权益基础存在瑕疵,北京某科技公司对抖音App中用户上传的短视频不享有所有权,用户有权授权他人分享视频,内容的多平台分发属于互联网时代的通常模式,涉案短视频在多个网络平台上发布亦是用户的意愿。(4)刷宝App的商业模式具有正当性。刷宝App与MCN机构合作获取更多短视频是短视频行业内的常见做法。平台为了积累流量,往往会以各种方式阻碍内容的广泛传播,而法律应更多地对内容创作者提供权益保护。刷宝App为用户创作的短视频内容提供了分享平台,不会实质性地替代抖音App。(5)刷宝App没有实施涉案行为,刷宝App属于网络服务提供者,为刷宝用户提供展示短视频的平台,应受到避风港原则的保护;即使刷宝App中存在涉案短视频,侵权人也是上传涉案短视频的用户;同时,刷宝App加强了平台管理,采取了有效的措施,已经尽到了合理的注意义务。(6)短视频具有时长短、更新率高、制作门槛低等特点,海量短视频的质量更是良莠不齐,无法与传统视频网站中的视频内容相比,即使类比著作权侵权的赔偿方式,亦不应超过50万元的赔偿数额。(7)北京某科技公司主张的经济损失没有依据,抖音App的用户量、广告收入、市场占有率持续上涨,并无损失,刷宝App始终处于亏损状态,没有获利,刷宝App的用户量和下载量的增长得益于采用抽奖活动和现金奖励的方式吸引用户,与涉案行为无关。

法院经审理查明:北京某文化公司运营的刷宝App和北京某科技公司运营的抖音App均提供短视频服务。北京某科技公司作为抖音App的开发者和运营者,投入了相应的人力、财力成本,通过正当合法的经营,一方面,吸引用户至抖音App平台发布短视频,积累用户和短视频内容;另一方面,通过经营短视频资源吸引用户观看、评论、分享,带来相应流量。北京某科技公司与用户之间订有协议,其在正常的经营活动中使用抖音App上的短视频内容亦具有合法的授权依据。

刷宝App苹果IOS版的开发者为北京某文化公司,安卓版为某公司,北京某文化公司虽解释苹果IOS版系某公司为通过苹果商店审核而使用其资质，但其对此情况系知晓，亦未提出任何异议。北京某文化公司提交的用以证明涉案短视频有合法来源的部分用户授权书的被授权方同时有北京某文化公司及某公司，部分授权书中的被授权方明确为北京某文化公司，且授权平台为刷宝App，北京某文化公司对此未予以合理解释。并且，刷宝App苹果IOS版及安卓版所提供的内容一致。现有证据可以证明北京某文化公司运营刷宝App的苹果IOS版及安卓版。

刷宝App中有50392个短视频与抖音App的短视频相同，127处评论内容相同，且短视频中含有抖音专有的VID码。北京某文化公司虽表示涉案短视频系用户自行上传，但无法提交涉案评论由用户发布的相应证据。北京某文化公司系采用技术手段或人工方式获取来源于抖音App中的视频文件、评论内容并通过刷宝App向公众提供。

北京市海淀区人民法院于2020年12月31日作出（2019）京0108民初35902号民事判决：一、自本判决生效之日起30日内，北京某文化公司在《中国知识产权报》非中缝位置刊登声明，就涉案不正当竞争行为为北京某科技有限公司消除影响；二、北京某文化公司赔偿北京某科技公司经济损失500万元；三、驳回北京某科技公司的其他诉讼请求。宣判后，北京某文化公司以一审法院适用法律错误、事实认定错误为由提起上诉。北京市知识产权法院于2023年3月16日作出（2021）京73民终1011号民事判决：驳回上诉，维持原判。

裁判理由

法院生效裁判认为：

一、北京某科技公司对涉案数据集合享有反不正当竞争法保护的合法权益

涉案短视频整体、用户信息与用户评论的集合，具有数据集合的属性，构成了抖音平台的数据集合，对于北京某科技公司具有独立的商业价值。北京某科技公司使用抖音平台整体短视频产生的经济价值区别且独立于使用单一视频内容产生的经济价值。著作权法保护的是每个网络用户为创作每个短视频付出的劳动成本，并不是短视频平台收集者付出的成本。

对涉案短视频的集合给予整体保护，不影响单一短视频创作者在著作权法上的权利。涉案数据集合在内容的选择和编排上不具有独创性，不构成著作权法保护的汇编作品。涉案数据集合是以非独创性方式呈现的，内容能够单独检索的，具有独立价值的信息集合，该集合构成非独创性数据集合。

北京某科技公司通过合法经营，投入了巨大的人力、物力、财力，收集、存储、加工、传输抖音平台数据，形成了包括用户个人信息、短视频和用户评论在内的非独创性数据集合。该数据集合的规模集聚效应，能够为北京某科技公司带来巨大的经济利益，并且在市场竞争中形成竞争优势。北京某科技公司基于涉案非独创性数据集合形成的竞争性利益，并未在《著作权法》或者其他知识产权专门法中予以规定，应当属于2019年《反不正当竞争法》所保护的合法权益。

二、北京某文化公司的被诉行为构成不正当竞争行为

北京某文化公司作为刷宝App的运营主体，采取不正当手段抓取、搬运抖音App中的非独创性数据集合的实质性内容，攫取了北京某科技公司的竞争资源，削弱了北京某科技公司的竞争优势，损害了消费者福利，破坏了短视频行业的市场竞争秩序。被诉行为造成的损害远远大于消费者及社会公众基于该行为获得的利益。因此，北京某文化公司的被诉行为违反了诚信原则和商业道德，构成不正当竞争行为。

三、关于北京某文化公司应当承担的法律责任

北京某文化公司实施的涉案不正当竞争行为具有可责性；并且，涉案视频数量多达50392个，用户信息数量多达15924个，影响范围广泛，一审法院综合考虑被诉行为的实施范围及造成的影响，判决北京某文化公司消除影响，并无不当，二审法院予以维持。

第一，关于赔偿经济损失。网络时代，互联网企业之间的竞争，主要体现为对网络数据和网络用户的争夺。网络用户可以为企业带来网络流量，网络流量的增加，意味着广告收益和企业估值的增加。互联网企业之间的不正当竞争行为亦表现为抢夺流量、抓取数据的行为。因此，以流量、数据作为计算损害赔偿的依据，具有客观合理性。网络流量的获取需

要付出成本，以网络流量作为计算损失或者获利的依据，可以将互联网企业的获客成本、网站客户端的用户下载量、访问量、网站页面浏览量、广告费用收入，作为计算损害赔偿的考量因素。以数据价值作为计算损失或者获利的依据，可以将互联网企业获取特定数据的成本、用户数量、数据的数量、数据市场单价等，作为计算损害赔偿的考量因素。

在北京某文化公司拒不提交其掌握的计算损害赔偿的相关证据的情况下，一审法院综合考虑被诉行为的持续时间、实施范围、刷宝 App 的用户数量、北京某文化公司的主观过错，以及刷宝 App 内的涉案短视频、用户信息、用户评论的数量等因素，酌定北京某文化公司赔偿北京某科技公司经济损失 500 万元，并无不当，二审法院予以维持。

一审法院根据被诉侵权行为的实施范围、对北京某科技公司造成的损害、北京某文化公司的主观过错等因素，认定北京某文化公司应当承担的一审案件受理费数额，并无不当，二审法院予以维持。

裁判要旨

涉案短视频整体、用户信息与用户评论的集合，是以非独创性的方式呈现的，内容能够单独检索的，具有市场价值的数据集合。该数据集合的收集控制者对于数据集合的收集、储存、加工、传输进行了实质性的投资，应当享有合法的权益。在适用 2019 年《反不正当竞争法》第二条对竞争行为进行判断时，应通过衡量竞争行为手段的适当性和必要性，竞争行为后果造成的损害与所得利益之间的均衡性，判断竞争行为对经营者利益、消费者利益及市场竞争秩序的影响，在动态利益衡量的基础上认定竞争行为的正当性。

关联索引

2019 年《中华人民共和国反不正当竞争法》第二条、第十七条

一审：北京市海淀区人民法院（2019）京 0108 民初 35902 号（2020年 12 月 31 日）

二审：北京知识产权法院（2021）京 73 民终 1011 号（2023 年 3 月 16 日）

法官评析

本案是规范数据抓取行为的典型案例，获评最高人民法院2023年反垄断、反不正当竞争典型案例。在互联网和大数据时代，数据已经成为一种重要的生产资料。随着数据产业与数据交易的发展，企业之间因数据收集、处理、利用产生的法律纠纷日益增多。本案中，人民法院探索明确了非独创性数据集合的法律性质，区分了《著作权法》保护的权利与《反不正当竞争法》的法益范畴，保护了平台经营者收集、存储、加工、传输数据形成的合法权益。本案裁判对适用《反不正当竞争法》规制数据利用行为进行了积极探索。

一、涉案非独创性数据集合的法律性质

数据是指任何以电子或者其他方式对信息的记录。一定规模数量的数据的集合为数据集合。本案中，北京某科技公司主张涉案50392条短视频、19079条用户信息、127条用户评论的集合构成数据集合。涉案数据集合的法律性质及法律适用，是本案审理的难点。

法院生效判决以涉案短视频集合为重点，从短视频集合、用户信息、用户评论三方面，分析论述了涉案数据集合的法律性质及法律适用，明确区分了《著作权法》保护的权利与《反不正当竞争法》的法益范畴。

（一）涉案短视频集合

第一，北京某科技公司使用抖音平台整体短视频产生的经济价值区别并独立于使用单一视频内容产生的经济价值。

经当事人确认，涉案短视频的内容构成我国《著作权法》保护的作品或者录像制品。根据我国著作权法理论及法律规定，《著作权法》保护的是作者的独创性劳动成果和录像制作者创作的有一定价值但是不具有独创性的非物质劳动成果。单一作品作者及录像制品制作者通过授权，许可使用人公开传播作品或录像制品，作品或录像制品的被许可人通过传播作品或录像制品，收回成本，获得收益。在著作权法律制度下，作者、录像制品制作者、传播者均能受到充分的保护。

以视频内容作为主要传播对象的互联网平台采取的商业经营模式，主

要有长视频传播平台和短视频传播平台。

互联网长视频平台，其传播的主要内容是电影作品和以类似摄制电影的方法创作的作品。长视频平台经营者与著作权人签订有书面许可协议，经授权在互联网平台传播作品的内容，吸引用户浏览下载。长视频平台播放任一热播、知名度高的电影、电视剧、综艺节目等，即可吸引大量网络用户浏览、付费观看。在平台电影、电视剧等长视频播放时间内（约60分钟至30天不等），可吸引大量用户流量，保持较长时间的用户"黏性"。长视频平台经营者通过投放一般服务广告、特定广告、收取会员费等方式获利。

由于电影、电视剧、综艺节目等作品制作周期长、成本高，长视频平台的经营性投入主要是支付作品的许可使用费，其经济利益是对作品内容的使用获得的收益。因此，长视频平台经营者在市场竞争中获得竞争优势，系基于著作权法保护作品，鼓励作品创作传播的制度激励。同时，长视频平台为了获得作品传播的最大利益，一般情况下会取得作品的独家授权，发生侵权行为时，平台经营者可以依据《著作权法》的规定，直接以自己的名义主张权利，快速有效地制止侵权行为，维护自身合法权益。

涉案抖音App是短视频平台，其与长视频平台相比，在数据规模、收集方式、视频内容、视频时长、获利方式等方面，均有实质性差异。短视频平台的优势，在于短视频时长短、制作成本低、难度小、网络用户随拍随传、传播高效快捷。网络用户阅读并同意《"抖音"用户服务协议》，即可使用抖音App发布短视频。北京某科技公司投入大量人力、物力和时间精力，形成了数量规模巨大、内容包罗万象的短视频。海量短视频内容亦会快速吸引其他网络用户的注意力，形成流量聚集。

网络用户在使用抖音平台的短视频时，由于单一短视频受时长限制（约十几秒至几分钟不等），展现或表达的内容有限，网络用户点击浏览某一短视频后，获取信息的需求未能充分满足，通常会被平台其他海量短视频所吸引，选择浏览相关内容。长视频平台用户使用单一作品的相同时长内，抖音平台用户可以浏览数量更多的短视频。如果抖音平台仅有单一或少量短视频，则有限的视频内容难以形成用户流量聚集，亦无法提升用户对平台的忠诚度。对北京某科技公司来说，使用抖音平台单一或少量短视频内容获得的经济价值十分有限，甚至无法收回运营成本。只有收集控制数量庞大的短视频，短视频平台才能够吸引大量用户，实现流量变现，创造巨大的经济利益。因此，北京某科技公司使用抖音平台整体短视频产生的经济价值区别且独立于使用单一视频内容产生的经济价值。

第二，《著作权法》对单一作品或者录像制品创作者的法律保护，并不适用于北京某科技公司。

抖音平台的短视频数量规模远远超过长视频平台作品的存储数量。面对平台上的海量短视频，北京某科技公司收集、存储、加工、传输、呈现数据的成本亦呈倍数增长。

北京某科技公司基于《"抖音"用户服务协议》的条款，通过用户点击同意，获得短视频的非独占许可。当发生对抖音平台整体短视频内容进行抓取搬运的侵权行为时，法院可能认定用户服务协议的格式条款及用户点击同意的方式，不符合合同法的规则，对双方没有约束力，从而认定北京某科技公司没有起诉的权利。但是面对海量平台注册用户，要求北京某科技公司一一获得短视频创作者的书面许可，这无疑是十分困难的。由此产生的后果，是北京某科技公司无法依据《著作权法》及时有效地制止侵权行为，并主张其受到的损失。可见，《著作权法》保护的是每个网络用户为创作每个短视频付出的劳动成本，而不是短视频平台收集者付出的成本。《著作权法》对单一作品或者录像制品创作者的法律保护，并不适用于北京某科技公司。

第三，北京某科技公司就抖音平台短视频的积累和维护进行了实质性的投入，对短视频整体享有重要的经营利益。

作为抖音平台整体短视频的收集控制者的北京某科技公司，其收集、存储、加工、传输、呈现整体短视频付出了巨大的成本，对短视频整体享有重要的经营利益。如果法律不对北京某科技公司的利益予以保护，则会降低北京某科技公司经营短视频平台的积极性，甚至影响短视频行业的发展。因此，涉案短视频的整体集合，对于北京某科技公司来说，具有独立的商业价值。对涉案短视频的集合给予整体保护，不影响单一短视频创作者在著作权法上的权利。

(二) 涉案用户信息

涉案短视频中体现的用户昵称、用户头像等都属于个人信息。涉案

19079个用户个人信息系北京某科技公司经用户同意收集并使用，该信息构成抖音平台的数据。

（三）涉案用户评论

涉案评论的文字内容，系网络用户在抖音App平台发布。该评论内容均未体现作者智力性的选择安排，不具有独创性，不构成《著作权法》保护的文字作品。涉案评论内容系北京某科技公司通过与网络用户签订用户协议，经用户同意收集并使用，该评论构成抖音平台的数据。

涉案短视频整体、用户信息、用户评论的集合，具有数据集合的属性，构成了抖音平台的数据集合。北京某科技公司对数据集合内容的选择和编排未体现出独创性劳动，该集合不构成著作权法意义上保护的汇编作品。

涉案数据集合是以非独创性方式呈现的，内容能够单独检索的，具有独立价值的信息集合，该集合构成非独创性数据集合。"非独创性"，是指数据集合整体不具有独创性，数据集合中的单一数据内容具有独创性，该内容仍然可以受到著作权法的保护。非独创性数据集合由较大数量规模的单一数据组成，非独创性数据集合的收集控制者对于数据集合的收集、储存、加工、传输作出了实质性的投资，对于非独创性数据集合商业性使用产生的经济利益，应当享有合法的权益。

北京某科技公司通过合法经营，投入了巨大的人力、物力、财力，收集、存储、加工、传输抖音平台数据，形成了包括用户个人信息、短视频和用户评论在内的非独创性数据集合。该数据集合的规模集聚效应，能够为北京某科技公司带来巨大的经济利益，在市场竞争中形成竞争优势。北京某科技公司基于涉案非独创性数据集合形成的竞争性利益，并未在《著作权法》（2010年修正）或者其他知识产权专门法中予以规定，应当属于2019年《反不正当竞争法》保护的合法权益。

北京某文化公司未经许可采用技术手段或人工方式获取来源于抖音App中的用户信息、短视频、评论内容并通过刷宝App向公众提供，该行为属于违反2019年《反不正当竞争法》第二章及《专利法》《商标法》《著作权法》等规定之外的情形，故本案应当适用2019年《反不正当竞争法》第二条的规定。

二、商业道德的认定

2019 年《反不正当竞争法》第二条规定的商业道德，不同于一般的道德规范，应当是特定商业领域普遍认知和接受的行为标准，具有公认性和一般性。在对竞争行为是否违反商业道德进行认定时，应当将商业领域的行为规范与日常生活的道德准则区别开来，根据商业活动中的实际做法进行判断。

在已经形成公认商业道德的商业领域，应当按照公认的商业道德判断竞争行为的正当性；在新兴市场和产业领域，尚未形成公认的商业道德，应当根据该行业特点，反不正当竞争法的价值取向，对经营者、消费者、公共利益的影响等因素，确定该行业领域的商业道德准则，据此判断竞争行为的正当性。

三、违反商业道德行为的判断标准

本案中，法院生效判决适用 2019 年《反不正当竞争法》第二条对竞争行为进行判断时，引入了比例原则，以利益衡量为标准，通过衡量竞争行为手段的适当性、必要性，竞争行为后果造成的损害与所得利益之间的均衡性，判断竞争行为对经营者利益、消费者利益及市场竞争秩序的影响，在动态利益衡量的基础上认定了北京某文化公司的竞争行为具有不正当性。

一审法院合议庭成员 杨德嘉 李莉莎 王栖鸾
二审法院合议庭成员 宋鱼水 杨 洁 李迎新
编写人 杨 洁

3. 北京某旅游公司诉北京某科技公司不正当竞争纠纷案*

——恶意注册并滥用商标权构成不正当竞争的认定

关键词 不正当竞争 商标注册 滥用 诚信原则

基本案情

原告北京某旅游公司诉称：北京某科技公司恶意在第33类酒类商品、第25类服装商品上申请注册第14073131号、第14073132号"古北水镇"商标（以下简称涉案商标），并利用第14073131号商标向北京某旅游公司发送侵权警告函、提起工商投诉，上述行为侵害了北京某旅游公司的合法权益，使其商誉和正常经营受到影响，亦扰乱了商标注册秩序，导致北京某旅游公司正当申请注册第23409982号"古北水镇"商标受到阻碍，违反了诚实信用原则，构成不正当竞争。据此，北京某旅游公司诉至一审法院，请求：（1）判令北京某科技公司就涉案不正当竞争行为赔偿北京某旅游公司经济损失46.5万元及合理支出3.5万元，以上共计50万元；（2）判令北京某科技公司在《中国知识产权报》上刊登声明，消除因涉案不正当竞争行为给北京某旅游公司造成的影响。

被告北京某科技公司辩称："古北水镇"作为拥有千年历史的地名，不能为原告独占，且涉案商标系北京某科技公司合法注册，注册时北京某旅游公司尚未正式营业，北京某科技公司并不知晓北京某旅游公司的企业

---

* 本案例入选最高人民法院评选的2022年全国法院50件知识产权典型案例，入选北京法院2022年度知识产权司法保护十大案例。

名称及在先未注册商标。此外，北京某科技公司在向北京某旅游公司发送侵权警告函未得回复的情况下，向工商部门投诉并无不当。因此，北京某科技公司不构成不正当竞争。即使构成不正当竞争，也未对北京某旅游公司造成商誉损害或经济损失，北京某旅游公司的赔偿主张缺乏依据。

法院经审理查明：北京某旅游公司成立于 2010 年 7 月 16 日，成立之初即将"古北水镇"作为企业字号，自 2012 年 1 月至 2014 年 2 月期间在《北京日报》《中国证券报》《中国旅游报》等众多报刊上对"古北水镇"旅游度假区进行了持续、广泛的宣传。"古北水镇"景区 2013 年 10 月试营业，2014 年 1 月 1 日正式投入运营，2014 年至 2016 年每年接待游客百万人次，总收入上亿元。

2014 年 2 月 26 日，北京某科技公司申请注册第 14073131 号、第 14073132 号"古北水镇"商标，并于 2015 年 4 月 28 日获得核准注册，上述商标核定使用的商品分别为第 33 类白酒等商品及第 25 类服装等商品。

2016 年 3 月 2 日，北京某科技公司向北京某旅游公司发送《关于要求你公司立即停止侵犯我司商标权行为的警告函》，载明：现我司就贵公司未经我司许可，擅自使用我司经国家工商行政管理总局商标局核准注册的第 14073131 号"古北水镇"商标，侵犯我司商标权事宜，特函告如下："经调查发现，贵司在所生产酒类包装上的显著位置标识'古北水镇'使消费者误认为系贵司商标，产品与我司商标核准商品相同，其足以让公众误认为是我司生产的产品，严重侵犯了我司的商标专用权。我司规劝贵司采取一切有效措施立即停止已经进行或者试图进行的商标侵权行为……"

2016 年 4 月 14 日，北京某科技公司向原北京市工商行政管理局密云分局提交《投诉书》，载明：商标权利人北京某科技公司经调查发现，北京某旅游公司生产销售的司马小烧酒瓶及包装盒显著位置印刷权利人第 14073131 号"古北水镇"商标，销售地点为古北水镇景区司马小烧酒坊内及景区超市，侵犯其商标权，要求制止侵权行为，依法处理，并要求北京某旅游公司立即停止生产、销售、许诺销售印有"古北水镇"字样的白酒产品及包装。

2016 年 4 月 27 日，北京某旅游公司针对第 14073131 号商标提起无效宣告申请。商标评审委员会于 2016 年 11 月 24 日作出商评字〔2016〕第

99265号裁定，对诉争商标予以维持。北京某旅游公司对上述裁定不服，向北京知识产权法院提起行政诉讼。2017年4月27日，北京知识产权法院作出（2017）京73行初156号行政判决书，认定第14073131号商标的注册损害了北京某旅游公司的在先商号权，并构成对北京某旅游公司已经使用并有一定影响的"古北水镇"商标的抢注，违反2013年《商标法》第三十二条的规定，故判决撤销被诉裁定，商标评审委员会针对北京某旅游公司就第14073131号商标所提出的无效宣告请求重新作出裁定。北京某科技公司不服上述判决，提起上诉。2017年9月18日，北京市高级人民法院作出（2017）京行终3328号行政判决：驳回上诉，维持原判。2019年1月20日，第14073131号商标被国家知识产权局宣告无效。

2018年1月16日，北京某旅游公司针对第14073132号商标提起无效宣告申请，商标评审委员会于2019年1月15日作出〔2019〕第11331号裁定，认定诉争商标的注册已构成2013年《商标法》第十九条第四款禁止的情形，对其予以无效宣告。北京某科技公司不服上述裁定，向北京知识产权法院提起行政诉讼。2019年12月17日，北京知识产权法院作出（2019）京73行初5129号行政判决：驳回北京某科技公司的诉讼请求，维持了被诉裁定。北京某科技公司不服上述判决，提起上诉。2020年6月24日，北京市高级人民法院作出（2020）京行终1756号行政判决：驳回上诉，维持原判。2020年7月27日，第14073132号商标被国家知识产权局宣告无效。

另查明，2017年4月5日，北京某旅游公司申请在第25类服装等商品上注册第23409982号"古北水镇"商标，商标评审委员会于2018年6月25日以该商标已构成2013年《商标法》第三十条规定所指情形为由，裁定驳回该商标的注册申请。北京某旅游公司不服该裁定，向北京知识产权法院提起行政诉讼。2019年2月18日，北京知识产权法院作出（2018）京73行初8842号行政判决书，认定第23409982号商标与北京某科技公司注册的第14073132号商标构成使用在相同或类似商品上的近似商标，属于2013年《商标法》第三十条规定之情形，判决驳回北京某旅游公司的诉讼请求。北京某旅游公司不服上述判决，提起上诉。2019年7月26日，北京市高级人民法院作出（2019）京行终3742号行政判决：驳回上诉，维持原判。之后，北京某旅游公司向最高人民法院提起再审申请。2020年12月30日，最高人民法院作出（2020）最高法行再448号行政判决书，认定引证商标第14073132号商标已被无效宣告并予以公告，该商标不再构成诉争第23409982号商标核准注册的在先权利障碍，据以作出被诉决定的事实已经发生变化，故判决撤销（2019）京行终3742号、（2018）京73行初8842号行政判决及〔2018〕第109247号关于第23409982号"古北水镇"商标驳回复审决定，要求国家知识产权局就第23409982号商标重新作出决定。

北京市东城区人民法院于2021年4月27日作出（2020）京0101民初6263号民事判决：一、北京某科技公司于判决生效之日起10日内就涉案不正当竞争行为赔偿北京某旅游公司经济损失28万元及合理支出35000元；二、北京某科技公司于判决生效之日起30日内就涉案不正当竞争行为在《中国知识产权报》刊登声明，消除影响；三、驳回北京某旅游公司的其他诉讼请求。宣判后，北京某科技公司以涉案行为不构成不正当竞争为由提起上诉。北京知识产权法院于2022年7月15日作出（2021）京73民终4553号民事判决：驳回上诉，维持原判。

裁判理由

法院生效裁判认为：

一、北京某科技公司申请注册涉案商标并发送侵权警告函、提起工商投诉的行为构成不正当竞争

根据1993年《反不正当竞争法》第二条之规定，经营者在市场交易中，应当遵循自愿、平等、公平、诚实信用的原则，遵守公认的商业道德。违反该法规定，损害其他经营者的合法权益，扰乱社会经济秩序的行为属于不正当竞争。

（一）涉案商标的申请注册具有不正当性

如果行为人据以主张权利的商标权系抢注他人在先使用并具有一定影响的商标，或属于抢注代理人或代表人的商标，或属于侵害他人在先权利的商标,或存在其他法律禁止申请注册商标的情形,则应认定该注册商标的权利基础存在重大瑕疵,其申请注册该商标具有不正当性。商标权取得的不正当性常常意味着,商标注册人申请注册特定标识的行为或者违反了法律禁止性规定,或者其虽然在形式上取得了对特定标识的专用权,但由于其并未对该标识进行实际使用,亦未对该标识所承载商誉的产生和积累作出贡献,其基于该注册商标进行任何形式的获利活动均非源于自身的诚实劳动,而在本质上均系攫取他人在先取得的智力成果及积累的商誉。本案中,相关生效裁判中已经认定"第14073131号商标文字与北京某旅游公司的字号相同,易使相关公众误认为二者之间存在关联,极有可能导致消费者对商品来源产生混淆误认,从而使得北京某旅游公司的利益受损,因此诉争商标的申请注册损害了北京某旅游公司的在先商号权益……北京某科技公司在第33类'白酒、烧酒'等商品上注册第14073131号商标,已经构成对北京某旅游公司已经在酒类商品上使用并有一定影响的'古北水镇'商标的抢注",进而认定第14073131号商标的注册违反2013年《商标法》第三十二条关于申请商标注册"不得损害他人现有的在先权利,也不得以不正当手段抢先注册他人已经使用并有一定影响的商标"的规定,该商标于2019年1月20日被宣告无效。另,相关生效裁判中已经认定"北京某科技公司后续变更经营范围的事实,不影响其申请注册第14073132号商标时属于商标代理机构的认定",进而认定第14073132号商标的注册违反2013年《商标法》第十九条第四款"商标代理机构除对其代理服务申请商标注册外,不得申请注册其他商标"的规定,该商标于2020年7月27日被宣告无效。由此可知,相关生效裁判已认定北京某科技公司申请注册的涉案商标或者属于侵害他人在先权利、以不正当手段抢注他人已经使用并有一定影响的商标,或者属于法律禁止特定行为人申请注册的商标,故其获准注册的涉案商标具有重大权利瑕疵,其申请注册涉案商标明显具有不正当性。

(二)北京某科技公司申请注册涉案商标并进行发函、投诉具有主观恶意,并已给北京某旅游公司造成损害后果

根据本案查明的事实,北京某旅游公司成立于2010年7月,成立之初

即将"古北水镇"作为企业字号,自 2012 年 1 月至 2014 年 2 月期间在《北京日报》《中国证券报》《中国旅游报》等众多报刊上对"古北水镇"旅游度假区进行了持续、广泛的宣传。根据相关生效裁判的认定,"北京某旅游公司在 2014 年 2 月 26 日前已经对经营酒类商品进行了准备,并在餐饮服务中实际向消费者提供了酒类商品,具有了一定的知名度,使相关公众可以认知到相关商品是由北京某旅游公司提供的……北京某旅游公司在 2014 年 2 月 26 日前已进行酒类产品的生产,其包装上显著位置标注有'古北水镇'字样……亦已有一定数量的酒类商品销售活动,其销售的酒类商品上使用了'古北水镇'商标,在相关公众中具有了一定影响"。可见,在 2014 年 2 月之前,"古北水镇"作为从事提供旅游餐饮等服务的北京某旅游公司的企业字号及其使用在酒类商品上的商标,已在相关公众中具有了一定的知名度,能够与北京某旅游公司形成相应的联系。作为同处于北京市密云区且在后成立的经营者,北京某科技公司对此应当知晓,其理应对北京某旅游公司的市场劳动成果予以尊重并合理避让,不得不合理地借用他人的竞争优势为自己谋取交易机会。作为具备专业知识的商标代理机构,北京某科技公司亦应在遵守法律的前提下开展市场竞争,不得利用业务上的优势以扰乱商标注册秩序的方式对他人的经营活动产生不当干扰。但事实上,北京某科技公司在成立仅半个月的时间内就在其代理服务之外的商品上申请注册了与北京某旅游公司享有权利的"古北水镇"基本相同的涉案商标,还就第 14073131 号商标向北京某旅游公司发送侵权警告函并向工商部门提起侵权投诉,而且北京某科技公司认可其对涉案商标一直未开始实际使用。可见,北京某科技公司实施上述行为的动机并非利用涉案商标开展正常的经营活动或维护自身的知识产权所需,而是意图占有商标资源,从而达到阻止他人使用该商业标识、攫取不正当商业利益与竞争优势的目的。

综上,北京某科技公司注册取得涉案商标并行使商标权的行为,主观上具有明显的恶意,客观上会使相关公众将北京某科技公司与"古北水镇"建立特定联系,从而扰乱正常的市场竞争秩序,北京某旅游公司的合法权益将因此遭受损害,其正常经营活动会受到干扰和影响。北京某科技公司实施的涉案行为已严重违反诚信原则,构成滥用商标权的不正当竞争行为，其依法应承担相应民事责任。

二、北京某科技公司应承担的法律责任

北京某旅游公司因对涉案商标提起无效宣告请求及参加后续的行政诉讼，因受涉案商标阻却就其第23409982号商标提起驳回复审申请及后续的行政诉讼，为此支付的相关代理费和律师费，属于北京某科技公司恶意注册涉案商标给其造成的损害后果。北京某科技公司利用第14073131号商标对北京某旅游公司恶意提起侵权投诉，属于获准注册具有重大权利瑕疵的注册商标后滥用商标权的行为，意在破坏北京某旅游公司的竞争优势，攫取不正当的商业利益，具有明显的主观恶意。该行为干扰了北京某旅游公司的正常经营活动，损害了其合法权益，北京某科技公司依法应当承担赔偿责任。北京某旅游公司为本案诉讼而支出的律师费，亦属为维权而支付的合理费用，北京某科技公司亦应承担赔偿责任。关于北京某旅游公司要求北京某科技公司在《中国知识产权报》上刊登声明消除影响，鉴于北京某科技公司的涉案不正当竞争行为会误导相关公众，对北京某旅游公司造成不良影响，扰乱正常的市场竞争秩序，故对该诉请法院予以支持。

裁判要旨

申请注册和使用商标，应当遵循诚信原则。恶意注册并滥用商标权的行为构成不正当竞争。如商标注册人据以主张权利的商标权系抢注他人在先使用并具有一定影响的商标，或属于抢注代理人或代表人的商标，或属于侵害他人在先权利的商标，或存在其他法律禁止申请注册商标的情形，则应认定该注册商标的权利基础存在重大瑕疵，其申请注册该商标具有不正当性。

商标注册人明知其获准注册的商标具有重大权利瑕疵，仍以攫取不正当商业利益、损害他人合法权益为主要目的向他人发送警告函、提起工商投诉等的，属于严重违反诚信原则，构成滥用商标权的不正当竞争行为。

关联索引

1993年《中华人民共和国反不正当竞争法》第二条、第二十条

一审：北京市东城区人民法院（2020）京0101民初6263号（2021年4月27日）

二审：北京知识产权法院（2021）京73民终4553号（2022年7月15日）

法官评析

本案裁判体现了"恶意注册并滥用商标权的行为构成不正当竞争"的裁判理念，该裁判理念对类似案件的裁判具有较强的指导和借鉴意义。

一、行为人恶意注册并滥用商标权的行为严重违反诚信原则

我国《商标法》第七条第一款规定："申请注册和使用商标，应当遵循诚实信用原则。"这是民法中诚信原则在商标法中的具体体现和要求，为《商标法》规制各种商标权滥用行为提供了根本遵循。禁止商标权滥用，亦源于民法中的禁止权利滥用原则。通常认为，禁止权利滥用原则亦派生于诚信原则。依据诚信原则，行使权利应当以善意的方式进行，而滥用权利本身是恶意的，且以损害他人权益为主要目的的行为，恶意行使权利的方式本身就是违反诚信原则的行为。①

在王某永诉歌某思公司、某百货公司侵害商标权纠纷案中，最高人民法院对诚信原则进行了深入论述。② 司法实践中，商标注册人恶意注册后滥用商标权的行为无论在表现形态上有何不同，其共同点均在于：一方面，商标注册人在申请注册诉争商标时，明知或应知该标识或者属于法律禁止作为商标使用或注册的标识，或者属于与他人享有在先权益的标识相同或近似的标识，或者属于与他人在先使用并具有一定影响的商标相同或近似的标识，或者属于被代理人、被代表人的商标等《商标法》禁止其擅自注册的标识等情形，但仍为实现攀附他人商誉或以其他方式牟取不正当

---

① 王利明：《论禁止滥用权利——兼评〈总则编解释〉第3条》，载《中国法律评论》2022年第3期。

② 该案中，最高人民法院认为，诚信原则是一切市场活动参与者所应遵循的基本准则。一方面，它保障当事人有权在法律规定的范围内行使和处分自己的民事权利和诉讼权利；另一方面，它又要求当事人在不损害他人和社会公共利益的前提下，善意、审慎地行使自己的权利。任何违背法律目的和精神，以损害他人正当权益为目的，恶意取得并行使权利、扰乱市场正当竞争秩序的行为均属于权利滥用，其相关权利主张不应得到法律的保护和支持。参见最高人民法院（2014）民提字第24号民事判决书。

利益的目的，对该标识进行注册。另一方面，商标注册人获得商标注册后，有的会采取不规范使用注册商标、将该注册商标与其他意图导致消费者对商品来源产生混淆、误认的企业名称、标识、包装、装潢、宣传语等结合使用等方式，实现商标注册人攀附他人商誉、获取不正当利益的目的；有的则通过要求实际权利人高价回购该商标，或者通过滥发侵权警告函、进行行政举报投诉，甚至通过恶意提起商标侵权诉讼等方式来获取不正当的利益。上述情况下，商标注册人所持有的注册商标已不是《商标法》意图保护的商标，而是沦为了与《商标法》保护的商标背道而驰的圈地符号，商标注册人行使其已经"异化"的注册商标专用权的种种表现形态，已严重背离《商标法》的立法目标和制度目的，严重违反诚信原则，扰乱商标注册和保护秩序，损害社会经济和竞争秩序，应依法坚决予以规制。

二、行为人恶意注册并滥用商标权的行为构成不正当竞争

根据我国法律规定，行为人以损害国家利益、社会公共利益、他人合法权益为主要目的行使民事权利的，人民法院应当认定构成滥用民事权利。禁止权利滥用，本质上是法律对私权行使的一种限制，体现了法律追求"矫正正义"和"分配正义"的目标，它要求一切民事权利的行使不得超过其正当界限，否则将会构成权利滥用，不仅不能产生权利人追求的法律效果，还可能承担相应的法律责任。一种构成对在先民事权利的侵犯的行为，除非法律另有明确例外性的规定，否则不能因获得某种形式上、程序上所谓的合法授权而改变其侵权行为的性质。侵害他人在先权利或抢注他人在先使用并具有一定影响的商标，即使其经注册取得商标专用权的权利外观，亦不能改变其行为性质的不正当性。

本案中，北京某旅游公司系依据1993年《反不正当竞争法》的相关规定提起不正当竞争之诉，法院应当依照1993年《反不正当竞争法》规定的不正当竞争行为构成要件，审查北京某旅游公司的相关诉讼主张是否成立。根据本案查明的事实，北京某科技公司注册取得涉案商标并行使商标权的行为，主观上具有明显的恶意，客观上会使相关公众将北京某科技公司与"古北水镇"建立起特定联系，从而扰乱正常的市场竞争秩序，北

京某旅游公司的合法权益将因此遭受损害，其正常经营活动亦会受到干扰和影响。北京某科技公司实施的涉案行为已严重违反诚信原则，构成滥用商标权的不正当竞争行为。北京某旅游公司为维护自身正当权益、应对北京某科技公司滥用商标权行为所支出的必要费用，属于因前述不正当竞争行为所导致的直接经济损失，北京某科技公司依法应当承担赔偿责任。

一审法院合议庭成员　高　翡　闫永廉　刘虹蕴
二审法院合议庭成员　刘义军　范米多　马兴芳
编写人　刘义军

4. 某网络公司诉北京某信息公司、上海某体育文化公司不正当竞争纠纷案*

——关于损害其他经营者利益的"陪伴式直播行为"的认定

关键词　不正当竞争　陪伴式直播　竞争秩序

基本案情

原告某网络公司诉称：原告经国际奥委会和中央电视台授权，在中国境内享有通过信息网络提供中央电视台制作、播出的第31届里约奥运会电视节目实时转播、延时转播、点播服务的专有权利。里约奥运会期间，北京某信息公司、上海某体育文化公司（统称时简称二被告）将"正在全程视频直播奥运会"等作为百度推广的关键词进行宣传，在其网站设置"奥运主播招募"栏目，鼓励用户充值打赏支持主播直播奥运会，发布"正在直播2016里约奥运会"等宣传用语吸引用户下载"直播TV浏览器"，引导用户进入专门直播间后，以"嵌套"的方式呈现央视转播奥运会节目的内容，并以四分之一屏显示主播视频解说互动区，通过主播多路、实时解说，插入弹幕，向用户提供主播陪伴式奥运赛事"直播"。某网络公司认为，二被告利用其独家奥运会节目资源为涉案网站及浏览器吸引用户，不当利用某网络公司的竞争优势吸引、扩大、稳固用户群体，增加其主播的获利机会，以此获取不当商业利益，损害了其合法权益，扰乱了社会经济秩序，违反了诚信原则和商业道德，构成不正当竞争行为。据此，某网络公司将二被告诉至法院，请求：判令二被告共同赔偿某网络公司经济损失

---

* 本案例入选北京法院第二十五批参阅案例。

4964234元及合理开支35766元（包括公证费10766元、律师费25000元）。

二被告共同辩称：（1）涉案网站及浏览器均系北京某信息公司所有并运营，与上海某体育文化公司无关。（2）宣传语本身并不虚假，因为涉案网站确实通过涉案浏览器设置链接的方式使用户可以观看某网络公司网站正在直播的里约奥运会视频内容，且主播也正在对该奥运会视频内容进行直播解说，用户最终是进入某网络公司网站观看里约奥运会直播内容，其不会误认为是被告提供了直播内容，故不构成虚假宣传。（3）涉案浏览器在主页设置了指向某网络公司赛事视频网页的链接，该链接是普通链接，一经用户点击，页面将完全跳转至某网络公司的网页，并完整呈现被链网页中包括网页标识、地址、内容在内的全部信息，网页的各项功能均可以正常运作和使用，不存在某网络公司所述加框链接嵌套其网页的情形。（4）虽然涉案浏览器在页面完全跳转的同时会为用户打开主播直播互动区，该区域与被链网页按1∶3的比例左右分屏显示，但涉案浏览器以插件的方式向用户提供主播直播互动的功能是对普通浏览器常规功能的丰富和创新，是一种通过技术创新提升产品和服务质量的良性市场竞争行为；并且，右侧的主播直播互动区与左侧的被链网页彼此独立，不会屏蔽被链网页中包括广告在内的内容、不影响被链网页的各项功能，不会替代性地在被链网页中植入广告，用户还可以根据个人需要选择是否关闭该互动区，而无论关闭与否均不会影响用户正常浏览赛事视频网页。（5）北京某信息公司确与主播通过对用户打赏进行分成的方式各自获利，但主播和直播平台基于用户的自主打赏而按约定比例分成获利的行为符合互联网行业的商业模式，不具有任何不正当性，北京某信息公司推广涉案浏览器的行为也属于正常商业行为，不具有可责性。（6）北京某信息公司并未单独为奥运会设置专题，仅是对当天全球发生的各项体育赛事进行了汇总，其中包括里约奥运会，故主页上虽显示有"奥运（Rio2016）"，但该行为不具有不正当性。（7）涉案浏览器凭借其提供的主播直播互动区功能，极大地增加了用户通过互联网观看体育赛事的趣味性，非但未减损某网络公司的利益，反而增加了某网络公司被链网页的网络流量，甚至可以引导纯粹对主播互动交流感兴趣的用户直接跳转访问某网络公司的网页观看赛事，增加了某网络公司的商业收益，实现了互惠共赢的商业效果，涉案行为未造成损害结果。

法院经审理查明：原告某网络公司成立于 2006 年 4 月 25 日，经营范围包括除教育、医疗保健、药品、医疗器械以外的因特网信息服务；广播电视节目制作、发行；"央视网"和"中国网络电视台"网站的开发、建设；广告业务；计算机软件、硬件设备的服务等。被告北京某信息公司成立于 2005 年 12 月 15 日，经营范围包括网络技术服务；设计、制作广告；利用自有媒介发布广告；因特网信息服务业务（除新闻、出版、教育、医疗保健、药品、医疗器械以外的内容）；从事互联网文化活动等。上海某体育文化公司成立于 2014 年 1 月 29 日，经营范围包括体育赛事组织、体育活动策划及咨询、体育经纪；文化艺术交流的策划（演出经纪及中介除外）等。

经国际奥委会和中央电视台授权，某网络公司在中国境内享有通过信息网络提供中央电视台制作、播出的第 31 届里约奥运会电视节目实时转播、延时转播、点播服务的专有权利。里约奥运会期间，某网络公司发现二被告未经许可，将"正在视频直播奥运会"等作为百度推广的关键词，吸引用户访问其网站并下载"直播 TV 浏览器"，可直接观看某网络公司直播的奥运赛事。此外，二被告还在网站设置"奥运主播招募"栏目，鼓励用户充值打赏支持主播直播奥运会，吸引用户下载"直播 TV 浏览器"，引导用户进入专门直播间后，以"嵌套"的方式呈现某网络公司转播奥运会节目的内容，向用户提供主播陪伴式奥运赛事"直播"，并借此谋利。

北京市东城区人民法院于 2019 年 6 月 14 日作出（2016）京 0101 民初 22016 号民事判决：二被告共同赔偿某网络公司经济损失 4964234 元以及合理支出 35766 元。宣判后，二被告提起上诉。北京知识产权法院于 2021 年 9 月 22 日作出（2019）京 73 民终 2989 号民事判决：驳回上诉，维持原判。

裁判理由

法院生效裁判认为：

1993 年《反不正当竞争法》第二条规定，经营者在市场交易中，应当遵循自愿、平等、公平、诚实信用的原则，遵守公认的商业道德。违反该法规定，损害其他经营者的合法权益，扰乱社会经济秩序的行为属于不正当竞争。最高人民法院的生效判决中认为适用《反不正当竞争法》第二条第一款和第二款认定构成不正当竞争应当同时具备以下条件：一是法律对该种竞争行为未作出特别规定；二是其他经营者的合法权益确因该竞争行为而受到实际损害；三是该种竞争行为因确属违反诚信原则和公认的商业道德而具有不正当性或者说可责性。以下对上述三项条件分别进行评述。

一、法律是否对涉案被诉不正当竞争行为作出了特别规定

本案中，某网络公司主张二被告利用某网络公司独家奥运赛事节目资源为其运营的涉案网站及涉案直播浏览器吸引用户，在涉案网站设置"奥运（Rio2016）"专题，对奥运赛事节目的链接进行排列、整理等，不当利用某网络公司网站的竞争优势，吸引、扩大、稳固其用户群体，获取不正当商业利益，违反了1993年《反不正当竞争法》第二条的规定，构成不正当竞争。鉴于上述被诉不正当竞争行为不属于1993年《反不正当竞争法》第二章所列举的相关具体不正当竞争行为，故本案应适用1993年《反不正当竞争法》第二条的规定。

二、其他经营者的合法权益是否因涉案被诉不正当竞争行为受到实际损害

某网络公司经授权获得了通过信息网络独家向公众直播里约奥运会赛事节目的权利，其通过行使该项权利获取的在互联网行业的竞争优势及市场利益，属于受反不正当竞争法保护的合法权益。

二被告使用某网络公司的奥运赛事节目资源，在涉案网站设置"奥运（Rio2016）"专题栏目，对奥运赛事节目的链接进行排列、整理，并在涉案直播浏览器主页提供了指向某网络公司网站里约奥运会赛事节目直播的链接。涉案直播浏览器在通过某网络公司网站观看奥运赛事节目的同时，默认插入二被告招募的主播解说奥运赛事直播并与用户互动的浮框。上述涉案行为实际损害了某网络公司的合法权益，主要理由如下：

第一，上述涉案行为不当干扰了某网络公司奥运赛事节目的正常播放。根据本案在案证据，二被告通过在涉案网站中发布"正在视频直播里约奥运会"等宣传用语进行网络推广，将想要观看奥运赛事视频直播的网络用户吸引至涉案网站及涉案直播浏览器，使用户在涉案直播浏览器中观看央视网奥运赛事节目的基础上被默认增加不受某网络公司控制的主播、

用户互动浮框,在某种程度上不当干扰了某网络公司奥运赛事节目的正常播放,损害了某网络公司的合法权益。

第二,上述涉案行为损害了某网络公司授权许可他人播放节目的交易机会和可得利益。虽然从短期来看涉案被诉不正当竞争行为并未直接减损某网络公司的流量利益,但若允许此种以"直播浏览器"的形式免费利用奥运赛事节目资源并招募主播进行解说的经营模式存在,则其他网络视频平台均可以通过该种直播浏览器的形式免费利用某网络公司的独家奥运赛事节目直播资源,为自己的网站吸引用户,增加流量。长此以往,将导致没有视频平台愿意付费播放某网络公司的奥运赛事节目或其他赛事节目,这无疑会损害某网络公司通过授权其他网络视频平台播放奥运赛事节目而获得的经济利益。

第三,上述涉案行为可能破坏体育赛事转播行业生态,贬损消费者的长远利益。如前述分析,二被告的涉案被诉不正当竞争行为如不加以规制,不仅可能造成后续没有视频平台愿意付费取得播放某网络公司奥运赛事节目的授权,而且会导致体育赛事节目制作方的可得收益大幅减少,进而导致体育赛事节目制作方没有动力花费高额的资金从体育比赛举办者处获取体育赛事转播权。这无疑破坏了整个体育赛事转播的商业交易秩序和行业生态,不仅损害了体育赛事节目制作方的经济利益,从长远看也会贬损体育赛事节目观众的利益,不利于体育赛事转播行业的可持续发展。

三、涉案被诉不正当竞争行为是否违反诚信原则和商业道德,是否具有不正当性

本案中,二被告使用某网络公司的奥运会节目资源,在涉案网站设置"奥运(Rio2016)"专题栏目,对奥运赛事节目的链接进行排列、整理,并在涉案直播浏览器播放央视网奥运赛事节目的页面,同时默认插入主播直播并与用户互动的浮框。鉴于浏览器的基本功能在于真实全面地将相关网站内容展现给用户,不应随意增加、删减或改变被访问网站向用户提供的内容。而涉案直播浏览器在观看奥运赛事直播的页面中默认插入了主播、用户互动浮框,虽然二被告辩称用户可自由选择缩小、放大、移动、关闭该浮框,但是浮框中的主播直播内容不受某网络公司网站的控制,不符合浏览器的运营规则。

而且，二被告作为专业的体育赛事直播平台，应当知晓体育赛事节目进行直播或转播需获得节目制作方的授权许可并支付相应对价这一行业通行做法，不应未经许可使用他人独家获取的奥运赛事节目资源，但其仍实施了涉案被诉不正当竞争行为，借此扩大涉案网站及涉案直播浏览器的影响力，获取不当的商业利益与竞争优势，该行为具有明显的"搭便车"的目的，具有不正当性。

因此，二被告的涉案被诉不正当竞争行为，看似是以直播浏览器的形式通过央视网播放奥运赛事节目，但其本质为未经授权未支付对价，不当利用某网络公司独家奥运赛事节目资源，为其运营的涉案网站和涉案直播浏览器吸引用户，以此获得商业利益，违反了诚信原则和商业道德，具有不正当性。二被告关于涉案直播浏览器系其技术创新成果，不违反诚实信用原则及互联网领域的商业道德等相关主张，缺乏依据，法院不予采纳。

综上，二被告在涉案网站设置"奥运（Rio2016）"专题栏目，对奥运赛事节目的链接进行排列、整理，涉案直播浏览器全程、实时利用某网络公司网站的奥运赛事节目增加主播直播内容、与观众互动，并借机牟利的行为违反了诚实信用原则和商业道德，实际上损害了某网络公司的利益，扰乱了公平竞争的市场秩序，具有不正当性。故二被告的上述行为违反了1993年《反不正当竞争法》第二条的规定，构成不正当竞争。

关联索引

1993年《中华人民共和国反不正当竞争法》第二条

一审：北京市东城区人民法院（2016）京0101民初22016号（2019年6月14日）

二审：北京知识产权法院（2019）京73民终2989号（2021年9月22日）

裁判要旨

经营者未经授权通过直播浏览器嵌套他人网页，以主播"陪伴式"直播的方式，将他人享有独家信息网络传播权的视频节目进行直播，获取不当商业利益，损害其他经营者的利益的，应当认定构成不正当竞争。

秩序之锚——北京知识产权法院竞争垄断典型案例

法官评析

《反不正当竞争法》作为规制市场竞争行为的法律，注重鼓励商业创新与维护市场的公平、自由竞争，应给予创新的商业模式或经营方式以可发展的空间。但与此同时，法律亦应为创新的商业模式或经营方式的发展提供规范和指引。互联网中创新的竞争行为应以公平为原则，不得违反诚信原则和商业道德，不得不合理地借用他人的竞争优势为自己增加交易机会，进而对他人的正当经营模式产生不当干扰。

奥运体育赛事节目资源具有巨大的市场价值，体育赛事的直播转播问题备受社会公众关注。本案涉及通过"直播浏览器"提供主播"陪伴式直播"这一互联网新兴模式是否构成不正当竞争的问题。涉案直播浏览器在普通浏览器中加入"主播直播"的插件，利用央视网播放奥运赛事节目为"直播浏览器"吸引用户以获取商业利益。该商业模式不同于以往的加框链接行为或者劫持流量的不正当竞争行为，而是采用"浏览器+加框链接+主播互动"模式嵌套他人网页进行直播。二被告的主要抗辩理由为"直播浏览器"仅在一般浏览器功能上增加了独立的主播直播插件，被链网站经营者基于其网页内容和网页功能而获得的商业收益不会受到影响或遭受实际损害，不构成不正当竞争。法院在秉持激励创新与保护合法权益并重的前提下，结合行业惯例，着重从经营者间的竞争利益、行业竞争秩序以及消费者利益三个方面对被诉行为是否构成不正当竞争进行了严谨细致的论证：

第一，关于被诉行为是否损害其他经营者的利益。本案中，二被告通过发布"正在视频直播里约奥运会"等宣传用语进行网络推广，将想观看奥运赛事视频直播的网络用户吸引至涉案网站及涉案直播浏览器，使用户在涉案直播浏览器中观看央视网奥运赛事节目的基础上，被默认增加不受某网络公司控制的主播、用户互动浮框。即使该主播互动浮框可由用户移动、缩小或关闭，但用户通过涉案直播浏览器观看央视网的奥运赛事节目时，会被默认插入主播直播解说的内容，且涉案直播浏览器经营者自行招募的主播所解说的内容并不受某网络公司的控制。故被诉行为实质上是在某网络公司奥运赛事节目页面中插入不受某网络公司控制的主播直播模块，不当干扰了某网络公司奥运赛事节目的正常播放，损害了某网络公司的合法权益。此外，此种免费利用某网络公司独家奥运赛事直播资源的行为，亦将损害某网络公司授权许可其他视频平台播放奥运赛事节目的交易机会和预期可得利益。

第二，关于被诉行为是否破坏行业竞争秩序。《反不正当竞争法》以保护公平竞争为目的，立法宗旨在于构建公平合理的市场竞争秩序，强调维护市场竞争机制和公共利益。判断竞争机制和公共利益是否受到损害，一方面，应结合经营者所在的产业特点，判断被诉行为是顺应产业发展的要求还是对现有产业生态的破坏；另一方面，应结合整体市场竞争环境，判断被诉行为是否影响市场激励机制，能否促进良性竞争。体育赛事直播是近年来随着互联网迅速崛起的新兴商业经营模式，体育赛事节目的制作从取得比赛举办方授权，到节目的制作、播出，通常需要投入大量的人力、物力和财力。利用体育赛事节目进行直播或转播，需获得节目制作方的授权许可，并支付相应对价，这是对体育赛事节目制作方正当权益的保护，亦是市场竞争中公认的商业道德。本案中，二被告未经某网络公司许可，擅自进行直播，显然破坏了网络直播体育赛事节目需获得授权许可这一行业惯例。此外，若允许此种以"直播浏览器"的形式免费利用奥运赛事节目资源并招募主播进行解说的经营模式存在，将可能造成后续没有视频平台愿意付费取得播放某网络公司奥运赛事节目的授权，导致体育赛事节目制作方的可得收益大幅减少，进而导致体育赛事节目制作方没有动力斥巨资从体育比赛举办者处获取体育赛事转播权。这无疑破坏了整个体育赛事转播的商业交易秩序和行业生态，不利于体育赛事转播行业的可持续发展。

第三，关于被诉行为是否损害消费者利益。本案中，二被告抗辩提出，涉案浏览器提供的主播互动功能，丰富了用户的观看体验，是一种提升产品、服务质量的创新。法律并不阻碍商业模式或经营方式的创新与发展，但与此同时，法律亦应为创新的商业模式或经营方式的发展提供规范和指引。本案中，主播互动功能的增加，短期看确实能够提升用户的观看体验，似乎为用户提供了更佳选择，但用户能否在良性的竞争环境中获得长期持续的利益更是需要考虑的问题。如前所述，如不对被诉行为予以规制，长此以往，在经营者利益受损、行业竞争秩序遭到破坏的情况下，体育赛事节目制作方将没有动力斥巨资从体育比赛举办者处获取体育赛事转播权，由此将导致体育赛事直播行业难以为继，用户亦终将难以获得长期持续的利益。因此，被诉行为对消费者利益造成的损害远远超过其所带来的暂时性利益，被诉行为从长远来看将贬损体育赛事节目观众的利益。

综上，该案判决结合行业惯例，对经营者利益、消费者利益是否受到损害进行了充分考量，法院全额支持了某网络公司的赔偿请求。本案裁判为互联网经营者划定了清晰的行为界限，为直播行业等网络新业态、新模式的发展提供了明确的指引，也彰显了加大保护知识产权、坚决惩治侵权行为的决心。

一审法院合议庭成员　　高　翡　刘世红　勾璐怡
二审法院合议庭成员　　张晓津　刘义军　马兴芳
编写人　　张晓津

5. 某信息公司诉某技术公司不正当竞争纠纷案*

——浏览器更改 UA 设置的不正当竞争行为认定

关键词　浏览器　更改 UA 设置　不正当竞争

基本案情

原告某信息公司诉称：某信息公司系视频综合类服务网站"优酷网"的经营者。某技术公司将安卓系统下的乐视浏览器在访问"优酷网"时的 User-Agent（以下简称 UA）设置更改为 iPhone 端标识，当用户使用乐视盒子中的乐视浏览器播放"优酷网"中的视频内容时，不会出现视频的片头广告以及暂停广告。某信息公司认为某技术公司实施的前述行为屏蔽了"优酷网"的贴片广告，破坏了"优酷网"的 UA 设置，干扰了"优酷网"的正常运营，构成不正当竞争行为，故起诉至法院，请求判令某技术公司：（1）停止不正当竞争行为，具体指不得更改乐视电视浏览器（以下简称乐视浏览器）的 UA 设置，链接"优酷网"的 ios 系统（包括 iPhone 端和 iPad 端），不得使用乐视播放器覆盖"优酷网"播放器。（2）在乐视网（www.letv.com）、"优酷网"（www.youku.com）、土豆网（www.tudou.com）、新浪网（www.sina.com.cn）、奇虎 360（www.360.cn）、百度网（www.baidu.com）、中国法院网（www.chinacourt.org）以及《中国法院报》《中国青年报》《法制日报》首页显著位置持续 120 日发表声明，消除影响。（3）赔偿某信息公司经济损失 600 万元。

---

* 本案例入选北京法院 2017 年度十大知识产权创新案例，获全国法院系统 2018 年度全国优秀案例分析二等奖。

被告某技术公司辩称：某技术公司的乐视浏览器没有破坏"优酷网"设置，屏蔽"优酷网"视频广告。由于"优酷网"对不同终端的浏览器设置了不同的广告投放规则，对于iPhone端浏览器访问"优酷网"时不提供视频广告，乐视浏览器适配了iPhone端的设置，所以才看不到广告，该结果非乐视浏览器屏蔽了"优酷网"视频广告。某信息公司主张消除影响、赔偿损失没有事实和法律依据。因此，不同意某信息公司的全部诉讼主张，请求法院判决驳回其全部诉讼请求。

法院经审理查明：某信息公司系视频综合类服务网站"优酷网"的经营者。某技术公司是网络电视机顶盒乐视盒子以及乐视浏览器的经营者。"优酷网"提供的免费视频均有片头广告和暂停广告，但2016年3月23日前后因为ios系统（苹果操作系统）的专门设置而使"优酷网"向iPhone端提供免费视频时不显示片头广告和暂停广告，而向其他系统终端推送的免费视频均存在视频广告。基于此，某技术公司将安卓系统下的乐视浏览器在访问"优酷网"时的UA设置更改为iPhone端标识，当用户使用乐视盒子中的乐视浏览器播放"优酷网"中的视频内容时，不会出现视频的片头广告以及暂停广告。某信息公司据此起诉主张：某技术公司实施的前述涉案行为，屏蔽了"优酷网"的贴片广告，破坏了"优酷网"的UA设置，干扰了"优酷网"的正常运营，对某信息公司构成不正当竞争，故提起本案诉讼。

北京市海淀区人民法院于2017年7月24日作出（2016）京0108民初18471号民事判决：一、自本判决生效之日起，某技术公司不得更改乐视电视浏览器UA设置链接"优酷网"iPhone端；二、本判决生效之日起10日内，某技术公司向某信息公司赔偿经济损失20万元；三、驳回某信息公司的其他诉讼请求。宣判后，某技术公司以涉案行为未构成不正当竞争等为由提起上诉。北京知识产权法院于2017年12月28日作出（2017）京73民终1923号民事判决：驳回上诉，维持原判。

裁判理由

法院生效裁判认为：

1993年《反不正当竞争法》第二条第一款规定："经营者在市场交易中，应当遵循自愿、平等、公平、诚实信用的原则，遵守公认的商业道德。"该法第二条第二款规定："……不正当竞争，是指经营者违反本法规定，损害其他经营者的合法权益，扰乱社会经济秩序的行为。"根据各方当事人的诉辩意见，本案二审诉讼中的争议焦点在于，某技术公司更改乐视浏览器的UA设置链接访问"优酷网"的iPhone端的行为是否对某信息公司构成不正当竞争；如果该行为构成不正当竞争，一审判决确定的赔偿数额是否恰当。

根据本案查明的事实，"优酷网"提供的免费视频均有片头广告和暂停广告。但某信息公司承认，在2016年3月23日前后，因为ios系统的专门设置而使"优酷网"向iPhone端提供免费视频时不显示片头广告和暂停广告，但"优酷网"向其他系统终端推送的免费视频仍存在视频广告。根据本案在案证据及当事人陈述可以推知，"优酷网"视频提供服务区分不同终端系统提供有广告或没有广告的视频节目并非出于某信息公司的主动经营行为，是第三方系统设置或某信息公司自身技术等原因而被动发生的结果。针对这一结果，其他经营者不应为了自身经营利益，主观故意利用这种结果，损害某信息公司本应获得的经营利益。

本案中，某技术公司认可其将安卓系统下的乐视浏览器在访问"优酷网"时的UA设置更改为iPhone端标识，系其故意为之，该行为客观上使市场中通过iPhone终端浏览器访问"优酷网"的用户量增加，而使本应从安卓系统终端播放视频而获得的广告收益减少。因此，某技术公司有意针对"优酷网"更改乐视浏览器UA设置为iPhone端标识的行为，不当干扰了某信息公司的正常经营活动，损害了某信息公司本应获得的合法利益，对某信息公司构成不正当竞争，依法应当承担停止侵权、赔偿损失等民事责任。某技术公司不得针对"优酷网"更改乐视浏览器的UA设置链接"优酷网"iPhone端。关于赔偿损失的数额，因某信息公司未能提交证据证明其因本案不正当竞争行为受到的实际损失或某技术公司因此获得的非法收益，一审法院酌情考虑多因素确定本案赔偿数额为20万元并无不当，二审法院予以确认。

裁判要旨

"优酷网"视频基于不同操作系统终端而呈现有广告或没有广告的视频节目。其他经营者不应为了自身经营利益，修改操作系统UA设置，损害"优酷网"视频经营者应获得的经营利益。

关联索引

1993年《中华人民共和国反不正当竞争法》第二条

一审：北京市海淀区人民法院（2016）京0108民初18471号（2017年7月24日）

二审：北京知识产权法院（2017）京73民终1923号（2017年12月28日）

法官评析

一、本案审理应当适用1993年《反不正当竞争法》第二条

《反不正当竞争法》的立法目的在于保障社会主义市场经济健康发展，鼓励和保护公平竞争，制止不正当竞争行为，保护经营者和消费者的合法权益。在传统经济模式下，同业经营者的范围仅限于经营者在针对同一商品或者服务领域的竞争。但是随着社会经济的迅速发展进步，尤其是随着互联网行业的出现和蓬勃壮大，出现了不同于传统经济模式的双边市场。如在某件涉网络不正当竞争纠纷案件中，原告某信息公司为一家典型的视频播放平台的经营者，其通过版权交易和技术手段向广大网民免费提供视频节目的播放服务，同时以网民观看视频节目同时收看的广告数量向广告主收取广告费，以此维系其版权交易和技术服务的支出并实现盈利。从表面来看，其视频播放服务是免费的，但其广告收入的多少取决于参与收看其视频节目的网民数量及次数。某技术公司经营的是路由器硬件的生产和销售及后续的网络服务领域，其与某信息公司所经营的前述视频分享网站领域看似并非同业，但二者盈利的关键都在于网络用户的数量。当其中一方利用他人的竞争优势或以使用影响他人经营模式等不正当手段增加自身网络用户时，双方构成竞争关系。

本案中，某信息公司系经营"优酷网"提供视频综合类服务的互联网公司，某技术公司在乐视网"关于乐视"中介绍：某技术公司"致力于打造基于视频产业、内容产品和智能终端的'平台+内容+终端+应用'完整生态系统"，"乐视垂直产业链整合业务涵盖互联网视频、影视制作与发

行"等。因某信息公司与某技术公司同属互联网企业,且均经营视频业务,双方在争夺网络用户等市场利益方面存在竞争关系,故本案的审理适用《反不正当竞争法》。

由于某信息公司主张某技术公司实施的涉案侵权行为并不属于我国1993年《反不正当竞争法》中规定的具体不正当竞争行为类型,而属于互联网领域出现的新的不正当竞争行为类型,故对该行为是否构成不正当竞争行为的判断需要结合《反不正当竞争法》的立法精神,运用一般条款即《反不正当竞争法》第二条的规定进行审查分析。根据1993年《反不正当竞争法》第二条第一款的规定,经营者在市场交易中,应当遵循自愿、平等、公平、诚实信用的原则,遵守公认的商业道德。该法第二条第二款规定,不正当竞争,是指经营者违反该法规定,损害其他经营者的合法权益,扰乱社会经济秩序的行为。据此,违反1993年《反不正当竞争法》第二条规定的不正当竞争行为,应当是指违反公平竞争、诚实信用原则和公认的商业道德,扰乱正常的市场交易秩序,使其他经营者的合法权益受到损害的行为。在互联网企业的市场竞争中,应当遵守的商业道德包括对于竞争对手经营模式和合法经营权益的尊重等内容。在市场公平竞争的过程中,经营者向网络用户所提供的服务亦应当遵守相应的规则,不应当以影响其他经营者正当合法的经营模式或损害其他经营者的合法经营权益为代价获取自身利益。

二、某技术公司更改乐视浏览器的 UA 设置链接访问"优酷网"的 iPhone 端的行为对某信息公司构成不正当竞争

根据本案查明的事实,"优酷网"视频提供服务区分不同终端系统,提供有广告或没有广告的视频节目并非出于某信息公司的主动经营行为,是第三方系统设置或某信息公司自身技术等原因而被动发生的结果。针对这一结果,其他经营者不应为了自身经营利益,主观故意利用这种结果,损害某信息公司本应获得的经营利益。某技术公司认可其将安卓系统下的乐视浏览器在访问"优酷网"时的 UA 设置更改为 iPhone 端标识,系其故意为之,该行为客观上使市场中通过 iPhone 终端浏览器访问"优酷网"的用户量增加,而使本应从安卓系统终端播放视频以获得的广告收益减少。因此,某技术公司有意针对"优酷网"更改乐视浏览器 UA 设置为 iPhone

端标识的行为，不当干扰了某信息公司的正常经营活动，损害了某信息公司本应获得的合法利益，对某信息公司构成不正当竞争，依法应当承担停止侵权、赔偿损失等民事责任。

关于赔偿损失的数额，因某信息公司未能提交证据证明其因本案不正当竞争行为受到的实际损失或某技术公司因此获得的非法收益，二审法院认为，一审判决明确列明的酌情考虑的多方面因素包含了某技术公司实施不正当竞争行为的主观过错程度、行为方式、情节及损害程度、损害后果等因素，其据此确定的20万元赔偿数额并无不当。

三、本案的启示

本案系浏览器经营者有意对自己的浏览器采取技术措施以获得视频网站为特定系统终端提供的服务内容，被认定为不正当竞争纠纷的典型案件。本案与此前已有生效判决认定的浏览器屏蔽视频网站贴片广告的行为结果表现形式相同，但本案中，法院通过分析当事人出具的抓包公证书，以及专家辅助人出庭、当庭勘验等多种方式，查明了某技术公司采取的技术措施并不是直接改变了视频网站广告播放模式，而是直接对自己浏览器的UA设置进行修改，使用户通过乐视浏览器网站访问"优酷网"时，"优酷网"将安卓端浏览器误认为是iPhone端浏览器，从而推送不带广告的视频内容。并且，某技术公司在诉讼中承认，其更改UA设置的行为是在发现"优酷网"就不同终端推送不同内容后才有针对性作出的。

本案的启示在于，随着互联网经济的蓬勃发展和技术的不断更新，终端设备也日益呈现出多样化发展的趋势。实践中，许多视频网站或基于追求自身利益最大化的经营策略考量，或由于不同软硬件之间的技术兼容性问题，会根据所访问浏览器的UA信息作为不同系统终端的识别标识，主动或被动地推送不同的视频内容，该行为在不损害公共利益的情况下应认定属于视频网站的经营自主权范畴，其正当商业经营利益应当受到法律保护。其他经营者如果违反诚信原则，故意破坏视频网站的正当经营活动，不正当地利用他人的经营模式或市场成果为自身谋取利益，从而损害视频网站的合法权益，则可构成不正当竞争行为。

本案的意义在于：一方面，明确了互联网行业虽然鼓励自由竞争和创新，但竞争自由和创新必须以不侵犯他人的合法权益为边界，面对互联网领域涌现的新形式的不正当竞争行为，1993年《反不正当竞争法》第二条仍应充分发挥其明晰市场竞争规则的积极作用。1993年《反不正当竞争法》第二条规制的不正当竞争行为，应是指违反《反不正当竞争法》具体规制条款之外的其他不正当竞争行为，具体指违反公平竞争、诚实信用原则和公认的商业道德，扰乱正常的市场交易秩序，使其他经营者的合法权益受到损害的行为。本案中，法院在查明事实的基础上，最终认定某技术公司更改乐视浏览器的UA设置链接访问"优酷网"的iPhone端的行为违反了1993年《反不正当竞争法》第二条，构成不正当竞争。另一方面，面对互联网领域新出现的不正当竞争行为，法院在确定赔偿数额时应当特别慎重，应综合考量行为人实施不正当竞争行为的主观过错程度、行为方式、情节及损害程度、损害后果等因素酌情确定。本案中，法院考虑到涉案不正当竞争行为系通过改变某技术公司自身产品设计获得用户体验更佳的"优酷网"服务，虽然能达到不播放视频广告的效果，但该效果的实现依赖于"优酷网"针对不同系统终端的不同设置或不同服务展现形式，对某信息公司正常经营活动的干扰，从持续时间、实际效果来看均低于主动采取技术措施屏蔽、过滤视频广告的行为。某信息公司调整"优酷网"向不同系统终端推送内容的服务，即能实现制止涉案行为发生效果的作用，因此对涉案不正当竞争行为酌情从低确定赔偿数额。

一审法院合议庭成员 张 弓 曹丽萍 梁铭全
二审法院合议庭成员 刘义军 周丽婷 兰国红
编写人 刘义军

6. 北京某数码公司诉北京某科技公司、北京某网络公司不正当竞争纠纷案*

——在网络游戏中未经许可使用他人知名作品元素构成不正当竞争的认定

关键词　不正当竞争　作品元素　公众混淆　不正当性

基本案情

原告北京某数码公司诉称：北京某数码公司系中国领先的手机在线游戏开发和运营商，2013年6月1日，北京某数码公司经香港著名作家查某授权，获得了查某11部作品在中国大陆改编为游戏软件的独家移动端游戏软件改编权。2014年6月，北京某科技公司和北京某网络公司（以下统称二被告）未经北京某数码公司或者查某的许可，在其开发、运营的手机网络游戏《大武侠物语》中使用了查某作品中的人物名称、武功或装备及部分情节，并在宣传中自称"云集了'飞雪连天射白鹿，笑书神侠倚碧鸳'中的枭雄豪杰"，该游戏系明显利用查某作品内容进行改编的移动端游戏软件。二被告上述行为违反了公平、诚信的原则，使其不正当地降低了制作成本、借助查某作品的知名度不正当地诱使用户使用，非法搭便车以获取不正当利益。同时，二被告通过新浪微博渠道向公众大肆推广，并标注"新浪游戏"字样，给公众造成拥有合法授权的误解进而获得竞争优势，严重损害了北京某数码公司的合法权益，扰乱了正常的市场秩序，违反1993年《反不正当竞争法》第二条之规定。据此，原告北京某数码公司诉

---

* 本案例入选2016年度北京法院十大知识产权创新案例。

至一审法院，请求判令二被告：（1）立即停止不正当竞争行为，停止在网站和其他载体上发布侵权游戏软件，并删除侵权游戏软件通过苹果、安卓系统设置的下载链接；（2）二被告在侵权游戏官方网站 http：//dwxwy.game.weibo.com 上对其不正当竞争行为公开发表声明以消除影响；（3）二被告赔偿因其不正当竞争行为给原告北京某数码公司造成的经济损失 4898000元；（4）二原告赔偿北京某数码公司合理支出共计 110500 元。

被告北京某科技公司辩称：（1）北京某数码公司不具备诉讼主体资格，不享有其所主张的改编权；（2）北京某科技公司开发的《大武侠物语》游戏软件与查某作品不一样，是具有独创性的新作品，未构成侵权；（3）《大武侠物语》游戏软件为北京某科技公司开发并运营，与北京某网络公司无关；（4）北京某数码公司主张的损失赔偿费用过高。

被告北京某网络公司辩称：（1）北京某数码公司不具备诉讼主体资格，不享有其所主张的改编权；（2）《大武侠物语》游戏软件与北京某网络公司无关。

法院经审理查明：第一，关于相关主体的经营范围。北京某数码公司的经营范围包含因特网信息服务业务、互联网游戏出版、手机游戏出版、第二类增值电信业务中的信息服务业务等；北京某科技公司的经营范围包含计算机系统服务、数据处理、生产、加工计算机软硬件等；北京某网络公司的经营范围包含计算机系统服务、数据处理、基础软件服务、应用软件服务等。

第二，关于权属。2002 年，查某与明河社出版有限公司签订合同，约定查某将《天龙八部》等 12 种作品在中国境内除以图书形式出版发行作品简体字中文版本以外的其他专有使用权授予明河社出版有限公司。2013年 5 月 10 日，明河社出版有限公司将如下权利授予查某：查某有权将作品《天龙八部》等的移动终端游戏软件改编权，以及改编后游戏软件的商业开发权独家授权给北京某数码公司。2013 年 5 月 30 日，查某与北京某数码公司签订合约，约定查某将其享有著作权的作品《天龙八部》等授权北京某数码公司开发移动端游戏软件。

第三，关于涉案游戏的相关情形。北京某数码公司提交了（2014）京方正内经证字第 11704 号公证书，主张涉案游戏中使用了查某的《天龙八部》等作品中的人物名称、武功和装备以及部分情节。北京某数码公司提交了广州出版社出版发行的《查某作品集》及涉案游戏与查某作品内容的对比表，据以证明鸠摩智、"冷月宝刀"等系查某作品中的人物、武功、武器名；《天龙八部》《雪山飞狐》中含有"缘起无量山""虎啸龙吟"等关卡中的相应情节。此外，涉案游戏中还存在"段公子"等角色名称、武功、武器名称与《天龙八部》等作品中的元素相同或相似。

第四，关于二被告主体的情况。《大武侠物语》网络游戏软件（安卓版）、《大武侠物语》网络游戏软件（IOS版）的著作权人为北京某科技公司，其首次发表日期分别为2014年7月9日和2014年6月16日。登录http://dwxwy.game.weibo.com 大武侠物语官网首页，网页上方显示"京ICP证100780号"等内容。二被告表示，备案号"100780"及网址dwxwy.game.weibo.com、game.weibo.com 的备案信息是假的。

第五，关于经济损失及诉讼费用支出。北京某数码公司提交了《计算机软件著作权登记证书》以证明其为《天龙八部移动端游戏软件》的著作权人，并提交了其他证据证明该游戏的宣传、运营情况，据以证明涉案游戏推出后必将挤占其原有市场，给其造成经济损失。北京某数码公司提交了《2014手游用户调查报告：八成玩家付费不足3000》一文，据以主张二被告获利丰厚。北京某数码公司另提交了10500元的公证费发票、律师委托代理协议、打款回单及10万元的律师费发票。

北京市海淀区人民法院于2015年8月17日作出（2014）海民（知）初字第27636号民事判决：一、二被告立即停止涉案不正当竞争行为，并停止运营涉案游戏；二、二被告于涉案游戏官方网站首页（网址为http://dwxwy.game.weibo.com）持续72小时发布声明，为原告消除影响；三、二被告共同向原告赔偿经济损失及诉讼合理支出共计100万元；四、驳回原告的其他诉讼请求。宣判后，二被告以一审法院认定事实错误且超出审理范围为由提起上诉。北京知识产权法院于2016年4月21日作出（2015）京知民终字第2256号民事判决：一、撤销（2014）海民（知）初字第27636号民事判决第一项、第四项，维持第二项、第三项；二、自本判决生效之日起，北京某科技公司停止在网络游戏《大武侠物语——独孤求败》中使用与涉案查某作品有关的元素；三、自本判决生效之日起，北京某科技公司、北京某网络公司停止在网络游戏《大武侠物语——独孤求败》官方网站（网址为http://dwxwy.game.weibo.com）利用查某作品进行宣传；四、驳回北京某数码公司的其他诉讼请求。

裁判理由

法院生效裁判认为：

一、关于北京某数码公司是否有权针对涉案行为提出不正当竞争之诉

根据《移动端游戏软件改编授权合约》，北京某数码公司有权在授权期间在中国大陆以自己的名义对侵害相关权利的行为向第三方提起诉讼并请求赔偿。因此，对于北京某科技公司未经许可在涉案游戏中使用查某作品的人物名称等作品要素的行为，北京某数码公司有权提出不正当竞争之诉。

二、关于二被告的涉案行为是否构成对北京某数码公司的不正当竞争

涉案游戏中使用了与查某小说中相同或相似的人物名称、武功和武器名称，并将小说情节提炼为游戏关卡名称。查某作品元素在涉案游戏中占有相当一部分的比例，使公众很容易联想到涉案游戏与查某所著小说有关。同时，涉案游戏宣传中还使用了"飞雪连天射白鹿，笑书奇侠倚碧鸳"这一广为人知的对联。这也表现了二被告欲将涉案游戏与查某作品相关联，借此吸引消费者的目的。这种宣传方式本身已构成引人误解的虚假宣传。

二被告的涉案行为利用了查某作品元素对消费者的吸引力，夺取了本应由吸引力的创造者查某或者其授权的北京某数码公司所享有的商业利益，不符合公认的商业道德，具有不正当性。原被告均从事网络游戏的开发和运营，北京某数码公司开发的《天龙八部移动版》卡牌游戏与涉案游戏种类相同，均使用了查某作品元素，涉案游戏的运营对北京某数码公司游戏产品的市场份额可能产生影响，并导致北京某数码公司合法利益受损。

二被告关于移动端不包括平板电脑的理由，与通常认知不符，亦无法解释为何涉案游戏作为一款手机游戏可以在 iPad 平板电脑中下载、安装和

运行。北京某网络公司主张其并非涉案游戏的运营者。法院根据大武侠物语官网的相关内容、涉案游戏客服邮箱的域名与北京某网络公司主办网站的网址域名相同等因素，认定北京某网络公司是大武侠物语官网的经营者，作为涉案游戏的共同运营者，应与北京某科技公司共同承担责任。

三、关于北京某科技公司与北京某网络公司应当承担何种民事责任

北京某科技公司未经许可在其开发的涉案游戏中使用查某作品的元素，北京某科技公司与北京某网络公司共同运营涉案游戏并利用查某作品进行虚假宣传的行为，构成不正当竞争，理应承担停止侵害、赔偿损失、消除影响的民事责任。

关于停止侵权的方式。首先，删除、停止使用被控侵权的作品元素已经可以达到停止侵害的效果。且涉案游戏更接近于卡牌动作类游戏，并不倚重情节，角色名称、武器武功名称、关卡名称的变化并不会导致游戏无法运行。二审中，北京某科技公司与北京某网络公司当庭演示了尚在运营的涉案游戏，其中已经删除了与被控侵权作品元素有关的所有内容，删除并替换后的涉案游戏仍是一款完整的游戏，但已与查某作品无关。其次，停止运营涉案游戏可能造成二被告对用户或推广渠道构成违约，从而给其利益造成损害，而这种不必要的损害可以避免。最后，因涉案游戏中已无与查某作品有关的元素，一审判决已判令二被告公开发布声明，为北京某数码公司消除影响，故即便涉案游戏名称未变更，对消费者形成新的误导的可能性已不大。对于已经形成的误导和损害，除消除影响外，亦已责令二被告赔偿损失，足以弥补北京某数码公司遭受的损害。因此，一审判决责令二被告停止运营涉案游戏超出了合理的民事责任承担范围，法院予以纠正。二被告未提交任何证据证明侵权人的获利情况。一审判决在综合考虑查某作品的知名度和文学价值、北京某数码公司的主观过错程度等因素的基础上，酌定二被告赔偿北京某数码公司经济损失及合理支出100万元并无不当，法院予以支持。

裁判要旨

1. 知名文学作品中的角色名称及其他作品元素因在相关领域中对消费

者的吸引力而可能产生巨大的商业利益，这种因吸引力而形成的商业利益系作品的创作者通过辛勤劳动获得，理应受到保护。未经许可使用这些作品元素并利用这种商业利益的行为属于违反商业道德的不正当竞争行为。

2. 民事责任的承担方式应当与被控侵权行为的后果相适应，在为权利人提供充分救济的同时，亦应注意避免对侵权人的利益造成不必要的损害。

关联索引

2010 年《中华人民共和国著作权法》第十条
1993 年《中华人民共和国反不正当竞争法》第二条、第九条
《中华人民共和国民法通则》第一百三十四条
一审：北京市海淀区人民法院（2014）海民（知）初字第 27636 号（2015 年 8 月 17 日）
二审：北京知识产权法院（2015）京知民终字第 2256 号（2016 年 4 月 21 日）

法官评析

本案涉及网络游戏产业中，未经许可使用他人知名文学作品的角色名称及其他作品元素构成不正当竞争行为的认定。随着"IP 改编热"的兴起，以知名文学作品为创作基础的网络游戏大量涌现，相关侵权纠纷亦随之产生。

一、原告是否有权针对涉案行为提出不正当竞争之诉

本案北京某数码公司起诉的权利基础是授权合约中的"移动端游戏软件改编权"。涉案《移动端游戏软件改编授权合约》指出，其所称的"移动端游戏软件改编权"，是指依著作故事、人物名称、武功名称为蓝本，改编为专供 Mobile 用户使用的移动端游戏软件，以及公开发表的权利。这里的"移动端游戏软件改编权"应当理解为不仅包括狭义上的改编权（即改变作品，创作出具有独创性的新作品的权利），还包括利用授权作品的故事和/或人物名称和/或武功名称改编供移动端用户使用的游戏软件的权利。

之所以作上述理解，系基于以下因素的考虑：第一，游戏产品的种类很多，不同类别的游戏对故事情节的关注度是不同的。比如角色扮演游戏强调情节发展和个人体验，一般有较完整的故事情节，而动作游戏是由玩家控制游戏人物用各种武器消灭对手过关的游戏，并不注重故事情节，卡牌游戏一般亦非以故事情节取胜。北京某数码公司如何使用原著故事情节或其他作品元素，应当可以由其根据所要开发的游戏的特点自由设定，而这很难说超出了合同约定的"移动端游戏软件改编权"的范畴。第二，涉案《委托书》中载明，查某委托并授权北京某数码公司就中国大陆出现的未经授权擅自使用其作品改编移动端游戏并运营，以及擅自打着查某作品名义进行虚假宣传等行为，在北京某数码公司的游戏改编权授权期限内以其公司名义单独追究任何第三方的侵权行为。其中所列举的行为已远远超出了《著作权法》第十条第一款第十四项所规定的改编权所控制的行为范围。一般认为，诉权是不得脱离实体权利单独转让的，权利人可以将实体权利与基于该实体权利行使的诉权一并转让。因此，从《委托书》中双方权利义务的约定可以合理推定"移动端游戏软件改编权"的实质内涵。

二、网络游戏中未经许可使用他人作品元素构成不正当竞争的考量因素

第一，角色名称等作品元素是否可形成应予保护的商业利益。本案中，查某的《天龙八部》等作品的知名度、美誉度很高，读者群广泛，读者对作品以及作品中的角色、武器、武功、情节等作品元素的喜爱和追捧，可能会成为兼为游戏玩家的他们选择或者喜爱使用了这些元素的游戏产品的理由。换句话说，作品中的角色、武器、武功、情节等作品元素能够产生一种吸引力，这种吸引力可以转化为游戏玩家消费的动力，游戏的开发、运营者借用这种动力可以赚取商业利益。这种因吸引力而形成的商业利益由作品的创作者通过辛勤劳动获得，理应受到保护。未经许可使用这些作品元素并利用这种商业利益的不正当竞争行为应当予以规制。

第二，作品元素的使用是否会引起消费者对网络游戏来源的联想。本案中，涉案游戏使用了与查某小说中相同或相似的人物名称、武功和武器名称，并将小说情节提炼为游戏关卡名称。这些作品元素在涉案游戏中占有相当部分的比例，通过对这些作品元素非偶发、同时的使用，相关公众

很容易联想到查某所著的小说。同时，涉案游戏宣传语"飞雪连天射白鹿，笑书神侠倚碧鸳"是查某将自己的作品名称首字连成的一副对联，广为人知。这种宣传方式本身已构成引人误解的虚假宣传。涉案行为利用了查某作品元素在移动终端游戏领域对消费者的吸引力，夺取了本应由吸引力的创造者查某或者其授权的北京某数码公司所享有的商业利益，不符合公认的商业道德，其行为具有不正当性。

第三，未经许可使用他人作品元素是否损害了他人的竞争利益。对他人竞争利益造成损害通常是认定不正当竞争行为的构成及承担民事责任的条件之一。本案中，原被告均从事网络游戏的开发和运营，他们是同一市场的竞争者。特别是北京某数码公司在《移动端游戏软件改编授权合约》签订后开发的《天龙八部移动版》卡牌游戏在2013年10月上线公测，涉案游戏在2014年6月上线公测，由于游戏种类相同，且均使用了查某作品元素，因此，涉案游戏的运营对北京某数码公司游戏产品的市场份额可能产生一定影响，并导致北京某数码公司的合法利益受损。

三、民事责任的承担方式应与侵权行为的后果相适应

民事责任的承担方式应当与被控侵权行为的后果相适应，在为权利人提供充分救济的同时，亦应注意避免对侵权人的利益造成不必要的损害。本案中，一方面，删除、停止使用被控侵权的作品元素即能切断涉案游戏与查某作品的联系，已经可以达到停止侵害的效果；另一方面，停止运营涉案游戏可能造成二被告对用户或推广渠道构成违约，从而给其利益造成损害，而这不必要的损害可以避免。一审判决责令二被告停止运营涉案游戏超出了合理的民事责任承担范围，应将其纠正为责令停止使用涉案游戏元素。

一审法院合议庭成员 李 囡 刘卫星 刘 虎
二审法院合议庭成员 周丽婷 杨 钊 宋 堃
编写人 周丽婷

7. 北京某网络公司诉北京某技术公司、北京某科技公司不正当竞争纠纷案*

——商业性利用用户数据信息行为的正当性分析

关键词　不正当竞争　用户数据信息　不正当性

基本案情

原告北京某网络公司诉称：北京某网络公司独立运营新浪微博。北京某技术公司、北京某科技公司（以下统称二被告）共同运营脉脉软件。新浪微博与脉脉软件同属于社交类软件，二被告与北京某网络公司存在竞争关系。二被告通过脉脉软件对原告实施了四项不正当竞争行为：第一，非法抓取、使用新浪微博平台用户信息，包括头像、名称（昵称）、职业信息、教育信息及用户自定义标签、用户发布的微博内容。第二，通过脉脉用户手机通讯录中的联系人，非法获得、非法使用这些联系人与新浪微博用户的对应关系。第三，模仿新浪微博的加V认证机制及展现方式。第四，对北京某网络公司进行商业诋毁。二被告的不正当竞争行为造成新浪微博开放平台计划运营受阻，微博用户误认为北京某网络公司措施不当导致信息泄露，致使用户流失、活跃度下降，损害北京某网络公司声誉，直接影响北京某网络公司运营收入。据此，北京某网络公司诉至法院，请求判令二被告：（1）立即停止四项不正当竞争行为；（2）在www.maimai.cn网站首页显著位置及App应用显著位置连续30天刊登声明，消除影响；

＊ 本案例获评2016年度北京法院知识产权十大典型案例、北京法院优秀裁判文书一等奖、2016年中国十大最具研究价值知识产权裁判案例。

（3）赔偿北京某网络公司经济损失1000万元及合理开支30万元（包括律师费20万元、公证费等其他费用10万元）。

二被告共同辩称：（1）二被告一直遵守《开发者协议》，由于北京某网络公司的关联公司负责人向二被告法定代表人提出非法要求未获同意，北京某网络公司将二被告的微博接口关停。（2）二被告与北京某网络公司非同业竞争者，不存在竞争关系。（3）北京某网络公司的开放平台授权二被告可以获取新浪微博用户的相关信息，二被告未绕开新浪微博的开放接口抓取用户数据，未获取被授权用户联系方式中的邮箱等联系方式，联系方式中的手机号不是从新浪微博获取。（4）北京某网络公司提出的二被告取得的非授权用户信息，并非全部从新浪微博获得，二被告从新浪微博网页获取的未授权用户信息系基于与北京某网络公司的合作关系，也已经取得用户的同意，且仅针对授权用户显示，不向不特定的第三方用户显示，并非针对北京某网络公司的不正当竞争行为。（5）二被告未抄袭新浪微博的设计及相关内容，也未诋毁北京某网络公司的商誉。（6）除律师费和公证费外，北京某网络公司未提交任何证据证明其经济损失。

法院经审理查明：北京某网络公司是新浪微博的经营人，二被告共同经营脉脉软件及脉脉网站。三方曾签订《开发者协议》并通过微博平台Open API进行合作。

北京某网络公司提交了（2014）京方圆内经证字第19200号公证书、（2014）京方正内经证字第20798号公证书等证据，以证明二被告实施了不正当竞争行为。二被告提交了（2015）京中信内经证字14790号公证书等证据，以证明脉脉软件中的用户信息来源于头像淘淘，或者经协议或协同过滤算法取得，其来源合法；提交（2015）京中信内经证字21390号公证书等证据以证明将用户通讯录联系人手机号与新浪微博账号的对应关系予以展示属于行业惯例；提交（2015）京中信内经证字14791号公证书展示脉脉用户获取加V的流程，以证明其未抄袭新浪微博的加V设计；提交（2014）京中信内经证字48383号公证书等证据以证明其未诋毁北京某网络公司商誉。

北京市海淀区人民法院（以下简称海淀法院）于2016年4月26日作出（2015）海民（知）初字第12602号民事判决：一、二被告停止涉案不正当竞争行为；二、二被告在脉脉网站首页、脉脉客户端软件首页连续48

小时刊登声明,消除影响;三、二被告共同赔偿北京某网络公司经济损失200万元及合理费用208998元;四、驳回原告北京某网络公司的其他诉讼请求。宣判后,二被告以海淀法院认定事实错误,适用法律错误为由提起上诉。北京知识产权法院于2016年12月30日作出(2016)京73民终588号民事判决:驳回上诉,维持原判。

裁判理由

一、二被告获取、使用新浪微博用户信息的行为构成不正当竞争行为

首先,法院根据"谁主张谁举证"的举证责任分配的一般规则,原告北京某网络公司由于缺乏证据证明二被告系绕过Open API接口非法抓取相关信息,故其应当承担举证不能的不利后果。因此,法院推定二被告是通过Open API方式获取新浪微博用户的职业信息、教育信息。海淀法院没有查明二被告如何获取职业信息、教育信息的技术手段,就直接认定"不论二被告采取何种技术措施,都能认定二被告在双方合作期间存在抓取涉案新浪微博用户职业信息、教育信息的行为"不妥,法院予以纠正。

其次,二被告获取并使用非脉脉用户的新浪微博信息的行为具有不正当性。二被告未取得用户许可获取并使用涉案非脉脉用户的相关新浪微博信息违反了《开发者协议》的约定,其在没有取得相关用户同意的情况下直接获取相关信息的行为损害了用户的知情权和选择权,亦违背了互联网行业公认的商业道德,违背了在Open API开发合作模式中,第三方通过Open API获取用户信息时应坚持"用户授权+平台授权+用户授权"的三重授权原则。因此,该行为具有不正当性。

再次,北京某网络公司可以就第三方应用使用其用户数据的不正当行为主张自身权益。二被告未经新浪微博用户同意,擅自获取并使用非脉脉用户的新浪微博信息,这种行为不仅节省了大量的经济投入,而且变相降低了同为竞争者的新浪微博的竞争优势。对社交软件而言,存在明显的用户网络效应,使用用户越多则社交软件越有商业价值。脉脉作为提供职场动态分享、人脉管理、人脉招聘、匿名职场八卦等功能的交友平台,用户信息更是其重要的商业资源,其掌握用户的数量与其竞争优势成正相关。

二被告获取并使用非脉脉用户的新浪微博信息，无正当理由地攫取了北京某网络公司的竞争优势，一定程度上侵害了北京某网络公司的商业资源，北京某网络公司基于其 Open API 合作开发提供数据方的市场主体地位，可以就开发方未按照《开发者协议》约定内容、未取得用户同意、无正当理由使用其平台相关数据资源的行为主张自己的合法权益。

最后，在双方合作终止后数月期间，脉脉软件中仍存在大量的新浪微博用户基本信息，且在清理相关数据期间，二被告仍在持续地使用相关数据信息。因此，海淀法院关于合作关系结束后，二被告仍存在非法使用新浪微博用户信息的行为的认定并无不当。

二、二被告获取、使用脉脉用户手机通讯录联系人与新浪微博用户对应关系的行为构成不正当竞争行为

首先，法院依据举证规则及在案证据，推定二被告在获取手机通讯录联系人与微博信息对应关系时存在通过手机号码、其他类似手机号码的用户精准信息进行匹配的行为。海淀法院从常理推断认定，二被告系将用户上传的手机通讯录联系人手机号与其从新浪微博取得的用户手机号进行匹配的方法不当。

其次，二被告展示用户通讯录联系人与新浪微博用户之间的对应关系的行为构成不正当竞争。二被告的行为违反了诚信原则和公认的商业道德。本案中，二被告作为市场经营主体，应当遵守公认的商业道德，履行《开发者协议》中规定的义务，在通过 Open API 接口获得相关信息时应取得用户的同意。同时，脉脉软件通过用户上传手机通讯录展示非脉脉用户的微博信息，损害了非脉脉用户的知情权和选择权。此外，二被告将对应关系进行展示亦不属于行业惯例。二被告表示新浪微博、微信、人脉通、得脉等其他应用软件也展示过涉案对应关系，但从公证书的内容来看，新浪微博、微信、人脉通、得脉软件中展示的对应关系是手机通讯录与其自身软件注册的关系，而并非展示手机通讯录与其他应用软件之间的对应关系。因此，现有证据不能证明二被告展示的对应关系符合行业惯例。并且，二被告获取并展示对应关系的行为损害了公平的市场竞争秩序，同时，一定程度上损害了北京某网络公司的竞争利益。市场竞争主体在自由竞争时应遵守公认的商业道德，维护公平的市场秩序。对社交软件而言，

拥有的用户越多将吸引更多的用户进行注册和使用,该软件的活跃用户越多则越能创造出更多的商业机会和经济价值。二被告违反《开发者协议》,未经用户同意且未经北京某网络公司授权,获取新浪微博用户的相关信息并展示在脉脉应用的人脉详情中,侵害了北京某网络公司的商业资源,不正当地获取了竞争优势,这种竞争行为已经超出了法律所保护的正当竞争行为。

三、二被告实施的涉案行为构成对北京某网络公司的商业诋毁

自媒体时代,网络的发达便捷使得互联网信息传播速度非常快,二被告公开发表的声明中称"新浪微博今日要求交出用户数据才能继续合作"等内容可能在短时间内就会广泛传播,进而可能误导相关公众认为北京某网络公司泄露用户信息并试图不正当使用用户数据,从而导致新浪微博的信用度降低,影响北京某网络公司的商业信誉。

综上,一审判决虽然存在部分技术事实认定不清的问题,但考虑到最终结论正确,二审法院予以维持。

裁判要旨

互联网中第三方应用通过开放平台例如 Open API 模式获取用户信息时应坚持"用户授权+平台授权+用户授权"的三重授权原则,第三方应用未经用户同意且未经开放平台授权,获取并使用平台用户信息的行为,构成不正当竞争。

关联索引

1993 年《中华人民共和国反不正当竞争法》第二条、第十四条、第二十条

一审:北京市海淀区人民法院(2015)海民(知)初字第 12602 号(2016 年 4 月 26 日)

二审:北京知识产权法院(2016)京 73 民终 588 号(2016 年 12 月 30 日)

法官评析

一、互联网行业中适用 1993 年《反不正当竞争法》第二条的六个条件

基于互联网行业中的技术形态及市场竞争模式与传统行业存在显著差别,为保障新技术和市场竞争模式的发展空间,互联网行业在适用 1993 年《反不正当竞争法》第二条时更应秉持谦抑的司法态度,需要满足以下六个条件才可适用:(1)法律对该种竞争行为未作出特别规定;(2)其他经营者的合法权益确因该竞争行为而受到了实际损害;(3)该种竞争行为因确属违反诚信原则和公认的商业道德而具有不正当性。(4)该竞争行为所采用的技术手段确实损害了消费者利益;(5)该竞争行为破坏了互联网环境中的竞争秩序,从而引发恶性竞争或者具备这样的可能性;(6)对于互联网中利用新技术手段或新商业模式的竞争行为应首先推定其具有正当性,对不正当性需要证据加以证明。

二、网络平台提供方可以在用户同意的前提下,对基于自身经营活动收集并进行商业性使用的用户数据信息主张权利

互联网时代,用户信息已成为数字经济中提升效率、支撑创新最为重要的基本元素之一。本案中,新浪微博用户的职业信息、教育信息,不仅是北京某网络公司重要的商业资源,能够为其创造更多的经济效益,还是其竞争优势来源。因此,北京某网络公司作为网络平台提供方,可以就二被告未经许可擅自使用其经过用户同意收集并使用的用户数据信息主张权利。

三、互联网不正当竞争纠纷中,被诉行为采取的技术手段的举证责任为"谁主张谁举证"

涉及互联网不正当竞争纠纷中被诉行为本身所采取的技术手段的认定适用举证责任分配的一般规则,即"谁主张谁举证"。此外,在现阶段技术手段无法实现相应的技术效果的情况下,技术实施者有义务就其采取的具体技术手段进行举证。本案中,北京某网络公司主张二被告通过 Open

API 以外的非法手段抓取新浪微博用户的职业信息和教育信息，对此，应由北京某网络公司进行举证。北京某网络公司对于前述信息是否被爬虫手段或其他手段抓取均不能提供证据进行证明，应当承担举证不能的不利后果。此外，北京某网络公司主张二被告通过脉脉用户手机通讯录中联系人展示与新浪微博用户的对应关系，但在二被告无法举证如何获得该种对应关系的情况下，且现有技术手段无法实现如此高精准和极具个性化信息的匹配关系时，二被告有义务说明其采取何种技术手段及如何实现该种匹配关系的计算。对于技术问题的查明，法院应当充分运用举证规则，从证据优势的角度判断法律事实而不能直接基于常理进行推断。

四、第三方应用通过开放平台例如 Open API 模式获取用户信息时，应坚持"用户授权+平台授权+用户授权"的三重授权原则

Open API 是一种新型的互联网应用开发模式，互联网企业在运用 Open API 开展合作开发时，应事先取得用户的同意再收集并利用相关信息。第三方应用基于 Open API 合作模式利用用户信息时，除应取得网络平台提供方同意外，还应再次取得用户的同意，尊重用户的自由选择权。本案中，北京某网络公司作为网络平台提供方，二被告作为第三方应用开发方，应当遵守双方签订的《开发者协议》，在读取和运用用户数据时，以"用户同意+平台同意+用户同意"的三重同意为原则，以保护用户的隐私权、知情权和选择权为底线，以公平、诚信为行为准则，维护互联网的公平竞争秩序，实现数据经济的合作共赢。

五、互联网中收集利用用户数据信息应遵循合法、正当、必要原则，网络运营者应尽到管理义务

涉及互联网中获取并使用用户信息的基本原则是"用户明示同意原则"与"最少够用原则"。网络运营者是网络建设与运行的关键参与者，在保障网络安全中具有优势和基础性作用，应当遵循合法、正当、必要原则，尽到网络运营者的管理义务：（1）制定内部数据信息安全管理制度和操作规程，确定网络安全负责人，落实网络数据信息安全保护责任；（2）采取防范计算机病毒和网络攻击、网络侵入等危害网络数据信息安全行为的技术措施；（3）采取监测、记录网络运行状态、网络安全事件的技术措

施,并按照规定留存相关的网络日志;(4)采取数据分类、重要数据备份和加密等措施;(5)制定网络安全事件应急预案,及时处置系统漏洞、计算机病毒、网络攻击、网络入侵等安全风险。第三方应用开发者作为网络建设与运行的重要参与者,在收集、使用个人数据信息时,应当遵循诚信原则及公认的商业道德,取得用户明示同意并经网络运营者授权后合法获取、使用数据信息。同时,收集和使用用户信息时应坚持最少够用原则,网络运营者不得收集与其提供的服务无关的个人信息。

本案中,法律对互联网中网络平台提供者和第三方应用开发者的竞争行为未作出特别规定,但二被告非法获取、使用新浪微博用户职业信息、教育信息的行为违反了诚信原则和公认的商业道德,二被告获取、使用脉脉用户手机通讯录联系人与新浪微博用户对应关系所采用的技术手段损害了新浪微博用户的合法利益,北京某网络公司的竞争优势及商业信誉因二被告的不正当竞争行为而受到了实际损害,二被告的不正当竞争行为破坏了 Open API 的竞争秩序,具有引发互联网行业恶性竞争的可能性。因此,二被告违反了 1993 年《反不正当竞争法》第二条的规定,构成不正当竞争。

一审法院合议庭成员 曹丽萍 王嘉佳 梁铭全
二审法院合议庭成员 张玲玲 冯 刚 杨 洁
编写人 张玲玲 田 芬

8. 深圳市某计算机公司诉北京某科技公司不正当竞争纠纷案*

——浏览器过滤视频广告行为的不正当性认定

关键词　不正当竞争　商业道德　不正当性

基本案情

原告深圳市某计算机公司诉称：深圳市某计算机公司系"××视频"网站（网址为www.qq.com）的合法经营人，对该网站依法享有经营收益权。"某浏览器"软件系北京某科技公司开发经营，该浏览器设置有广告过滤功能，用户使用该功能后可以有效屏蔽深圳市某计算机公司网站在播放影片时的片头广告和暂停广告。北京某科技公司的上述行为使得深圳市某计算机公司不能就网站影片的片头及暂停广告获取直接收益，使深圳市某计算机公司遭受了经济上的损失。而北京某科技公司屏蔽广告的行为，提升了其用户的使用体验度，促使其商业价值的提升，其行为违反了诚信原则及公认的商业道德，极大地损害了深圳市某计算机公司的合法权益。

被告北京某科技公司辩称：深圳市某计算机公司所主张的"免费+广告"的经营模式不属于法律所保护的利益。通过浏览器过滤广告的行为未侵害网站经营者的利益，用户没有观看广告的义务，广告拦截也不必然导致视频网站商业利益的减损，即使利益受损也属于正常商业竞争的结果。视频过滤广告的行为不违反诚信原则及公认的商业道德，北京某科技公司研发的屏蔽广告技术，并非针对深圳市某计算机公司，而是将是否屏蔽广

---

* 本案例入选《北京知识产权法院典型案例评析》。

告的选择权交给了用户。

法院经审理查明：深圳市某计算机公司系一家从事互联网经营的企业，其开发经营的××视频网站为用户提供视频在线观看服务。深圳市某计算机公司通过购买影视作品版权，提供"免费+广告"及会员制的影视播放服务，获得市场竞争力。

北京某科技公司亦系一家从事互联网经营的企业，其开发运营了网址为 www.theworld.cn、版本为 7.0.0.108 的"某浏览器"。点击浏览器页面右上角"≡"按钮，该按键下拉菜单显示"广告过滤"选项，点击"广告过滤"进入浏览器"设置"页面，"广告过滤"功能下有四个选项，分别为"不过滤任何广告、仅拦截弹出窗口、强力拦截页面广告、自定义过滤规则添加规则"，该浏览器默认选项为"仅拦截弹出窗口"。点击"添加规则"字样，页面跳转至"某论坛"，显示标题为"如何自定义某浏览器的广告过滤规则"帖子，该帖子显示由"开发团队"于 2013 年 7 月 25 日发布，并对"如何使用过滤规则、如何编写过滤规则、如何发布及更新过滤规则"进行了说明。该浏览器页面中没有任何广告过滤功能的显示或提示。

北京某科技公司亦使用上述同一版本的"某浏览器"，在浏览器"设置"页面中勾选"不过滤任何广告"功能后，访问网址为 www.9kmv.org 的网站，显示该网站首页有多个涉及色情、赌博等不良内容的广告。在浏览器"设置"页面的"广告过滤"功能中勾选"强力拦截页面广告"按钮，再访问上述网站，该不良广告内容均被屏蔽、无法显示。重复上述操作，分别访问网址为 http://566dh.com、http://cc377.com/index.html、http://www.xiuluoli.com、http://303aaa.com、http://jjaaw.com、http://www.mmav5858.com 等网站，与上述情形显示一致。

通过上述版本的"某浏览器"访问网址为 www.qq.com 的某网站，点击视频栏目，页面跳转至××视频网站。搜索电影"美人鱼"，在浏览器"设置"页面的"广告过滤"功能中勾选"强力拦截页面广告"按钮，返回到上述电影的播放页面并点击播放，片头未显示任何广告，直接进入播放内容，随机拖动进度条并暂停播放，未显示广告弹窗。在浏览器"设置"页面的"广告过滤"功能中勾选"不过滤任何广告"按钮，回到上述电影的播放页面并点击播放，显示一段 75 秒的片头广告，在视频右上角显示"75"秒的倒计时以及"VIP免广告"字样,点击该字样即弹出"开通VIP会员,尊享免广告特权"及"微信扫一扫,轻松开会员"的二维码图片弹窗,点击弹窗内的登录按钮,即可选择登录账号类型。上述片头广告播放完毕后,即播放影片正式内容,随机拖动进度条并暂停播放,在影片播放页面弹出"广告"小窗口,点击该广告,网站跳转至相应广告页面。继续在搜索栏中搜索电影"半熟少女",在浏览器"设置"页面中勾选"强力拦截页面广告"按钮,返回播放页面后,点击播放该影片,显示"广告君被拦截插件误伤啦,还有45秒播放视频"的字样,45秒倒计时结束后,影片可正常播放;拖动进度条随机暂停播放,未显示"广告"窗口。在浏览器"设置"页面中勾选"不过滤任何广告"按钮,继续播放该影片,即显示75秒的片头广告和暂停广告弹窗。点击播放其他视频,均与上述情形一致。

访问百度网站,搜索"QQ浏览器",进入网址为http://browser.qq.com/adtag=SEM1的网站,该网站标签栏显示"QQ浏览器9官方网站",下载并安装QQ浏览器。点击该浏览器右上角的"≡"按钮,进入浏览器"设置"页面,点击"广告过滤"选项,显示可选择是否"开启广告过滤"按钮。勾选该功能后,在新打开的网页中输入网址http://v.ifeng.com/video_9579867.shtml,显示名为"《生生不息》:李玉刚呼吁'每周一素'保护生态"的视频,该页面直接播放视频内容,未显示片头广告;拖动进度条随机暂停播放,亦未显示广告弹窗。返回浏览器"设置"页面中的"广告过滤"功能,取消已勾选的"开启广告过滤"按钮,重新播放上述视频,显示有15秒倒计时的片头广告;点击暂停按钮,显示广告弹窗。另播放名为"梁宏达揭秘婚恋网站:一夜情'陷阱'比比皆是""梁宏达:你闺蜜抢了男朋友你抽谁"等视频,重复上述操作,与上述情形均一致。

深圳市某计算机公司为证明视频中的广告系其重要收入来源,提交了其2013—2017年部分季度业绩报告,该报告显示"2017年第一季度财务分析,媒体广告收入(主要包括新闻、视频及音乐的广告位产生的收入)增长20%至25.09亿元,主要反映移动端媒体平台腾讯新闻及××视频收入的增长""2017年第二季度财务分析,媒体广告收入增长48%至40.77亿元""2016年第三季度财务分析,网络广告业务收入同比增长51%至

74.49 亿元，效果广告收入增长至 43.68 亿元，主要来自微信朋友圈、移动端新闻应用及微信公众账号广告收入的贡献；品牌展示广告增长至 30.81 亿元，主要反映来自移动端平台（如腾讯新闻）"。

另，深圳市某计算机公司在本案中主张律师费 19.6 万元、公证费 4000 元，但仅提供了金额为 5 万元的律师费发票及相应委托代理合同。

北京市朝阳区人民法院于 2018 年 1 月 26 日作出（2017）京 0105 民初 70786 号民事判决：驳回原告深圳市某计算机公司的诉讼请求。宣判后，原告深圳市某计算机公司以认定事实错误及法律适用错误为由提起上诉。北京知识产权法院于 2018 年 12 月 28 日作出（2018）京 73 民终 558 号民事判决：一、撤销北京市朝阳区人民法院作出的（2017）京 0105 民初 70786 号民事判决；二、被上诉人北京某科技公司赔偿上诉人深圳市某计算机公司经济损失 100 万元，诉讼合理支出 896708 元；三、驳回上诉人深圳某计算机系统有限公司的其他诉讼请求。

裁判理由

法院生效裁判认为：

被诉行为违反了 1993 年《反不正当竞争法》第二条的规定。

第一，被诉行为不符合公认的商业道德。确认公认的商业道德最为直接的依据是相关的法律法规或规范性文件。法院认为，根据 2016 年《互联网广告管理暂行办法》第十六条的禁止性规定，可以认定此类行为违反公认的商业道德。同时，被上诉人的行为对视频广告的过滤使得被上诉人免费视频+广告这一合法经营行为不能实现，法院认为，被诉行为属于主动采取措施直接干涉、插手他人商业经营的行为，应当认定为违反公认的商业道德。并且，不干涉他人合法经营这一商业道德与经营行为是否发生在互联网领域无关。互联网领域下的竞争行为的特殊性更多体现在经营行为的具体表现形式上，而非其所应遵循的商业道德。多数情况下，互联网领域所应遵循的商业道德均可在传统竞争领域找到答案。此外，用户需求不影响经营行为的正当性认定。经营者可以基于用户需求对自己的产品和服务进行改善，但不能基于此直接插手其他经营者的正当经营。

第二，被诉行为的长期存在不利于社会总福利。1993 年《反不正当竞争法》所考虑的社会公共利益（或社会总福利）既包括消费者利益，也包括经营者利益。其中，经营者不仅包括本案双方当事人，也包括其他同业或相关经营者。如果允许屏蔽视频广告的行为长期存在，视频网站的主要商业模式可能由两种（免费视频+广告和收费模式）转变为单一的收费模式。短期来看，用户观看视频所支付的对价由可选择性支付时间成本或经济成本变为唯一的经济成本。长期来看，仅依赖于收费模式的视频网站收入可能会减少，无力购买版权，使用户获得视频内容的机会减少，进而使得消费者利益受到损害。同时，被诉浏览器在屏蔽免费视频广告时，附带屏蔽VIP用户按钮，切断了免费用户转付费用户的可能。另外，有相当数量的用户是以广告过滤功能作为付费目的，被诉行为会导致该类用户转为免费用户。作为结果，视频网站平台的利益受到了损害。并且，视频广告屏蔽行为将会导致广告投放渠道的减少，使得广告投放者对广告机会的竞争更加激烈，在广告投放成本增加的同时收益却不会随之增加，损害了广告投放者的利益。此外，短期内使用视频广告过滤功能的浏览器的用户量可能会上升并获得一定利益。但长期来看，当其他浏览器经营者同样采用该功能后，这一功能将几乎不会对用户量产生影响，只会增加开发成本，同样不利于浏览器经营者的利益。

综上，被诉行为违背了公认的商业道德，且其长期存在亦会对社会总福利有明显损害，违反了1993年《反不正当竞争法》第二条的规定。

关于视频广告的过滤功能是否属于行业惯例，法院通过深圳市某计算机公司提交的Chrome、Safari、Firefox、IE等7款市场占有率较高的浏览器不具有该功能，认定视频广告过滤功能并非行业惯例。关于视频广告过滤功能的设置是否具有针对性，法院认为被诉浏览器的视频广告过滤功能需要针对××视频具体的URL进行单独设置，具有针对性。同时，法院指出，被诉屏蔽视频广告的行为是否具有针对性与公认的商业道德认定无关，与行为正当性的判断亦无关联。关于北京某科技公司主张其仅提供过滤广告的功能、并未实施过滤行为，法院认为损害后果并非由用户产生，而是由被诉行为导致。并且，被告未直接实施过滤行为并不影响其行为正当性的认定。

关于北京某科技公司应承担的民事责任。法院综合考量视频广告占视频网站总收入的占比、××视频行业占比、被诉浏览器用户量占比等因素，酌定赔偿数额为100万元。

裁判要旨

在市场经营中，经营者的合法经营行为不受他人干涉，他人不得直接插手经营者的合法经营行为，此为最为基本且不压根论证的商业道德，被诉行为属于此类行为。在判断某类行为是否违反1993年《反不正当竞争法》第二条时，亦可通过其是否有利于社会总福利进行量化分析。上述两种判断方法可以相互验证。

关联索引

1993年《中华人民共和国反不正当竞争法》第二条
2016年《互联网广告管理暂行办法》第十六条
一审：北京市朝阳区人民法院（2017）京0105民初70786号（2018年1月26日）
二审：北京知识产权法院（2018）京73民终558号（2018年12月28日）

法官评析

随着网络技术的不断发展，互联网企业之间的竞争越发激烈，部分浏览器提供视频广告过滤功能，帮助网络用户在不付费的情况下过滤视频网站的广告，进而吸引用户流量。对于此类行为是否违反1993年《反不正当竞争法》第二条的规定，实务界存在不同的认识，本案的主要争议焦点也在于此。

法院对1993年《反不正当竞争法》第二条的适用应持十分慎重的态度，以防止因不适当扩大不正当竞争范围而妨碍自由、公平竞争。一般而言，只有在该行为违反公认的商业道德时，才宜将其认定为不正当竞争行为。同时，因《反不正当竞争法》保护的是健康的社会经济秩序，而健康的社会经济秩序通常有利于社会总福利，因此，在判断某类行为是否违反1993年《反不正当竞争法》第二条时，亦可通过其是否有利于社会总福利进行量化分析。上述两种判断方法可以相互验证。

对于公认商业道德的确认，最为直接的依据是相关的法律、法规或规范性文件。对于视频广告过滤行为的性质，虽然相关法律、法规并无明确规定，但在2016年《互联网广告管理暂行办法》（现已失效）对此有所涉及,其第十六条规定:"互联网广告活动中不得有下列行为:(一)提供或者利用应用程序、硬件等对他人正当经营的广告采取拦截、过滤、覆盖、快进等限制措施……"这一禁止性规定足以说明主管机关已将此类行为认定为违反公认的商业道德的行为。

退一步讲,即使不考虑这一规定,仅仅依据常识,同样可以得出相同的结论。本案中,被诉行为对视频广告的过滤使得深圳市某计算机公司"免费视频+广告"这一经营行为不能依据其意愿原样呈现,被诉行为显然属于一种主动采取措施直接干涉、插手他人经营的行为。而在市场经营中,经营者的合法经营行为不受他人干涉,他人不得直接插手经营者的合法经营行为,此为最基本且无需论证的商业道德。

需要强调的是,这一商业道德与经营行为是否发生在互联网领域,以及其是否符合用户的现阶段需求均并无关系。虽然互联网环境下的竞争行为确实可能存在传统非互联网环境下所不具有的特殊性,但该特殊性更多地体现在经营行为的具体表现形式上,而非其所应遵循的商业道德上。也即,多数情况下,互联网环境下的竞争行为所应遵循的商业道德均可以在传统竞争领域找到答案,对于本案所涉这一最为基本的商业道德更是如此。

至于用户需求这一因素,同样不会影响经营行为的正当性认定。也就是说,对于不具有正当性的行为并不会因为其符合用户需求而具备正当性。否则,用户天然地希望一切产品或服务免费这一需求将会使得经营者采取任何措施将其他经营者的收费产品或服务变成免费的行为均被认定为具有正当性,而这一结论显然是荒谬的。

即便需要考虑用户需求,被诉行为亦并非真正符合用户的长期需求。用户需求与用户利益密切相关,虽然用户更容易看到现阶段的利益,比如北京某科技公司所强调的无需观看广告而直接观看视频这一利益,但并不代表着用户仅在意现阶段的利益,而忽视长期利益。只不过因为现阶段需求更为直观,而相关竞争行为对于用户利益的长期影响需要进行专业分析测算,而这通常是用户无法做到的,因此较难纳入用户的考虑范畴。但对于理性的用户而言,如果其充分知晓对于其现阶段需求的满足可能会带来的长期后果,如因这一行为所增加的视频平台的成本最终会转嫁到消费者头上,则相信用户的需求应会有所变化。

此外，经营者当然可以基于用户需求对自己的产品和服务进行改善，却不能以此为由直接插手其他经营者的正常经营。也就是说，北京某科技公司完全可以为满足用户需求对其提供的全部产品及服务做到真正的免费，例如删除包括导航栏在内的任何可能导致用户不满的附加服务，但其无权以此为由要求深圳市某计算机公司对于其提供的视频做到真正的免费，而不附加任何广告。综上，无论从上述哪一个角度分析，均可得出被诉行为已违反公认的商业道德这一结论。

对于社会总福利的分析，一审判决虽也提及了社会公共利益，但其将消费者利益等同于社会公共利益，这一理解显然是不全面的。反不正当竞争法中所考虑的社会公共利益（或社会总福利）既包括消费者利益，亦包括经营者利益。而其中的经营者，则不仅包括本案双方当事人，亦包括其他同业或相关经营者。短期来看，视频网站的商业模式可能因浏览器过滤广告而发生转变，变为视频收费模式，这种转变将增加消费者的成本。长期来看，视频网站可能丧失生存空间，其所能提供给用户的内容将会大大减少。广告投放者也会因此增加广告投放成本，浏览器也会因为竞争产品的效仿而失去竞争力。综上，无论是从消费者、视频平台、广告投放者，还是从浏览器经营者的角度进行分析，广告过滤功能的放开只可能损害社会总福利。将公认的商业道德与社会总福利的结论相互验证，综合考量行业的经营现状及生存空间，可以认定此类行为违反了《反不正当竞争法》的规定。

一审法院合议庭成员　林子英　崔树磊　李一可
二审法院合议庭成员　芮松艳　许　波　刘炫孜
编写人　芮松艳

| 秩序之锚——北京知识产权法院竞争垄断典型案例

9. 北京某科技公司诉北京某信息公司
不正当竞争纠纷案*

——在他人搜索网址中使用某输入法后自动转入
该输入法的搜索引擎的行为性质认定

关键词　不正当竞争　混淆行为　流量劫持　不正当性

基本案情

原告北京某科技公司诉称：北京某科技公司是百度网（www.baidu.com）的经营者，百度搜索引擎在中文互联网市场中享有较高的知名度和良好的声誉。北京某信息公司是搜狗输入法的开发者，经营搜狗搜索引擎网站www.sougou.com。北京某科技公司与北京某信息公司之间存在竞争关系。北京某科技公司发现北京某信息公司利用其搜狗输入法客户端软件针对北京某科技公司实施了不正当竞争行为，主要表现为：上网用户在安装搜狗输入法客户端软件后，在百度搜索引擎的搜索框中使用搜狗输入法输入关键词，在搜索栏下方会自动弹出与搜索关键词相关词汇的下拉菜单，下拉菜单覆盖和隐藏了百度搜索引擎的下拉菜单，点击下拉菜单中的任何词会自动跳转到北京某信息公司经营的搜狗搜索结果页面。北京某科技公司就上述行为向北京某信息公司发送了律师函，但上述行为仍在继续。北京某信息公司故意仿冒、混淆搜索框和搜索结果，搭便车以劫持北京某科技公司流量，对百度搜索引擎具有针对性，构成不正当竞争。据此，北京某科技公司诉至一审法院，请求判令北京某信息公司：（1）立即停止不正当竞

---

* 本案例入选《北京知识产权法院典型案例评析》。

争行为；（2）在"www.sogou.com"网站首页显著位置连续30天刊登道歉声明，并在《法制日报》显著位置刊登道歉声明，消除影响；（3）赔偿北京某科技公司经济损失100万元以及诉讼合理支出20万元。

被告北京某信息公司辩称：第一，"灵犀"输入法的搜索候选服务为输入法与搜索引擎技术相结合的创新产物，不存在针对北京某科技公司的不正当竞争行为。第二，输入法同行业的其他产品如百度输入法等均在输入法产品中提供搜索候选服务，这表明输入法产品集成搜索功能的行业发展必然趋势，至少表明了百度对于这种服务模式的认可。第三，在不同环境下，"灵犀"输入法对搜索候选是否展现进行了不同的设定，不存在专门针对百度展现搜索候选的恶意情形。第四，搜索候选仅是"灵犀"输入法的增值服务，并不影响用户对输入法核心输入功能的使用，也不会干扰用户对百度搜索引擎服务的使用。第五，北京某信息公司在自己经营的"灵犀"输入法产品内提供搜索候选增值服务，属于北京某信息公司经营自主权范畴。而且，一般用户基于常识就能识别搜索候选为北京某信息公司提供，不存在原告所谓的用户将搜狗输入法的搜索候选混淆为百度搜索结果的可能性。第六，"灵犀"输入法从安装过程到具体使用，都多处向用户提示搜索候选由北京某信息公司提供，且用户可以自由选择是否使用搜索候选功能，"灵犀"输入法在功能设置上已进行了充分的提示，充分尊重了用户的自主选择权。第七，在用户点击"灵犀"输入法的搜索候选之前，文字输入并未上屏，百度搜索功能也并未启用，这部分用户流量并不必然属于百度搜索。当用户发现搜狗输入法能提供网址直达、视频观看等直达结果或其他搜索服务时，基于自主选择而进行使用，这是自由竞争的必然结果。综上，北京某信息公司不存在任何不正当竞争行为，北京某科技公司主张损害赔偿及合理支出的诉讼请求没有事实依据及法律基础。此外，赔礼道歉的责任承担方式适用于人身权被侵犯而应承担责任的情形，鉴于本案中不涉及对法人人身权的侵害，故对北京某科技公司有关道歉的诉讼请求亦不应予以支持。

法院经审理查明：北京某科技公司为百度搜索引擎的经营者，北京某信息公司为搜狗输入法的提供者。本案所涉搜狗"灵犀"输入法PC端版本的下拉菜单服务在百度搜索引擎中使用的具体过程如下：进入百度网页面，将光标置于空白搜索栏中，使用搜狗输入法输入"xinwen"，在搜狗输入法的输入栏中会出现一行输入候选字，候选字下方则出现北京某信息公司提供的下拉菜单。其中有相关图标的选项为搜索候选项，选择该选项可进入搜狗搜索结果页面。在下拉菜单最右下方有搜狗标识，并显示小字"由搜狗搜索提供"，但该显示字样并不明显。

北京某科技公司主张搜狗拼音输入法通过提供下拉菜单的形式覆盖和隐藏百度搜索引擎的下拉菜单，使用户发生混淆，诱导用户进入搜狗网站，劫持北京某科技公司流量，且北京某信息公司的上述行为对百度搜索引擎存在针对性歧视待遇。

该下拉菜单系搜狗输入法搜索候选功能的体现，安装时，"开启搜索候选"属于默认勾选，但可以手动取消。与百度搜索引擎的下拉菜单不同，搜狗输入法的下拉菜单仅出现在词语上屏之前，即用户将关键词键入空白搜索框内之前。当关键词被用户键入到空白搜索框之后，则北京某信息公司的下拉菜单页面消失，代之出现的是百度搜索引擎的下拉菜单。

搜狗输入法并非对任何搜索引擎均提供上述下拉菜单服务。现有证据可以看出，在YAHOO、360、搜搜三个搜索引擎上使用搜狗输入法时并无下拉菜单服务。但在中搜（zhongsou.com）、有道搜索（youdao.com）等搜索环境及导航网站 daohang.qq.com、cn.msn.com 的环境中则有该服务。

搜狗输入法亦并非在任何使用环境中均提供下拉菜单服务，现有证据可以看出，在 Word、Excel、PowerPoint 使用环境下，搜狗输入法并不提供上述服务。

此外，并非全部输入法均提供下拉菜单服务。现有证据可以看出，智能ABC输入法、QQ拼音输入法并不提供下拉菜单服务，而谷歌输入法、百度输入法、必应输入法则提供该服务，只是展现方式、展现时间及指向的搜索引擎与搜狗输入法有所不同。

北京市海淀区人民法院于2015年10月19日作出（2015）海民（知）初字第4135号民事判决：一、北京某信息公司立即停止涉案不正当竞争行为；二、北京某信息公司在搜狗网（网址为http://www.sogou.com）首页连续24小时刊登声明，就本案不正当竞争行为为北京某科技公司消除影响；三、北京某信息公司向北京某科技公司赔偿经济损失及合理开支共计50万元；四、驳回北京某科技公司的其他诉讼请求。宣判后，北京某信息公司以一审法院认定事实错误为由提起上诉。北京知识产权法院于2018年

5月25日作出（2015）京知民终字第2200号民事判决：驳回上诉，维持原判。

裁判理由

法院生效裁判认为：

被诉行为系发生在用户进入百度网站页面之后，也即使用搜狗输入法的用户首先是百度搜索引擎的用户。无论被诉行为是否具有正当性，首先可以肯定北京某信息公司因被诉搜狗输入法的下拉菜单而获得的用户流量原本属于百度搜索引擎。搜狗输入法仅在最下一行使用并不显著的颜色及字体标注了"由搜狗搜索提供"，除此之外并无其他提示。在被诉下拉菜单所处位置与通常的百度搜索引擎下拉菜单所处位置并无差别的情况下，上述标注不足以使用户注意到其所使用的下拉提示词实际系由搜狗搜索引擎提供，而非百度搜索引擎提供。此外，北京某信息公司的下拉菜单依托于搜狗输入法，其下拉菜单出现在关键词上屏之前，而百度下拉菜单仅可能出现在上屏之后，上述时间差的存在使得虽然百度下拉菜单并未被实际覆盖，但相当比例的用户会使用被诉行为中所显示的下拉菜单，对于这部分用户而言，百度搜索引擎的下拉菜单已不会出现在用户的搜索界面上，上述情形的存在更易使用户误认为其使用的是百度下拉菜单服务，从而在不知情的情况下使用了搜狗搜索引擎。综上，本案中所存在的劫持流量后果系源于被诉行为所造成的用户混淆，而非用户主动选择，被诉行为与流量流失的后果具有直接关系。虽然搜狗输入法为北京某信息公司的产品，但并不意味着依附于该产品的其他产品或其他模式当然具有正当性。被诉行为足以造成用户混淆，违反了公认的商业道德。北京某信息公司明知被诉行为可能产生的混淆后果，但仍采用这一方式，其主观上具有恶意，违反了1993年《反不正当竞争法》第二条的规定。一审法院有关被诉行为"造成用户对搜索服务来源混淆的可能，不当争夺、减少了百度搜索引擎的商业机会，其行为构成不正当竞争"的认定正确，二审法院予以维持。

本案中，在被诉行为足以导致用户混淆的情况下，即便北京某信息公司在任何使用环境下，针对任何搜索引擎均无歧视性地采用被诉方式提供下拉菜单搜索候选服务，该行为同样不具有正当性。可见，歧视性对待与行为正当性的认定并无必然联系，双方当事人有关歧视性待遇的相关主张不能成立,法院不予支持。一审法院有关"搜狗输入法针对不同环境采用不同的搜索候选展现策略,该行为不具有不当性""搜狗输入法就搜索环境中是否展现搜索候选,对百度搜索采取了有针对性的区别歧视对待,以达到争夺、分流市场占有率较高的百度搜索市场的目的,构成不正当竞争"的认定,法院不予认同。

行业惯例同样与被诉行为的正当性无必然联系。不能否认,行业惯例对于确认公认的商业道德并非毫无作用,尤其是相对于较为稳定的行业或商业模式而言,行业惯例与商业道德具有相对更大的重合性。但需要强调的是,行业惯例并不等同于商业道德,尤其对于新兴行业或新出现的商业模式更是如此。在新兴行业或新出现的商业模式中,商业道德尚处于形成过程中,所谓行业惯例亦处于变化状态,因此,这一阶段的所谓行业惯例对于商业道德判断的价值较低。本案中,无论输入法的其他经营者是否采用了被诉行为的具体方式,均与被诉行为正当性的认定无必然联系。

反不正当竞争法保护的是竞争秩序而非具体的商业模式,因此,即便某一商业模式系由某一经营者率先采用,并形成相应的用户习惯,亦不会由此而产生排他权。他人同样可以采用与之相同或改进的商业模式,只要其竞争行为未违反公认的商业道德,便不构成对反不正当竞争法所保护的竞争秩序的破坏。对于本案所涉搜索引擎下拉菜单服务亦是如此。本案中,法院所认定具有不正当性的是以本案被诉具体方式提供下拉菜单服务的行为,而非北京某信息公司附着于输入法的下拉菜单服务本身。因被诉行为的不正当性系源于该特定方式所产生的用户混淆,故如果附着于输入法的下拉菜单服务不存在混淆情形,且用户在该服务页面下可以很容易地切换到其正在使用的搜索引擎服务,从而有效地保护用户的选择权,则尽管其使用了该下拉菜单模式,且利用了现有用户习惯,亦不能据此认为其具有不正当性。

综上,被诉行为违反了1993年《反不正当竞争法》第二条的规定,北京某信息公司应承担相应的赔偿责任。在互联网环境下,用户流量与企业利益具有直接关系,在法院已认定被诉行为已造成北京某科技公司流量损失的情况下,北京某信息公司认为被诉行为并未产生任何损害后果的主张不能成立,法院不予支持。因本案并无证据证明北京某科技公司的实际损失及北京某信息公司的实际获利,故结合考虑流量对于互联网行业的重要性、搜狗输入法的市场占有情况等因素,一审法院所确定的 50 万元赔偿数额并无不当,法院予以维持。

裁判要旨

在他人搜索引擎的搜索框中使用某输入法输入关键词,在点击该输入法下拉菜单提示词时,使得用户在基本不知情的情况下被引入某特定搜索引擎,构成对他人搜索引擎的流量劫持,该行为属于不正当竞争行为。

关联索引

1993 年《中华人民共和国反不正当竞争法》第二条

一审:北京市海淀区人民法院(2015)海民(知)初字第 4135 号(2015 年 10 月 19 日)

二审:北京知识产权法院(2015)京知民终字第 2200 号(2018 年 5 月 25 日)

法官评析

本案审理焦点为北京某信息公司以涉案显示方式提供下拉菜单搜索候选服务的行为是否违反 1993 年《反不正当竞争法》第二条的规定。

本案中,被诉行为系发生在用户进入百度网站页面之后,也就是说,使用搜狗输入法的用户首先是百度搜索引擎的用户,因此,无论被诉行为是否具有正当性,至少可以首先肯定的是,北京某信息公司因被诉搜狗输入法下拉菜单而获得的用户流量原本属于百度搜索引擎。由被诉行为的表现方式可见,搜狗输入法仅是在最下一行使用并不显著的颜色及字体标注了"由搜狗搜索提供",除此之外并无其他提示。在百度搜索引擎亦提供下拉提示词服务,而被诉下拉菜单所处位置与通常的百度搜索引擎下拉菜单所处位置并无差别的情况下,上述标注不足以使用户注意到其所使用的下拉提示词由搜狗搜索引擎提供,而非百度搜索引擎提供。此外,因北京某信息公司的下拉菜单依托于搜狗输入法,因此,其下拉菜单出现在关键词键入空白搜索框之前,即关键词上屏之前,而百度下拉菜单仅可能出现在键入词上屏之后,上述时间差的存在使得虽然百度下拉菜单并未被实际覆盖,但因相当比例的用户会使用被诉行为中所显示的下拉菜单,故对于这部分用户而言,百度搜索引擎的下拉菜单已不会出现在用户的搜索界面上。上述情形的存在更易使用户误认为其使用的是百度搜索下拉菜单服务,从而在不知情的情况下使用了搜狗搜索引擎。综上可知,本案中所存在的劫持流量后果系源于被诉行为所造成的用户混淆,而非用户主动选择,被诉行为与流量流失的后果具有直接关系。

北京某信息公司认为,被诉行为属于经营自主权的范畴,而且在百度搜索引擎尚未启动时,用户流量的去向处于尚未确定状态,任何竞争者都可以参与此交易机会。虽然任何竞争在相当程度上均是经营者对于用户的争夺,但这一争夺至少应建立在用户明确知晓的情况下,有意造成用户混淆的竞争行为通常属于违反公认的商业道德的行为,这一商业道德在1993年《反不正当竞争法》第五条①中已得到明确体现。即便是北京某信息公司所强调的经营自主权,也不应超出这一边界。尤其是在现有互联网各种商业模式具有很强交叉性的情形下,经营者更应注意避免混淆。本案中,虽然搜狗输入法为北京某信息公司的产品,但不意味着依附于该产品的其他产品或其他模式当然具有正当性。被诉行为足以造成用户混淆,违反了公认的商业道德。北京某信息公司明知被诉行为可能产生的混淆后果,但仍采用这一方式,其主观上具有恶意,违反了1993年《反不正当竞争法》第二条的规定。

需要指出的是,因这一商业道德既适用于传统行业,亦适用于新兴行业或新出现的商业模式,故无论被诉行为是否具有技术上或模式上的创新性均在所不论。

对于非歧视对待与被诉行为正当性之间的关系,虽然针对同一经营行为,具有歧视性的做法相对于无歧视性的做法,可能更容易被认定具有不正当性,但无歧视性并不当然使某一经营行为具有正当性,对其正当性的判断仍取决于该行为本身是否符合公认的商业道德。本案中,在被诉行为足以导致用户混淆的情况下,即便北京某信息公司在任何使用环境下,针对任何搜索引擎均无歧视性地采用被诉方式提供下拉菜单搜索候选服务,该行为同样不具有正当性。可见,歧视性对待与行为正当性的认定并无必然联系。

---

① 对应2019年《反不正当竞争法》第六条。

行业惯例同样与被诉行为的正当性无必然联系。不能否认，行业惯例对于确认公认的商业道德并非毫无作用，尤其是相对于较为稳定的行业或商业模式而言，行业惯例与商业道德在某一方面具有相对更大的重合性。但需要强调的是，行业惯例并不等同于商业道德，尤其对于新兴行业或新出现的商业模式更是如此。在新兴行业或新出现的商业模式中，商业道德尚处于形成过程中，所谓惯例亦处于变化状态，因此，这一阶段的所谓行业惯例对于商业道德判断的价值较低。例如，在视频分享网站刚开始出现的阶段，大量视频分享网站会假借用户名义上传他人作品（尤其是热播影视作品）以获取流量。这一做法在一定程度上亦可谓当时的行业惯例，但显然不能认为其符合商业道德。由此可见，本案中，无论输入法的其他经营者是否采用了被诉行为的具体方式，均与被诉行为正当性的认定无必然联系。

反不正当竞争法保护的是竞争秩序，而非具体的商业模式。因此，即便某一商业模式系由某一经营者率先采用，并形成相应的用户习惯，亦不会由此而产生排他权。他人同样可以采用与之相同或加以改进的商业模式，只要其竞争行为未违反公认的商业道德，便不构成对反不正当竞争法所保护的竞争秩序的破坏。本案所涉搜索引擎下拉菜单服务亦是如此。本案中，二审法院认定具有不正当性的是以本案被诉具体方式提供下拉菜单服务的行为，而非北京某信息公司附着于输入法的下拉菜单服务本身。因被诉行为的不正当性系源于该特定方式所产生的用户混淆，因此，如果附着于输入法的下拉菜单服务不存在混淆情形，且用户在该服务页面下可以很容易地切换到其正在使用的搜索引擎服务，从而有效地保护用户的选择权，则尽管其使用了该下拉菜单模式，且利用了现有用户习惯，亦不能据此认为其具有不正当性。

一审法院合议庭成员　李　颖　陈　敏　张连勇
二审法院合议庭成员　陈锦川　芮松艳　张晰昕
编写人　芮松艳

10. 深圳某科技公司、深圳某计算机公司诉北京某科技公司不正当竞争纠纷案[*]

——复制模仿知名游戏中游戏角色形象和名称等行为的不正当竞争行为认定

关键词　不正当竞争　游戏领域　法律适用

基本案情

原告深圳某科技公司、深圳某计算机公司（以下统称二原告）诉称：二原告公司经合法授权，取得甲网络游戏在中国大陆的独家运营代理权，经过投入运营，该游戏在我国取得了较高的市场知名度和良好的市场信誉。被告北京某科技公司运营乙游戏，向用户提供该游戏下载等服务，对二原告构成不正当竞争。据此，二原告诉至法院，请求判令北京某科技公司：（1）连续一个月在乙网站（网址为www.gyyx.cn）、甲网站（网址为www.qq.com）首页显著位置以及《中国知识产权报》第一版显著位置刊登声明，向二原告赔礼道歉、消除影响；（2）赔偿经济损失及合理费用共计300万元（合理费用包括公证费29760元）。

被告北京某科技公司辩称：（1）乙游戏已于2016年6月在各平台下架完毕。（2）北京某科技公司不存在不正当竞争行为。（3）二原告未提交证据证明其存在的实际损失，提交的公证费发票也无法实际对应具体的公证书，其提出300万元的赔偿损失额没有事实依据。

法院经审理查明：2014年4月14日，某游戏公司授权代表出具《许

---

[*] 本案例入选《北京知识产权法院典型案例评析》。

可证》，表明该公司作为甲网络游戏的研发者和北美发行商，以及与该游戏研发相关的所有知识产权的所有者，拥有将该游戏许可给中国或世界上其他地区的任意第三方的独家权利。同日，某游戏公司作出《甲游戏知识产权维权授权书》，表明根据该公司与二原告曾于 2008 年 8 月 11 日订立的独家许可协议，二原告享有该款游戏在授权区域的独家代理运营权；为使二原告在授权区域享有的权利免受任何第三方侵害，某游戏公司授予二原告在授权区域就针对该游戏的侵权行为采取维权措施的权利，并有权获得索赔。授权期间为 2014 年 4 月 14 日至 2016 年 4 月 30 日。甲游戏在我国取得了较高的市场知名度和良好的市场信誉。

乙游戏由北京某科技公司开发经营，于 2014 年 1 月 23 日内测，2014 年 5 月 16 日公测。二原告主张北京某科技公司通过开发经营乙游戏实施了三项不正当竞争行为：一是在乙游戏启动界面使用与甲游戏启动界面近似的标识；二是乙游戏中 21 个角色抄袭了甲游戏中对应的角色形象，亦抄袭了 6 个角色名称；三是北京某科技公司通过网站视频宣传乙游戏是甲游戏的手游力作，构成虚假宣传。

北京市海淀区人民法院于 2017 年 11 月 29 日作出（2016）京 0108 民初 15454 号民事判决：一、北京某科技公司于判决生效之日起 30 日内在乙网站或一家游戏平台（游戏平台选择范围为本案公证书涉及的游戏平台）游戏栏目首页连续 48 小时刊登声明，就本案侵权行为为二原告消除影响；二、北京某科技公司于本判决生效之日起 10 日内赔偿经济损失 100 万元及合理费用 29760 元；三、驳回二原告的其他诉讼请求。宣判后，北京某科技公司以涉案行为不构成不正当竞争为由提起上诉。北京知识产权法院于 2019 年 8 月 13 日作出（2018）京 73 民终 371 号民事判决：驳回上诉，维持原判。

裁判理由

法院生效裁判认为：

一、关于法律适用问题

在知识产权侵权行为发生时，当事人有权选择依据相关部门法提起诉讼。虽然甲游戏启动界面与角色形象可能构成 2010 年《著作权法》所规定的美术作品,但在二原告选择依据1993年《反不正当竞争法》提起不正当竞争纠纷诉讼的情况下,本案应适用1993年《反不正当竞争法》进行审理,并不存在需优先适用2010年《著作权法》的问题。而且,判断是否构成不正当竞争行为,亦应根据1993年《反不正当竞争法》的相关规定进行判定,与当事人主张的相关内容是否应受到2010年《著作权法》的保护无关。因此,本案适用1993年《反不正当竞争法》并无不当。

二、原被告之间是否具有竞争关系、涉案行为是否构成不正当竞争

(一)关于原被告之间是否存在竞争关系

首先,北京某科技公司与二原告均为网络游戏的运营者,且甲游戏上线运营时间较长,积累了广泛的市场知名度和影响力,北京某科技公司应当知晓甲游戏。其次,网络游戏根据不同的标准可以细化为很多种类别,甲游戏为电脑端游戏,乙游戏为移动端手机游戏,但二者均属于网络游戏,游戏细分类别的差异并不影响二者均为网络游戏。最后,从北京某科技公司在对乙游戏进行宣传时的相关描述与甲游戏的玩家比对体验等,亦可看出二游戏的玩家群体有所重叠。因此,原被告之间具有竞争关系。

(二)关于北京某科技公司涉案模仿游戏启动界面标识与角色形象的行为是否构成不正当竞争

1993年《反不正当竞争法》第二条规定,经营者在市场交易中,应当遵循自愿、平等、公平、诚实信用的原则,遵守公认的商业道德。本案中,二原告指控北京某科技公司在运营乙游戏中实施的模仿游戏启动界面标识与角色形象的相关行为构成不正当竞争,上述行为不属于1993年《反不正当竞争法》第二章所列举的不正当竞争行为,二原告也并未依据该列举式规定主张权利,而是依据该法第二条的原则性规定主张权利。因此,一审法院以1993年《反不正当竞争法》第二条作为本案法律适用的依据并无不当。虽然甲游戏的启动界面标识与乙游戏的启动界面标识存在一些差别,但是二者的整体外观、文字组成、配剑、展翼等元素十分相近,故甲游戏的启动界面标识与乙游戏的启动界面标识属于近似的标识。

从整体风格来说,乙游戏的角色形象与甲游戏的角色形象相比更萌、更为卡通。虽然乙游戏的部分角色与甲游戏的部分角色在动作、表情、服装等方面存在一定差异,但是在眼睛、发型、头饰、装备等主要特征设计上十分相近,故一审法院认定乙游戏中的 21 个角色形象与甲游戏中对应角色形象属于近似的角色形象;且乙游戏中的"瑞雯"等 6 个角色名称与甲游戏中的"锐雯"等的角色名称亦十分相近。鉴于两款游戏的部分角色形象构成近似,北京某科技公司在宣传推广乙游戏时强调该游戏为甲游戏的"Q版"游戏、"甲游戏的角色 Q 版化",且北京某科技公司未提交证据证明乙游戏的启动界面标识、相关角色形象和角色名称等系其自行设计,因此,法院认定乙游戏具有模仿甲游戏的故意。

鉴于甲游戏上线运行时间早于乙游戏,乙游戏使用了与甲游戏启动界面标识相近似的标识,亦有 21 个角色使用了与甲游戏相近似的角色形象,6 个角色使用了与甲游戏相近似的角色名称,故北京某科技公司开发运营的乙游戏启动界面标识、角色形象、角色名称系对甲游戏的模仿,违反了经营者应遵守的诚信原则和公认的商业道德,具有不正当性,违反了 1993 年《反不正当竞争法》第二条的规定。

(三)关于北京某科技公司在宣传中提及甲游戏的行为是否构成虚假宣传的不正当竞争行为

1993 年《反不正当竞争法》第九条第一款规定,经营者不得利用广告或者其他方法,对商品的质量、制作成分、性能、用途、生产者、有效期限、产地等作引人误解的虚假宣传。根据本案查明的事实,甲游戏上线运营时间较长,积累了广泛的市场知名度和影响力,北京某科技公司作为同业经营者应当知晓甲游戏。且北京某科技公司未提交证据证明其取得甲游戏权利人的授权或者与深圳某科技公司、深圳某计算机公司存在合作关系或者其他关系。北京某科技公司在其经营的光宇游戏网站内宣传推广乙游戏时多次使用诸如"Q 版×××英雄皆在此"等的表述,强调其游戏为甲游戏的 Q 版,英雄角色为甲游戏的 Q 版英雄角色,使人误认为乙游戏为甲游戏的手游 Q 版,构成虚假宣传。

三、关于北京某科技公司应当承担的民事法律责任

1993年《反不正当竞争法》第二十条第一款规定,经营者违反该法规定,给被侵害的经营者造成损害的,应当承担损害赔偿责任,被侵害的经营者的损失难以计算的,赔偿额为侵权人在侵权期间因侵权所获得的利润;并应当承担被侵害的经营者因调查该经营者侵害其合法权益的不正当竞争行为所支付的合理费用。北京某科技公司模仿甲游戏的游戏启动界面标识、角色形象、角色名称以及在宣传中提及甲游戏的虚假宣传行为构成不正当竞争,故北京某科技公司应承担消除影响、赔偿损失等法律责任。鉴于深圳某科技公司、深圳某计算机公司未提交其因涉案被诉侵权行为受到损失的证据,亦未提供北京某科技公司因涉案被诉侵权行为所获利润的证据,故法院综合考虑甲游戏的市场知名度和影响力、乙游戏的抄袭比例、北京某科技公司的主观恶意、乙游戏的运营时间等因素酌情确定赔偿经济损失100万元及合理费用29760元。

裁判要旨

在明知他人具有一定知名度的游戏的情况下,复制模仿该游戏的游戏启动界面标识、游戏角色形象和名称等,违反了经营者应遵守的诚信原则和公认的商业道德,违反了《反不正当竞争法》的原则条款。①

关联索引

1993年《中华人民共和国反不正当竞争法》第二条、第九条

一审:北京市海淀区人民法院(2016)京0108民初15454号(2017年11月29日)

二审:北京知识产权法院(2018)京73民终371号(2019年8月13日)

---

① 2022年3月16日发布的《最高人民法院关于适用〈中华人民共和国反不正当竞争法〉若干问题的解释》第一条规定,经营者……且属于违反《反不正当竞争法》第二章及《专利法》《商标法》《著作权法》等规定之外情形的,人民法院可以适用《反不正当竞争法》第二条予以认定。

法官评析

近年来，游戏产业特别是网络游戏产业日益繁荣，成为文化创意产业的新增长点。本案涉及游戏领域不正当竞争行为的认定问题，对审理类似案件具有较大的指导和借鉴意义。

一、根据原告主张和案件事实厘清民事法律关系、确定适用何种法律进行调整

游戏本身并非知识产权法律规定的一类客体，因此没有特殊的权利类型和法律规则。一般来说，涉游戏类侵犯知识产权民事案件可分为侵犯专利权纠纷、侵犯著作权纠纷、侵犯商标权纠纷、不正当竞争纠纷等。因游戏由游戏名称、商标标识、场景地图、故事情节、人物形象、文字介绍、对话旁白、背景音乐等多种元素构成，因此，权利人通常会选择通过《著作权法》或者《商标法》来维护自己的合法权益。在深圳某科技公司、深圳某计算机公司诉北京某科技公司侵犯商标权纠纷案中，深圳某科技公司、深圳某计算机公司主张北京某科技公司对"炫舞吧"的使用行为侵犯其就"QQ炫舞"商标所享有的注册商标专用权，最终法院适用《商标法》认定北京某科技公司涉案被诉侵权行为侵犯他人的注册商标权。

网络游戏通常只是争议的标的物，而民事法律关系才真正反映纠纷的本质，当事人就网络游戏提起诉讼的，须根据原告的诉讼主张确定法律关系，进而确定适用何种法律进行调整。本案并未适用《著作权法》或《商标法》，而是适用《反不正当竞争法》，主要是基于当事人的主张和法律关系进行确定的。具体而言，原告深圳某科技公司、深圳某计算机公司系以不正当竞争纠纷为案由提起诉讼，并非以侵害著作权纠纷作为案由，且在案件审理过程中，原告亦明确主张被告实施了不正当竞争行为，并未主张甲游戏的启动界面和角色形象构成作品。虽然甲游戏启动界面与角色形象可能构成《著作权法》所规定的美术作品，但在原告选择依据《反不正当竞争法》提起诉讼的情况下，本案应适用《反不正当竞争法》进行审理，并不存在需优先适用著作权法的问题。而且，判断是否构成不正当竞争，亦应根据《反不正当竞争法》的相关规定进行判定，与当事人主张的相关内容是否应受《著作权法》的保护无关。

二、根据当事人主张及涉案侵权行为的类型,可以适用 1993 年《反不正当竞争法》第二条原则条款对涉案侵权行为进行规制

关于 1993 年《反不正当竞争法》第二条原则条款的适用条件问题,最高人民法院在(2009)民申字第 1065 号某食品进出口公司、山东某集团有限公司、山东某水有限公司与马某庆、青岛圣某贸易有限公司不正当竞争纠纷案中进行了认定:"虽然人民法院可以适用《反不正当竞争法》的一般条款来维护市场公平竞争,但同时应当注意严格把握适用条件,以避免因不适当干预而阻碍市场自由竞争。凡是法律已经通过特别规定作出穷尽性保护的行为方式,不宜再适用《反不正当竞争法》的一般规定予以管制。总体而言,适用 1993 年《反不正当竞争法》第二条第一款和第二款认定构成不正当竞争时,应当同时具备以下条件:一是法律对该种竞争行为未作出特别规定;二是其他经营者的合法权益确因该竞争行为而受到了实际损害;三是该种竞争行为因确属违反诚实信用原则和公认的商业道德而具有不正当性或者说可责性,这也是问题的关键和判断的重点。"具体到本案,因原告指控被告在运营乙游戏中实施的模仿游戏启动界面标识与角色形象的相关行为不属于 1993 年《反不正当竞争法》第二章所列举的不正当竞争行为,且原告也并未依据该列举之规定主张权利,而是依据该法第二条的原则性规定主张权利,因此本案应当适用 1993 年《反不正当竞争法》第二条。

关于涉案游戏启动界面标识与角色形象内容是否构成不正当竞争行为的认定,法院从游戏启动界面标识与角色形象的近似程度、经营者是否具有模仿的故意等方面进行论述。虽然甲游戏的启动界面标识与乙游戏的启动界面标识存在一些差别,但是二者的整体外观、文字组成、配剑、展翼等元素十分相近,故甲游戏的启动界面标识与乙游戏的启动界面标识属于近似的标识。对于原告主张的 21 个角色形象,从整体风格来说,乙游戏的角色形象与甲游戏的角色形象相比更萌、更为卡通。虽然乙游戏的部分角色与甲游戏的部分角色在动作、表情、服装等方面存在一定差异,但是在眼睛、发型、头饰、装备等主要特征的设计上十分相近,故乙游戏中的 21 个角色形象与甲游戏中对应角色形象属于近似的角色形象。乙游戏中的"瑞雯"等 6 个角色名称与甲游戏中的"锐雯"等的角色名称亦十分相近。

鉴于两款游戏的部分角色形象构成近似，北京某科技公司在宣传推广乙游戏时强调该游戏为甲的"Q版"游戏、"甲游戏的角色Q版化"，且北京某科技公司未提交证据证明乙游戏启动界面标识、相关角色形象和角色名称等系其自行设计，因此法院认定乙游戏具有模仿甲游戏的故意。结合两款游戏的上线运行时间、游戏启动界面和游戏角色形象、名称的近似程度，法院最终认定北京某科技公司开发运营的乙游戏系对甲游戏的模仿，违反了经营者应遵守的诚信原则和公认的商业道德，具有不正当性，违反了1993年《反不正当竞争法》第二条的规定，构成不正当竞争。

随着游戏产业发展的繁荣，涉游戏类知识产权案件日益增多，游戏权利人有权选择依据《著作权法》《商标法》《专利法》或者《反不正当竞争法》提起诉讼。若游戏权利人选择依据《反不正当竞争法》，其应明确涉案侵权行为是否属于1993年《反不正当竞争法》第二章所列举的不正当竞争行为。只有涉案侵权行为不属于1993年《反不正当竞争法》第二章所列举不正当竞争行为的情况下，权利人才可以主张适用1993年《反不正当竞争法》第二条这一原则条款来维护其合法权益。

一审法院合议庭成员　曹丽萍　梁铭全　袁　卫
二审法院合议庭成员　王金山　张晓津　周丽婷
编写人　赵　楠　杜文婷

| 秩序之锚——北京知识产权法院竞争垄断典型案例

11. 北京某科技公司诉深圳市某网络公司 不正当竞争纠纷案*

——2019年《反不正当竞争法》中关于 数据保护及不正当使用行为的认定

关键词　干扰搜索引擎算法　刷量类不正当竞争　行为不正当性判断

基本案情

北京某科技公司成立于2001年，经营范围包括计算机系统服务等，是百度网（www.baidu.com）的运营主体，百度网主要为网络用户提供搜索服务。深圳市某网络公司成立于2013年，经营范围包括计算机网络等，是"我爱广告任务网"网站（www.5iads.cn，即被诉网站）的运营主体。深圳市某网络公司通过设置广告任务发布平台（被诉网站），帮助、指引流量需求方发布需求任务，以"盈利"为诱饵，诱导"接任务"用户伪装成正常用户制造虚假点击量任务，以满足"发任务"用户的制造虚假点击量数据的需求，干扰搜索引擎算法，提升自然搜索排名。

北京某科技公司将深圳市某网络公司起诉至法院，主张深圳市某网络公司的被诉行为违反了2019年《反不正当竞争法》第八条和第二条，构成不正当竞争，请求判令深圳市某网络公司停止不正当竞争行为、消除影响、赔偿其经济损失及合理开支500万元。

深圳市某网络公司认可从事被诉行为，但提出已经停止了被诉行为；其行为不构成不正当竞争，辩称其提供的为正常的"SEO优化"服务模

---

* 本案例为全国首例运营人工刷量平台干扰搜索引擎算法不正当竞争案。

式，与北京某科技公司的重要营收方式"竞价排名"相同，被诉网站提供的仅是技术服务，并未违反法律和商业道德，不存在"扰乱市场秩序"以及"损害其他经营者的合法权益"的情况。同时，被诉行为未增加北京某科技公司成本、降低用户关注度、减少网络流量，被诉网站的广告行为与被诉行为无关，且引导人工点击行为不会比机器刷量危害更大，因此被诉行为不具有不正当性。此外，本案应当首先基于2019年《反不正当竞争法》第八条、第十二条的规定评价被诉行为，不能径行适用2019年《反不正当竞争法》第二条。

北京市海淀区人民法院于2021年12月27日作出（2020）京0108民初43224号民事判决：深圳市某网络公司的行为构成不正当竞争，判决深圳市某网络公司停止不正当竞争、消除影响、赔偿北京某科技公司经济损失200万元及合理开支5万元。宣判后，深圳市某网络公司不服一审判决，提出上诉。北京知识产权法院于2023年4月17日作出（2022）京73民终1148号民事判决：驳回上诉，维持原判。

裁判理由

法院生效裁判认为：

首先，北京某科技公司是百度网的运营主体，深圳市某网络公司是被诉网站的运营主体，双方均从事互联网行业，且深圳市某网络公司提供的被诉服务依附于百度网的搜索服务，因此，可认定双方之间具有竞争关系。同时，深圳市某网络公司的被诉行为服务效果与北京某科技公司的付费推广相似，一定程度上可替代北京某科技公司所提供的付费推广业务，会影响北京某科技公司的竞争利益，故被诉行为应当受到2019年《反不正当竞争法》的规制。

其次，当2019年《反不正当竞争法》第二章对被诉行为未作出特别规定时，可适用该法第二条。本案中，北京某科技公司依据2019年《反不正当竞争法》第二条和第八条针对被诉行为提出主张，故首先要对被诉行为是否属于2019年《反不正当竞争法》第八条规定的行为进行认定。同时，考虑到被诉行为发生在网络环境下，故还需认定被诉行为是否构成2019年《反不正当竞争法》第十二条规定的情形。本案中，深圳市某网络公司的行为的确会增加发任务用户目标网站虚假的后端点击量数据，影响搜索引擎算法，提升目标网站前端排位，但不会直接导致相关公众对特定商品或服务产生错误认识，而影响其购买选择的后果。故被诉行为不同于电商平台店铺刷量等虚构夸大信誉度的情形，不属于虚假宣传的范畴，不符合2019年《反不正当竞争法》第八条第二款规定的情形。被诉行为明显不属于2019年《反不正当竞争法》第十二条第二款规定中前三项行为，同时被诉行为系引导用户采用人工点击的方式增加虚假点击量，未采用技术手段，双方当事人对此均予认可，故被诉行为不符合2019年《反不正当竞争法》第十二条第二款规定的具体不正当竞争行为。综上，被诉行为不属于2019年《反不正当竞争法》第八条、第十二条规定的不正当竞争行为，更不涉及2019年《反不正当竞争法》第二章的其他具体条款，在此情况下，一审法院适用2019年《反不正当竞争法》第二条并无不当。

最后，深圳市某网络公司所提供的服务"寄生"于北京某科技公司搜索引擎的产品和服务中，通过干扰百度搜索引擎算法的方式，获取商业利益。该种经营模式不仅直接损害了北京某科技公司的合法权益，对于社会福利和消费者福祉亦无裨益，且容易被如涉案目标网站这类存在违法性的网站所利用，不利于营造健康、安全的网络环境。从长远来看，如不对被诉行为进行规制，将使得网站经营者不再通过提升网站本身内容和质量来提升搜索引擎排名，而是通过被诉行为这种作弊手段快速实现，导致市场激励机制失灵，扰乱正常的网络经营活动和健康有序的竞争秩序。综上，深圳市某网络公司运营针对搜索引擎进行人工制造虚假点击量数据的交易平台，干扰搜索引擎算法，违背了诚信原则和商业道德，损害了北京某科技公司的合法权益及消费者利益，破坏了互联网搜索引擎行业的竞争秩序，依据2019年《反不正当竞争法》第二条，构成不正当竞争。

裁判要旨

通过干扰搜索引擎算法的方式，为付费用户制造虚假点击量数据，不仅直接损害了搜索引擎提供商的合法权益，也易被违法网站所利用，扰乱正常的网络经营活动和健康有序的竞争秩序，构成不正当竞争。

关联索引

2019年《中华人民共和国反不正当竞争法》第二条、第二十条

一审：北京市海淀区人民法院（2020）京 0108 民初 43224 号（2021年 12 月 27 日）

二审：北京知识产权法院（2022）京 73 民终 1148 号（2023 年 4 月 17 日）

法官评析

刷量类网络不正当竞争纠纷案件中，在适用 2019 年《反不正当竞争法》第二条规定的原则时，应首先判断被诉行为是否落入 2019 年《反不正当竞争法》第二章规定的情形。具体而言，应先评判该行为是否构成虚假宣传，随后判断被诉行为是否符合 2019 年《反不正当竞争法》第十二条第二款规定的四种情形。如均不构成，方可适用第二条。适用原则条款分析被诉行为的不正当性时，可从原告合法权益因被诉行为受损、被诉行为手段是否具有不正当性，是否损害了消费者权益、扰乱了竞争秩序等角度分析。结合本案，具体分析如下：

一、刷量类不正当竞争行为的法律适用顺序

北京某科技公司依据 2019 年《反不正当竞争法》第二条和第八条针对被诉行为提出主张，故首先要对被诉行为是否属于 2019 年《反不正当竞争法》第八条规定的行为进行认定。同时，考虑到被诉行为发生在网络环境下，故还需要认定被诉行为是否构成 2019 年《反不正当竞争法》第十二条规定的情形。

2019 年《反不正当竞争法》第八条规定，经营者不得对其商品的性能、功能、质量、销售状况、用户评价、曾获荣誉等作虚假或者引人误解的商业宣传，欺骗、误导消费者。经营者不得通过组织虚假交易等方式，帮助其他经营者进行虚假或者引人误解的商业宣传。在网络不正当竞争案件中，经营者通过组织虚假交易、虚构评价、操控流量数据等方式，帮助他人进行虚假或引人误解的商业宣传，以及为虚假宣传提供设计、制作、发布等服务的，可以认定构成 2019 年《反不正当竞争法》第八条第二款规定的帮助其他经营者进行虚假宣传的行为。反之，如经营者虽以捏造、虚构、歪曲事实或者其他误导性方式制造了虚假流量数据，但并未直接导致相关公众对商品或服务产生错误认识，则不能认定构成 2019 年《反不正当竞争法》第八条第二款规定的行为。

本案中，深圳市某网络公司的行为确会增加发任务用户目标网站虚假的后端点击量数据，影响搜索引擎算法，提升目标网站前端排位，但不会直接致使相关公众对特定商品或服务产生错误认识，而影响其购买选择的后果。故被诉行为不同于电商平台店铺刷量等虚构夸大信誉度的情形，不属于虚假宣传的范畴，不符合2019年《反不正当竞争法》第八条第二款规定的情形。

2019年《反不正当竞争法》第十二条第二款规定，经营者不得利用技术手段，通过影响用户选择或者其他方式，实施下列妨碍、破坏其他经营者合法提供的网络产品或者服务正常运行的行为：（1）未经其他经营者同意，在其合法提供的网络产品或者服务中，插入链接、强制进行目标跳转；（2）误导、欺骗、强迫用户修改、关闭、卸载其他经营者合法提供的网络产品或者服务；（3）恶意对其他经营者合法提供的网络产品或者服务实施不兼容；（4）其他妨碍、破坏其他经营者合法提供的网络产品或者服务正常运行的行为。

被诉行为明显不属于上述规定中的前三项行为，同时被诉行为系引导用户采用人工点击的方式增加虚假点击量，未采用技术手段，双方当事人对此均予认可。因此，被诉行为不符合2019年《反不正当竞争法》第十二条第二款规定的具体不正当竞争行为。

综上，被诉行为不属于2019年《反不正当竞争法》第八条、第十二条规定的不正当竞争行为，更不涉及2019年《反不正当竞争法》第二章的其他具体条款。因此，本案可以考虑适用2019年《反不正当竞争法》第二条原则条款。

二、被诉行为是否具有不正当性

（一）北京某科技公司的合法权益因被诉行为受损

被诉行为是帮助、指引流量需求方发布需求任务，以"盈利"为诱饵，诱导"接任务"用户伪装成正常用户制造虚假点击量任务，以满足"发任务"用户的制造虚假点击量数据的需求，干扰搜索引擎算法，提升自然搜索排名。被诉行为的实质为运营针对搜索引擎进行人工制造虚假点击量数据的交易平台，以收费方式为发任务用户的网站进行推广。

在案证据及双方陈述表明，用户输入相应关键词并点击相应网站产生的点击量，是北京某科技公司搜索引擎算法的重要分析数据，只有用户基于真实的搜索需求进而产生的真实点击量，才能使北京某科技公司通过算法分析得出的自然搜索结果及排序更加匹配用户的需求。而被诉行为是运营针对搜索引擎进行人工制造虚假点击量的交易平台，干扰搜索引擎算法，提升满足引流需方指定网站的搜索排名，以"盈利"为诱饵，诱导"接任务"用户伪装成正常用户进行搜索并产生点击，该点击量数据并非真实用户基于真实搜索需求而产生的，北京某科技公司以上述虚假点击量数据为分析数据，进而将目标网站展示在搜索结果排名靠前的位置，无法真实、客观地反映目标网站的网站质量以及与用户需求的匹配度，明显违背了北京某科技公司的经营意愿，对百度网自然搜索结果的排序造成了实质性影响，一定程度上替代了北京某科技公司所提供的付费推广业务。上文已述，搜索结果排序是百度网服务内容的重要组成部分，按照用户浏览网页的习惯，排名越靠前的搜索结果被用户浏览的概率越大，而被诉行为使得原本与用户需求匹配度较低的目标网站因排名靠前而更易被用户浏览，长此以往，会降低用户对百度网的使用体验和使用评价，影响百度网的商业信誉，进而影响百度网的用户流量、用户黏性，损害了北京某科技公司本可以直接或间接获得的经济利益。此外，北京某科技公司已针对恶意增加网站点击量数据的行为采取了防作弊的相关技术保护措施，而被诉行为的出现，必然使北京某科技公司需投入更大成本，进一步升级、改进其防作弊措施，甄别、防范虚假点击量，这也将给北京某科技公司的经营造成更大负担。综上，被诉行为损害了北京某科技公司的合法权益。深圳市某网络公司认为未侵害北京某科技公司合法权益的上诉理由，缺乏事实依据，二审法院不予支持。

（二）深圳市某网络公司的行为手段具有不正当性

深圳市某网络公司虽然没有直接从事向目标网站刷点击量的活动，但是却为此类活动提供了明确的指引和诱导，向发单用户和接单用户收取一定比例的费用，以此获取直接经济收益。深圳市某网络公司"发单用户"发布任务时提供1天内相同IP不重复点击、1天内相同网段不重复点击和3天内相同网段不重复点击三种方案供选择，以规避北京某科技公司的

"反作弊算法"制造虚假的用户需求,因而其显然知悉北京某科技公司运营的百度搜索存在"反作弊算法",但仍积极提供规避的方法和指引,以谋取利益。此外,深圳市某网络公司明知北京某科技公司对于目标网站点击量可能采取的计算方式,以及可能因此导致的搜索结果排序变化的情况下,仍允许其平台上存在大量针对百度搜索虚增点击量数据的任务,并通过发布公告等方式鼓励用户大量发单与接单。深圳市某网络公司作为互联网领域的经营者,理应知道百度搜索在市场上的知名度、制造虚假点击量数据可能对搜索结果排序产生的影响以及对目标网站的影响等,却客观上仍然实施了撮合交易、帮助、诱导的行为。该行为手段明显不当,可推定深圳市某网络公司具有明显的主观恶意。一审判决对此认定正确。深圳市某网络公司认为其不具有主观恶意的上诉理由,二审法院不予支持。

(三) 被诉行为损害了消费者权益

用户使用搜索引擎的目的是通过特定关键词,在搜索引擎中找到符合其需求的内容,搜索引擎运营者提升、改进其产品算法的目标亦是更加精准、高效地为用户提供匹配其搜索关键词的网站内容。上文已述,被诉行为使原本与用户需求匹配度较低的目标网站因排名靠前而易被用户所浏览,该类目标网站往往是为了通过快速提升搜索结果排名这一"捷径"而获取用户浏览量,进而获得相关收益,故网站本身含有丰富内容的可能性较低。这就使用户无法轻易获得本应呈现在排序前列的正常搜索结果,需花费更大的时间成本去搜索满足其需求的网站,影响消费者对于搜索引擎服务的正常使用,损害了消费者的合法权益。此外,对于其他通过提升网站内容和质量来实现排名提升的经营者来说,被诉行为也影响其在搜索结果中本应所在的排名位置,进而影响其可能获得的流量和交易机会,对其他经营者的合法权益亦造成了损害。

(四) 被诉行为扰乱了市场竞争秩序

北京某科技公司与深圳市某网络公司均认可,在搜索引擎优化行业中,经营者可以在符合搜索引擎运行机制的基础上,以提升网站质量为目的,围绕网站内容、结构、代码、关键词、网页设计等方面进行网站优化,以此匹配搜索引擎的算法,进而被搜索引擎收录、提升排名。正当、合法的搜索引擎优化方式既被搜索引擎产品接受和认可，为网站带来用户流量，亦符合消费者的搜索需求。反观本案被诉行为，深圳市某网络公司制造了虚假的用户需求和点击量数据，欺骗了搜索引擎的算法，未遵循搜索引擎优化行业的一般规则，并据此谋取收益，显然有悖诚信原则和商业道德。且深圳市某网络公司明知北京某科技公司对于被诉行为所采取的技术保护措施，仍然指引、诱导"接任务"用户，逃避北京某科技公司的相关防作弊措施，亦反映出其实施被诉行为的主观恶意明显。

深圳市某网络公司所提供的服务"寄生"于北京某科技公司搜索引擎的产品和服务中，通过干扰百度搜索引擎算法的方式，获取商业利益。该种经营模式不仅直接损害了北京某科技公司的合法权益，对于社会福利和消费者福祉亦无增益，且容易被如涉案目标网站这类存在违法性的网站所利用，不利于营造健康、安全的网络环境。从长远来看，如不对被诉行为进行规制，将使得网站经营者不再通过提升网站本身的内容和质量进而提升搜索引擎排名，而是通过被诉行为这种作弊手段快速实现，导致市场激励机制失灵，扰乱了正常的网络经营活动和健康有序的竞争秩序。

综上，深圳市某网络公司运营针对搜索引擎进行人工制造虚假点击量数据的交易平台，干扰搜索引擎算法，违背了诚信原则和商业道德，损害了北京某科技公司的合法权益及消费者利益，破坏了互联网搜索引擎行业的竞争秩序，依据2019年《反不正当竞争法》第二条，构成不正当竞争。

本案为干扰搜索引擎刷量类案件正当性判断的典型案例。该案对于明显刷量类不正当竞争案件法律适用顺序和具体条款的选择具有指导意义。

一审法院合议庭成员 刘佳欣　王栖鸢　刘君婕
二审法院合议庭成员 谢甄珂　兰国红　李迎新
编写人　李迎新

12. 北京甲教育公司诉北京乙教育公司不正当竞争纠纷案

——人才"挖墙脚"行为的不正当竞争认定

关键词　原则条款　诚信原则　不正当竞争

基本案情

原告（上诉人）北京甲教育公司诉称：北京甲教育公司推出的"钟某某讲民法"等图书名称等构成2019年《反不正当竞争法》第六条规定的"有一定影响"的商业标识。被告北京乙教育公司在其提供的法考培训服务中擅自使用上述名称的行为构成不正当竞争；北京乙教育公司聘任原为北京甲教育公司知名授课讲师徐某、蔡某等十名讲师，并在其官方微博发布宣传上述讲师的内容，其行为违反了诚信原则和公认的商业道德，构成不正当竞争。请求法院判令：（1）北京乙教育公司立即停止涉案不正当竞争行为；（2）北京乙教育公司在瑞达法考网（网址为 www.ruidaedu.com）、"瑞达法考"微信公众号（账号为 ruidafk）、"瑞达法考""瑞达 e 学"新浪微博、瑞达法考 App、厚大司考网（网址为 www.houdask.com）、新浪网、搜狐网、百度网、优酷网首页显著位置以及《中国法院报》《中国青年报》《北京青年报》《法制日报》首页显著位置连续 120 日发布向北京甲教育公司赔礼道歉和消除影响的声明；（3）北京乙教育公司赔偿北京甲教育公司经济损失 79945219 元及合理开支 54781 元（公证费）。

被告（上诉人）北京乙教育公司辩称：（1）"学习包""考前聚焦 2 小时"等称谓并非北京甲教育公司所创设或独有，北京乙教育公司在一审中提交了多个网站的网页截图，显示有《吕思勉讲三国》《袁腾飞讲历史》

等图书,与北京甲教育公司"钟某某讲民法"等图书名称的命名方式相似;《高等数学"学习包"》《铁道版2012年新大纲公务员考试——行测/申论全能高分学习包(在线)》《行政职业能力测验:2012年山西省考试专用/卫星远程视讯学习包》等商品名称与北京甲教育公司"学习包"的命名方式相似;"2013年中考化学考前聚焦热点"等命名方式与北京甲教育公司"考前聚焦2小时"的命名方式相同。而且,在案证据亦无法证明上述名称经北京甲教育公司的使用已具有一定的影响,从而构成2019年《反不正当竞争法》第六条第一项所指的"有一定影响的商品名称"。对于校区名称、班次名称等基于同样的理由。因此,一审法院认定北京乙教育公司的涉案行为并未违反2019年《反不正当竞争法》第六条的结论正确。同时,北京甲教育公司提交的在案证据不能显示北京乙教育公司存在违反诚信原则和公认的商业道德的行为,故上述行为未违反2019年《反不正当竞争法》第二条的规定。(2)北京乙教育公司聘任讲师并在网络平台进行宣传以及李某接受采访等行为并未违反诚信原则。司考培训行业人员流动频繁,讲师离职属正常现象,北京甲教育公司主张的所谓被"挖角"的授课讲师很多都是与北京甲教育公司签约到期或协议解除后才加入北京乙教育公司,讲师到北京乙教育公司任职是正常的人才流动;北京乙教育公司的宣传行为并未违反讲师与北京甲教育公司的协议约定,未构成不正当竞争。

　　法院经审理查明:上海瑞达法考培训新浪微博于2016年4月25日发布的博文提及部分涉案讲师名字。瑞达法考新浪微博于2016年5月1日至3日连续每日发布《瑞达法考即将启幕,敬请期待》(以下简称《期待》)一文提及"2016考季,我们继续履行与厚大之间的协议。从2017考季开始,我们只在瑞达独家授课出书",其中,"从2017考季开始,我们只在瑞达独家授课出书"用显著字体显示,博文阅读数从"31万+"至"48万+"不等;同年5月4日发布《致考生》博文,提及"在保证老师们不违反此前合约的前提下,瑞达将竭尽全力为2016年考生免费提供力所能及的产品和服务,比如部分视频课程、在线题库、法律法规在线检索等""如果你是为参加2017年法考而作准备的朋友,为了你的知情权和选择权,在此时,我们有义务和你分享我们的决定,请你理解我们的情怀和追求"等内容。

秩序之锚——北京知识产权法院竞争垄断典型案例

2017年9月8日，浏览瑞达法考网，首页"名师风采"中有除蔡某、刘某、舒某之外的涉案讲师海报和介绍。2017年9月11日，查看瑞达成泰天猫旗舰店，"师资力量"中有除蔡某、刘某、舒某之外的涉案讲师介绍；"配套图书"栏目下有显著字体显示的"超强名师团队来了！2017约吗"海报以及除蔡某、刘某、舒某之外的涉案讲师海报。

"法法网"于2016年5月4日发布的文章中提及"从2017考季开始，他们只在……"，并附前述讲师海报；考试吧网于2017年7月10日发布的《司法考试考生福音2017瑞达法考正式开课》一文提及北京乙教育公司成立，由刘某某等八名讲师领衔。

北京甲教育公司于2017年9月21日公开发布公告称，蔡某、刘某等讲师在其合同服务期限内，如有机构冒用两位讲师或其他厚大独家教师名义进行司法（或法考）课程招生宣传等不正当竞争行为，将追究其法律责任；该公告内容在多个第三方网站中被报道。

"瑞达法考"公众号于2017年9月26日宣传其"双核心讲师制"，涉案讲师均为双核心讲师团队成员；该公众号以及瑞达法考新浪微博于2017年9月至12月间均发布了对蔡某、刘某、舒某三名讲师的介绍并推广其在北京乙教育公司所讲授的培训课程。北京瑞达法考新浪微博账号2017年9月25日发布的博文提及"法考第一届，瑞达推出双核心讲师制，新的八位老师加入了我们的大家庭"并@蔡某、舒某、刘某三名涉案讲师。北京甲教育公司据此认为，北京乙教育公司在其发布公告后仍然称蔡某、刘某系其讲师并进行商业宣传。"刘某某刑法"新浪微博于2016年5月至7月期间转发瑞达法考、北京瑞达法考新浪微博关于瑞达图书开始预售、其他涉案讲师瑞达宣传视频等多篇博文。"民法钟某某"新浪微博于2016年5月期间转发"瑞达法考"新浪微博关于2017年免费网络课程安排的博文。

腾讯视频中有用户于2016年5月20日发布采访涉案讲师李某的视频，视频名称为"瑞达法考 名师专访之××"；视频中有"瑞达法考 法考师资梦之队 教育服务头等舱"等显著字样，并配有"2016年4月28日，我们有幸独家采访瑞达法考李某老师"说明；视频背景中有显著"瑞达法考"标识；视频中受采访人表示"我是瑞达法考商经法主讲老师李某"。优酷平台中于2016年9月至10月期间发布有涉案讲师授课视频，视频中有"瑞达法考"字样；另有钟某某等涉案讲师、瑞达北京分校员工等宣传瑞达法考的视频，介绍视频中有"瑞达法考×法独家授课老师"字样。

北京市海淀区人民法院于 2020 年 2 月 28 日作出（2018）京 0108 民初 22018 号民事判决：一、自本判决生效之日起，被告北京乙教育公司立即停止涉案不正当竞争行为；二、自本判决生效之日起 10 日内，被告北京乙教育公司在瑞达法考网（网址为 www.ruidaedu.com）、"瑞达法考"微信公众号、瑞达法考新浪微博首页连续 48 小时刊登声明，就涉案不正当竞争行为为原告北京甲教育公司消除影响（声明内容须经法院审核，逾期不履行，法院将根据原告北京甲教育公司申请，在相关媒体公布判决主要内容，费用由被告北京乙教育公司负担）；三、自本判决生效之日起 10 日内，被告北京乙教育公司向原告北京甲教育公司赔偿经济损失 100 万元及合理开支 2 万元；四、驳回原告北京甲教育公司其他诉讼请求。北京甲教育公司与北京乙教育公司均向北京知识产权法院提出上诉。北京知识产权法院于 2022 年 7 月 29 日作出（2021）京 73 民终 2969 号民事判决：一、撤销北京市海淀区人民法院（2018）京 0108 民初 22018 号民事判决；二、驳回北京甲教育公司的全部诉讼请求。

裁判理由

法院生效裁判认为：

在案证据不能证明北京甲教育公司主张的图书名称等已具有"一定影响"，北京乙教育公司的使用行为并未使相关公众误认为其与北京甲教育公司之间存在特定联系，不会产生混淆的后果。2019 年《反不正当竞争法》第二条属于原则性条款，而 2019 年《反不正当竞争法》第六条属于特别规定。北京乙教育公司的上述使用行为实质上仍属于商业标识的混淆行为或者整体行为性的仿冒混淆行为，属于 2019 年《反不正当竞争法》第六条规制的范畴。在法律有特别规定的情况下不宜适用原则性条款进行规制，更不能以没有证据证明北京甲教育公司主张的上述名称"有一定影响"为由而适用原则性条款进行评价。

针对北京甲教育公司起诉涉及的诸如北京乙教育公司聘任尚就职于北京甲教育公司的讲师、通过其官方微博发布讲师相关的信息以及讲师接受采访时对北京乙教育公司的宣传行为，2019 年《反不正当竞争法》第二章未作出特别规定。一审判决以 2019 年《反不正当竞争法》第二条为法律根据进行认定，法律选择适用是正确的，但北京甲教育公司起诉涉及的三项行为是否符合第二条规定、是否构成不正当竞争是二审的焦点问题。

首先，针对聘任讲师的行为。根据北京甲教育公司在二审中提交的蔡某手写的《情况说明》，蔡某至迟于2017年9月2日已向北京甲教育公司提出要求解除《教师授课服务协议》，而蔡某与北京乙教育公司签署《教师授课服务协议》的时间为2017年9月17日。虽然尚不能确定蔡某与北京甲教育公司之间的《教师授课服务协议》是否通过协商的方式予以解除，但鉴于北京乙教育公司与蔡某签约前，蔡某向北京甲教育公司进行了告知，且二者之间也不存在劳动争议，故至少不能当然推定出北京乙教育公司知晓北京甲教育公司与蔡某之间授课协议尚在履行过程中，一审认定构成不正当竞争行为的事实基础存在异议。

退一步讲，即便蔡某与北京甲教育公司的协议没有解除，亦不能得出北京乙教育公司构成不正当竞争的结论。2019年《反不正当竞争法》的立法目的在于惩戒经营者在生产经营活动中扰乱市场竞争秩序，损害其他经营者或者消费者合法权益的行为。在法律没有特别规定的情况下，对第二条的适用，应严格遵循在先生效判决中阐述的三个前提条件，避免因不适当干预而阻碍市场的自由竞争。本案实质上是北京甲教育公司及其讲师在相关授课协议的履行中发生的争议，如果任何一方存在违约行为，应当由《劳动合同法》或者雇佣合同约束，而并非《反不正当竞争法》规制的范畴。针对北京乙教育公司对蔡某等讲师的聘任行为，由于司法考试（或法律职业资格考试）培训行业基本采取商业化运作模式，故通过提供更好的发展空间或福利待遇等方式吸引人才是经营者通常会采取的竞争手段，符合市场竞争的客观规律。因此，在尚无证据证明北京乙教育公司聘任蔡某等讲师的行为不符合行业实际情况，并违反诚信原则和公认的商业道德的情况下，北京乙教育公司聘任蔡某等讲师的行为不具有不正当性或可责性，一审判决对此认定错误，北京知识产权法院予以纠正。

其次，针对北京乙教育公司通过其官方微博发布与讲师相关的宣传信息的行为。鉴于本判决已认定北京乙教育公司聘任蔡某等讲师的行为不具有不正当性或可责性，在此基础上，北京乙教育公司通过自身官方微博对其讲师及课程进行宣传亦属于正当的经营行为，并未违反诚信原则和公认的商业道德。

最后，李某接受采访并宣传北京乙教育公司的行为没有违反与北京甲教育公司的约定，更没有违反诚信原则。其采访视频内容并不存在违反法律规定或公认的商业道德的情形，其通过采访宣传北京乙教育公司的行为亦属于正常行为。

最终，二审法院判决撤销一审判决，改判驳回北京甲教育公司的全部诉讼请求。

裁判要旨

为避免不适当干预而阻碍市场自由竞争，在尚没有证据证明聘任他人知名员工违反诚信原则和公认的商业道德的情况下，不能援引《反不正当竞争法》的原则条款认定构成不正当竞争。

关联索引

2019年《中华人民共和国反不正当竞争法》第二条第一款

一审：北京市海淀区人民法院（2018）京0108民初22018号（2020年2月28日）

二审：北京知识产权法院（2021）京73民终2969号（2022年7月29日）

法官评析

本案当事人为两家知名法考培训机构，下面以在先生效判决为判理阐述的根据，对2019年《反不正当竞争法》第二条和第六条的关系、第二条的适用条件进行分析阐述。

一、关于2019年《反不正当竞争法》第六条和第二条的选择适用问题

根据2019年《反不正当竞争法》第六条和《最高人民法院关于适用〈中华人民共和国反不正当竞争法〉若干问题的解释》第十三条第一项的规定，无论是擅自使用商品名称、包装装潢、企业名称的混淆行为或是其他混淆行为，"有一定影响"都是导致误认为有特定联系的前提，也是适用第六条保护的前提。本案中，北京甲教育公司提交的在案证据不足以证明其图书名称等经其推广宣传已具有了"一定影响"，且北京乙教育公司

的宣传信息中多标注有"瑞达""瑞达法考"等,这样的使用行为并未使相关公众误认为其与北京甲教育公司之间存在特定联系,不会产生混淆的后果。2019年《反不正当竞争法》第二条属于原则性条款,而第六条属于特别规定。因法律有特别规定,故不宜适用原则性条款进行规制,更不能以没有证据证明北京甲教育公司主张的上述名称"有一定影响"为由而适用原则性条款进行评价。

二、关于2019年《反不正当竞争法》第二条的适用条件

该条款规定,经营者在生产经营活动中,应当遵循自愿、平等、公平、诚信的原则,遵守法律和商业道德。根据最高人民法院在先生效判决的阐述,适用第一款和第二款认定构成不正当竞争应当同时具备以下条件:一是法律对该种竞争行为未作出特别规定。二是其他经营者的合法权益确因该竞争行为而受到了实际损害。三是该种竞争行为因确属违反诚信原则和公认的商业道德而具有不正当性或者说可责性,这也是问题的关键和判断的重点。虽然该在先判决是针对1993年《反不正当竞争法》进行的阐述,但由于2019年《反不正当竞争法》第二条第一款没有变化,故在先判决对第二条适用的阐述对本案具有借鉴指导意义。结合本案,针对北京甲教育公司起诉涉及的诸如北京乙教育公司聘任尚就职于北京甲教育公司的讲师、通过其官方微博发布讲师相关的信息以及讲师接受采访时对北京乙教育公司的宣传行为,《反不正当竞争法》未作出特别规定。一审判决以2019年《反不正当竞争法》第二条为法律根据进行认定,法律选择适用是正确的,但北京甲教育公司起诉涉及的三项行为是否符合第二条规定构成不正当竞争是二审的焦点问题。

首先,针对聘任讲师的行为。由于除蔡某以外的其他讲师与北京甲教育公司之间的独家授课关系至迟于2016年面授课结束或2016年9月30日即终止,刘某讲师与北京甲教育公司的独家授课关系于2017年9月18日终止。故北京乙教育公司聘任除蔡某之外的其他讲师的行为不违反诚信原则或公认的商业道德。

针对北京乙教育公司聘任蔡某讲师的行为,根据北京甲教育公司在二审中提交的蔡某手写的《情况说明》,蔡某至迟于2017年9月2日已向北京甲教育公司提出要求解除《教师授课服务协议》,而蔡某与北京乙教育

公司签署《教师授课服务协议》的时间为2017年9月17日。虽然尚不能确定蔡某与北京甲教育公司之间的《教师授课服务协议》是否通过协商的方式予以解除，但鉴于北京乙教育公司与蔡某签约前，蔡某向北京甲教育公司进行了告知，且二者之间也不存在劳动争议纠纷，故至少不能当然地推定出北京乙教育公司知晓北京甲教育公司与蔡某之间的授课协议尚在履行过程中。

　　退一步讲，即便蔡某与北京甲教育公司的协议没有解除，亦不能得出北京乙教育公司构成不正当竞争的结论。《反不正当竞争法》的立法目的在于惩戒经营者在生产经营活动中扰乱市场竞争秩序，损害其他经营者或者消费者的合法权益的行为。在法律没有特别规定的情况下，对第二条的适用，应严格遵循在先生效判决中阐述的三个前提条件，避免因不适当干预而阻碍市场的自由竞争。本案实质上是北京甲教育公司及其讲师在相关授课协议的履行中发生的争议，如果任何一方存在违约行为，应当由劳动合同法或者雇佣合同约束，而并非《反不正当竞争法》规制的范畴。针对北京乙教育公司对蔡某等讲师的聘任行为，由于司法考试（或法律职业资格考试）培训行业基本采取商业化运作模式，故通过提供更好的发展空间或福利待遇等方式吸引人才是经营者通常会采取的竞争手段，符合市场竞争的客观规律。因此，在尚没有证据证明北京乙教育公司聘任蔡某等讲师的行为不符合行业实际情况，并违反诚信原则和公认的商业道德的情况下，北京乙教育公司聘任蔡某等讲师的行为不具有不正当性或可责性。

　　其次，针对北京乙教育公司通过其官方微博发布与讲师相关的宣传信息的行为。一审判决关于北京乙教育公司系在除蔡某、李某之外的涉案讲师对北京甲教育公司不负相关义务的情况下对其以及北京乙教育公司进行的宣传，加之前述关于该些涉案讲师在与北京甲教育公司解除合同后有择业和流动自由之论述，北京乙教育公司该项行为并未违反诚信原则或公认的商业道德的认定正确。北京甲教育公司关于北京乙教育公司对所有由北京甲教育公司转入的讲师进行宣传的行为均构成不正当竞争的上诉主张，不能得到支持。针对蔡某讲师的宣传行为，鉴于北京知识产权法院已认定北京乙教育公司聘任蔡某等讲师的行为不具有不正当性或可责性，在此基础上，北京乙教育公司通过自身官方微博对其讲师及课程进行宣传亦属于正当的经营行为，并未违反诚信原则和公认的商业道德。

最后，针对李某接受采访并宣传北京乙教育公司的行为。根据一审查明的事实，一方面，李某接受采访的视频中虽然有"2016年4月28日，我们有幸独家采访瑞达法考李某老师"等内容，但该证据显示该采访视频最早上传的时间为2016年5月20日，没有违反与北京甲教育公司的约定，更没有违反诚信原则。另一方面，李某的采访视频内容并不存在违反法律规定或公认的商业道德的情形，其通过采访宣传北京乙教育公司的行为亦属于正常行为。

依法诚信开展经营活动是每一个企业应当遵守的法律义务。该案法院注重通过确立裁判规则加强对市场主体经营行为的规范和指引，强调严格限制《反不正当竞争法》原则性条款的适用，以避免不适当干预阻碍市场的自由竞争。该案明确，培训机构及其讲师在相关协议的履行中发生的争议，如果任何一方存在违约行为，应当由《劳动合同法》或者雇佣合同约束，而并非《反不正当竞争法》规制的范畴。针对北京甲教育公司主张的"挖墙脚"行为，在行业采取商业化运作模式的情况下，通过提供更好的发展空间或福利待遇等方式吸引人才可以提高人力资源配置效率，符合市场竞争的客观规律。在此，也提示包括培训行业在内的相关企业均应诚信经营，探索符合行业规律的管理模式，采取更加积极主动的措施培养优质讲师或员工，并通过科学的管理方法关心、关爱人才，留住人才，营造良好的经营环境，促进行业规范、健康发展。

一审法院合议庭成员 张　璇　林峥嵘　尹　斐
二审法院合议庭成员 张晓霞　张　宁　马兴芳
编写人 张晓霞　万　超

13. 深圳某公司诉四川某公司、北京某公司不正当竞争纠纷案

——平台租借游戏账号行为的不正当竞争认定

关键词 不正当竞争 游戏账号租借 一人一号 不正当性

基本案情

原告深圳某公司诉称：深圳某公司系知名互联网企业，开发、运营的包括涉案游戏在内的多款网络游戏广受欢迎，网络游戏营业收入位列中国网络游戏市场份额前列。根据相关协议，用户不得将账号出租、转让或售卖给非初始申请注册人。四川某公司在其运营的租号网平台上组织、诱导他人出租涉案游戏账号，从中抽取佣金和分成利益，违反商业道德；并针对《英雄联盟》《穿越火线》电脑端游戏使用租号上号器工具（以下简称上号器）为用户提供一键上号功能，使用技术手段跳过游戏账号密码验证，干扰深圳某公司对游戏的正常运营；并在租号网平台中使用涉案游戏名称和角色形象，引人误认为其与深圳某公司存在特定联系，构成混淆。上述行为扰乱了深圳某公司对网络游戏的管理秩序和运营秩序，恶意破坏了网络游戏行业正常的商业模式和经营秩序，损害了深圳某公司的合法权益以及用户利益，构成不正当竞争。被告北京某公司明知、应知四川某公司在租号网平台中组织、诱导他人出租涉案游戏账号，仍在其运营的豌豆荚移动应用商店（以下简称豌豆荚）中提供租号网App的下载服务，扩大了损害后果。据此，深圳某公司诉至一审法院，请求：(1) 四川某公司立即停止涉案不正当竞争行为，即停止在租号网（www.zuhao.com）以及安卓版租号网App、iOS版嗨享号App（以下合称租号网平台）中提供对

《英雄联盟》《王者荣耀》《穿越火线》《穿越火线：枪战王者》《和平精英》（以下合称涉案游戏）游戏账号的出租行为；（2）四川某公司连续一个月在其运营的租号网平台首页显著位置，以及《法治日报》显著位置刊登声明、消除影响；（3）北京某公司在四川某公司停止被诉不正当竞争行为之前，立即停止提供租号网 App 的下载；（4）四川某公司赔偿深圳某公司 1882600 元及合理开支 117400 元。

被告四川某公司辩称：（1）四川某公司未实施不正当竞争行为。关于被诉账号出租行为，网络游戏账号出租业务有其独立存在的商业逻辑、商业价值和社会功能，涉案游戏在租号网平台所占比例较小，游戏账号出租系用户选择权所致，系用户以账号出租方式与他人分享自身虚拟财产体验，用户间不存在篡改数据的行为，用户为使用租号网平台出租游戏账号而将其账号、密码存储在第三方服务器中并不意味着四川某公司盗取了相应账号密码或利用这些账号密码从事黑灰产业务，四川某公司的游戏账号出租业务既未扰乱市场秩序，也未损害深圳某公司的合法权益，未违反 2019 年《反不正当竞争法》第二条的规定。关于被诉上号器一键上号的行为，上号器系网络游戏账号出租领域的常用软件，仅代替用户人工输入账号和密码，未对涉案游戏本身的程序进行篡改，涉案游戏本身设定的登录认证机制并未遭受破坏，反而为账号安全提供了保护，未违反 2019 年《反不正当竞争法》第十二条第二款第四项之规定。关于被诉混淆行为，深圳某公司未指明四川某公司的具体混淆行为，四川某公司作为平台，租号网中对涉案游戏画面的使用仅起到识别功能，不会使用户认为双方存在特定联系。（2）深圳某公司所称的损害并不存在。四川某公司的游戏账号出租业务未破坏深圳某公司的匹配机制和游戏生态，未降低深圳某公司的交易机会，未侵害个人隐私和信息安全，亦针对未成年人提供了保护和防范措施，并在 2021 年 8 月 5 日后停止向未成年人提供租号业务，深圳某公司亦无证据否定游戏账号出租商业模式的合法性。（3）深圳某公司及其关联公司亦从事游戏账号出租业务。（4）深圳某公司主张的经济损失计算方式缺乏事实和法律依据。

被告北京某公司辩称：（1）北京某公司经营的豌豆荚系移动应用商店，仅向开发者提供信息存储空间、链接等网络服务，系网络服务提供者，租号网 App 系四川某公司自行上传至豌豆荚中，北京某公司未直接实施被诉不正当竞争行为，亦未因此获得经济利益，北京某公司已进行了事先提示告知，在豌豆荚中未对租号网 App 进行编辑、推荐等，在收到诉讼材料后即核查下架了租号网 App 程序包，无帮助侵权的故意，也未导致损害的扩大，北京某公司作为网络服务提供者已尽到合理的注意义务，不应承担侵权责任。（2）深圳某公司主张租号网 App 出租游戏账号的行为构成不正当竞争缺乏事实和法律依据，出租、出借、转让游戏账号使用权未被法律禁止，亦是用户的正当需求，也是基于市场正当需求出现的新商业模式，有利于活跃游戏行业市场、促进深圳某公司游戏运营收益增长，不具有违法性。

法院经审理查明：深圳某公司开发、运营了涉案游戏，并在相关服务协议中约定用户不得将账号出租、转让或售卖给非初始申请注册人，通过实名认证机制来运行防沉迷系统。四川某公司在其运营的租号网平台上为涉案游戏账号的出租者和租用者提供了一种中介服务，并从中抽取佣金和分成利益。北京某公司提供租号网 App 的下载服务。

北京市海淀区人民法院于 2021 年 12 月 31 日作出（2020）京 0108 民初 27529 号民事判决：一、四川某公司立即停止涉案不正当竞争行为；二、被告四川某公司在租号网（www.zuhao.com）、安卓版租号网 App、iOS 版嗨享号 App 首页显著位置连续 15 日刊登声明，就涉案不正当竞争行为为原告深圳某公司消除影响；三、被告四川某公司赔偿原告深圳某公司 150 万元及合理开支 117400 元；四、驳回原告深圳某公司的其他诉讼请求。宣判后，四川某公司以一审判决认定事实错误，适用法律错误，法律程序存在瑕疵为由提起上诉。北京知识产权法院于 2022 年 12 月 20 日作出（2022）京 73 民终 3270 号民事判决：驳回上诉，维持原判。

裁判理由

法院生效裁判认为：

一、被诉行为具有不正当性

2019 年《反不正当竞争法》第二条第一款规定，经营者在生产经营活动中，应当遵循自愿、平等、公平、诚信的原则，遵守法律和商业道德。第二款规定，该法所称的不正当竞争行为，是指经营者在生产经营活动中,违反该法规定,扰乱市场竞争秩序,损害其他经营者或者消费者的合法权益的行为。法院结合案件具体情况,综合考虑行业规则或者商业惯例、经营者的主观状态,对其他经营者权益、消费者权益、市场竞争秩序、社会公共利益的影响等因素,依法判断经营者是否构成不正当竞争。

深圳某公司已举证证明包括涉案游戏在内的诸多游戏用户协议中均约定了不得将账号出租、转让、共享等条款,据此可以确认网络游戏用户账号"一人一号"、账号禁止转租和转借是现阶段游戏行业的通行商业惯例。"一人一号"属于游戏公司与玩家之间真实、有效、自愿的协议内容,而且能够有效地确保国家有关实名认证和防沉迷的法规政策得到落实。该商业惯例的存在具有正当性、合法性,且系网络游戏行业当前普遍认可和遵循的行为规范,可以认定为2019年《反不正当竞争法》第二条规定的"商业道德"。上诉人提供的租号中介服务违背了上述商业道德。

租号网的涉案行为干扰、打破了涉案游戏实名认证机制。深圳某公司执行未成年人保护相关规定,构建了涉案游戏账号实名认证及未成年人相关保护体系。然而,上诉人经营的租号业务使得深圳某公司无法掌握出租账号实际使用人的真实信息和年龄,甚至诱导未成年人租用经成年人身份验证的游戏账号,破坏了注册用户与实际使用者之间的唯一对应关系,进而干扰、阻碍了涉案游戏中有关实名认证机制的正常运行。即使如上诉人所述,租号网也要求用户实名认证,但租号网接入的实名登记系统仅要求用户进行一次性登记,其规避成本远低于涉案游戏。

租号网的涉案行为导致涉案游戏防沉迷系统难以有效发挥作用。一方面,上诉人经营的租号业务干扰了深圳某公司以游戏账号作为识别基础的防沉迷体系,使未成年人可以在自己账号之外另行租号,突破游戏原有的防沉迷限制,导致防沉迷措施落空。另一方面,"租号网"在游戏时段、时长等方面的限制均不符合相关防沉迷要求,也未对未成年人的充值进行任何限制。

租号网的涉案行为损害了游戏用户或消费者的合法利益。如前所述,租号服务导致未成年人轻易绕过实名认证及涉案游戏"防沉迷"的保护体系,损害了未成年人的上网健康。同时,涉案行为不可避免地破坏了游戏的匹配规则,降低了正常用户的游戏体验和对深圳某公司服务的评价。此外,租号网涉案行为与个人用户出租个人账户的性质截然不同。个人用户合法处分其虚拟财产权亦应当以具体游戏场景、具体服务模式、具体服务协议为限。禁止涉案租号服务不会对相关用户就其游戏账号所享有的合法权益造成不合理的限制或阻碍。

租号网的涉案行为直接损害了深圳某公司的利益。涉案行为破坏了深圳某公司基于经营自主权对会员账号所作的限制，导致普通用户无需注册即可租号获得游戏资源，进而不可避免地减少了注册用户的数量、降低了用户使用时长和黏性，破坏了深圳某公司游戏网站的运营模式和盈利方式，并严重影响了相关增值服务等交易机会、交易收入，给深圳某公司的正当经营利益带来直接损害。此外，涉案行为还影响了涉案游戏的算法精确度及相关优化进程，不当增加了深圳某公司的运营难度和成本。"氪金"是玩家为购买游戏角色的专属皮肤等支付费用的行为，这与玩家游戏能力、段位级别无关，且玩家是否在涉案游戏中"氪金"与本案上诉人行为是否构成不正当竞争并无关联性，法院对该项上诉理由不予采信。

此外，租号网的涉案行为对网络数据真实性及数据安全也会产生不良影响。涉案租号服务通过打破实名认证机制，破坏了游戏数据和用户信息的真实性。上诉人在提供涉案租号服务时，客观上获取了大量游戏账号、密码，并使得大量账号信息在不同人群中传播；涉案游戏账号同时也是用户的 QQ、微信社交账号和网络金融服务账号，租号网还在网站公告内引导用户关闭"QQ 登录保护"功能；上述行为不仅破坏了用户真实社交环境及社交功能，也极易引发盗号、用户数据泄露等问题，威胁了个人信息安全，以及深圳某公司 QQ、微信等相关网络产品的安全运营。

二、四川某公司应当承担相应的法律责任

一审法院根据涉案侵权行为的持续时间较长、受众范围相对较广、在相关领域产生较大的影响等因素，判令上诉人在相关网站上刊登声明消除影响并无不当。关于具体赔偿数额，在四川某公司提交的证据难以确定其获利、深圳某公司无法详细举证其实际损失的情况下，一审法院综合考虑深圳某公司涉案游戏的知名度以及四川某公司侵权行为方式、下载量、收费方式、持续时间、经营规模、主观故意程度、侵权损害后果及影响等因素，确定上诉人赔偿经济损失 150 万元符合本案实际，并无不当。

裁判要旨

当前网络游戏行业存在"一人一号"、账号禁止转租和转借的通行商业惯例。通过涉案平台提供游戏账号出租服务的行为与个人用户出租个人账户的性质截然不同。一方面，租号中介服务违背了诚信原则和商业道德，直接损害了网络游戏经营者的正当经营利益，破坏了游戏网站的运营模式和盈利方式，严重影响了交易机会和交易收入，不当地增加了运营难度和成本。另一方面，租号中介服务损害了消费者的合法权益，干扰了实名认证机制、防沉迷体系和游戏匹配规则，不仅损害了未成年人上网健康，也降低了正常用户的游戏体验和服务评价。此外，租号中介服务对网络数据的真实性及数据安全也会产生不良影响，客观上获取和传播了大量游戏账号和密码，极易引发盗号、用户数据泄露等问题，并威胁到相关网络产品的安全运营。

关联索引

2019年《中华人民共和国反不正当竞争法》第二条、第十七条

一审：北京市海淀区人民法院（2020）京0108民初27529号（2021年12月31日）

二审：北京知识产权法院（2022）京73民终3270号（2022年12月20日）

法官评析

随着新兴技术的出现和商业模式的创新，各种新兴的寄生型商业模式不断涌现，市场竞争行为的合法边界有待进一步明确。本案中的租号中介服务即是如此。随着网络游戏行业的蓬勃发展，出现了一些网络游戏现有规则无法满足消费者的客观需求——在享受自有账号不具备的游戏服务，或是享受游戏中的高价虚拟财产，或是体验高级别段位的游戏账号，或是意图绕过游戏时长的限制等。这种寄生型商业模式并不必然具有不正当性，因为竞争的本质是争夺交易机会，"损人利己"是市场经济的常态。新型竞争行为本质上是商业创新，在对其他经营者产生竞争损害的同时，可能会带来提高市场效率、提升消费者体验、增进社会总福利等积极影

响，只有在例外的情况下才需要被制止。

依据2019年《反不正当竞争法》第二条，判断经营者是否构成不正当竞争行为，通常需要综合判断其在生产经营活动中是否遵守法律和商业道德，以及是否存在扰乱市场竞争秩序、损害其他经营者或者消费者合法权益的行为。就本案而言，需要具体考虑以下几点：

第一，是否违背了公认的商业道德。诚信原则和商业道德是市场竞争秩序的重要基石，违背商业道德的竞争行为也在一定程度上损害了市场竞争秩序。在认定某一行业或领域内的商业惯例是否构成商业道德时，需要结合特定场景判断该商业惯例的合法性和合理性。本案中，"一人一号"是现阶段游戏行业的通行商业惯例，约定在诸多网络游戏的游戏用户协议中。一方面，这是游戏公司与用户真实、自愿、有效的协议内容，应予尊重；另一方面，网络游戏经营者负有维护游戏内部秩序的管理责任，应当落实国家关于实名制以及未成年人防沉迷政策，这就要求经营者能够掌握用户的真实身份信息。因此，"一人一号"的存在具有合理性，已构成网络游戏行业内公认的商业道德。而四川某公司作为"一个专业安全的游戏账号租赁平台"的经营者，在明知上述政策和行业惯例的情况下，仍然大规模提供涉案租号中介服务，导致了注册用户与实际使用者不一致的结果，违背了该商业道德。

第二，是否扰乱了市场竞争秩序。《反不正当竞争法》意在维护有序的动态竞争机制，关注具体情境下竞争行为本身的正当性。本案中，涉案网络游戏构建了以注册账号为基础的未成年人防沉迷保护体系，设置了游戏时长控制、登录限制、充值限制等措施。涉案租号服务破坏了注册用户与实际使用者之间的唯一对应关系，阻碍了涉案游戏有关实名认证机制的正常运行，干扰了以游戏账号作为识别基础的防沉迷体系；同时，租号网设定了更宽松简单的一次性登记实名认证系统，以及游戏时长、充值等不符合国家政策要求的防沉迷系统。可以说，租号网涉案行为通过绕过实名认证和防沉迷机制的不正当手段，攫取了其他经营者本可以合理预期获得的商业机会，扰乱了正常有序的市场竞争秩序。

第三，是否损害了其他经营者的合法竞争利益。其他经营者的竞争利益受到损害并不构成反不正当竞争法救济的充分条件，但是仍为重要考量因素。本案中，深圳某公司基于自主经营权设置了涉案游戏规则，而涉案租号服务使得大规模用户无须付出必要的时间或费用就能够得到相应的增值服务和游戏体验，很大程度上破坏了涉案游戏网站的运营模式和盈利方式，导致注册用户数量的减少、降低用户使用时长和黏性、影响交易收入等不利后果。同时，涉案行为还影响了涉案游戏的算法优化进程和运营成本。相对于个人出租账号行为，四川某公司构建专业租号平台提供大规模、高频率、集中化的租号中介服务，更显著地干扰了涉案游戏的正常运行。

第四，是否损害了消费者的合法利益。在满足部分成年用户合法需求的同时，涉案租号服务架空了实名认证及未成年人"防沉迷"保护体系，损害了未成年人的上网健康。同时，涉案行为不可避免地破坏了游戏匹配规则，降低了正常用户的游戏体验和对涉案游戏的评价。

第五，是否损害其他社会公共利益。网络数据的真实性及数据安全对于互联网空间有序健康发展、社会公众的财产安全等具有重要价值。涉案租号服务通过打破实名认证机制，破坏了游戏数据和用户信息的真实性；租号网客观上导致大量账号信息在不同人群中传播，还在网站公告内引导用户关闭"QQ登录保护"功能，极易引发盗号、用户数据泄露等问题，也威胁了个人信息安全以及相关网络产品的安全运营。

一审法院合议庭成员　杨德嘉　刘佳欣　李莉莎
二审法院合议庭成员　杨　静　兰国红　李迎新
编写人　杨　静　岳展羽

14. 北京某信息公司诉北京某品牌管理公司、赵某不正当竞争纠纷案

——盗用他人网站数据信息行为的不正当竞争认定

关键词　不正当竞争　数据信息盗用　不正当性

基本案情

原告北京某信息公司诉称：北京某信息公司是"车质网"的运营主体，该网站是"全国汽车消费者投诉受理处置服务平台"，已经具有了较高的知名度。被告北京某品牌管理公司运营的"汽车门"网站主营业务同样包括"汽车质量投诉解决"，与北京某信息公司是同行业竞争者。"汽车门"网站上发布的大量信息中有约5万条消费者投诉信息是复制、抄袭北京某信息公司"车质网"中的投诉信息。上述客户投诉信息系北京某信息公司花费巨额成本收集和处理的信息，能够给北京某信息公司带来巨大的经济利益和社会效益，属于北京某信息公司的核心竞争资源。"汽车门"网故意将北京某信息公司的投诉信息抄袭复制发布在其自己的网站上，不正当争夺消费者的注意和原本属于北京某信息公司的商业机会，构成不正当竞争。"汽车门"网还存在虚构投诉数量、盗用北京某信息公司网站的投诉信息作为自己的投诉信息，并擅自更改投诉日期、捏造投诉处理结果等行为，意图吸引和误导用户，构成虚假宣传。北京某品牌管理公司的不正当竞争行为获得了巨额非法利润，给北京某信息公司造成了重大经济损失，应当予以赔偿。被告赵某系北京某品牌管理公司的唯一股东，在其无法举证证明北京某品牌管理公司财产与其个人财产相互独立的情况下，应当承担连带清偿责任。据此，北京某信息公司诉至一审法院，请求：(1)北

京某品牌管理公司立即停止对北京某信息公司的不正当竞争行为；（2）北京某品牌管理公司、赵某连带赔偿北京某信息公司经济损失975830元及维权支出的律师费65000元、财产保全保险费3000元、时间戳取证费6170元，共计105万元；（3）北京某品牌管理公司在"汽车门"网站（www.qichemen.com）首页显著位置、"汽车门"微信公众号显著位置刊登致歉声明、消除影响。

被告北京某品牌管理公司辩称：（1）北京某信息公司未提供证据证明"车质网"具有极高知名度，且该项内容与本案争议事实无关。（2）两公司在经营范围、经营内容及核心用户等方面均存在巨大差异，不构成同业竞争关系。"汽车门"网站是"专业的汽车质量投诉与产品质量口碑研究服务平台"，而"车质网"宣称是"国内领先的缺陷汽车产品信息和车主质量投诉信息收集平台，也是购买汽车的消费者了解相关车型品质状况的第三方优选媒介"；根据二网站的栏目设置也可以看出，"车质网"弱化了汽车质量投诉类的服务定位，强化了汽车导购平台的定位，而"汽车门"网站则着重于投诉相关内容。（3）北京某品牌管理公司经营的"汽车门"网站发布的消费者投诉信息是网站用户自行发布，或由管理员将收到的投诉信息上传，不存在复制、抄袭"车质网"信息的情形，不存在不正当竞争行为。（4）北京某品牌管理公司不存在虚假宣传行为。无论以何种方式收到投诉信息，工作人员均将及时向相关汽车企业反馈投诉信息，并及时联系投诉人，跟进处理进度，沟通处理结果，促进投诉问题的解决，不存在任何虚假宣传行为。另外，投诉信息处理后，根据与车企的沟通情况，或出于个人隐私保护等原因，"汽车门"网站可能会删除投诉信息对应的投诉人、车型、车牌、手机号等后台信息，故存在部分处理完成的投诉信息后台数据缺失的情况，但不影响消费者投诉问题的跟进和解决以及投诉权利的实现。（5）"车质网"索赔金额无法律依据。其一，车质网网站仅履行了ICP备案，"车质网"的经营内容属于非经营性互联网信息服务，应无偿提供具有公开性、共享性信息的服务活动，其主张经济损失105万元与事实和法律不符；其二，"车质网"网站于2018年3月12日才完成北京市计算机信息网络国际联网单位备案，在此之前，其不得从事互联网信息服务，故北京某信息公司此前的经营行为属于违规经营，相关时间段的"损失"不应得到支持；其三，北京某品牌管理公司不存在损害消费者利益或破坏市场竞争秩序的情形，相反，北京某品牌管理公司提供的投诉平台便于消费者维权，一定程度上促进了汽车行业质量的提升，除上述协助消费者联系车企维权的服务外，北京某品牌管理公司仅将网站投诉信息用于汽车行业市场研究和分析，经营内容属于公益性质，并未用于销售或其他获利行为。北京某信息公司未就其主张的金额提供具体赔偿损失计算方法和损失实际发生的证据。

被告赵某辩称：（1）赵某与北京某品牌管理公司均系独立的法律主体，北京某信息公司要求赵某与北京某品牌管理公司承担连带责任与事实不符，缺乏法律依据。第一，北京某品牌管理公司具有独立的银行账户、财务账册，且每个会计年度终了时编制财务会计报告，并经会计师事务所审计，北京某品牌管理公司的财产独立于赵某自己的财产；第二，赵某并非自北京某品牌管理公司成立之日起就是唯一股东，这也佐证了北京某品牌管理公司财产独立于赵某的个人财产。（2）北京某品牌管理公司不存在不正当竞争行为，也未给北京某信息公司利益造成损害，亦无证据显示北京某品牌管理公司已经丧失偿债能力，故北京某信息公司主张赵某承担连带赔偿责任无事实和法律依据。

法院经审理查明：北京某品牌管理公司与北京某信息公司均从事汽车投诉咨询类业务，北京某品牌管理公司复制、搬运"车质网"5万余条投诉信息并在其运营的"汽车门"网站中展示使用，并且将历史信息作为新的投诉信息予以发布，虚构投诉处理进展和结果。

北京市朝阳区人民法院于2022年3月29日作出（2021）京0105民初41693号民事判决：一、被告北京某品牌管理公司立即停止涉案不正当竞争行为；二、被告北京某品牌管理公司、赵某共同赔偿原告北京某信息公司经济损失975830元；三、被告北京某品牌管理公司、赵某共同赔偿原告北京某信息公司维权支出的律师费65000元、财产保全保险费3000元、时间戳取证费6170元，共计74170元；四、被告北京某品牌管理公司在"汽车门"网站（www.qichemen.com）首页显著位置、"汽车门"微信公众号显著位置刊登声明、消除影响；五、驳回原告北京某信息公司的其他诉讼请求。宣判后，北京某品牌管理公司与赵某以一审法院认定事实错误、适用法律错误、严重违反法定程序为由提起上诉。北京知识产权法院于2022年10月28日作出（2022）京73民终3718号民事判决：驳回上诉，维持原判。北京某品牌管理公司与赵某不服二审判决，向北京市高级人民法院提起再审。北京某品牌管理公司、赵某于2023年3月30日以当事人达成和解为由向再审法院申请撤回再审申请。北京市高级人民法院于2023年3月31日作出（2022）京民申7686号民事裁定：准许北京某品牌管理公司、赵某撤回再审申请。

裁判理由

法院生效裁判认为：

一、北京某品牌管理公司构成不正当竞争

第一，北京某信息公司是涉案相关投诉信息的收集整理者和使用者，其因此所获得的竞争优势应当受到保护。"车质网"展示的投诉细分项目、处理流程以及投诉信息的来源等，可以证明北京某信息公司并非简单的数据收集者，而是基于对消费者反馈的投诉信息进行了特定格式的加工整理，为此付出了人力、财力、物力和时间等经营成本，其基于此而获得的信息数据具有经济价值，是一种合法的竞争资源。

第二，北京某品牌管理公司关于并非复制搬运对方信息的主张并无事实依据。一方面，北京某品牌管理公司并未提交证据证明其与北京某信息公司相同或实质近似的涉案信息的实际来源；另一方面，对比双方网站投诉信息来看，双方网站大量投诉信息的标题格式、内容、配图完全一致，甚至含有相同的文字错误及"车质网"水印，且均晚于"车质网"发布时间，如此多达5万余条相同信息难谓巧合。虽然有82条投诉信息的投诉人、手机号与"车质网"一致，但在经北京某信息公司一审时核实这些手机号并没有在"汽车门"网站注册过的情况下，北京某品牌管理公司对于进一步举证证明这些用户真实存在负有举证责任，而其仅仅推测系注册人电话号码变更或者记忆不准确，不足以推翻一审中经过质证的证据。况且，即使对个别注册人无法核实确认，北京某品牌管理公司亦不能对其网站中出现如此大量与车质网投诉信息相同或实质相似的信息作出合理解释，其关于同一位用户多平台投诉的表述并无证据支持。一审法院根据民事诉讼证据规则和高度盖然性原则，认定北京某信息公司举证的真实性及涉案投诉信息系"汽车门"网站复制、搬运"车质网"上的内容而来，并

无不当。

第三，北京某品牌管理公司将北京某信息公司的网站投诉信息复制发布在自己网站上构成不正当竞争，应承担相应的赔偿责任。北京某信息公司的用户投诉信息虽然来自消费者，但经过"车质网"的加工编辑及整理，形成了格式规范、内容清晰的投诉信息数据集合，北京某信息公司为其付出了相应劳动和经济投入，能够为其带来经营利益，这种合法商业模式和经营资源应当受到法律保护。作为同业竞争者，北京某品牌管理公司违背诚信原则，用复制和搬运的手段将他人积累的投诉信息据为己有，并公然作为自身经营资源予以展示和使用。该行为不仅会给对方经营者造成直接经济损害，更会损害他人依法从事合法经营、公平参与市场竞争的合法权益，同时也会使得相关消费者和汽车企业误以为其具有相应的市场力量和经营能力，进而有可能与其发生经营活动。这是一种混淆真实投诉渠道、扰乱市场竞争秩序的行为，本质上系违背诚信原则攫取和损害他人经营优势的不正当竞争行为。

此外，一审法院对"汽车门"网站投诉信息数量认定和投诉流程的理解并不影响对其行为构成虚假宣传不正当竞争行为的认定。北京某品牌管理公司涉案网站中展示的投诉信息中有5万余条系复制自北京某信息公司的投诉信息，北京某品牌管理公司未就其网站中宣称的2015年至2020年网站历史投诉量达到33万余条的客观性进行举证，已构成对其网站承载投诉信息数量作出的虚假宣传，容易引起消费者和汽车企业的误解，属于不正当竞争行为。

二、一审法院关于北京某品牌管理公司及赵某所承担法律责任的认定并无不当

在当事人未提交北京某信息公司因涉案不正当竞争行为所遭受的具体经济损失或北京某品牌管理公司所获收益的情况下，一审法院结合北京某信息公司投诉信息的商业价值、北京某信息公司的知名度和网站影响力，北京某品牌管理公司的主观故意程度，涉案不正当竞争行为的性质、情节、影响范围等因素所作出的判赔额并无不当。北京某品牌管理公司未提交任何证据对其实际营业收入情况予以证明，在上诉人不提交证据的情况下，一审法院参考北京某信息公司提供的审计报告以及三份以投诉数据信息为主的商务合同并无不当。涉案不正当竞争行为容易造成相关公众对双方的经营规模、影响力、服务效率产生误认,会使消费者对投诉信息的源头产生混淆,对北京某信息公司的商业信誉造成影响。一审法院根据涉案行为影响的范围,判决北京某品牌管理公司承担刊登声明消除影响的法律责任并无不当。赵某作为北京某品牌管理公司唯一的自然人股东,北京某品牌管理公司的审计报告仅能反映北京某品牌管理公司的负债和利润情况,不能反映公司与股东的财产走向,北京某品牌管理公司也没有进一步提供银行流水等证据支持公司财产独立于个人财产的主张,一审法院判决二者承担连带责任并无不当。

三、一审法院并未违反法定程序

上诉人主张一审法院依职权调查收集的"汽车门"网站投诉信息数量不具有必要性,且对"汽车门"网站投诉信息数量认定错误,认为"北京某品牌管理公司在其网站中展示的11万余条投诉信息……构成虚假宣传"错误。经查,一审中北京某信息公司已经对于"汽车门"网站投诉信息数量进行了充分举证,"汽车门"网站中载明了其2015年至2020年每年收到的投诉量相加即可得出投诉数量,北京某品牌管理公司对于自己能够掌握的实际数量不予提交证据,一审法院根据其宣传的数据认定数量并无不当。一审法院根据"汽车门"网站页面展示的投诉信息是以11开头的六位数字编号得出其展示的11万余条信息,符合常理,且即使该编号含义并不代表11万的数字,这也并不影响对其复制搬运他人信息数量的认定,亦不影响对其构成虚假宣传的认定。上诉人北京某品牌管理公司还主张一审中并未核对审计报告和商务合同等证据原件,经查,一审法院已经核实证据原件或者勘验核实,并经双方当事人质证。综上,一审法院将相关证据作为定案证据并无不当,程序合法。

裁判要旨

盗用他人网站数据信息的行为构成不正当竞争。经营者付出了大量经营成本来加工整理消费者投诉信息,所获得的竞争优势应当受到保护,获得的数据集合具有经济价值,是合法的竞争资源,也是相关商业模式得以实现盈利的基础。作为同业竞争者,将经营权利人的网站投诉信息复制发布在自己的网站上，该行为违背诚信原则，不正当地攫取和损害了他人的经营优势，同时也使相关消费者和合作企业误以为其具有相应的市场力量和经营能力，扰乱了市场竞争秩序，构成不正当竞争，应承担相应的赔偿责任。

关联索引

2019年《中华人民共和国反不正当竞争法》第二条、第八条、第十一条

一审：北京市朝阳区人民法院（2021）京0105民初41693号（2022年3月29日）

二审：北京知识产权法院（2022）京73民终3718号（2022年10月28日）

再审：北京市高级人民法院（2022）京民申7686号（2023年3月31日）

法官评析

数字经济时代，数据成为新兴市场要素，深刻地改变着生产方式、生活方式和社会治理方式。各类新业态、新模式生机勃勃，在为经济发展注入新动能的同时，也为知识产权司法保护带来了新的挑战。在数据权属等规则尚未完全确立之时，反不正当竞争法着眼于竞争行为的正当性，可以灵活地为数据获取、利用等行为划定合法性边界，以维护公平竞争的市场秩序。就本案而言，判断涉案行为是否构成不正当竞争，要结合具体商业模式考量该行为对竞争秩序、其他经营者利益、消费者利益等的影响。

"车质网"与"汽车门"网站的商业模式均以数据为核心。二网站均为从事汽车质量投诉咨询的服务平台，均依靠收集用户投诉信息、协调车企解决投诉问题来直接或间接地获取收益，因此，相关投诉信息数据的集合是该类商业模式得以实现盈利的基础，是关键的竞争资源，具有巨大的经济价值。北京某信息公司并非简单的数据收集者，而是在"车质网"中设定了详细的投诉项目、投诉处理流程等，付出了大量的经营成本，并对消费者反馈的投诉信息进行了特定格式的加工整理，由此获得了核心竞争优势。

虽然《反不正当竞争法》并不专门保护经营者的竞争优势，允许和鼓

励竞争者之间彼此争夺商业机会，但是本案中北京某品牌管理公司用复制和搬运的手段将他人积累的投诉信息据为己有，并公然作为自身经营资源予以展示和使用，该行为本身违背了诚信原则，也扰乱了市场竞争秩序。一方面，该行为直接减少了被盗用数据信息的经营者的商业机会，不正当地攫取和损害了他人经营优势，造成了直接经济损害；另一方面，该行为混淆了真实的投诉渠道，有损公平有效的市场竞争机制。不仅损害了其他经营者依法从事合法经营、公平参与市场竞争的合法权益，也使相关消费者和汽车企业误以为其具有相应的市场力量和经营能力，进而与其发生经营活动，在某种程度上起到虚假宣传的效果。从整体社会效果上看，涉案行为仅是单纯地搬运数据，并未创新商业模式，不会带来市场效率提高、消费者福利增加、社会总福祉增加等积极效果。综合考虑上述因素，北京某品牌管理公司盗用他人积累的投诉信息的行为已经构成不正当竞争。

一审法院独任审判员　巫　霁
二审法院合议庭成员　杨　静　兰国红　李迎新
再审法院合议庭成员　杨绍煜　毛天鹏　刘君婕
编写人　杨　静　岳展羽

15. 某公司诉金某、北京某公司侵害商标权及不正当竞争纠纷案

——"摹仿式注册"并"碰瓷式维权"且胁迫商标高价交易的行为构成不正当竞争

关键词 摹仿式注册 "碰瓷式维权" 胁迫商标高价交易 不正当竞争 行政投诉

基本案情

原告某公司诉称：被告金某和被告北京某公司（以下统称时简称二被告）恶意抢注与原告未注册驰名商标"巴黎贝甜"和"PARIS BAGUETTE"高度近似的"芭黎贝甜""BARIS BAGUETTE"系列商标，且使用、投诉、诉讼、转卖等一系列行为，联合构成了不正当竞争行为，违反2019年《反不正当竞争法》第二条[①]的规定。另外，北京某公司突出使用"芭黎贝甜"字号，根据2013年《商标法》第五十八条[②]和2019年《反不

[①] 该条第一款和第二款规定："经营者在生产经营活动中，应当遵循自愿、平等、公平、诚信的原则，遵守法律和商业道德。本法所称的不正当竞争行为，是指经营者在生产经营活动中，违反本法规定，扰乱市场竞争秩序，损害其他经营者或者消费者的合法权益的行为。"

[②] 该条规定："将他人注册商标、未注册的驰名商标作为企业名称中的字号使用，误导公众，构成不正当竞争行为的，依照《中华人民共和国反不正当竞争法》处理。"

正当竞争法》第六条①的规定亦构成不正当竞争行为。同时,二被告冒充使用"巴黎贝甜"和"PARIS BAGUETTE"商标进行加盟招商,构成侵害原告未注册驰名商标行为,违反2013年《商标法》第十三条②的规定。故请求法院判令二被告立即停止对原告的不正当竞争行为和商标侵权行为,北京某公司停止使用包含"芭黎贝甜"的企业名称,二被告连带赔偿900万元和合理费用1063315元,在《中国工商报》刊登道歉声明一个月以消除影响。

二被告答辩称:第一,"巴黎贝甜"和"PARIS BAGUETTE"含有国外知名地名,依据2013年《商标法》第十条第二款③和第十条第一款第七项④的规定不能使用,而且由于"BAGUETTE"是法语"面包法棍"的意思,根据2013年《商标法》第十一条⑤的规定不具有显著性,因此不可能构成未注册驰名商标。第二,被告依法注册了"芭黎贝甜""BARIS BAGUETTE"系列商标,基于此的使用是合法使用,诉讼投诉等行为是合法维权,因此不同意某公司的全部诉讼请求。

法院经审理查明:原告是韩国SPC公司(成立于1945年,在全球范围内从事面包、甜点生产销售的连锁集团企业)在中国设立的子公司。从2004年开始,原告在中国的快餐等服务上使用"巴黎贝甜"和"PARIS BAGUETTE"未注册商标,在成都、杭州、宁波、大连、南京、昆山、天

---

① 该条规定:"经营者不得实施下列混淆行为,引人误认为是他人商品或者与他人存在特定联系:(一)擅自使用与他人有一定影响的商品名称、包装、装潢等相同或者近似的标识;(二)擅自使用他人有一定影响的企业名称(包括简称、字号等)、社会组织名称(包括简称等)、姓名(包括笔名、艺名、译名等);(三)擅自使用他人有一定影响的域名主体部分、网站名称、网页等;(四)其他足以引人误认为是他人商品或者与他人存在特定联系的混淆行为。"

② 该条第一款和第二款规定:"为相关公众所熟知的商标,持有人认为其权利受到侵害时,可以依照本法规定请求驰名商标保护。就相同或者类似商品申请注册的商标是复制、摹仿或者翻译他人未在中国注册的驰名商标,容易导致混淆的,不予注册并禁止使用。"

③ 该条款规定:"县级以上行政区划的地名或者公众知晓的外国地名,不得作为商标。但是,地名具有其他含义或者作为集体商标、证明商标组成部分的除外;已经注册的使用地名的商标继续有效。"

④ 该条款规定:"带有欺骗性,容易使公众对商品的质量等特点或者产地产生误认的标志不得作为商标使用。"

⑤ 该条规定:"下列标志不得作为商标注册:(一)仅有本商品的通用名称、图形、型号的;(二)仅直接表示商品的质量、主要原料、功能、用途、重量、数量及其他特点的;(三)其他缺乏显著特征的。前款所列标志经过使用取得显著特征,并便于识别的,可以作为商标注册。"

津、北京、苏州、杭州、无锡等地加盟店和直营店已经达 200 家以上，2008 年被选定成为北京奥林匹克运动会供应商，2010 年被中国食品工业协会选为"十佳杰出饼店"；中华全国工商联合会烘焙业公会出具证明显示：2005 年原告加入本公会，"巴黎贝甜"品牌在国内同行中名列前茅，在国内实际投资总和达到 1 亿多美元，近五年平均年销售额 7.85 亿元。原告在《昕薇》《双休日》《都市主妇》《健康之友》《新影迷》《美食与美酒》等期刊杂志和网易、新浪、瑞丽、嘉人等网站进行了"巴黎贝甜"及"PARIS BAGUETTE"标识的广告宣传，并在《非诚勿扰》《隐婚男女》《夫妻那些事》《新摩登人类》《我的青春谁做主》等节目中植入广告视频显示"巴黎贝甜"及"PARIS BAGUETTE"商标标志，邀请金泰熙、全智贤等韩国艺人与株式会社巴黎克鲁瓦桑签订系列代言。被告金某（中国籍朝鲜族）及其控制的北京某公司、沈阳某公司等多家企业不开展实体经营，注册大量与韩国知名商标高度近似的商标，并设立网站进行批量转卖。其中，金某注册 700 多枚商标，北京某公司注册近 100 枚商标，金某控制的其他公司注册超过 1000 枚商标，涉及"SPC""憨豆先生""爱茉莉""教元 KYOWON""巴黎贝甜""芭黎贝甜""BARIS BAGUETTE""巴梨贝甜""巴里贝甜""芭黎焙甜""焙甜""宗家府""不倒翁""正植堂""伊纳斯"等与韩国知名品牌近似的商标。北京某公司主要围绕原告"巴黎贝甜"和"PARIS BAGUETTE"商标抢先注册了高度近似的"芭黎贝甜""BARIS BAGUETTE"等近 100 枚商标。

注册成功后，金某及北京某公司采取三种行为：一是在其公众号、网站等平台上突出使用"巴黎贝甜"公开招商加盟，使相关公众将"巴黎贝甜"与被告北京某公司相联系。二是在"顶级商标转让网"公开转让商标。三是主动联系原告，要求以 1000 万元的价格转让给原告。遭拒后，二被告进行了向原告及其各地加盟商、门店发送警告函，向行政机关举报投诉，向司法机关起诉等行为，涉及北京、上海、天津、大连、南京、成都、杭州等地区。除了司法诉讼外，二被告还向包括国家工商行政管理总局、国家知识产权局、北京市工商行政管理局、北京市知识产权局、北京市商务委员会、区政府等机关，也包括中国食品工业协会等行业协会，以及《中国知识产权报》、新浪新闻、《中国工商报》等媒体，还包括韩国驻中国大使馆等机构发送举报书，严重干扰了原告的正常经营，企图迫使原告高价收购其注册的"芭黎贝甜""BARIS BAGUETTE"系列商标。

北京知识产权法院于 2020 年 12 月 30 日作出（2018）京 73 民初 316 号民事判决：一、二被告立即停止涉及某公司未注册驰名商标"巴黎贝甜"和"PARIS BAGUETTE"商标的以下行为：向某公司的直营店、加盟店、供应商发送"商标侵权警告函"和上门骚扰行为；向媒体等机构发送"商标侵权警告函"和举报书等文件的行为；向腾讯公司投诉微信公众号的行为；向各地市场监督管理机关发送举报书和投诉某公司店铺的行为；起诉某公司的直营店、加盟店和有合作关系主体的行为。二、北京某公司立即停止使用包含"芭黎贝甜"的企业名称，并在判决生效后 10 日内进行变更登记。三、二被告立即停止侵犯某公司未注册驰名商标"巴黎贝甜"和"PARIS BAGUETTE"的行为，包括：立即停止在任何网站、微信公众号、面包店使用与某公司未注册驰名商标"巴黎贝甜"和"PARIS BAGUETTE"相同或近似的商标。四、二被告在判决生效后 10 日内在《中国工商报》刊登赔礼道歉和消除影响声明。五、二被告连带赔偿某公司损失及合理支出合计 150 万元。六、驳回原告的其他诉讼请求。一审宣判后，二被告不服，提起上诉。北京市高级人民法院于 2022 年 1 月 10 日作出（2021）京民终 438 号民事判决：驳回上诉，维持原判。北京某公司不服提出申诉。北京市高级人民法院于 2022 年 11 月 3 日作出（2022）京民申 4049 号民事裁定：驳回北京某公司的再审申请。

裁判理由

法院生效裁判认为：

本案的焦点问题在于二被告的前述被诉行为是否侵害原告未注册驰名商标，是否构成不正当竞争，以及是否应当承担民事责任及具体内容，涉及的事实和法律问题包括：

第一，关于"巴黎贝甜"和"PARIS BAGUETTE"未注册驰名商标认定的必要性。2013 年《商标法》第十四条第四款规定，在商标民事、行政案件审理过程中，当事人依照《商标法》第十三条规定主张权利的，最高人民法院指定的人民法院根据审理案件的需要，可以对商标驰名情况作出认定。《最高人民法院关于审理涉及驰名商标保护的民事纠纷案件应用法律若干问题的解释》（以下简称《驰名商标司法解释》）第二条第一项、第二项规定,以违反《商标法》第十三条的规定为由,提起的侵犯商标权诉讼,或以企业名称与其驰名商标相同或者近似为由,提起的侵犯商标权或者不正当竞争诉讼的,当事人以商标驰名作为事实根据,人民法院根据案件具体情况,认为确有必要的,对所涉商标是否驰名作出认定。本案中,被告北京某公司注册和使用含有与原告享有较高知名度的"巴黎贝甜"商标高度近似的"芭黎贝甜"字号的企业名称,并存在商业性使用"巴黎贝甜"和"PARIS BAGUETTE"商标的行为,可能对原告享有的未注册商标的相关权益造成侵害,故依据个案认定和按需认定原则,有必要对"巴黎贝甜"和"PARIS BAGUETTE"在快餐店服务上是否构成未注册驰名商标进行认定。

第二,关于原告"巴黎贝甜"和"PARIS BAGUETTE"未注册商标是否构成驰名商标。基于双方诉辩意见,本争议焦点涉及的法律问题包括:"巴黎贝甜"和"PARIS BAGUETTE"是否违反2013年《商标法》第十条禁用条款和第十一条显著性条款;依据2013年《商标法》第十三条第二款和第十四条的规定,在案证据能否证明"巴黎贝甜"和"PARIS BAGUETTE"商标在蛋糕甜点快餐服务上构成驰名商标标准。法院经审理认为:首先,尽管"巴黎贝甜"和"PARIS BAGUETTE"含有的"巴黎""PARIS"指向法国首都巴黎,但二商标标志含有"贝甜"及"Baguette"等文字因素,而且"Baguette"的外文含义并不为中国相关公众所广泛知悉;经过多年使用,相关公众已经将"巴黎贝甜"和"PARIS BAGUETTE"作为整体识别,并将其与快餐服务尤其是面包、蛋糕等快餐服务相关联,没有证据可以证明将其与作为地名的巴黎相联系,进而可能发生产源的误认,故"巴黎贝甜"和"PARIS BAGUETTE"未违反2013年《商标法》第十条第二款、第十条第一款第七项和第十一条的相关规定。其次,现有证据可以证明,原告某公司从2003年开始在中国境内、在面包西点快餐等服务上使用"巴黎贝甜"和"PARIS BAGUETTE"商标,从直营店和加盟店铺网点数量和分布、宣传广告、媒体报道、荣誉奖项等方面的相关证据看,"巴黎贝甜"和"PARIS BAGUETTE"商标已经在蛋糕甜点快餐服务上达到极高知名度,依据2013年《商标法》第十四条的规定可以认定其已构成未注册驰名商标。

第三,关于二被告是否有合法权利基础。北京知识产权法院认为:金某注册了包括北京某公司在内的多家不开展实体经营的公司,注册大量与韩国知名商标高度近似的商标几千枚,其中北京某公司注册的近100枚商标主要是围绕"巴黎贝甜"和"PARIS BAGUETTE"的高度近似商标,前述行为构成2013年《商标法》第四十四条第一款规定的"以其他不正当手段取得注册"的恶意抢注商标情形,二被告所谓维权行为不具有合法权利基础。

第四,关于被告系列行为是否构成2019年《反不正当竞争法》第二条、第六条规定的不正当竞争行为。2019年《反不正当竞争法》第二条第一款规定,经营者在生产经营活动中,应当遵循自愿、平等、公平、诚信的原则,遵守法律和商业道德。本案中,二被告及其关联公司申请注册了超过1700枚商标,且没有证据证明其进行了实际经营,或具有实际经营的准备,相反地,其却建立商标转让网站转卖商标;尽管相关商标的效力不属于本案的审理范围,但前述不以实际使用为目的、大量注册商标并进行转卖的系列行为,难谓善意和诚信。与本案直接相关的事实中,二被告围绕本案原告未注册的驰名商标"巴黎贝甜"和"PARIS BAGUETTE"申请注册了近百枚近似商标,并主动向原告高价转让;在被拒绝后,二被告采取一系列行为,以达到强制交易的目的,其行为属于《反不正当竞争法》规制的范围。二被告采取投诉和诉讼、向原告及原告的商业合作伙伴发送"商标侵权警告函",甚至直接上门干扰原告开展正常经营,向媒体、会计师事务所和其他机构发送"商标侵权警告函"文件等行为,这些行为之间互相配合,以大量申请注册围绕原告的未注册驰名商标为前提,以高价转让为目的,以形式上合法的"组合拳"方式影响原告及其门店正常经营、威胁品牌商誉,并通过启动行政投诉、民事诉讼等行为将原告拖入纠纷程序。前述行为给原告造成以下几方面的损害:一是原告及"巴黎贝甜"和"PARIS BAGUETTE"在商业形象方面的损害可能性;二是直接和间接的经营活动无法正常开展造成的损害;三是原告无法对被告的恶意投诉等行为置之不理,不得不参与相关行政投诉、民事诉讼、商标授权确权程序等,形成时间和费用支出。因此,二被告的前述行为主观上具有明显恶意,采取形式上合法的手段,以达到胁迫交易获取明显高于市场交易价格的目的,具有不正当性,客观上也使得原告遭受商誉可能受损、经营受到影响、维权支出加大等损害,违反了2019年《反不正当竞争法》第二条规定的诚信原则，构成不正当竞争行为。此外，金某故意注册和使用的与原告"巴黎贝甜"高度近似的"芭黎贝甜"字号，足以导致相关公众产生混淆误认，违反了2019年《反不正当竞争法》第六条的规定。

第五，关于二被告侵权责任的承担。除了承担停止侵权、消除影响责任以外，综合考虑原告恶意、被告损失等因素确定以下损害赔偿数额：其一，2019年《反不正当竞争法》第十八条第一款规定："经营者违反本法第六条规定实施混淆行为的，由监督检查部门责令停止违法行为，没收违法商品。违法经营额五万元以上的，可以并处违法经营额五倍以下的罚款；没有违法经营额或者违法经营额不足五万元的，可以并处二十五万元以下的罚款。情节严重的，吊销营业执照。"该条款规定实施混淆行为的，在没有违法经营额或者违法经营额不足五万元的情况下，可以进行二十五万元以下的罚款，法院参照该行政处罚标准，责令被告北京某公司基于注册和使用"芭黎贝甜"字号的不正当竞争行为赔偿原告20万元。其二，关于违反2019年《反不正当竞争法》第二条的行为的赔偿数额。相关行为给原告商业形象和经营活动造成损害，同时也使得原告不得不参与相关行政投诉、民事诉讼、商标授权确权等程序进而产生不必要的时间和费用支出。商业形象和经营活动的赔偿方面，现有证据难以证明原告某公司因为北京某公司的行为造成的损失，也无法证明北京某公司的实际获利。法院考虑北京某公司的主观恶意程度、行为持续时间和涉及范围等因素，同时考虑金某向原告强制转让商标费用1000万元的要价事实，原告在二被告提出的行政投诉、授权确权程序、诉讼程序中支付的律师费等事实，综合酌定支持100万元。此外，关于商标侵权和合理支出的数额，法院根据相关事实予以酌定。关于二被告的责任分担，现有证据证明，金某是北京某公司的实际控制者，其自认北京某公司并未实际经营，是被诉商标侵权行为的直接行为人，二者在不正当竞争行为上具有共同故意，实施了共同行为，侵犯了同一客体，造成了共同后果，构成共同侵权，应当承担连带责任。

裁判要旨

1. 在抢注与他人未注册的驰名商标高度近似的商标后，向被抢注人提出高价交易要求，并在遭拒后采用在全国范围内的工商投诉、司法诉讼、上门维权等方式干扰被抢注人的正常经营活动，企图以维权形式达到强迫高价交易抢注商标的非法目的。前述一系列行为严重违反诚信原则和商业道德，破坏社会主义市场经济秩序，构成不正当竞争行为。

2. 在依法酌定不正当竞争行为的赔偿数额时，应当同时考虑"降低维权成本"和"提高侵权成本"。一方面，可以参考行政机关对该行为的行政处罚标准、该行为损害的潜在交易市场价格等因素予以酌定；另一方面，被侵害方投入大量成本在行为人系列恶意诉讼和投诉程序中，可以适当考虑将原告处理这些诉讼、投诉行为的律师费用作为原告的损失进行酌定补偿。

关联索引

2013年《中华人民共和国商标法》第十条第二款、第十条第一款第七项、第十一条、第十三条、第十四条、第四十四条第一款

2019年《中华人民共和国反不正当竞争法》第二条、第六条、第十七条

《中华人民共和国侵权责任法》第十五条①

《最高人民法院关于审理涉及驰名商标保护的民事纠纷案件应用法律若干问题的解释》第二条、第九条、第十一条

一审：北京知识产权法院（2018）京73民初316号（2020年12月30日）
二审：北京市高级人民法院（2021）京民终438号（2022年1月10日）
再审：北京市高级人民法院（2022）京民申4049号（2022年11月3日）

法官评析

一、本案是对"摹仿式注册+碰瓷式维权"的组合行为进行明确定性和精确打击

本案将商标恶意抢注的行为，以及后续通过滥用诉权、恶意投诉、名誉损害等"组合行为"，综合认定为不正当竞争行为，打击了利用合法程序达到非法目的的规避法律行为。近年来，商标恶意抢注现象多发，但商

---

① 参见《民法典》第一百七十九条。

标抢注往往是后续非法行为的预备行为，行为人后续还往往采取强迫高价转让等方式达到抢注获利之目的。为了掩盖其非法行为，行为人采取表面上的合法形式，如滥用权利进行恶意诉讼、利用大量工商投诉制造麻烦、公开商业诋毁以引导舆论等"组合拳"方式。在以往的司法实践中，对这种系列行为没有明确定性，往往将这些行为视为权利的正当使用，或者认为是现有法律漏洞不得不容忍的行为，在很大程度上放任甚至鼓励了商标抢注后获利的行为，在一定程度上导致了不法人员将法院、行政机关等作为牟利的工具，严重影响商标注册和管理秩序，破坏了诚实守信的市场竞争秩序。本案判决二被告行为构成侵害商标权和不正当竞争的行为，判决其赔偿原告商誉损失、长期诉讼合理费用等在内的损失150万元，使得恶意抢注人"偷鸡不成蚀把米"，有力打击了商标恶意抢注和破坏竞争秩序的行为。

二、在获利和损失难以确定的情况下，参考行政机关对该行为的行政处罚标准、该行为损害的潜在交易市场价格等因素，对不正当竞争行为人的假维权行为判处"高赔偿"

本案中，由于二被告的一系列行为采取表面上合法的形式，涉及行政机关、媒体、加盟商等多方主体，不当利用和浪费了大量行政、司法机关的公共资源，共同用于强制原告交易之目的，其主观恶意极强，客观上浪费了大量公共资源，并给原告带来"无妄之灾"和严重损失，是当前该类多发行为的典型和集中体现，应当给予明确和有力的惩罚，发挥典型有效的警示作用。本案在缺乏具体损失、获利等证据情况下，酌定不正当竞争行为的赔偿数额时，在二被告商标侵权行为赔偿中参考了行政机关对该行为行政处罚标准，在不正当竞争行为赔偿中参考该行为损害的潜在交易的市场价格予以酌定，最终判决赔偿原告150万元。该判决作出后，《"芭黎贝甜"碰瓷"巴黎贝甜"，一审被判赔150万元》的相关新闻在社会上引发广泛支持。

三、将被侵害人处理大量"碰瓷式维权"的被动成本纳入赔偿因素，给被侵害人的真维权"降成本"

本案中，原告的商誉影响和经营范围遍及全国，二被告采取在全国范围内行政投诉、恶意诉讼、恶意提起确权程序、上门骚扰等方式，使得原告不得不聘请律师被动应付大量的商标确权、行政查处和司法诉讼程序，同时，还面临其加盟商的质疑并造成潜在合作机会的流失。因此，在酌定赔偿数额时，考虑到原告在大量胜诉或二被告恶意起诉后又撤诉的程序中的律师费用无法另行主张，因此在本案中予以适当支持，达到降低原告"真维权"成本的目的。

一审法院合议庭成员　陈　栋　杨淑兰　张　锋
二审法院合议庭成员　王东勇　孙柱永　刘　岭
再审法院合议庭成员　朱海宏　李宝刚　孙　伟
编写人　陈　栋

16. 广州某公司、深圳某公司诉北京甲公司、北京乙公司等不正当竞争纠纷案

——企业数据权益的竞争法保护及不正当使用行为的认定

关键词　不正当竞争　数据权益保护　不正当性

基本案情

原告广州某公司和深圳某公司（以下统称时简称二原告）诉称：二原告从互联网公开信息中收集和分析了海量简历、招聘数据，通过大数据技术于2014年6月首创了"662所高校学生毕业十年就业薪酬和就业行业分布"数据（以下简称涉案数据）。该数据凝结着二原告大量的人力、物力、财力投入，承载着二原告极高的智力劳动付出，具有极高的商业价值，由此产生的合法权益应受法律保护。某集团、北京甲公司、北京乙公司、北京丙公司、某学校（以下统称时简称五被告）未经其许可，共同通过高考派网、高考派App（苹果版和安卓版）、某微信公众号、高考帮App（苹果版和安卓版），不正当地使用并售卖涉案数据，牟取非法利益，其行为违反了诚信原则和公认的商业道德，损害了二原告和广大消费者的合法权益，破坏了公平、有序的市场竞争秩序，构成不正当竞争。据此，二原告诉至一审法院，请求：（1）五被告在《光明日报》《北京晚报》《深圳晚报》《南方都市报》以及高考派网、高考网、高考派App（安卓版和苹果版）、高考帮App（安卓版和苹果版）的首页显著位置，连续30天刊登声明、消除影响；（2）五被告连带赔偿其经济损失4900万元及合理费用30万元（包括律师费20万元、公证费28160元、差旅费71840元）。

被告某集团、北京甲公司、北京乙公司、北京丙公司、某学校共同辩

称：(1) 二原告不能证明其数据来源、获取方式合法，亦未证明其对涉案数据付出劳动，故其无权对本案所涉数据主张权利，其所谓的竞争优势也不应得到《反不正当竞争法》的保护。(2) 五被告的被诉行为未违反1993年《反不正当竞争法》第二条的规定。被诉平台使用的数据来源于其所收购的原高考派网站，并非对二原告数据的窃取，而被诉平台的数据来源由于创始团队的离去目前已无法查明。但结合目前证据，除被诉数据与二原告主张的涉案数据存在一致性外，无其他证据可以证明五被告存在窃取二原告数据的行为。(3) 二原告主张的高额赔偿及要求某集团和某学校承担连带责任缺乏事实及法律依据，被诉数据购买人数极少，传播范围极其有限，且被诉行为早已停止，并未对二原告造成任何不良影响，故不同意二原告的全部诉讼请求。

  法院经审理查明：涉案数据由二原告于2014年研发完成，二原告通过完美志愿网有偿提供涉案数据。2014年5月6日，广东省科学技术情报研究所接受广州某公司委托，就iPIN人才大数据项目出具《科技查新报告》，该报告中的"研究内容"部分载明：项目针对目前人力资源市场上信息缺失、信息不匹配、信息不对称的问题，开发了一款面向企业和个人用户的高度智能化的信息产品，其基于独有的海量数据、世界领先的智能分析技术、实时云计算平台及针对人才信息的专利信息挖掘技术，提供全方位个性化的独有信息服务以提高人力资源管理的效率。"国内创新结论"部分，介绍本项目具有的创新点包括：开发了高精准别名识别技术，通过机器学习、自然语言处理建立了独有的特大企业、职位、学校等语料库，可自动将用户填写的上千个不同的公司名称识别为同一信息体，准确率超过95%；初步实现了对整个中国经济体的体系化建模，应用计量经济学和信息经济学模型，对中国整个的经济大环境从企业、学校、专业、职位、技能、证照、城市、薪酬等多个维度建立了分析模型，该模型在预测用人市场和行业活动上有广泛应用等内容。2015年6月17日，广州市科技和信息化局验收广州某公司的"iPIN经济地图——采用人才大数据和人工智能的研究和开发"项目，验收证书载明：项目采用大数据分析采集技术、数据清洗技术、数据智能关联等技术，开发了一个人才数据挖掘系统，公司获得中科招商1000万元融资，截至2015年4月，企业资产规模达到979.84万元，项目应用前景较好；项目执行期内，实际总投入资金123.13

万元。二原告还提交了多篇网络报道来说明涉案数据的研发过程及市场价值。

2015年至2017年6月间,北京甲公司运营的高考派网、高考派App(苹果版和安卓版),北京乙公司运营的某微信公众号,北京丙公司运营的高考帮App(苹果版和安卓版)平台上提供并向用户售卖600多所高校的就业行业及薪酬情况数据(以下简称被诉数据),上述平台提供了相同的被诉数据,且同一用户账号可以在上述平台间通用。某学校运营的高考网对上述平台精心给予了介绍,发布了多篇关于iPIN完美志愿大学毕业生薪酬数据信息的介绍文章,并提供了高考帮App二维码和高考帮App(苹果版和安卓版)的下载链接。

将涉案数据与2015年、2017年取证的被诉平台使用的被诉数据进行比对后发现:2015年,就业薪酬数据完全相同的学校有604所,基本相同(包含5个以上完全相同的数据)的学校有19所,上述共计623所,数据不同的有39所;2017年,就业薪酬数据完全相同的学校有176所,基本相同(包含5个以上完全相同的数据,并对二原告不完整的数据上进行新增)的学校有114所,上述共计290所,被诉数据与二原告的数据不同、但差值小于等于250的学校有306所,数据不同的学校有66所。2015年,就业行业数据完全相同的学校有154所,基本相同的(超过6个完全相同的数据,绝大部分仅1个或2个数据不同)的学校有470所,上述共计624所,数据不同的学校有38所;2017年,就业行业数据完全相同的学校有125所,基本相同的(超过6个完全相同的数据,绝大部分仅1个或2个数据不同)的学校有477所,上述共计602所,数据不同的学校有60所。

北京市海淀区人民法院于2020年3月3日作出(2017)京0108民初51904号民事判决:一、北京甲公司、北京乙公司、北京丙公司连带赔偿二原告经济损失人民币50万元及合理开支人民币15万元;二、驳回二原告的其他诉讼请求。判决后,二原告、北京甲公司、北京乙公司、北京丙公司均不服,上诉至北京知识产权法院。二原告以一审判决认定的赔偿数额过低、五被告构成共同侵权以及涉案行为造成不良社会影响为由提起上诉,请求撤销一审判决,改判五被告在上述媒体及平台上刊登声明、消除影响并连带赔偿经济损失1000万元及合理支出30万元。北京甲公司、北京乙公司、北京丙公司以涉案数据来源不明以及二原告无权就涉案数据主张权利为由提起上诉,请求撤销一审判决,改判驳回二原告的全部诉讼请求。北京知识产权法院于 2022 年 1 月 24 日作出(2020)京 73 民终 3422 号民事判决:驳回上诉,维持原判。

裁判理由

法院生效裁判认为:

首先,二原告虽未提供其研发涉案数据产品所使用的原始数据,但北京甲公司、北京乙公司、北京丙公司并未举证证明涉案数据系二原告通过非法手段取得或来源于公知领域中的现有数据或系对网络原始数据的简单处理所得,且从涉案数据内容看,其系以柱状图、趋势图、排行榜等方式提供了可视化的数据内容,故涉案数据应系二原告通过投入智力劳动,对诸多高校毕业生十年间的就业薪酬及就业行业相关数据进行深度分析与系统整合而形成的大数据产品。其次,涉案数据中并不包含任何用户主体信息和特征,也不具备能够单独或者与其他信息结合识别自然人个人身份的可能性。最后,二原告不仅通过向消费者有偿提供涉案数据,直接获得经济利益,并且经过多家报刊、网站等媒体的广泛宣传和报道,二原告及其所研发的涉案数据已经在相关领域内具有了一定的知名度和影响力,从而使其获得了更多的交易机会及用户流量,提升了竞争优势,涉案数据已经成为二原告的重要经营资源,故其对涉案数据享有的合法权益应受《反不正当竞争法》的保护。

北京甲公司、北京乙公司、北京丙公司销售被诉数据,获取直接经济利益,并在未经许可及未支付任何对价的情况下利用二原告研发的涉案数据,将其作为自身产品对外宣传,获取竞争优势,其主观恶意明显。北京甲公司、北京乙公司、北京丙公司的被诉行为,一方面直接损害了他人因销售涉案数据所产生的经营收益,也在一定程度上导致二原告的交易机会、销售收入及用户流量等经营利益受损;另一方面,从长远看,也将逐步降低大数据行业研发者进行技术创新和投入的积极性,破坏了竞争秩序,阻碍了大数据行业的正常、有序发展,并最终造成消费者基于大数据产品和服务所享有的社会福利的减损。因此,北京甲公司、北京乙公司、北京丙公司的被诉行为,损害了二原告对涉案数据享有的竞争利益,违背了诚信原则和公认的商业道德，扰乱了公平、有序的市场竞争秩序，具有不正当性和可责性，违反了1993年《反不正当竞争法》第二条的规定。二原告要求其承担赔偿损失的诉讼主张，具有法律依据，应予支持。

此外，某集团与北京甲公司、北京乙公司、北京丙公司系各自独立的法人主体和经营者，在二原告未举证证明某集团参与实施了被诉行为或其与北京甲公司、北京乙公司、北京丙公司之间存在共同实施被诉行为的意思联络的情况下，仅凭双方之间存在股权投资关系，不能认定某集团参与实施了被诉行为及构成共同侵权。某学校运营的高考网虽为高考帮App进行了宣传推广，但据此尚不足以认定某学校参与实施了被诉行为或其与北京甲公司、北京乙公司、北京丙公司之间存在共同实施被诉行为的意思联络。因此，某集团、某学校不构成共同侵权，无须承担连带责任。

裁判要旨

经营者通过投入智力劳动对相关数据信息进行深度分析与系统整合形成了具有商业价值、能够为企业带来竞争优势的大数据产品，经营者对该数据所享有的合法权益应受反不正当竞争法的保护。他人未经许可擅自使用和售卖经营者享有合法权益的数据的行为，违反了诚信原则和公认的商业道德，构成不正当竞争，应承担相应的法律责任。

关联索引

1993年《中华人民共和国反不正当竞争法》第二条、第二十条

一审：北京市海淀区人民法院（2017）京0108民初51904号（2020年3月3日）

二审：北京知识产权法院（2020）京73民终3422号（2022年1月24日）

法官评析

在数字经济时代，数据资源已成为企业核心竞争力和竞争优势所在，企业数据权益保护已成为各方关注的热点问题。本案系涉及企业数据权益保护，分析了企业数据获得反不正当竞争法保护的权益基础和被诉行为具有不正当性和可责性的认定标准，通过适用1993年《反不正当竞争法》第二条之规定，为构建数据知识产权保护规则、完善数据产权保护制度提

供了思路。

一、企业数据权益的竞争法保护基础的确定

巨量单个原始数据聚合在一起所形成的一定规模的数据资源，能够给大数据分析提供必要的样本，给互联网经营者带来开发数据衍生产品获取增值利润的机会空间。数据通常为持有者采用新技术手段搜集、整理、汇编，经过辛劳付出而获得，可能具有较高的商业价值。数据权益是信息之上产生的多项集合的权益。① 关于数据的权利属性，《民法典》第一百二十七条规定："法律对数据、网络虚拟财产的保护有规定的，依照其规定。"该条仅对数据的保护作了原则性规定，对于数据的权利属性并未作出明确具体的规定。2021年6月10日公布的《数据安全法》中对于数据的权利属性、保护路径也并未作出明确规定。因数据保护牵涉数据生产者、数据收集者、数据收集整理和分析者、数据处理者、数据利用者等各方利益关系，数据的可复制性、非排他性及数据主体多元性导致了数据权属的复杂性。数据的权利属性、保护路径问题在我国学术界、产业界也一直存有争议，尚未达成共识。

当数据开发形成的智力成果具有独创性并成为著作权法所保护的作品时，持有者可以数据形成的作品作为一项法定权利来对之加以保护。当数据不构成作品时，持有者通常会选择不正当竞争来制止他人未经许可使用的行为。在这种情况下，持有者对数据是否享有我国《反不正当竞争法》所保护的权益基础也就成了其权益能否获得竞争法保护的关键所在。

本案中，涉案数据是二原告通过投入智力劳动，对诸多高校毕业生十年间的就业薪酬及就业行业相关数据进行深度分析与系统整合而形成的大数据产品，且该数据并不包含任何用户主体信息和特征，也不具备能够单独或者与其他信息结合进而识别自然人个人身份的可能性；二原告不仅通过向消费者有偿提供涉案数据直接获得经济利益，并且经过多家报刊、网站等媒体的广泛宣传和报道，二原告及其所研发的涉案数据已经在相关领域具有了一定的知名度和影响力，从而使其获得了更多的交易机会及用户流量，提升了竞争优势。因此，涉案数据已经成为二原告的重要经营资

---

① 王利明：《论数据权益：以"权利束"为视角》，载《政治与法律》2022年第7期。

源,二原告对于涉案数据所享有的竞争性权益应当受到我国《反不正当竞争法》的保护。

二、企业数据不正当使用行为的认定

网络经济是共生经济,网络平台所掌握的数据资源更多地具有开放性与共享性,如果其他经营者虽然"搭便车"式地利用了经营者所掌握的数据资源开展经营活动,但只要不是对他人数据资源进行破坏性的利用或有违反法律法规规定的行为,且能够给消费者带来全新体验的,一般不宜认定为不正当竞争。有学者认为,某一个竞争行为到底是正当还是不正当,要作严格的利益考量,应该对原被告方的利益、消费者的利益、竞争秩序、科技发展以及社会公共利益作严格考量和比较之后,看是否做到了效益最优。还有学者认为,北京市高级人民法院在判决百度诉360案的同时,又创新性地确立了互联网产品或服务在竞争过程中应当遵守非公益必要不干扰原则,有利于规范网络经营者的竞争行为,有利于为同类案件的裁判提供借鉴。① 也有学者指出,"非公益必要不干扰原则"与《反不正当竞争法》的"一般条款"相通。

从现有司法判决来看,适用我国1993年《反不正当竞争法》第二条规制不正当获取、使用数据保有者收集、整理、解析、加工的数据的行为,与行业竞争者不当利用他人数据产品获取商业利益的行为一致,属于不劳而获的搭便车行为,具有不正当性。该行为违反了诚信原则和公认的商业道德,破坏了正常的数据产品经济竞争秩序,损害了数据产品开发者的合法权益,属于1993年《反不正当竞争法》第二条所规制的不正当竞争行为。

本案中,北京甲公司、北京乙公司、北京丙公司未经许可,使用二原告研发的涉案数据为自身牟利,势必导致二原告的用户对其产品丧失应有的安全感及基本信任,减损数据产品对于用户关注度及用户数据使用的吸引力,进而会恶化二原告既有数据资源的经营生态,损害二原告的商业利益与市场竞争优势,对二原告既有数据资源竞争权益构成实质性损害。同

---

① 石必胜:《互联网竞争的非公益必要不干扰原则——兼评百度诉360插标和修改搜索提示词不正当竞争纠纷案》,载《电子知识产权》2014年第4期。

时，从长远看，也将逐步降低大数据行业研发者进行技术创新和投入的积极性，破坏竞争秩序，阻碍大数据行业的正常、有序发展，并最终造成消费者基于大数据产品和服务所享有的社会福利减损。因此，北京甲公司、北京乙公司、北京丙公司此种损人自肥的行为明显违背了诚信原则和公认的商业道德，扰乱了公平、有序的市场竞争秩序，具有不正当性和可责性，已构成不正当竞争。

一审法院合议庭成员　王栖鸾　尹　斐　梁铭全
二审法院合议庭成员　马兴芳　宋　晖　李　想
编写人　马兴芳

17. 深圳市某计算机系统公司等诉惠州市某网络科技公司不正当竞争纠纷案

——"分时租赁账号"行为中商业道德的认定

关键词　商业道德　互联网行业不正当竞争　数据处理

基本案情

原告深圳市某计算机系统公司等（以下简称深圳某公司）诉称：原告是××视频的经营者。××视频是国内领先的在线视频媒体平台，具有良好的社会声誉与极高的品牌价值。深圳某公司所建立的"××视频VIP会员服务"是其增加用户量、维持××视频运营的重要经营手段。被告惠州市某网络科技公司（以下简称惠州某公司）为"寻租网"（www.×××.com）和微信公众号"寻租网平台"的运营主体，与深圳某公司构成同业竞争关系。惠州某公司长期在微信公众号非法分时出租××视频VIP账号，使用户无须向深圳某公司付费即可获得××视频VIP会员服务。原告认为惠州某公司的行为有悖于市场竞争的诚信原则与商业道德，违反了2019年《反不正当竞争法》第二条的规定。

被告惠州某公司辩称：我方出售的"分时出租账号"等产品均是通过网络渠道购买，运营的网站也是合法合规，不构成不正当竞争。

北京市海淀区人民法院于2021年12月30日作出（2020）京0108民初7028号民事判决：一、惠州某公司发布声明，消除其不正当竞争行为对深圳某公司造成的不良影响；二、惠州某公司赔偿深圳某公司经济损失30万元及合理开支157070元；三、驳回深圳某公司的其他诉讼请求。宣判后，惠州某公司不服，向北京知识产权法院提起上诉。北京知识产权法院于2022年9

月29日作出（2022）京73民终1154号民事判决：驳回上诉，维持原判。

裁判理由

法院生效裁判认为：

2019年《反不正当竞争法》第二条是《反不正当竞争法》中的一般条款，对于一般条款的适用需要同时具备以下三个条件：一是法律对该种竞争行为未作出特别规定；二是其他经营者的合法权益确因该竞争行为受到实际损害；三是该种竞争行为因确属违反诚信原则和商业道德而具有不正当性或可责性。首先，本案被诉的"分时租赁"账号行为，并非《反不正当竞争法》具体列举的不正当竞争行为。其次，惠州某公司将××视频VIP账号进行分时出租的行为，使得网络用户无须按照××视频服务协议所确定的模式向深圳某公司购买即可获取相应的VIP会员权益，降低了××视频的用户黏性，减少了××视频带来的流量利益和会员费收益。同时，惠州某公司的被诉行为，还会导致同一个会员账号被多人使用而造成的观影人数、在线时长异常等后果，增加深圳某公司的运营成本。因此，深圳某公司的合法权益已因被诉行为受到损害。最后，根据《最高人民法院关于适用〈中华人民共和国反不正当竞争法〉若干问题的解释》（以下简称《反不正当竞争法解释》）第三条第一款的规定，特定商业领域普遍遵循和认可的行为规范可以认定为2019年《反不正当竞争法》第二条规定的"商业道德"。法院应当结合案件具体情况，综合考虑行业规则或者商业惯例、经营者的主观状态，交易相对人的选择意愿，对消费者权益、市场竞争秩序、社会公共利益的影响等因素，依法判断经营者是否违反商业道德。认定经营者是否违反商业道德时，可以参考行业主管部门、行业协会或者自律组织制定的从业规范、技术规范、自律公约等。

本案中，惠州某公司将原本为1个月期限的××视频VIP账号拆分为2~3天进行出租的行为，不仅有违××视频用户协议中的相关内容，还与视频行业应通过官方或授权途径获取VIP会员服务的通常做法有悖。同时，包括××视频在内的视频行业虽一般允许用户在不同的硬件设备上使用同一账号，但是该种使用存在一定的限制，在用户协议中一般会明确VIP会员服务不得用于商业目的，且明确设置登录限制，通过技术措施限定用户在一定硬件设备数量、同时登录账号数量以及给定时间内账号登录IP地址数量等，用户如果超过上述范围使用的，将会根据情况中止或终止服务。而惠州某公司以商业营利为目的，自述其通过非深圳某公司官方或授权途径获得××视频 VIP 账号，并在其网站及公众号分时租赁××视频 VIP 账号的行为，显属超越深圳某公司授权的行为，违反了前述所论及的数据领域的商业道德。

综上所述，惠州某公司被诉分时出租××视频 VIP 账号的行为构成 2019 年《反不正当竞争法》第二条规定的不正当竞争行为。

裁判要旨

1. 关于企业数据的相关商业道德可从以下四个层次内容进行考量：第一，从互联网竞争的特性分析，获取（处理）数据应当有边界；第二，数据控制者采用代码设置用户行为规则的方式属于互联网行业的商业惯例；第三，从《反不正当竞争法》的立法目的分析，未经授权或超越授权处理其他经营者数据的行为也存在豁免的情形；第四，上述商业道德适用范围存在一定的限制，如未通过代码限制的数据处理、家庭成员或朋友之间账号密码分享等善意合理情形，不能因数据控制者的用户协议约定而受到限制。

2. "分时租赁账号"行为并非《反不正当竞争法》具体列举的不正当竞争行为，但该行为降低了数据控制者的用户黏性，减少了流量利益和会员费收益。"分时租赁账号"行为属于典型的超越授权的行为，违反了前述所论及的数据领域的商业道德。

关联索引

2019 年《中华人民共和国反不正当竞争法》第二条

一审：北京市海淀区人民法院（2020）京 0108 民初 7028 号（2021 年 12 月 30 日）

二审：北京知识产权法院（2022）京 73 民终 1154 号（2022 年 9 月 29 日）

法官评析

本案基于海量视频形成的数据产品而产生的账号租赁行为，以及国内外相关案例、数字市场中经营者的经营行为等，探索提炼了数据竞争领域的商业道德。

新业态、新模式对于数据的争夺日益激烈，既有数据采集层存在的平台数据不正当竞争,又有数据计算层和服务层的"算法黑箱"问题,涉及数据应用的网络刷量类、账号租赁类等纠纷,还有与数据产业化相关的新型商业模式不正当竞争案件,更有头部平台基于数据优势被提起反垄断诉讼。数字经济背景下的新业态新模式中竞争行为失序,很大程度上来源于数据确权的缺失。因为立法尚未对数据权属予以明确,使得当事人在面对数据攫取、数据滥用等行为时,维权难度较大,保护力度不足,且部分正当的数据使用需求无法通过交易获得。《民法典》第一百二十七条规定:"法律对数据、网络虚拟财产的保护有规定的,依照其规定。"该条表明了法律保护数据的鲜明态度,但由于目前缺少保护数据产权的法律规范,知识产权领域各专门法对于缺乏独创性的数据难以提供保护,此时《反不正当竞争法》的原则条款从侧重于对主体行为的规制和市场秩序的维护,转向同时对企业数据进行间接保护就显得尤为迫切。

原始数据或个人数据应当如何确权,亟待立法上的明确。但是,不当抓取、搬运由元数据形成的数据产品,或是租赁数据产品账号,经营者难以适用知识产权的相关规则予以保护,只好选择适用《反不正当竞争法》的一般条款。该条款中的商业道德往往难以确定,影响了司法对企业数据产品的保护范围和力度。因此,亟待提炼数据(产品)竞争领域的商业道德。一方面,通过明确数据(产品)竞争领域的商业道德可以合理界定《反不正当竞争法》一般条款的适用规范;另一方面,数据应用层涉及的数据产品多元化,不仅有视频账号租赁,还有游戏账号租赁、企业信息数据查询账号等行为,明确数据竞争领域的商业道德可以延伸到对多元数据产品的司法保护。

当然,数据的概念具有多元性。有观点认为,数据竞争意义上的数据,仅指可供进一步分析使用的大数据,而不包括海量视频、企业信息等形成的数据产品。对此,笔者认为,应当将海量视频、企业信息汇集的数据产品等纳入数据竞争的商业道德保护范围内。理由如下:首先,从数据竞争商业道德的功能视角分析,数据经营者的经营行为不会因为数据或信息已经获得视听作品或其他数据产品的保护,就放弃了海量抓取或是整体搬运的不正当竞争手段;如过窄地界定数据概念,数据竞争的商业道德会因涵盖范围过窄而无法实现其保护功能。其次,从法律定义上分析,《数据安全法》明确了数据是指任何以电子或者其他方式对信息的记录。该定义包括了视听作品或其他数据产品。再次,从保护层次上分析,当事人主张数据权益保护，诉争对象实际构成作品、邻接权客体、技术方案或商业秘密等知识产权客体的，适用调整该项客体的法律规则。但在被诉侵权人直接采用技术手段或人工方式大规模、高频次地获取原告赖以经营的数据资源，或利用该方式获取的数据系复制原告产品或服务，被诉行为可能造成对原告产品或服务的实质性替代的情况下，可以通过数据竞争的商业道德判断行为的不正当性，进而分析是否应当适用《反不正当竞争法》的一般条款。最后，从数据保护的实践路径分析，不同于包含个人隐私信息的个人数据，经营者对元数据加工形成数据产品，包含了经营者的投入，该投入应当获得《反不正当竞争法》的保护与该法的立法目的相一致，亦更容易形成数据竞争领域的商业道德共识。

数据竞争处于动态变化之中，司法对于数据竞争领域的商业道德的认识亦处于不断深化之中，因此，基于数据产品竞争而提出的数据竞争领域的商业道德及相关规则亦需随着实践的不断深化而进一步完善。

一、关于数据竞争领域的商业道德

《反不正当竞争法解释》第三条第一款规定，特定商业领域普遍遵循和认可的行为规范可以认定为《反不正当竞争法》第二条规定的"商业道德"。法院应当结合案件具体情况，综合考虑行业规则或者商业惯例，经营者的主观状态，交易相对人的选择意愿，对消费者权益、市场竞争秩序、社会公共利益的影响等因素，依法判断经营者是否违反商业道德。在认定经营者是否违反商业道德时，可以参考行业主管部门、行业协会或者自律组织制定的从业规范、技术规范、自律公约等。具体到本案，从本案涉及的××视频 VIP 账号指向的海量视频内容属于企业数据范畴，针对企业数据领域的商业道德，从如下三个层次分析：

其一，快速革新的互联网信息技术不断催生出新的商业模式和产业样态，形成了动态性、跨界性和演化性的互联网竞争特性。互联网既集中反映了《反不正当竞争法》的一般性特征，又具有公共属性较强、用户被赋予新型权利、互联网经济属性与非经济属性并存等特征。互联网还具有开放性的特征，当互联网企业基于某些权益来进行不正当竞争的指控时，也需要认识到互联网本身的开放性特征。因此，并非企业所有划定的范围都可以成为企业的私有性财产，在互联网的私有性财产权益保护与公共领域保护之间，应当寻求合理的平衡点，以维持互联网的商业性利益与公共性空间之间的平衡。这个平衡点就是诚信原则与商业道德。伴随着数据成为一类新的生产要素，逐渐产生了对数据财产利益和数据安全利益保护的制度需求。通常情况下，由于经营者已经在市场中获得了一定的竞争优势，能够在竞争对手出现之前收回投资成本，市场能够充分地进行自我调节，无需法律的介入。然而，在一定条件下，一些数据的积累需要极高的投入，而窃取或者以其他非法方式获取（处理）数据的成本却很低，如果任由他人窃取或者以其他非法方式获取（处理）数据，会导致经营者无法收回巨额的前期投资，进而给市场秩序带来严重的损害。此时，市场自发的调节机制失灵，法律规定的诚实信用与商业道德的干预因此具有了正当性。结合互联网竞争的上述特性以及《数据安全法》第八条的规定，就数据处理的商业惯例而言，应当是不得窃取或者以其他非法方式获取（处理）数据，此与前述基于《数据安全法》第三十二条、第五十一条之规定相一致。

其二，数据占有者采用代码设置用户行为规则的方式属于互联网行业的商业惯例。商业惯例反映的秩序意在通过预先说明良好互动模式中各方行动自由的边界，促成各方采取增进社会总福利的行为。商业惯例反映的这一秩序是由分散的市场主体探索而来，是去中心化集体探索的结果。数据控制者可以在互联网空间中以代码方式设置用户行为规则，建立数据流转、利用的"私人秩序"。上述以代码设置用户行为规则的秩序即是互联网环境下的商业惯例，若他人未经授权或超越授权处理数据，损害了作为商业惯例的秩序，则应当承担相应的责任，此与《数据安全法》的立法目的和行为规制的范畴出发得出的不正当竞争行为的结论相一致。

其三，从《反不正当竞争法》的立法目的来分析，应禁止窃取或以其他非法方式获取（处理）他人数据。《反不正当竞争法》的立法目的在于保障社会主义市场经济健康发展，鼓励和保护公平竞争，制止不正当竞争行为，保护经营者和消费者的合法权益。《反不正当竞争法》中的商业秘密保护条款禁止盗用他人智力成果，故禁止窃取或以其他非法方式获取（处理）他人数据亦符合《反不正当竞争法》的立法目的。如前所述，禁止出于主观故意，未经授权或超出授权处理其他经营者的数据的行为亦符合《反不正当竞争法》的立法目的。但应当指出的是，从竞争法的角度来看，经营者通过使用某种技术获得的某种竞争优势是否应当准许，取决于经营者是否因为使用该技术降低了生产或交易成本从而获得了竞争优势，或者降低其他社会成本从而提高了效率。如果经营者因为使用某项技术降低了生产或交易成本从而获得了竞争优势，则这样的技术使用行为和竞争优势应当予以支持；如果使用某项技术的行为直接或间接地提高了生产或交易成本，则因此获得的竞争优势不应当予以保护。因此，如果当事人能够证明其行为未造成经营者实质性损害、未影响竞争秩序、符合社会公共利益（直接或间接降低了生产或交易成本），则可以作为责任豁免的情形。考虑到数据的非竞争性和易传播性等特点，如放任第三人，则明知他人未经授权或超出授权处理其他经营者的数据，而继续从事获取、利用、公开相关数据的行为，会对经营者的数据财产利益和竞争秩序带来巨大的冲击，因此，对于上述行为亦应承担责任。

综上，结合上述市场规制法律层面和商业道德层面的分析可知，法律禁止出于主观故意，未经授权或超出授权处理其他经营者数据的不正当竞争行为。第三人明知存在前述违法情形，继续获取、利用、公开相关数据的行为，亦属于不正当竞争行为。被告举证证明其行为未造成经营者实质性损害、未影响竞争秩序、符合社会公共利益（直接或间接降低了生产或交易成本）等情况可以作为豁免的情形。上述规则与美国、欧盟及日本等国家和地区的数据保护规则相一致，兼具法律的确定性与规则的灵活性，可更好地适用于数据竞争的不同情境。

二、数据竞争领域商业道德的具体规则

根据前述结论，涉及数据获取（处理）的不正当竞争行为包括未经授权或超越授权的行为特征要件、数据处理的行为方式要件、数据系客体要件以及出于主观故意的主观要件等四个要件，结合本案事实情况，分析如下：

第一，未经授权或超出授权，即未经其他经营者同意或超出其同意范围。这里具体是指三种数据获取（处理）方式：一是对公众开放且不需要许可的数据处理；二是需要授权但已获得授权的数据处理；三是需要授权但未获得授权的数据处理（或者超出授权处理权限的处理）。根据上述三种情况，对于公开开放且不需要许可的数据处理，不存在未经授权或超出授权的问题；对于需要授权或访问许可的数据处理（例如密码验证），则存在未经授权或超越授权的问题。简言之，数据控制者通过代码限制界定

其数据可处理区域，设置用户行为规则，他人破坏或者违反代码限制而处理该数据的，即构成"未经授权"。进而，如果被告没有获得处理数据的许可，或者这种许可已被明确撤销，则构成未经授权或超越授权。需要指出的是，没有其他原因，仅存在违反网站或数据库的使用条款，不能成为构成"未经授权"或超越授权的责任基础。本案主要是超越授权，惠州某公司获得了××视频账号，但其使用方式明显有悖于正常的账号使用方式（不仅是协议约定的使用方式），而且有悖于诚信原则以及商业道德。本案中，惠州某公司从其他网站购买了1个月的VIP账号，将其拆分为2~3天进行出租。根据主流视频用户协议对于其VIP账号的授权许可，一般有如下要求：一是应通过官方或授权途径获取VIP会员服务。本案中，××视频用户协议约定，任何非深圳某公司官方或授权途径获得的××视频VIP会员服务（包括但不限于购买、租用、借用、分享、受让等方式获得），均不受相关保护，深圳某公司有权取消及/或不予提供VIP会员服务，所有因此产生的损失及责任由侵权行为人自行承担。二是VIP会员服务不得用于商业目的。××视频用户协议亦明确约定，××视频VIP会员服务仅可为非商业目的的使用，并仅可用作私人观看，且不得以营利、经营等非个人使用的目的为自己或他人开通VIP会员服务。三是主流视频网站均会通过技术措施限定用户在一定硬件设备数量、同时登录账号数量以及给定时间内账号登录IP地址数量等。××视频亦允许用户在不同的硬件设备上使用同一账号，但是该种使用存在一定限制，在××视频的用户协议中，明确设置了登录限制，即同一个账号最多可以在5个设备上登录；同一时间内同一账号最多在两个设备上登录；同一账号24小时内最多可以在5个不同城市登录。同时，明确告知用户如果超过上述范围使用的，将会根据情况中止或终止服务。根据主流视频网站的授权许可方式以及本案的事实情况，惠州某公司以商业营利为目的，自述其在非深圳某公司官方或授权途径获得××视频VIP账号，并在其网站及公众号分时租赁××视频VIP账号的行为，属于未经深圳某公司授权的行为。

第二，行为方式为数据处理。根据《数据安全法》第三条第二款的规定，数据处理，包括数据的收集、存储、使用、加工、传输、提供、公开等。本案中，惠州某公司通过超越授权的VIP账号供他人观看使用了××视频上存在的以视频形式展现的数据集合，构成了数据处理的行为要件。

第三,行为客体为数据。《数据安全法》第三条第一款规定:"本法所称数据,是指任何以电子或者其他方式对信息的记录。"数据可以界定为储存在系统所有者平台服务器上的信息,包括但不限于用户信息、视频、音频、图片、文档、评论等信息及数据库中的数据。企业的数据权益包括企业自身合法享有控制权的数据,也包括经过用户个人同意、企业收集的数据,企业对此享有竞争性财产权益。本案中,用户在购买涉案产品后,根据惠州某公司提供的账号及密码,能够在××视频中登录,且能够使用该账号观看××视频中提供的VIP视频内容,享受VIP会员权益。因此,惠州某公司租赁的××视频VIP账号使得用户可获取、使用深圳某公司享有竞争性财产权益的视频数据产品。

第四,主观故意。主观故意包括欺诈意图与滥用意图。欺诈指绕开网络平台经营者的身份认证等技术防御手段,滥用指不合理地大量处理(获取、传输、加工、公开等)经营者平台内的数据,但不包括家庭账号密码共享这类合理处理行为。对于主观故意的判断标准可以考虑如下因素:一是当事方相对于彼此的地位;二是它们相互作用的独特环境;三是一方行为的不法性或其他性质;四是这些因素的组合。欺诈或滥用意图可以结合平台的流量等客观指标加以考量,若账号异常访问、下载过多数据、IP地址异地登录、服务器负荷异常增加、网站防火墙报警等,可认定存在欺诈或滥用目的。本案中,惠州某公司"分时租赁账号"的行为绕开了深圳某公司的身份认证、实名认证等技术防御手段,导致用户超出范围使用视频VIP账号,××视频内的数据被不合理的大量处理,并有证据证明已经触发了深圳某公司的保护机制,因此具有主观故意。

综上所述,惠州某公司出于主观故意,未经授权处理深圳某公司的数据,构成2019年《反不正当竞争法》第二条规定的不正当竞争行为。惠州某公司未能举证证明其行为存在未造成经营者实质性损害、未影响竞争秩序、符合社会公共利益(直接或间接降低了生产或交易成本)等可以作为豁免的情形,应当承担相应的法律责任。

一审法院合议庭成员　刘佳欣　王栖鸾　李莉莎
二审法院合议庭成员　谢甄珂　兰国红　李迎新
编写人　李迎新

18. 加拿大某公司诉北京某公司、刘某某、石某不正当竞争纠纷案

——恶意制造主体之间经营地址及工作人员的混淆构成不正当竞争行为

关键词　混淆行为　不正当竞争行为

基本案情

原告加拿大某公司诉称：原告加拿大某公司是一家研发高标准大中型电力变压器损耗测量技术与应用系统的国际知名制造商，在业界享有盛誉。被告刘某某和石某是原告加拿大某公司北京代表处的员工，刘某某在2012年8月24日还担任加拿大某公司北京代表处的首席代表。他们在任职期间违反诚信原则设立了被告北京某公司，该公司的业务范围、实际经营情况与加拿大某公司形成了利益冲突。刘某某和石某长期以北京某公司的名义采取低买高卖的方式销售加拿大某公司的产品，赚取了应该属于加拿大某公司的经济利益。刘某某、石某利用加拿大某公司场地经营北京某公司，系恶意混淆二者关系，以此谋取加拿大某公司的商业机会。故请求法院判令：（1）北京某公司、刘某某、石某（以下统称三被告）立即停止涉案不正当竞争行为；（2）三被告分别在《法制日报》《经济日报》《中国青年报》、www.sohu.com、www.163.com网站首页显著位置连续30日刊登赔礼道歉的声明，并在上述媒体连续刊登消除影响的声明；（3）判令三被告赔偿加拿大某公司经济损失及制止侵权的合理开支人民币300万元。

三被告共同辩称：（1）加拿大某公司的北京代表处工商登记的营业范

围是从事与隶属外国（地区）企业有关的非营利性业务活动，北京某公司的经营范围与其并不重合，同时刘某某和石某在加拿大某公司的北京代表处任职的职位是技术专员，并不从事销售活动，故与加拿大某公司也不存在利益冲突的情况。（2）即使北京某公司销售了加拿大某公司的产品，也不可能造成其业绩的下滑，反而会促进其产品销售。（3）对于加拿大某公司与进出口代理商之间的销售协议，是其双方之间自愿达成，北京某公司并没有参与，对其定价并没有起到决定作用。（4）刘某某、石某与加拿大某公司北京代表处之间的利益冲突问题是劳动纠纷处理的范畴，不属于不正当竞争案件的审理范围。综上，本案中加拿大某公司没有任何证据证明北京某公司等三被告实施了不正当竞争行为，故请求法院驳回其全部诉讼请求。

一审法院经审理查明：原告加拿大某公司北京代表处成立于2009年6月24日，登记的经营范围是从事与隶属外国（地区）企业有关的非营利性业务活动，自2012年8月24日起，其营业场所一直为北京市朝阳区胜古中路×号院7号楼×层×××室。

北京某公司成立于2012年5月7日，营业场所为北京市朝阳区胜古中路×号院8号楼×层×××室，登记的经营范围包括工程项目管理、销售计算机、软件及辅助设备、仪器仪表等。该公司由刘某某作为股东投资设立。2014年5月12日，该公司的股东变更为刘某某、石某、周某某三人。2014年6月17日之前，刘某某为该公司法定代表人，之后该公司的法定代表人变更为周某某。

2010年7月1日，刘某某与北京某人力公司签订劳动合同并被派遣至加拿大某公司北京代表处担任技术专员，双方劳动合同约定刘某某从事与用工单位形成利益冲突的事务、自行经营与用工单位经营范围相同的公司或其他企业的，构成对用工单位的工作造成严重影响，北京某人力公司可立即与刘某某解除劳动合同并不支付任何补偿。刘某某在加拿大某公司北京代表处任职的时间为2010年7月1日至2015年3月20日，自2012年8月24日起，刘某某开始担任加拿大某公司北京代表处的首席代表。2010年9月6日，石某与北京某人力公司签订劳动合同并被派遣至加拿大某公司北京代表处担任销售代表，双方劳动合同对于对用工单位的工作造成严重影响及解除合同的条件有与上述刘某某合同相同的约定。石某的实际任职时间为 2010 年 9 月 6 日至 2015 年 3 月 20 日。

2015 年 3 月 24 日，加拿大某公司北京代表处通知：因刘某某营私舞弊、严重违反劳动纪律，将刘某某退回北京某人力公司，解除劳动合同的日期为 2015 年 3 月 20 日。2015 年 3 月 27 日，北京某人力公司以刘某某营私舞弊、投资设立北京某公司、为自己谋取属于公司的商业机会的商业腐败行为，利用职务之便侵占公司财产，2015 年 1 月起多次持续旷工，严重违反公司劳动纪律为由，于 2015 年 3 月 20 日解除与刘某某的劳动关系。刘某某曾向法院提起民事诉讼，要求北京某人力公司、加拿大某公司北京代表处支付工资、差旅费、违法解除劳动合同赔偿金等费用。（2016）京 0105 民初 23878 号民事判决书认定刘某某在加拿大某公司北京代表处工作期间，以股东身份成立北京某公司销售加拿大某公司的产品，系从事与用工单位形成利益冲突的事务的情形，解除劳动合同合法。

2015 年 3 月 24 日，加拿大某公司北京代表处向北京某人力公司发出《关于退回员工石某的通知》，以石某严重违反劳动纪律并达到解聘程度、营私舞弊造成其重大损失为由将石某退回北京某人力公司。2015 年 3 月 27 日，北京某人力公司向石某作出《解除劳动合同通知书》，以加拿大某公司北京代表处提供的事实和理由于 2015 年 3 月 20 日解除了与石某的劳动关系。石某曾向法院提起民事诉讼，要求北京某人力公司、加拿大某公司北京代表处支付工资、差旅费、违法解除劳动合同赔偿金等费用。（2016）京 03 民终 7158 号民事判决书认定石某以股东身份成立北京某公司的行为构成与加拿大某公司北京代表处的利益冲突，北京某人力公司解除劳动合同有事实及法律依据。

2015 年 1 月 15 日，某工业公司与加拿大某公司签订了《外贸合同》。因某工业公司未如期支付 50% 的余款，加拿大某公司曾向中国国际经济贸易仲裁委员会提起仲裁，该案最终双方和解。加拿大某公司提交了一份录音，录音中一位声称是某工业公司业务员的赵某陈述，跟某工业公司商谈代理进口加拿大某公司商品的是加拿大某公司的石某，在商品进口之后，由石某代表加拿大某公司将商品拿走转卖给最终用户，最终用户是否为北京某公司不清楚。但是某工业公司与北京某公司签订过代理协议，北京某公司的联络人是石某。

2010 年 7 月 19 日，广东某研究院曾与北京某公司签订一份设备采购合同，约定北京某公司将 6242B 自动电阻电桥、9331 标准空气电阻各一套及相关附属设备出售给广东某研究院，价格为人民币 598000 元。该合同于 2012 年 7 月 12 日重新签署一次。

2014 年 1 月 26 日，中国某公司作为买方与加拿大某公司签订了合同号为 14MI-ZJCA014 的买卖合同。2014 年 3 月，北京某公司与中国某公司签订《代理进口协议书》，载明北京某公司委托中国某公司进口上述设备。

2014 年 6 月，中国某公司作为买方与加拿大某公司签订了合同号为 14DL-MICA195 的买卖合同。2014 年 10 月，北京某公司与中国某公司签订《代理进口协议书》，载明北京某公司委托中国某公司进口上述设备。

2014 年 9 月 3 日，中国某公司作为买方与加拿大某公司签订了合同号为 14DL-MICA321 的买卖合同。之后，北京某公司与中国某公司签订《代理进口协议书》，载明北京某公司委托中国某公司进口上述设备。

因中国某公司未如期支付全部货款，加拿大某公司于 2017 年向中国国际经济贸易仲裁委员会申请仲裁。仲裁过程中，中国某公司答辩称上述三份合同，是其作为加拿大某公司指定的最终用户即北京某公司的进口代理商与加拿大某公司签订的，加拿大某公司与北京某公司存在关联关系，加拿大某公司未能与其指定的最终用户履行验收手续，付款条件并未成就。该案双方和解结案，在中国某公司如期支付 30560 美元货款的情况下，加拿大某公司放弃利息损失、律师费并承担仲裁费 2958 美元。

北京某公司认可，其曾通过中国某公司从加拿大某公司处进口上述设备，但解释称购买是为了作为对客户展示的样机，而且其当时也计划成立检测机构自用，后因经营不善，设备具体去向不明。

2014 年 2 月 18 日，北京某乙公司与加拿大某公司北京代表处签订了《租赁合同》，该合同中载明：北京某乙公司同意将位于中华人民共和国北京市朝阳区胜古中路×号院 7 号楼×座×××室（45 平方米）租给加拿大某公司北京代表处，合同有效期为一年，自 2014 年 3 月 1 日至 2015 年 2 月 28 日止，年租金为人民币 51600 元。北京某公司的注册地位于中华人民共和国北京市朝阳区胜古中路×号院 8 号楼二层×××室。加拿大某公司代理人曾向北京某乙公司调取该楼租赁单位的登记信息，显示面积 45 平方米的房号为×××的房间租赁登记单位为北京某公司，起租期为 2014 年 3 月 1 日，年租金为人民币 51600 元。

一审法院经审理认为：加拿大某公司在没有确切的证据证明北京某公司、刘某某、石某通过违法或不正当手段骗取加拿大某公司达成商业交易的情况下，北京某公司转卖设备赚取利润，属于合法的市场经营行为，不违反诚信原则、不违背公认的商业道德，进而亦不构成不正当竞争行为。加拿大某公司并无证据证明北京某公司、刘某某、石某存在故意利用北京某公司与加拿大某公司北京代表处相近的经营地址公开对外宣传，从而误导相关公众的行为，北京某公司的注册地登记在加拿大某公司北京代表处附近，并不构成扰乱市场经济秩序的不正当竞争行为，最终判决驳回加拿大某公司全部诉讼请求。

加拿大某公司不服，提起上诉。

二审法院在二审阶段经过调查取证查明如下事实：经询问北京某乙公司物业部经理何某，其称×号院8号楼×××房间不存在。至于北京某公司如何使用该虚假地址进行登记注册，何某表示，因前物业部负责人已退休，具体情况其不清楚。何某当场调取了物业电脑中2015年的租赁登记信息台账，其中7号楼×层×××室的租赁登记单位显示为北京某公司，但合同编号一栏记载的"2012-7-62"与加拿大某公司北京代表处租赁合同的编号一致。同时，该登记台账中无加拿大某公司北京代表处的租赁信息。上述台账与加拿大某公司一审中提交的租赁单位统计表记载情况一致。

另查明，在2010年7月19日及2012年7月12日广东某研究院与北京某公司签订的两份设备采购合同中显示，北京某公司出售给广东某研究院的自动电阻电桥、标准空气电阻等产品设备生产厂家均为加拿大某公司。

北京知识产权法院于2022年4月20日作出（2021）京73民终1282号民事判决：一、撤销北京市朝阳区人民法院（2018）京0105民初28345号民事判决；二、北京某公司、刘某某共同赔偿加拿大某公司经济损失人民币60万元；三、石某对上述经济损失中的人民币20万元承担连带赔偿责任；四、驳回加拿大某公司的其他诉讼请求。

裁判理由

法院生效裁判认为：

本案二审阶段争议焦点为加拿大某公司主张的涉案行为是否构成不正

当竞争。关于竞争行为，加拿大某公司主张的涉案不正当竞争行为主要概括为两个方面：一是混淆行为，包括地址混淆及人员混淆；二是私自设立有竞争关系的公司谋取不当利益的行为。

一、关于混淆行为

（一）关于地址混淆

首先，根据本案二审补充查明的事实，刘某某使用虚构的"×号院8号楼×××室"作为经营地址注册成立北京某公司，该地址与加拿大某公司北京代表处的租赁地址"×号院7号楼×层×××室"极为相近，容易造成他人误认或混淆。其次，根据2015年北京某乙公司的登记台账，本应登记为加拿大某公司北京代表处的租赁地址却登记为北京某公司，而对应合同编号则指向加拿大某公司北京代表处的租赁合同，且该登记台账中无加拿大某公司北京代表处的租赁登记信息。结合2015年3月之前刘某某担任加拿大某公司北京代表处首席代表的事实，可以推断刘某某利用其职务便利，让北京某乙公司将北京某公司登记于加拿大某公司北京代表处租赁地址处，导致北京某公司与加拿大某公司北京代表处至少在物业登记信息上已实际混淆，该行为已具有明显的主观恶意。

（二）关于人员混淆

加拿大某公司与某工业公司仲裁案中的录音证据显示，同某工业公司商谈代理进口加拿大某公司商品的是加拿大某公司的石某，同某工业公司签订过代理协议的北京某公司联络人亦是石某；在加拿大某公司与中国某公司仲裁案中，中国某公司答辩称该三份合同是其作为加拿大某公司指定的最终用户即北京某公司的进口代理商与加拿大某公司签订的，加拿大某公司与北京某公司存在关联关系；在刘某某代表北京某公司与其他公司谈代理进口事项的邮件中，刘某某的签名处显示为"刘某某——加拿大MI北京代表处"。综合上述事实可以认定，刘某某、石某均同时以加拿大某公司北京代表处代表和北京某公司联络人的双重身份对外进行经营项目沟通，容易使人误认为北京某公司与加拿大某公司存在关联关系，且已实际造成上述混淆后果。

二审法院认为，虽然本案适用的1993年《反不正当竞争法》中并未单独对混淆行为进行规定，但对混淆行为的评价已涵盖于其原则条款之中。1993年《反不正当竞争法》第二条规定，经营者在市场交易中，应当遵循自愿、平等、公平、诚实信用的原则，遵守公认的商业道德。该法所称的不正当竞争，是指经营者违反该法规定，损害其他经营者的合法权益，扰乱社会经济秩序的行为。本案中，北京某公司的上述经营地址及人员的混淆行为足以使人误认为北京某公司与加拿大某公司存在某种特定联系，且已实际造成误认，该行为违反了平等、公平、诚实信用的竞争原则，扰乱了正常有序的竞争秩序，已构成不正当竞争行为。一审法院对此认定有误，二审法院予以纠正。

二、关于私自设立有竞争关系的公司谋取不当利益的行为

刘某某和石某作为加拿大某公司北京代表处的首席代表和销售代表，在任职期间私自设立并经营与加拿大某公司业务存在竞争关系的北京某公司，已违反劳动纪律和职业道德，同时亦违反了其劳动合同中的竞业禁止条款，构成违约。但上述行为是否构成不正当竞争应结合北京某公司具体的经营行为进行评价。

加拿大某公司主张，刘某某和石某利用其在加拿大某公司北京代表处的任职便利，协助北京某公司转售加拿大某公司产品，赚取本应属于加拿大某公司的利润差价，违反诚信原则，同时亦不正当使用了加拿大某公司的商业秘密，损害了其经营利益。

对于北京某公司是否转卖了加拿大某公司产品的事实，二审法院认为：第一，在案证据可以证明北京某公司多次通过某工业公司、中国某公司等主体代理进口加拿大某公司产品，北京某公司亦认可该事实。第二，北京某公司于2010年、2012年出售给广东某研究院的自动电阻电桥、标准空气电阻等产品设备显示的生产厂家均为加拿大某公司。第三，北京某公司虽否认其进口加拿大某公司产品的目的系再次销售，并辩称其仅为自用，但无法提供证据证明上述设备的最终去向。综合上述事实，二审法院认为，北京某公司多次通过第三方进口加拿大某公司产品，亦存在销售加拿大某公司产品的行为，虽然上述行为并未形成一一对应关系，但足以认定北京某公司存在转卖加拿大某公司产品的行为。北京某公司关于其进口

上述产品仅为自用的辩称与上述事实明显不符，且在其无法提供证据证明产品最终去向的情况下，其应当承担举证不力的后果。

对于刘某某、石某私自设立北京某公司并从事转卖加拿大某公司产品的行为是否谋取了不正当利益，二审法院认为：首先，加拿大某公司是在对刘某某、石某为北京某公司股东一事并不知情的情况下与北京某公司进行交易，该交易处于信息不对等之状态，难谓公平；其次，在案虽无证据直接证明北京某公司低价购买加拿大某公司产品并高价卖出，但如前所述，在案证据可以认定北京某公司存在转卖加拿大某公司产品的行为，而销售行为必然存在价格差，否则经营者无利润，该经营行为不符合常理；最后，刘某某、石某作为加拿大某公司北京代表处首席代表和销售代表本应勤勉忠实地从加拿大某公司的利益出发，为加拿大某公司寻找客户并为加拿大某公司谋求最大化利益，但其却通过赚取利润差的方式为北京某公司谋利，导致加拿大某公司丧失收益更大的交易机会。综上，刘某某、石某私自设立北京某公司并从事转卖加拿大某公司产品的行为已违反诚信原则、公认的商业道德，扰乱市场公平有序的竞争秩序，构成不正当竞争行为。

关于责任主体。北京某公司为涉案不正当竞争行为的主体，应当承担相应的民事责任；刘某某作为北京某公司成立时的唯一股东及涉案行为的直接参与人，应与北京某公司承担连带责任；石某作为北京某公司2014年5月之后的股东及高管，亦为涉案行为的直接参与人之一，应当就北京某公司的涉案行为承担部分连带责任。

裁判要旨

1. 行为人恶意制造主体之间经营地址及工作人员的混淆，足以使人误认为主体之间存在特定联系的行为，构成不正当竞争行为。

2. 公司员工本应勤勉忠实地从本公司利益出发，寻找客户并为公司谋求最大化利益，但其在信息不对等的状态之下，利用其优势地位，通过赚取利润差的方式为其私自设立的公司谋利，导致本公司丧失收益更大的交易机会，已违反诚信原则、公认的商业道德，扰乱市场公平有序的竞争秩序，构成不正当竞争。

关联索引

1993年《中华人民共和国反不正当竞争法》第二条

一审:北京市朝阳区人民法院(2018)京0105民初28345号(2020年11月30日)

二审:北京知识产权法院(2021)京73民终1282号(2022年4月20日)

法官评析

本案裁判探讨了"构成不正当竞争的混淆行为"的评价标准和依据,并对"员工利用职位和信息优势赚取利润行为"是否构成不正当竞争进行了详细分析。

一、足以造成误认并扰乱商业秩序的混淆行为构成不正当竞争

1993年《反不正当竞争法》中并未对混淆行为进行规定,但对混淆行为的评价应已涵盖于其原则条款之中。而2019年《反不正当竞争法》虽然规定了混淆行为,但亦未明确规定地址混淆或人员混淆的行为是否属于该条款规定的其他混淆行为。2022年3月20日施行的《最高人民法院关于适用〈中华人民共和国反不正当竞争法〉若干问题的解释》第十二条第二款规定,《反不正当竞争法》第六条规定的"引人误认为是他人商品或者与他人存在特定联系",包括误认为与他人具有商业联合、许可使用、商业冠名、广告代言等特定联系。该司法解释明确了我国现行《反不正当竞争法》在传统标识保护模式之外,通过该法第六条第四款这一兜底性条款,将"其他混淆行为"囊括于《反不正当竞争法》的调整范围,使《反不正当竞争法》对混淆行为的规制范围大于《商标法》的规制范围,有利于消除《反不正当竞争法》与《商标法》的重叠保护现象,使更为隐蔽的不正当竞争行为导致的侵权得到立法保护,体现了《反不正当竞争法》鼓励和保护公平竞争,制止不正当竞争的立法原则和目的。

本案中,北京某公司存在两种混淆行为,即经营地址的混淆和人员的混淆,上述混淆足以使人误认为北京某公司与加拿大某公司存在特定联系,且已实际造成误认后果。该行为违反了平等、公平、诚信的竞争原

则，扰乱了正常有序的竞争秩序，已构成不正当竞争行为。本案从《反不正当竞争法》原则条款及立法目的出发，对上述行为进行了评价，为上述行为应构成《反不正当竞争法》所规制的行为进行了有益探索。

二、员工利用职位和信息优势为自己赚取利润的行为属于谋取不正当利益的行为

本案中，虽然双方已对本案中违反劳动合同约定的员工忠诚勤勉义务的情形进行过劳动仲裁，但因所属法律关系不同，如该行为构成不正当竞争行为，公司亦可提起不正当竞争纠纷之诉，不构成重复诉讼。同时，上述行为模式比较隐蔽，即通过"合法"买卖的形式，掩盖其谋取不正当利益的最终目的。二审法院通过分析其员工的勤勉忠实义务，信息不对等条件、职务优势地位、赚取利润差价等因素，认定该行为已导致其公司丧失收益更大的交易机会，违反诚信原则、公认的商业道德，构成不正当竞争。

一审法院合议庭成员 崔树磊 王 建 刘玉霞
二审法院合议庭成员 仪 军 夏 旭 姜丽娜
编写人 夏 旭

第六条·仿冒混淆条款

19. 上海某酒业公司诉通化某葡萄酒公司不正当竞争纠纷案*

——关于擅自使用知名商品特有包装、装潢的认定

关键词 不正当竞争 擅自使用 知名商品 包装装潢

基本案情

原告上海某酒业公司诉称：上海某酒业公司自2003年成立伊始即专注于RIO锐澳鸡尾酒的开发、生产及市场开拓。经多年发展，RIO锐澳玻璃瓶装鸡尾酒（以下简称RIO鸡尾酒）已覆盖全国市场，成为鸡尾酒市场的知名商品，其特有的包装、装潢亦为广大消费者所熟悉。该特有包装、装潢由瓶子、瓶子上的文字及图形、瓶贴组成，瓶子和瓶贴的形状，瓶子和瓶贴上的文字、色彩、图案及其排列组合，瓶贴在瓶子上的位置均设计独特并融为一体，具有显著的区别特征，是消费者识别RIO鸡尾酒的依据。2015年11月20日，上海某酒业公司在北京市某超市处购得BIO碧欧鸡尾酒（以下简称BIO鸡尾酒），其所使用的包装、装潢与上海某酒业公司RIO鸡尾酒的包装、装潢高度近似。通化某葡萄酒公司于2013年6月即开始生产、销售被控侵权产品，销售区域多达十余省市，已经造成诸多消费者的混淆误认，并且通化某葡萄酒公司的销售人员故意误导相关公众，称

---

* 本案例入选2017年中国法院十大知识产权案件。

其产品与 RIO 鸡尾酒是同一系列,导致消费者作出错误的购买决定。综上,上海某酒业公司认为,通化某葡萄酒公司作为上海某酒业公司的同业竞争者,在其产品上使用与 RIO 鸡尾酒特有包装、装潢高度近似的包装、装潢,不正当地挤占了上海某酒业公司的市场份额,给其造成了巨大的经济损失,其行为构成不正当竞争。据此,上海某酒业公司诉至法院,请求判令通化某葡萄酒公司:(1)立即停止使用与 RIO 鸡尾酒包装、装潢相似的包装、装潢;(2)赔偿上海某酒业公司经济损失 300 万元;(3)赔偿上海某酒业公司因制止侵权行为支出的公证费 4200 元;(4)在《经济日报》第 1 版及公司两个网站首页连续 6 个月发表声明,澄清事实、消除影响;(5)承担本案全部诉讼费用。

被告通化某葡萄酒公司辩称:不同意上海某酒业公司的全部诉讼请求。理由如下:(1)上海某酒业公司的证据不能证明 RIO 鸡尾酒是知名商品。上海某酒业公司的证据只能证明其对 RIO 鸡尾酒进行了广告宣传,不能证明其在我国鸡尾酒行业的位置。即使该产品具有一定知名度,其知名度也仅限于上海某酒业公司所在地上海,而通化某葡萄酒公司的产品并未在上海区域内进行销售。(2)RIO 鸡尾酒的包装不具有独特性。RIO 鸡尾酒使用的包装、装潢为国内鸡尾酒厂家所广泛使用,与其他相关商品相比不具有显著的区别性特征,且其包装中的瓶型属于功能型设计,主要是为了实现方便携带、拿取方便、直接饮用的功能。(3)BIO 鸡尾酒的包装、装潢使用在先,不构成侵权。BIO 鸡尾酒的酒瓶是由通化某葡萄酒公司所在地的酒瓶生产厂家设计生产,通化某葡萄酒公司购入加工好的酒瓶后直接灌装葡萄酒,该酒瓶的使用时间早于 RIO 鸡尾酒酒瓶的使用时间。BIO 鸡尾酒的装潢由通化某葡萄酒公司委托的设计公司于 2010 年设计,亦早于 RIO 鸡尾酒最早开始生产并投放市场的时间。(4)上海某酒业公司的证据不能证明 BIO 鸡尾酒与 RIO 鸡尾酒相混淆,使消费者产生误认。(5)上海某酒业公司主张的赔偿数额无事实和法律依据。首先,上海某酒业公司没有证据证明其受到的损失;其次,BIO 鸡尾酒的主要市场集中于北方小部分城市,一直处于萎缩状态,通化某葡萄酒公司所获利润并没有达到上海某酒业公司主张的 300 万元。

法院经审理查明:上海某酒业公司成立于 2003 年 12 月 22 日,经营范围包括:生产、销售其他酒(配制酒,凭许可证经营),预包装食品(不含熟食卤味、冷冻冷藏）的批发兼零售（凭许可证经营），从事货物及技术进出口业务。通化某葡萄酒公司成立于2001年6月7日，经营范围包括：葡萄酒、果酒、其他酒（配制酒）、饮料制造销售。

RIO锐澳预调鸡尾酒系由上海某酒业公司开发、生产并进行市场开拓。2011年至2014年，RIO鸡尾酒的市场占有率在全国同行业的排名分别为第2名、第2名、第2名和第1名。2012年至2014年，RIO鸡尾酒在上海及全国范围内获得过各类奖项。上海某酒业公司提交的《电视广告跟踪检测报告》显示，2013年9月、2014年8月至2015年11月，湖南卫视、江苏卫视、浙江卫视、中央六套（电影频道）等国内十余家电视台多次播放RIO鸡尾酒的宣传广告。2011—2014年度，上海某酒业公司通过商标印刷、产品印刷、影视、报刊、会展等形式宣传"RIO"商标广告费用投入共计20524.08万元；宣传的地理范围覆盖全国，重点覆盖东南、华东、东北、西北、西南及中部的30多个省份。2015年10月13日，中国酒业协会向国家工商行政管理总局推荐"RIO"商标申报中国驰名商标。2016年1月，上海市工商行政管理局认定"锐澳""RIO"为上海市著名商标。

RIO鸡尾酒从2012年5月起使用现有包装、装潢，该包装、装潢由瓶盖、瓶体和瓶贴（包含颈贴和正贴）三个要素组成，系2012年4月由设计师福某某在RIO鸡尾酒原有包装、装潢的基础上进行优化设计而成。庭审中，上海某酒业公司明确其主张权利的包装、装潢为以下三个要素的组合：（1）瓶盖为黑色；（2）酒瓶瓶体为磨砂半透明材料；（3）瓶身正面的瓶贴（正贴）、瓶颈正面的标贴（颈贴）、瓶贴形状及其在酒瓶上的位置、瓶贴上的文字、色彩、图案及其排列组合。

通化某葡萄酒公司系BIO碧欧预调鸡尾酒的生产商，该商品使用的包装、装潢在瓶盖颜色，瓶身形状和材质，瓶贴的位置、形状、图案、颜色，文字的位置、字体和颜色等方面，与RIO鸡尾酒均无明显差异，且在百度贴吧、淘宝、京东等网站上存在大量将BIO鸡尾酒误认为RIO鸡尾酒的发帖和评论。

通化某葡萄酒公司为证明BIO鸡尾酒包装、装潢的最初使用时间虽提交了多份书证和证人证言，但其证据的证明效力依法均无法确认。

北京市东城区人民法院于2016年12月27日作出（2016）京0101民初3648号民事判决：一、通化某葡萄酒公司停止使用与上海某酒业公司涉案 RIO 锐澳玻璃瓶装预调鸡尾酒包装、装潢相似的包装、装潢；二、通化某葡萄酒公司赔偿上海某酒业公司经济损失 300 万元及因诉讼支出的合理费用 4200 元；三、通化某葡萄酒公司应刊登消除影响的声明；四、驳回上海某酒业公司的其他诉讼请求。宣判后，通化某葡萄酒公司以其不构成不正当竞争行为、赔偿数额与客观事实不符为由提起上诉。北京知识产权法院于 2017 年 5 月 27 日作出（2017）京 73 民终 202 号民事判决：驳回上诉，维持原判。

裁判理由

法院生效裁判认为：

一、关于通化某葡萄酒公司的被诉行为是否构成擅自使用知名商品特有包装、装潢的不正当竞争行为

根据在案证据，考虑上海某酒业公司的 RIO 鸡尾酒商品的销售时间、销售区域、销售额和销售对象，进行任何宣传的持续时间、程度和地域范围，作为知名商品受保护的情况等因素，RIO 鸡尾酒在中国大陆具有较高的知名度，为相关公众所知悉，构成知名商品。RIO 鸡尾酒的涉案包装、装潢在图案、文字、色彩及其组合方面具有显著特征，经过上海某酒业公司的持续使用和宣传推广，该包装、装潢已经与 RIO 鸡尾酒这一知名商品形成了密切联系，能够向消费者传达该商品的来源信息，已经具有了区分和识别商品来源的功能，应认定为知名商品的特有包装、装潢。

通化某葡萄酒公司生产销售的 BIO 鸡尾酒包装、装潢与上海某酒业公司生产销售的 RIO 鸡尾酒在包装、装潢的材质、形状和大小，瓶盖颜色，正贴的形状、大小、图案、颜色、文字位置、字体等方面均存在较大程度的趋同，二者构成相似的包装、装潢。在消费者对 RIO 鸡尾酒的包装、装潢形成特定印象的情况下，消费者在购买 BIO 鸡尾酒时，容易认为该产品系由上海某酒业公司生产、销售，从而产生混淆和误认。此外，通化某葡萄酒公司系专业的酒类产品生产商，其自身亦生产预调鸡尾酒产品，RIO 鸡尾酒在同类产品中的知名度和市场占有率较高，通化某葡萄酒公司作为同行业的生产经营者对 RIO 鸡尾酒的包装、装潢应予知晓，而通化某葡萄酒公司仍然生产和销售了与 RIO 鸡尾酒包装、装潢极为相似的预调鸡尾酒产品，其主观上具有攀附和利用他人商品声誉，获得不正当利益的明显意图，具有主观恶意。因此，通化某葡萄酒公司的行为系擅自使用知名商品特有包装、装潢的不正当竞争行为。

通化某葡萄酒公司主张其在先使用"BIO"产品名称，不存在恶意，不构成侵权。但通化某葡萄酒公司提交的商标注册信息等证据不足以证明其在先使用"BIO"产品名称、不具有侵权恶意。因此，通化某葡萄酒公司的上述主张不具有事实和法律依据，不予支持。

二、关于赔偿数额

鉴于上海某酒业公司未提交证据证明其因被侵权所受的经济损失或通化某葡萄酒公司因侵权所获得的利润，通化某葡萄酒公司亦未提交其财务账册供法庭调查核实，故法院适用法定赔偿予以酌定。在确定赔偿数额时，法院综合考虑通化某葡萄酒公司 BIO 鸡尾酒销售范围、销售渠道、销售量、同类商品的毛利率等因素，合理推断通化某葡萄酒公司因生产和销售涉案商品所获利润已超过上海某酒业公司主张的 300 万元赔偿金额。此外，考虑到通化某葡萄酒公司的主观恶意较强，一审法院结合在案证据，对上海某酒业公司主张的 300 万元赔偿数额予以支持，并无不当，二审法院予以确认。

裁判要旨

1. 在判断某一商品是否构成知名商品时，应考量该商品的销售时间、销售区域、销售额和销售对象，宣传的持续时间、程度和地域范围，以及作为知名商品受保护等因素，进行综合判断。若某一知名商品的包装、装潢与该知名商品形成密切联系，能够向消费者传达该商品的商品来源信息，已经具有了区分和识别商品来源的功能，应认定为知名商品的特有包装、装潢。

2. 判断是否构成近似的包装、装潢，可从包装装潢的形状、大小、图案、颜色、文字位置、字体等构成要素及整体视觉效果等方面判断。同行业的生产经营者对知名商品的包装、装潢应予知晓，但仍然生产和销售了与知名商品包装、装潢极为相似的产品，可认定其主观上具有攀附和利用他人商品声誉并获得不正当利益的意图，构成擅自使用知名商品特有包装、装潢的不正当竞争行为,应承担相应的法律责任。

关联索引

1993年《中华人民共和国反不正当竞争法》第五条
一审:北京市东城区人民法院(2016)京0101民初3648号(2016年12月27日)
二审:北京知识产权法院(2017)京73民终202号(2017年5月27日)

法官评析

经过经营者的使用与宣传,知名商品特有的包装、装潢构成商业标识,能发挥出识别商品或服务的来源的作用。根据1993年《反不正当竞争法》第五条第二项的规定,经营者不得擅自使用知名商品特有的名称、包装、装潢,或者使用与知名商品近似的名称、包装、装潢,造成和他人的知名商品相混淆,使购买者误认为是该知名商品而购买的后果,损害竞争对手合法利益。规制擅自使用知名商品特有包装与装潢的行为,有利于保护权利人的经营成果,激励品牌的培育和保护,维护公平竞争秩序。在认定是否构成擅自使用知名商品特有包装与装潢时,需考虑以下因素:(1)经营者之间是否存在竞争关系;(2)是否构成知名商品特有的包装装潢;(3)是否会引发混淆误认,被诉行为中的商品包装装潢与知名商品包装装潢是否相同或者近似,是否能够引人误认为是他人知名商品或者与他人存在特定联系;(4)是否具有攀附他人知名商品包装装潢的故意。经营者之间存在竞争关系是认定构成不正当竞争行为的前提条件。实践中,对竞争关系的认定采用较宽的标准。通常认定原被告之间具有竞争关系,并重点分析后三种因素。

一、知名商品特有包装装潢的认定

知名商品特有的包装装潢既需要考量商品的知名度,也需要考虑包装装潢的特有性。2007年发布的《最高人民法院关于审理不正当竞争民事案件应用法律若干问题的解释》第一条规定了知名商品系在中国境内具有一定的市场知名度,为相关公众所知悉的商品。由于商业标识具有地域性,在考虑该商品在中国境内市场上的知名度时,国际上的知名度可以作为认定其在我国境内市场知名度的参考。

在判断某一商品是否构成知名商品时,应考量该商品的销售时间、销售区域、销售额和销售对象,宣传的持续时间、程度和地域范围,以及作为知名商品受保护等因素,进行个案综合判断。在此需注意,并非所有案件中均需考量全部因素;也并不要求在全国范围内具有知名度,在一定地域内在一定行业具有较高知名度即可认定为知名商品。本案中,关于RIO鸡尾酒是否构成"知名商品",法院主要考虑了以下因素:(1)全国同行业市场占有率,RIO鸡尾酒在2011年至2014年的市场占有率在全国同行业的排名均处于前两名的位置,且其排名呈现上升趋势。(2)获奖情况,2012年至2014年,RIO鸡尾酒在上海及全国范围内获得过各类奖项。(3)广告宣传情况:①RIO鸡尾酒的广告片由女演员周某主演,并在全国多家卫视频道播出,且持续时间较长;②上海某酒业公司还通过影视、报刊、会展、赞助大学生艺术节等形式进行宣传,宣传的地理范围覆盖全国;③2011年至2014年,宣传"RIO"商标投入的广告费用超过2亿元。(4)受保护情况,2015年,中国酒业协会向原国家工商行政管理总局推荐"RIO"为中国驰名商标。基于上述事实,认定RIO鸡尾酒已在中国境内具有一定的市场知名度,并为相关公众所知悉。

商品的包装装潢体现出经营者的主观选择,并且通常比商标具有更显著的视觉效果,知名商品特有的包装装潢本身应具有可识别性,并与商品的提供方形成紧密联系。在指导性案例费列罗案中,最高人民法院认为知名商品特有的包装装潢,"是指能够区别商品来源的盛装或者保护商品的容器等包装,以及在商品或者其包装上附加的文字、图案、色彩及其排列组合所构成的装潢"①。包装装潢并不需要具备新颖性,但需要具有显著性,可以发挥识别商品来源的功能即可。包装装潢中的元素可以来源于公有领域,但应体现出包装装潢设计者的选择和安排,否则无法区别商品来源。在认定知名商品特有的包装装潢时,应排除表现该产品一般功能的通

---

① 最高人民法院案例指导工作办公室:《〈意大利费列罗公司诉蒙特莎(张家港)食品有限公司、天津经济技术开发区正元行销有限公司不正当竞争纠纷案〉的理解与参照》,载《人民司法·案例》2016年第26期。

用部分以及同类商品都可能采用的惯常设计。① 本案中，法院认为，RIO 鸡尾酒的涉案包装、装潢在图案、文字、色彩及其组合方面具有显著特征，经过上海某酒业公司的持续使用和宣传推广，该包装、装潢已经与 RIO 鸡尾酒这一知名商品形成了密切联系，能够向消费者传达出该商品的商品来源信息，故 RIO 鸡尾酒的包装、装潢已经具有了区分和识别商品来源的功能，应认定为知名商品的特有包装、装潢。

二、是否会引发消费者混淆误认

判断被诉侵权的商品包装装潢与知名商品包装装潢是否会引发消费者的混淆误认，主要看两包装装潢是否构成相同或者近似，是否能够引人误认为是他人知名商品或者与他人存在特定联系，实践中并不要求已产生混淆误认，具有引发消费者混淆误认的较大可能性时即可。

判断是否构成近似的包装、装潢，可从包装装潢的形状、大小、图案、颜色、文字位置、字体等构成要素及整体视觉效果等方面判断。本案中，将通化某葡萄酒公司 BIO 鸡尾酒的包装、装潢与 RIO 鸡尾酒的包装、装潢进行比对，二者瓶身的材质、形状和大小基本一致，瓶盖颜色相同；二者的正贴除中部三个黑色字母的第一个字母不同外，在正贴的形状、大小、图案、颜色、文字的位置、字体和颜色等方面均相同；二者的颈贴除部分 BIO 鸡尾酒为长方形外，在颈贴的形状、大小、颜色、以及文字的位置和字体颜色等方面均相同；透过玻璃瓶身，可见二者内容物均为颜色较为鲜艳的液体。虽然二者的显著部分即商品名称的第一个英文字母互不相同，但字母"B"和"R"本身的形状构造使得二者的差异并不明显。综合考虑上述因素，法院认定 BIO 鸡尾酒的包装、装潢系与 RIO 鸡尾酒的包装、装潢相似的包装、装潢。

通常而言，一般消费者在施以一般注意力时，对近似的包装装潢不易区分，容易认为使用被诉包装装潢的商品来自知名商品的经营者或其之间存在许可使用、关联关系等特定联系，进而对商品来源产生混淆误认。此外，知名商品的经营者还可以举证，如提交调查研究报告、网页评论等证

---

① 刘佳欣：《不正当竞争纠纷中知名商品特有包装装潢的判断》，载《法律适用》2018 年第 4 期。

据证明被诉不正当竞争行为已导致消费者的混淆误认。本案中，在案证据还表明百度贴吧、百度知道、天猫网、淘宝网、京东网、1号店、豆瓣网等网站上，均存在大量内容为将BIO鸡尾酒误认为RIO鸡尾酒的发帖和评论，足以认定BIO鸡尾酒的包装、装潢已经实际造成了消费者的混淆和误认。

三、是否具有攀附他人知名商品包装装潢的故意

作为同行业的经营者，对他人知名商品特有的包装装潢应是知悉的，并且负有避让义务；若故意在同一种或类似商品上，采用与他人知名商品特有包装装潢相同或近似的包装装潢，造成相关公众的混淆误认，则易被认为具有攀附他人知名商品特有包装装潢的故意，构成不正当竞争行为。如果被诉不正当竞争行为中的包装装潢早于知名商品特有包装装潢的最早使用时间，则可认定被诉包装装潢不具有攀附他人知名商品特有包装装潢的故意。

本案中，通化某葡萄酒公司主张其BIO鸡尾酒的包装装潢系在先使用，故不构成侵权。对此，需要判断BIO鸡尾酒与RIO鸡尾酒的包装装潢的最初使用时间，双方当事人需要向法院提交证据证明其主张。上海某酒业公司提交了广告代理合同、更换包装通知、确认函、样品承认卡、证人证言等证据，上述证据能够形成完整的证据链，证明RIO鸡尾酒的包装装潢最初使用时间为2012年5月。通化某葡萄酒公司提交了多份书证和证人证言，法院依据证据规则和经验法则，认定通化某葡萄酒公司提交的证据的证明效力依法均无法确认，如某些证据与其他已查明事实存在不一致之处，某些证据与待证事实不具有相关性，某些证据如证人证言，证人未出庭作证，无法就相关事实进行查明等。本案中，在案证据不足以证明BIO鸡尾酒的包装装潢早于RIO鸡尾酒包装装潢的最初使用时间，可认定RIO鸡尾酒的包装装潢的最初使用系在先使用。根据经验法则，难以认定包装、装潢均系分别独立设计完成。基于上述分析，法院认为，通化某葡萄酒公司具有攀附他人知名商品特有包装装潢的故意，其行为构成擅自使用知名商品特有包装装潢的不正当竞争行为。

另外，2017年《反不正当竞争法》修订时，将"擅自使用知名商品特有的名称、包装、装潢"修改为"擅自使用与他人有一定影响的商品名

称、包装、装潢","有一定影响的"相比"知名商品特有的"范围更大,扩大了对经营者权益的保护范围。在判断某一商品是否具有"一定影响"时,可参考认定是否构成知名商品的影响因素。本案中,法院综合考量了通化某葡萄酒公司产品的销售时间、销售范围、销售途径、销售量、市场售价、同类产品毛利率、经营规模和主观过错程度等因素,全额支持了上海某酒业公司提出的赔偿数额,体现了法院在不断加强知识产权司法保护方面的努力。

一审法院合议庭成员 魏　嘉　郝婷婷　田　庚
二审法院合议庭成员 穆　颖　何　暄　宋　垄
编写人 柴　鹏

秩序之锚——北京知识产权法院竞争垄断典型案例

20. 某出版社诉北京某书店、湖南某公司等擅自使用知名商品特有名称、包装、装潢案
——侵权行为与损害结果的因果关系对赔偿数额的影响

关键词 不正当竞争 因果关系 知名商品

基本案情

原告某出版社诉称:原告依法享有《高效能人士的七个习惯》(以下简称权利图书)的专有出版权,该书已持续畅销13年,是在读者中有很高知名度的知名商品,该书书名和封面设计属于知名商品特有的名称和装潢。近期原告发现,被告湖南某公司出版发行、北京某印刷公司印刷及天津某公司、北京某发行公司、北京某书店、北京某甲商务公司、北京某乙商务公司、北京某丙公司、浙江某公司销售的涉案图书《高效能人士的七个习惯·人际关系篇》(以下简称涉案侵权图书)与原告权利图书的名称、装潢相似,涉案侵权图书的英文原书名为《The 7 Habits Of Highly Effective Families》,直译名应为"高效能家庭的7个习惯",关键词"Families"的中文含义是"家庭",而被告二北京某书店、被告三湖南某公司、被告四天津某公司故意将"Families"译为"人士",从而达到涉案侵权图书主书名与原告权利图书书名完全一致的目的;在书名排版设计上,弱化副书名"人际关系篇";涉案侵权图书的封面设计与原告权利图书都采用了柯维博士的同一张肖像作为主要设计元素,书名、封面宣传语和作者英文名字的版式设计非常近似。原告的权利图书出版在前且已属于知名商品,知名商品的特有名称和装潢中,特有的名称是指权利图书的书名;特有的装潢是

指该书封面特有的装潢设计，包括版式设计、图片的选择、文字版式设计、封面特有的突出作者头像的美术设计、书名文字的排列方式及"7"是阿拉伯数字放大的设计，作者的图片就是作者特别授权给原告使用的唯一的照片，封面右上角使用作者本人的英文签名的方式及排版所放的位置都是特有的。

被告湖南某公司、天津某公司、北京某发行公司与原告同为图书出版发行市场的参与者，属于存在竞争关系的同行业经营者，其出版发行行为系有意借势原告图书的畅销度和知名度，使购买者混淆误认，侵占了原告的市场份额，构成不正当竞争。被告出版、发行、印刷、销售涉案侵权图书，给原告造成了严重经济损失，侵犯了原告的合法权益。故起诉至法院要求判令：（1）被告北京某书店、北京某甲商务公司、北京某乙商务公司、北京某丙公司、浙江某公司立即停止销售《高效能人士的7个习惯·人际关系篇》；（2）被告湖南某公司、天津某公司、北京某发行公司立即停止涉案不正当竞争行为，即立即停止出版、发行《高效能人士的7个习惯·人际关系篇》，销毁全部现有库存；（3）被告湖南某公司、天津某公司、北京某发行公司在《中国新闻出版报》上公开澄清事实、消除影响；（4）被告湖南某公司、天津某公司、北京某发行公司赔偿原告经济损失人民币90万元；（5）被告湖南某公司、天津某公司、北京某发行公司共同承担原告为制止不正当竞争行为支付的公证费18624元、律师费1万元，证据复印费5164元、法务部门工作人员误工费1212元等合理支出共计35000元；（6）被告湖南某公司、天津某公司、北京某发行公司承担本案的全部诉讼费用；（7）被告北京某印刷公司停止印刷《高效能人士的7个习惯·人际关系篇》。

北京市东城区人民法院于2016年5月25日作出（2015）东民（知）初字第19458号民事判决：驳回原告某出版社的全部诉讼请求。宣判后，某出版社以一审判决认定事实有误，适用法律错误为由提起上诉。北京知识产权法院于2017年4月12日作出（2016）京73民终822号民事判决：一、撤销（2015）东民（知）初字第19458号民事判决；二、湖南某公司、天津某公司于判决生效后立即停止出版、发行"使用《高效能人士的七个习惯·人际关系篇》名称及其封面设计"的图书；三、北京某书店于判决生效后立即停止销售"使用《高效能人士的七个习惯·人际关系篇》名称及其封面设计"的图书;四、湖南某公司、天津某公司在《中国新闻出版报》上刊登声明,就本案不正当竞争行为为某出版社消除影响;五、自判决生效之日起10日内,湖南某公司、天津某公司共同赔偿某出版社经济损失425960元及为本案诉讼支付的合理开支6万元;六、驳回某出版社的其他诉讼请求。

裁判理由

法院生效裁判认为:

1993年《反不正当竞争法》第五条第二项规定的知名商品的名称、包装和装潢的特有性是指该商品名称、包装和装潢能够起到区别商品来源的作用,而不是指该商品名称、包装和装潢具有新颖性或者独创性。对相关公众而言,只要该商品名称、包装和装潢由于商业使用已经在客观上起到区别商品来源的作用,其便具有了特有性。在经营者将该不具有新颖性或者独创性的商品名称、包装和装潢用于商业活动的情况下,如果经过使用,该商品及其名称、包装和装潢具有了一定的知名度,该名称、包装和装潢成为相关公众区分商品来源的标识之一后,则其同样具备特有性。

根据1993年《反不正当竞争法》第五条第二项的规定,擅自使用知名商品特有的名称、包装、装潢,或者使用与知名商品近似的名称、包装、装潢,造成和他人的知名商品相混淆,使购买者误认为是该知名商品,则构成不正当竞争行为。根据上述规定,此处的混淆或者误认是指发生混淆或者误认的可能性,而不需要实际发生混淆或者误认。这种混淆或者误认的可能性包括将两种商品直接混淆的可能性、将两种商品的来源混淆的可能性以及误认为两种商品的来源存在特定联系的可能性。

关于湖南某公司、天津某公司承担停止侵权责任的具体方式。停止侵权责任的具体方式的确定,需要结合涉案不正当竞争行为的特点,考虑具体责任方式的合目的性、必要性和均衡性。即该种具体责任方式要能够实现停止侵害的目的;在能够有效实现停止侵害的目的的各种手段中,对被诉侵权人利益造成的不利影响相对较小,且不会与停止侵害的目的不成比例。

关于损害赔偿的数额,依据1993年《反不正当竞争法》第二十条、《最高人民法院关于审理不正当竞争民事案件应用法律若干问题的解释》第十七条第一款的规定,确定1993年《反不正当竞争法》第五条规定的不正当竞争行为的损害赔偿额,可以参照确定侵犯注册商标专用权的损害赔偿额的方法进行。根据2013年《商标法》第六十三条及《最高人民法院关于审理商标民事纠纷案件适用法律若干问题的解释》第十五条的相关规定,权利人因被侵权所受到的损失,可以根据权利人因被侵权所造成商品销售减少量或者侵权商品销售量与该注册商标商品的单位利润乘积计算。

需要说明的是,涉案侵权图书系湖南某公司、天津某公司获得权利人授权而出版、发行的图书,考虑到擅自使用他人知名商品的特有名称、装潢的涉案不正当竞争行为与涉案侵权图书销售利润之间的因果关系,涉案侵权图书的内容具有其独立的市场价值,在涉案权利图书的全部销售利润中,必然有部分利润并非因湖南某公司、天津某公司擅自使用权利图书作为知名商品的特有名称、装潢而获得,故基于公平原则考量,涉案侵权图书的销售利润不应当简单地被认定为全部归属于某出版社。综合考虑权利图书的知名度及影响力,权利图书特有的名称及装潢对涉案侵权图书的贡献率,湖南某公司、天津某公司实施涉案不正当竞争行为的主观过错程度、性质和情节、可能给某出版社造成的不利影响等因素,法院酌定涉案侵权图书销售利润中的80%应当归属于某出版社。

裁判要旨

在不正当竞争纠纷案件中确定侵权损害赔偿数额时,不能简单地将侵权人的侵权获利一律推定为权利人因涉案不正当竞争行为所遭受的实际损失,从而将其全部赔偿给权利人,而应当结合案件具体情况,充分考量侵权人实施的不正当竞争行为与权利人因被侵权所遭受的损害赔偿数额之间的因果关系,从而更科学、更公平地确定赔偿数额。

关联索引

1993年《中华人民共和国反不正当竞争法》第五条、第二十条

一审：北京市东城区人民法院（2015）东民（知）初字第 19458 号（2016 年 5 月 25 日）

二审：北京知识产权法院（2016）京 73 民终 822 号（2017 年 4 月 12 日）

法官评析

一、我国《商标法》与相关司法解释规定的内在冲突及其弊端

《最高人民法院关于审理商标民事纠纷案件适用法律若干问题的解释》（以下简称《商标民事纠纷案件解释》）第十五条的规定实际上是对《商标法》第六十三条中规定的权利人损失计算的两种简化的推定计算方法，其并未考虑"权利人因侵权所造成商品销售减少量与该注册商标商品的单位利润的乘积"或者"侵权人的侵权商品销售量与该注册商标商品的单位利润的乘积"与侵权人的实际损失之间的因果关系问题。事实上，前述两种计算方法得出的赔偿数额并不当然等同于权利人的实际损失。原因在于：其一，关于权利人所受损失"可以根据权利人因侵权所造成商品销售减少量与该注册商标商品的单位利润乘积计算"。该规定存在的问题是：权利人商品的销售量下降可能受到多种因素影响，并不必然与侵权人的侵权行为存在正相关关系。动态的市场经济条件下，权利人的利润减少常常受到诸如经济环境、市场竞争因素以及权利人自身的市场经验不足、经营管理不善及投资失误等多重因素影响。侵害商标权及不正当竞争的损害赔偿应以侵权行为与损害结果之间具有必然因果关系为要件，任何与侵权行为无关的原因所导致的权利人损害的结果，均不应计入侵权损害赔偿的数额中。① 因此，权利人有权获得赔偿的损失应当系由侵害人的侵权行为所引起，即应当排除因前述市场因素或权利人自身因素等原因引起的损失。其二，关于权利人所受损失"可以根据侵权人的侵权商品销售量与该注册商标商品的单位利润乘积计算"。此种计算方法存在的问题是，其直接把侵权人所销售侵权商品的数量推定为权利人所销售商品的数量，即假定权利人与侵权人处于同一市场竞争的情况下，侵权人每销售一件侵权商品便

---

① 范晓波：《知识产权的价值与侵权损害赔偿》，知识产权出版社 2016 年版，第 93~94 页。

导致权利人少销售一件商品,故侵权人当然应当对其挤占权利人销售商品的市场份额承担责任。但实际上,侵权人所销售侵权商品的数量与权利人所销售商品的数量之间并不可能存在精确的此消彼长关系,权利人商品的销售量减少并不必然意味着侵权人侵权商品的销售量增加,原告损失的销售利润并不当然地应当全部归咎于侵权人。此外,在前两种计算权利人损失的方法中,均存在着权利人注册商标商品的单位利润难以精确确定的问题。因为当权利人的商品销量发生变化时,商品的某些成本也可能发生变化,并最终导致商品的利润率发生变化。例如,如果权利人的商品销量增加,商品的原材料的成本可能会降低、储存材料的仓储费可能会增加、支付给工人的工资可能会增加,最终导致商品的成本和利润率发生变化。①通常而言,商品的销量越高,商品的成本变化越大,即变动成本越大,进一步证明了《商标民事纠纷案件解释》第十五条中关于权利人所受损失的计算方法的相关规定较为笼统、粗糙,不利于鼓励法官在个案审理中深入探索、分析权利人商标的知名度和影响力、权利人的制造及营销能力、权利人商品的生产成本及单品利润、权利人商品销量的下降情况、侵权商品的销售数量及销售利润、侵权人的主观恶意等情节与最终确定的损害赔偿数额之间的因果关系,不利于促进法院对商标侵权及不正当竞争纠纷中损害赔偿数额确定的科学化、精细化探索。

二、本案中权利人某出版社所受损失的具体计算方式

本案中,考虑到涉案侵权图书系湖南某公司、天津某公司获得权利人授权而出版、发行的图书,考虑到擅自使用他人知名商品的特有名称、装潢的涉案不正当竞争行为与涉案侵权图书销售利润之间的因果关系,涉案侵权图书的内容具有其独立的市场价值,在涉案权利图书的全部销售利润中,必然有部分利润并非因湖南某公司、天津某公司擅自使用权利图书作为知名商品的特有名称、装潢而获得,故基于公平原则考量,涉案侵权图书的销售利润不应当简单地被认定为全部归属于某出版社。综合考虑权利图书的知名度及影响力,权利图书特有的名称及装潢对涉案侵权图书的贡

---

① 黄武双、黄骥等著译:《美国商标案件金钱偿还数额的计算:原理与判例》,法律出版社2014年版,第38~39页。

秩序之锚——北京知识产权法院竞争垄断典型案例

献率,湖南某公司、天津某公司实施涉案不正当竞争行为的主观过错程度、性质和情节、可能给某出版社造成的不利影响等因素,法院酌定涉案侵权图书销售利润中的80%应当归属于某出版社。综上,法院计算湖南某公司、天津某公司应当赔偿某出版社因被侵权所遭受的损失为:23元×23150×80%=425960元。

一审法院合议庭成员 刘世红 高 翡 蒋学英
二审法院合议庭成员 刘义军 江建中 周丽婷
编写人 刘义军

21. 北京甲餐饮公司诉北京乙餐饮公司不正当竞争纠纷案[*]

——经营中断但具有历史商誉及潜在商业价值的老字号保护

关键词 不正当竞争 老字号 经营中断 攀附商誉 权益保护

基本案情

原告北京甲餐饮公司诉称:"西四包子铺"是原告享有的标识,在北京具有极高的知名度和影响力。被告北京乙餐饮公司擅自使用原告享有的具有较高知名度的企业字号"西四包子铺",标识"记忆里的北京味道"进行经营,使公众误认为其与原告系关联企业,违背了诚信原则,构成不正当竞争。据此,北京甲餐饮公司诉至法院,请求:(1)北京乙餐饮公司停止使用"西四包子铺"店铺名称的不正当竞争行为,并变更店铺名称,变更后店铺名称不得含有"西四包子铺";(2)判令北京乙餐饮公司在《中国知识产权报》、大众点评线上平台刊登声明30日,就其不正当竞争行为消除影响;(3)判令北京乙餐饮公司赔偿北京甲餐饮公司经济损失及合理支出1万元(经济损失2000元,合理支出8000元);(4)本案诉讼费用由北京乙餐饮公司承担。

被告北京乙餐饮公司辩称:(1)北京甲餐饮公司不享有"西四包子铺"的相关权利,无权向被告主张相应权利,其原告主体不适格。首先,原告从未使用过"西四包子铺"作为其企业字号。其次,原告无权承继"西四包子铺"这一字号的任何权利。原告企业注册的时间为1987年,历

---

[*] 本案例入选2021年北京法院年鉴案例。

史上曾有三家主体名称中含有"西四包子铺",即"北京市华天饮食公司西四包子铺""北京市西城区西四包子铺"及"华天饮食集团第二分公司西四包子铺",上述三个主体现均已注销。原告与上述企业名称中含有"西四包子铺"的法律主体均曾并存且独立经营,在法律关系上系完全独立经营的法律实体,不存在任何承继关系。(2)"西四包子铺"不构成具有一定影响的企业字号。首先,"西四包子铺"不具有较高知名度。原告仅提交一份《西四包子铺关于申报风味餐馆的请示》,无法证明"西四包子铺"具有较高知名度。并且,上述企业早已放弃该字号的使用,故不存在对该字号进行实际使用并长期宣传推广使其具有较高知名度的可能性。其次,原告主张的字号"西四包子铺"已停止使用近20年,已经不具备知名度和影响力,不构成"在先使用并有一定影响的字号"。(3)被告未实施擅自使用他人有一定影响的字号行为。首先,原告不享有"西四包子铺"的任何权利,且该字号亦不具有一定影响力,即使"西四包子铺"在如今具有一定知名度,也是因被告最近五年的经营推广所致,该知名度和字号应归被告。其次,被告使用该字号不具有主观恶意,且具有合理性。被告店铺地处西四地区,主营老北京风味包子,被告店铺命名为"西四包子铺"具有充分合理性。且被告在开业前,曾查询尚未有企业的商标为"西四包子铺",至今也未有企业将"西四包子铺"成功注册为商标,亦未有存续企业名称为"西四包子铺"的企业,被告作为一个普通的商业实体,已尽到充分的注意义务,不具有任何侵犯他人合法权益的主观恶意。最后,因"西四包子铺"长期未使用,已进入公有领域,被告有权使用。(4)北京甲餐饮公司无权要求被告刊登声明,消除影响。(5)北京甲餐饮公司诉请要求赔偿的权利基础及事实不存在,且北京甲餐饮公司主营肉饼,而非包子,被告使用"西四包子铺"的行为,不会对其造成任何损失。北京甲餐饮公司未提交合理支出的实际支付凭证,亦未能提供任何证据证明其损失,因此其提出的赔偿请求不应得到支持。

法院经审理查明:

一、关于北京甲餐饮公司的企业历史沿革

1952年11月20日,北京市工商局私营企业设立登记申请书档案中的私营企业设立登记事项表载明:王卢氏,年龄六十三,三十二岁经营二友

居便饭铺至现在,经营地为西四南大街18号。西城区饮食行业志载明:1973年2月西城区饮食业从服务公司分离成立"区饮食管理处",1979年2月,区饮食管理处改称为"北京市饮食公司西城区分公司",1981年4月改称"西城区饮食公司",1989年4月改称"北京市西城区华天饮食公司",1992年6月名称变更为"北京华天饮食集团公司"。

西四包子铺的前身是二友居便饭铺,20世纪60年代更名为西四包子铺。"西四包子铺"这一名称历经"北京市西城区西四饮食基层店西四包子铺""西城区西四包子铺""北京市华天饮食公司西四包子铺""北京市西城区西四包子铺""北京华天饮食集团公司西四包子铺"等变迁。2001年7月20日企业申请注销登记注册书载明"北京华天饮食集团公司西四包子铺"债权债务由主管单位负责,主管单位为华天集团。

北京市西城区饮食行业协会于2019年3月20日出具"关于二友居与'西四包子铺'品牌发展情况的证明"载明:"二友居"是华天集团旗下的京味小吃连锁品牌,是"北京老字号"品牌企业。"二友居"创始于1921年,主营包子、肉饼等面食。20世纪60年代以后,"二友居"更名为"西四包子铺",经营地点在西四南大街1号。西四包子铺的上级所属公司历经西城区服务公司、北京市西城区饮食公司、北京市华天饮食公司、华天集团。西四包子铺形成了良好信誉的品牌,由于历史原因在2001年暂停营业。

1996年12月26日,北京市西城区人民政府饮食行业管理办公室出具《关于西四包子铺申报风味餐馆的批复》载明,西四包子铺基本达到风味餐馆标准。

北京甲餐饮公司前身系北京市某装潢公司,成立于1987年5月1日,于2019年3月15日更名为北京甲餐饮公司,经营范围为餐饮管理等。

2019年4月30日《华天集团关于授权北京甲餐饮公司全权处理二友居、西四包子铺品牌经营及维权工作的会议纪要》载明:"二友居"品牌创始于1921年,至1956年公司合营后成为全民所有制企业,先后隶属于西城区服务公司、西城区饮食公司、北京市华天饮食公司、华天集团。在此期间,"二友居"曾更名为"西四包子铺"。2001年7月,西四包子铺因拆迁停止营业。2015年3月,集团公司决定恢复"二友居"品牌并正式授权所属全资子公司北京甲餐饮公司(更名前名称为北京市某装潢公司)

负责"二友居"和"西四包子铺"品牌的恢复和经营开发工作。

二、关于被诉侵权行为

北京市长安公证处于2019年6月5日作出的（2019）京长安内经证字第25313号公证书载明，北京市西城区西四北大街236号的"西四包子铺"门牌牌匾上写有三行字：记忆里的北京味、西四包子铺和西四店。店内营业执照载明名称为"北京乙餐饮管理有限公司"，住所为"北京市西城区西四北大街236号"，成立日期为2015年1月21日。经营范围为餐饮管理；食品销售；餐饮服务等。

三、其他事实

2002年4月12日《北京晚报》载明：位于阜内大街和西四大街交叉路口西南角的西四包子铺，最近恢复原名——二友居。据传，二友居开业于明末清初，是一位名叫常二有的宫廷御厨创办的，主营天津风味包子。二友居便成了远近闻名的"包子+炒肝"小吃店。

2003年11月28日《北京晚报》载明：在西四阜内大街和西四大街把角有个包子铺，人们已经习惯称其为西四包子铺。最近，西四包子铺恢复了老字号——二友居。

北京甲餐饮公司为证明其为本案支出的合理费用，提交了金额为4145元的公证费发票以及服务名称为诉讼代理费，金额为10万元的发票及委托代理合同。

北京市西城区人民法院于2020年10月17日作出（2019）京0102民初28394号民事判决：一、北京乙餐饮公司停止使用"西四包子铺"店铺名称的不正当竞争行为，并变更店铺名称，变更后店铺名称不得含有"西四包子铺"；二、北京乙餐饮公司赔偿北京甲餐饮公司经济损失及合理支出1万元；三、北京乙餐饮公司就涉案不正当竞争行为在《中国知识产权报》、大众点评网连续30日刊登声明，消除影响。宣判后，北京乙餐饮公司以一审法院认定事实错误为由提起上诉。北京知识产权法院于2021年3月1日作出（2020）京73民终3501号民事判决：驳回上诉，维持原判。

裁判理由

法院生效裁判认为：

一、关于北京甲餐饮公司是否为一审适格原告，能否对"西四包子铺"名称主张权利的问题

本案中，北京甲餐饮公司一审中提交的第一组、第二组证据，详尽展现了"西四包子铺"品牌的历史沿革。北京乙餐饮公司虽对部分证据不予认可，但未提交证据加以反驳。一审法院依据证据规则对北京甲餐饮公司提交的证据予以认定，于法有据。从"西四包子铺"品牌的历史沿革看，西四包子铺的前身是二友居便饭铺，二友居便饭铺在20世纪60年代更名为西四包子铺，经营地点由北京市西城区西四南大街18号变更为北京市西城区西四南大街1号，更名后持续以"西四包子铺"作为店铺招牌对外经营，直至2001年7月停止营业。"西四包子铺"这一名称，历经"北京市西城区西四饮食基层店·西四包子铺""西城区西四包子铺""北京市西城区饮食公司西四包子铺""北京市华天饮食公司西四包子铺""北京市华天饮食公司西四包子铺""北京市西城区西四包子铺""北京华天饮食二公司西四包子铺""北京华天饮食集团公司西四包子铺"等变迁。2001年7月，"北京华天饮食集团公司西四包子铺"因体制改革被注销，且其债权债务由主管单位华天集团负责。

原北京华天饮食集团公司西四包子铺虽已注销，经营中断，但华天集团对"西四包子铺"品牌有明确的传承关系和历史渊源。二审中，北京乙餐饮公司认可华天集团在2001年前经营过西四包子铺。现根据华天集团于2019年4月30日出具的华集字〔2019〕23号会议纪要，明确将"西四包子铺"品牌经营及维权工作授权给北京甲餐饮公司，故北京甲餐饮公司有权提起诉讼，系本案一审适格原告。

二、关于北京乙餐饮公司的涉案行为是否构成不正当竞争以及一审法院判决的责任承担方式是否适当的问题

具有一定的市场知名度、为相关公众所知悉的企业名称中的字号，可以认定为2019年《反不正当竞争法》第六条第二项规定的"企业名称"。

本案中，北京市西城区人民政府饮食行业管理办公室的批复以及北京市西城区饮食行业协会出具的证明显示，"西四包子铺"曾被评为风味餐馆，结合"西四包子铺"的营业额和相关报道，可以认定其在当时具有一定知名度。"西四包子铺"作为店铺招牌持续经营，经过长期使用和历史积淀，已经形成了较为丰厚的品牌价值，承载了独特的商誉，且与其经营者形成了较为稳定的对应关系。北京乙餐饮公司辩称华天集团多年未使用"西四包子铺"，该品牌已不具备知名度及影响力，已进入公有领域，北京乙餐饮公司使用"西四包子铺"字号不具有主观恶意，"西四包子铺"字号和知名度应属北京乙餐饮公司。对其上述抗辩意见，法院不予采信，理由如下：第一，受反不正当竞争法保护的企业名称，特别是字号，不同于一般意义上的人身权，是区别不同市场主体的商业标识，本质上属于一种财产权益。"北京华天饮食集团公司西四包子铺"于2001年注销后，其债权债务由华天集团承继，"西四包子铺"字号所产生的相关权益也应由华天集团承继。虽然华天集团较长时间内未继续实体经营该字号，但该老字号所享有的相关权益并不因此而当然不受反不正当竞争法的保护。据《新京报》《北京青年报》等媒体报道表明，"西四包子铺"近年来仍然具有一定影响力和较高的知名度，相关公众的认知中仍将该老字号积蓄的美誉度与其早年经营者相联系，该字号仍具有识别商品来源的作用，其所享有的历史商誉、知名度以及潜在的商业价值仍持续存在，并应当得到肯定并获得保护。第二，具有识别商品来源作用的企业名称因他人擅自使用而引起混淆的，擅自使用者不恰当地利用在先企业的商誉，构成2019年《反不正当竞争法》第六条第二项规定的仿冒企业名称的不正当竞争行为。本案中，如前所述，"西四包子铺"作为老字号至今仍被相关公众认可，其作为识别经营主体的商业标识的意义仍持续存在。北京乙餐饮公司关于该字号的知名度和影响力归属其公司的主张于法无据。北京乙餐饮公司与北京甲餐饮公司、华天集团同处北京地区，且经营范围均包括餐饮服务，双方系存在竞争关系的同业经营者。作为同地区同行业的经营者，北京乙餐饮公司在重新启用"西四包子铺"店铺名称时，理应知悉老字号"西四包子铺"的知名度，但其未能尽到合理的避让义务，仍在临近当年"西四包子铺"原址的位置，开设主营包子、字号相同的店铺。作为2015年成立的公司，北京乙餐饮公司与"西四包子铺"并无历史渊源，其在店铺招牌上标有"记忆中的北京味道"字样，主观上显然是为了承袭"西四包子铺"老字号的商誉，误导相关公众将其与老字号"西四包子铺"相混淆，客观上，相关的报道和评论也进一步印证了相关公众误认为二者具有一定的关联关系。北京乙餐饮公司的涉案行为明显具有不正当意图，损害了北京甲餐饮公司的合法商业利益，扰乱了公平竞争的经营秩序，违反了诚信原则，构成不正当竞争。

涉案不正当竞争行为给北京甲餐饮公司造成了损害，使相关消费者产生了混淆误认，影响了相关公众的购买决策，造成市场的混乱，产生了不良影响。因此，北京乙餐饮公司应当承担停止侵权、消除影响、赔偿经济损失的法律责任。一审法院在北京甲餐饮公司未提交证据证明其因涉案行为受到的实际损失，或者北京乙餐饮公司因此而获得的经济利益的情况下，综合考虑北京乙餐饮公司侵权行为的性质、情节、持续期间、范围以及主观过错程度，以及西四包子铺的知名度和影响力等因素，依照法定赔偿确定赔偿金额和合理支出共计1万元，并无不当。一审法院判定的消除影响的责任承担方式亦与涉案侵权行为的实施方式相匹配，与侵权行为的后果程度和造成的影响范围相当，二审法院亦予以维持。

裁判要旨

知名老字号经过长期使用和历史积淀，已经形成较为丰厚的品牌价值，与其经营者间形成了较为稳定的对应关系，其所蕴含的意义已经超出了其字面含义。即便知名老字号在经营中长期未使用，但若有证据证明相关公众仍将该老字号积蓄的美誉度与其早年经营者相联系，其所享有的历史商誉、知名度以及潜在的商业价值就仍持续存在，其字号享有的相关权益同样受到反不正当竞争法的保护。

关联索引

2019年《中华人民共和国反不正当竞争法》第六条

一审：北京市西城区人民法院（2019）京0102民初28394号（2020年10月17日）

二审：北京知识产权法院（2020）京73民终3501号（2021年3月1日）

秩序之锚——北京知识产权法院竞争垄断典型案例

法官评析

"老字号"并非法律术语,亦无专门的法律予以明确的保护。店铺字号经过长期使用和历史积淀,与其经营者形成了较为稳定的对应关系,积累了较为丰厚的品牌价值,承载了独特的商誉,具备了《反不正当竞争法》规定的有一定影响的企业名称的保护条件,可以作为反不正当竞争法保护的权益。

若该老字号在较长时间内未继续经营,其享有的相关权益并不因此而当然不受反不正当竞争法保护。此种情形下,应考察该字号所享有的历史商誉、品牌价值是否持续存在,他人使用行为是否具有主观恶意,是否足以造成相关公众混淆等因素予以判定。本案中,涉案老字号近20年没有经营,但在案证据可以证明,该字号传承的独特产品、精湛技艺和服务理念以及品牌价值在相当长的时期内得到了消费者的普遍认可,声誉经久不衰。因此,综合证据、市场和社会利益等整体考量,对在当前市场环境下仍具有品牌价值的涉案老字号,其相关权益应当予以保护。

同时,在反不正当竞争行为的判断中,当事人的主观状态是判断行为违法性的重要因素。具体到涉老字号案件,即要判断行为人主观上是否知道老字号的存在,是否有攀附老字号商誉的意图,在此基础上是否造成了市场混淆。本案中,北京乙餐饮公司的涉案行为明显具有不正当意图,并非善意、合理,其行为损害了北京甲餐饮公司的合法商业利益,扰乱了公平竞争的经营秩序,违反了诚信原则,构成不正当竞争。

需要特别强调的是,老字号是国家的文化符号,亦是弥足珍贵的自主品牌。然而,近些年涉老字号知识产权纠纷频发,如老字号品牌被恶意抢注或攀附摹仿、商标授权确权与企业名称核准登记相冲突、品牌权利人权属争议难解决等。老字号品牌法律风险的产生既因老字号的历史变迁转制、自身权属存证不完整、不清晰、权利布局不科学、监控机制不健全、维权措施不完善,也与其他经营主体"傍名牌""搭便车"等不正当竞争行为相关。本案中,涉案老字号已中断经营多年,但考虑到该字号商誉的存续情况,北京市场上多家不同主体开设名为"西四包子铺"的店铺情况,以及北京乙餐饮公司攀附的主观意图,消费者的混淆情况等因素,本着肃清市场秩序的原则,依据现有法律对"西四包子铺"这一老字号通过

《反不正当竞争法》予以了保护。但老字号的长足发展，仍需要相关企业强化品牌管理与创新发展，提升核心竞争力，增加老字号品牌的活力，拓展老字号的市场空间，逐步增强老字号的国际竞争力。同时，也需要社会各界提高认识，增强公平竞争理念，主动维护民族品牌，协力营造良好的营商环境，共同维护和延续老字号品牌价值，持续传承中国文化和中国精神。

一审法院合议庭成员　肖志勇　刘志远　果振敏
二审法院合议庭成员　范米多　张　宁　李　想
编写人　范米多

| 秩序之锚——北京知识产权法院竞争垄断典型案例

22. 某股份公司诉上海某公司 侵害商标权及不正当竞争纠纷案

——在企业邮箱后缀中擅自使用他人有一定影响的 商号的行为构成不正当竞争

关键词　不正当竞争　商号　邮箱后缀　混淆

基本案情

原告某股份公司诉称：被告上海某公司未经许可在兽药耳特净及包装上使用"MERCK"标识，侵犯了某股份公司涉案二商标的注册商标专用权；上海某公司在其网站、名片上将与某股份公司"MERCK"商标、字号相同的"merck"作为邮箱地址、联系网站域名显著识别部分，构成不正当竞争。据此，某股份公司向法院提出诉讼请求：（1）判令上海某公司停止侵害涉案商标权及不正当竞争行为；（2）判令上海某公司消除影响；（3）判令上海某公司因侵害涉案商标权的行为赔偿某股份公司经济损失150万元、因涉案不正当竞争的行为赔偿某股份公司经济损失150万元；（4）判令上海某公司赔偿某股份公司维权合理支出10万元。

被告上海某公司辩称：（1）原告在兽药领域未使用"merck"标识，不享有任何商誉，《反不正当竞争法》对于原告"merck"标识的保护范围不应及于被告所涉兽药领域。（2）美国某股份公司于1992年注册了域名merck.com后，美国某股份公司及其关联公司开始统一使用merck.com作为企业邮箱后缀。被告作为美国某股份公司的关联公司在邮箱后缀中使用"merck"具有合理性。（3）涉案邮箱和网址中使用"merck"不是用于识别商品和服务来源，而仅是一种联系信息，原告亦未举证证明这种使用方式会导致相关公众产生混淆误认，故不构成不正当竞争。综上，被告不同意原告的全部诉讼请求。

法院经审理查明：某股份公司的前身为1668年创建的德国某公司。原告设立于1995年，是全球知名的医药健康、生命科学及高性能材料公司，在全球（美国、加拿大、古巴、菲律宾除外）拥有"MERCK"名称和品牌的所有权。经过长期的经营投资活动和媒体推广，原告字号"MERCK"在中国具有了一定的影响力。德国某公司于1976年在中国注册取得了第75734号"MERCK"注册商标专用权，核定使用的商品为药品。1995年，原告受让取得该商标。2016年，原告经核准取得第G1302958号"MERCK"注册商标专用权，核定使用范围包括第5类"药品和兽医用制剂、医用或兽医用营养食品和物质"、第44类"医疗服务、兽医服务"。美国某股份公司系被告上海某公司的关联公司，德国某公司曾与美国某股份公司就"MERCK"标识的使用达成协议，美国某股份公司及其关联公司在美国、加拿大、古巴、菲律宾以外地区，无权单独使用"MERCK"作为商标和商号。2017年9月，在第十三届北京宠物医师大会上，被告在其展台上公开展览并销售了标有"MERCK"商标的兽药耳特净；被告展示提供的工作人员名片上，使用了"merck"作为邮箱地址的核心识别部分。此外，被告在其官方网站上多处使用"merck"作为邮箱地址的核心识别部分；在网站多篇报道中使用"www.merck-animal-health.com"作为联系网址。

北京市朝阳区人民法院于2020年12月30日作出（2018）京0105民初73620号民事判决：一、上海某公司停止使用"merck"标识作为邮箱后缀及联系网址显著识别部分的不正当竞争行为；二、上海某公司赔偿某股份公司经济损失55万元、合理支出10万元，并消除影响；三、驳回某股份公司的其他诉讼请求。宣判后，双方均以一审法院认定事实不清、适用法律错误为由提起上诉。北京知识产权法院于2022年10月20日作出（2021）京73民终1625号民事判决：驳回上诉，维持原判。

裁判理由

法院生效裁判认为：

判断商品类别的时间点,通常应以商标核准注册时为准。即商标核定使用的商品指的是商标在核准注册时核定使用商品的范围和含义,而非争议发生时或者裁判作出时的含义,其目的在于避免因《类似商品和服务区分表》的变化,导致与商标注册人申请注册商标的意愿和预期相背离,进而损害商标注册人的利益。虽然在现行《类似商品和服务区分表》中药品和兽药分属不同类似群,但本案中并无证据显示某股份公司第75734号"MERCK"商标在获准注册之后的专用权范围发生限缩,应当认定第75734号"MERCK"商标核定商品"药品"包括兽药。上海某公司销售的兽药产品包装正面有显著标识"MERCK"标识,且兽药商品与某股份公司的两件权利商标核定的商品/服务构成相同或类似商品/服务,侵害了某股份公司第75734号、第G1302958号"MERCK"注册商标专用权。

某股份公司在2013年之前就在药品领域使用"MERCK"商号,并具有一定知名度。随着现代商业活动的发展,出于企业统一管理或者突出品牌的需要,企业邮箱越来越多地以企业的字号或者域名、核心品牌为后缀,从而使得企业的网址、邮箱与商标名称、商号名称保持一致,进而树立企业的整体品牌形象。上述使用方式使得邮箱后缀、网站地址在发挥通讯功能的同时,也在一定程度上发挥了识别商品或服务来源的作用。上海某公司使用@merck.com后缀的邮箱,与某股份公司在先注册的商标、企业商号完全相同。上海某公司作为美国某股份公司的关联公司,在明知美国某股份公司与德国某公司签订了《全球标识使用的协议》、理应承担更高注意义务的情况下,仍在涉案网站的电子邮箱、联系网站地址等处使用"merck"作为邮箱后缀和联系网站的显著识别部分,在主观意图上难谓正当,客观上易造成相关公众对商品或服务来源的混淆和误认。因此,上海某公司擅自使用某股份公司具有一定影响的企业名称"merck"作为其电子邮箱和网站联系方式的核心识别部分的行为,构成不正当竞争。上海某公司的相关上诉主张缺乏事实与法律依据,二审法院不予支持。

裁判要旨

企业出于统一管理或者突出品牌的需要,企业邮箱越来越多地以企业的字号或者域名、核心品牌为后缀,从而使得企业的网址、邮箱与商标名称、商号名称保持一致,进而树立企业的整体品牌形象。上述使用方式使得邮箱后缀、网站地址在发挥通讯功能的同时，也在一定程度上发挥了识别商品或服务来源的作用。因此，在企业邮箱后缀擅自使用他人知名商号，可能使得他人误认为二者之间存在某种关联关系，进而产生混淆误认的，构成不正当竞争。

关联索引

2019年《中华人民共和国反不正当竞争法》第六条、第十七条

一审：北京市朝阳区人民法院（2018）京0105民初73620号（2020年12月30日）

二审：北京知识产权法院（2021）京73民终1625号（2022年10月20日）

法官评析

本案涉及的主要法律问题是：在企业邮箱后缀中使用他人有一定影响的商号是否构成不正当竞争？

在以往的司法实践中，擅自将他人有一定影响的商号作为自身的域名、网站名称、企业名称使用的情形构成不正当竞争，并无争议。此类行为的共同特点是：域名、网站名称、字号等均具有开放性和识别性，相关公众常常可以通过网络搜索等方式检索到上述关键信息，进而识别企业主体身份。如果擅自使用他人知名商号作为自己的网站名称、域名和商号，容易使相关公众产生混淆误认，构成2019年《反不正当竞争法》第六条规定的混淆情形。与域名、网站名称、商号不同，通常情况下，企业邮箱主要发挥着通讯的功能，因此，对于在邮箱后缀中使用他人知名商号是否构成《反不正当竞争法》规制的混淆行为，存在较大争议。本案中，双方均为具有外资背景的公司，且存在一定的历史渊源。在20世纪70年代，双方的母公司签订了《全球标识使用的协议》，对于"MERCK"作为商标或商号的使用权在全球范围进行了划分，上海某公司的使用权限定在美国、加拿大、古巴、菲律宾地区，某股份公司的使用权则限定在上述地区之外的地区。当时全球尚未进入互联网时代，对于"MERCK"在域名、邮箱等互联网环境下的使用并无约定，因此无法直接通过该协议寻求救济。

一般认为,反不正当竞争法属于行为法而非权利法,判断某一被控行为是否具有不正当性,行为人的主观方面也是必要的考量因素。因此,本案应当立足于被控行为发生时的时代背景,从混淆可能性以及行为人是否具有主观过错两个维度综合考量。

关于混淆的可能性。互联网时代来临之后,伴随着现代商业活动的发展,企业出于统一管理或者突出品牌的需要,企业邮箱越来越多地以企业的字号或者域名、核心品牌为后缀,从而使得企业的网址、邮箱与商标名称、商号名称保持一致,进而树立企业的整体品牌形象。上述使用方式使得邮箱后缀、网站地址在发挥通讯功能的同时,也在一定程度上发挥了识别商品或服务的来源的作用。因此,在企业邮箱后缀处擅自使用他人知名商号,可能使得第三人误认为二者之间存在某种关联关系,进而发生混淆误认。

关于主观过错。虽然20世纪70年代双方的母公司签订的《全球标识使用的协议》并未对双方在域名、企业邮箱等场合使用"MERCK"标识的权利进行约定,但根据上述协议的主要内容可知,双方在全球范围内确立各自的"MERCK"标识专有使用区域以便划清界限、避免混淆的合同目的是清晰的。上海某公司在明知上述协议的内容、理应承担更高注意义务的情况下,仍在涉案网站的电子邮箱、联系网站地址等处使用"merck"作为邮箱后缀和联系网站的显著识别部分,在主观上难谓正当,客观上易造成相关公众对商品或服务来源的混淆误认。

据此,综合分析客观上的混淆可能性以及行为人主观上的过错,被控行为具有反不正当竞争法意义上的可责性,构成不正当竞争。

一审法院合议庭成员　谭雅文　崔树磊　乔　迪
二审法院合议庭成员　张　宁　范米多　马兴芳
编写人　张　宁

23. 北京某网络公司诉北京某科技公司、广州某网络公司不正当竞争纠纷案[*]

——企业字号依法核准注册并非不正当竞争行为的抗辩理由

关键词　企业字号　不正当竞争　主观恶意　抗辩理由

基本案情

原告北京某网络公司诉称:"联众"作为我公司在先使用的企业字号以及注册商标,已享有较高的市场知名度,并为相关公众所知悉。我公司是"联众"系列商标的合法持有者,"联众"商标曾被认定为北京市著名商标,"联众俱乐部"商标曾被认定为驰名商标,在相关消费者中享有一定的知名度和影响力。我公司曾荣获中国十大诚信游戏运营商、中国十大游戏运营平台、中国十大网页游戏运营平台等奖项。北京某科技公司原名北京某互动公司,成立于2016年1月29日。作为同样从事互联网、软件技术行业的经营者,被告北京某科技公司应当能够了解到原告在先使用"联众"字号的情况。因此,北京某科技公司在其原企业名称中注册使用"联众"字号,与我公司注册商标及企业名称高度近似,甚至在被告广州某网络公司的网站上发布的广告中将我公司的办公地址写成其办公地址,将其网站地址写成原告网址,足见北京某科技公司在主观上具有明显的恶意模仿、攀附我公司商誉和搭便车的故意,违反了诚信原则和基本的商业道德,在客观上足以使相关公众误认为北京某科技公司与我公司具有关联关系,将北京某科技公司的产品和服务误认为来自我公司。该行为构成不

---

[*] 本案例入选2019年中国法院年度案例。

正当竞争，应承担相应的法律责任。广州某网络公司发布了含有侵权内容的相关信息，应承担停止侵权的法律责任。据此，原告北京某网络公司诉至法院，请求：（1）北京某科技公司立即停止在企业名称中使用"联众"文字，停止在其网站和任何商业活动中使用带有"联众"字样的企业名称及相关信息；（2）赔偿北京某网络公司经济损失45万元，合理开支律师费5万元、公证费1200元，共计50.12万元。

被告北京某科技公司辩称：（1）我公司企业名称经工商行政管理部门依法核准登记，在核准登记地域范围内享有使用权，不构成不正当竞争。（2）我公司没有使用原告的注册商标，没有侵害其商标权。（3）我公司没有和广州某网络公司串通，广州某网络公司网站上的信息并非我公司发布，我公司没有授权其发布信息。（4）我公司已经变更企业名称。综上，不同意原告的诉讼请求。

被告广州某网络公司辩称：涉案职友集网站招聘信息系搜索引擎根据一定的策略运用特定的计算机程序从互联网上搜集信息后为用户提供检索服务。我公司仅提供网络服务，无法判断信息内容的权利归属及是否侵害他人商标权。我公司在收到诉状后已删除涉案信息，不具有过错，不应承担侵权责任。

法院经审理查明：北京某网络公司成立于1998年3月23日，其经营范围包括互联网信息服务业务、互联网游戏、手机游戏出版等。经国家工商行政管理总局商标局核准，北京某网络公司注册第1483307号、第10268484号、第10268485号、第10268488号、第10268490号"联众"商标，核定服务项目分别为第42类、第41类、第38类、第35类，注册第1774471号、第1744822号"联众俱乐部"商标（第1774471号商标"俱乐部"放弃专用权），核定服务项目为第35类、第41类。上述注册商标均在有效期内。联众俱乐部商标被评为2008—2011年北京市著名商标。国家工商总局商标评审委员会在先裁定书认定，第1744822号联众俱乐部商标已构成注册及使用在计算机数据库或网络提供的在线游戏服务上的驰名商标。

北京某科技公司成立于2016年1月29日，经营范围包括技术开发、技术推广、应用软件服务等。北京某科技公司表示：其主营业务是开发微信公众号，只做"点点客"的业务，自公司成立至今一直处于亏损状态。

对此，北京某科技公司提供一份自行制作的 2017 年第 3 期资产负债表和利润表各一份。

2016 年 8 月 1 日，登录百度网站 www.baidu.com，搜索"北京某互动公司"，出现多个搜索结果。点击"……8K-20K 招聘……职友集"的搜索结果，进入广州某网络公司经营的网站 www.jobui.com 招聘页面，其中有名为北京某网络公司的相关招聘信息，所留联系方式为北京某网络公司。返回百度搜索结果页面，点击名为"http：//jobs.51job.com……"的搜索结果，进入前程无忧网站北京某科技公司发布的招聘信息，内容基本与上述职友集网站信息相同，但北京某科技公司否认上述职友集招聘信息系其发布。上述两信息之间无跳转过程，北京某网络公司未就北京某科技公司与广州某网络公司存在串通侵权行为进行举证。经当庭勘验，上述职友集网站的招聘信息已删除。北京某科技公司在赶集网（www.ganji.com）上发布的公司简介信息中有"北京某互动公司专注于微信第三方平台开发，依托上市公司的资源，为客户量身定做微信公众号的完善与运营……"北京某网络公司认为，北京某科技公司并非上市公司，宣称依托上市公司资源属于搭便车行为，容易让公众与北京某网络公司相关联。北京某科技公司表示其依托的上市公司是上海某客信息技术股份有限公司，并就此出具了该公司的授权证书。北京某网络公司对上述互联网访问过程进行了证据保全公证，共计支付公证费 1200 元。

北京某科技公司辩称：北京某互动公司名称由注册代理机构所取，为此提供公司注册登记委托书一份，其中记载马某全委托某登记注册代理事务所代为办理企业登记注册手续，其中代理事项为企业开业（设立）登记，代理权限为同意修改申报文件的错误文字内容、同意修改有关表格的填写错误。

北京某网络公司主张为本案维权支出律师费 5 万元，并就此提供了相应律师费发票一张。

北京市朝阳区人民法院于 2017 年 3 月 30 日作出（2016）京 0105 民初 59195 号民事判决：一、北京某科技公司立即停止使用含有"联众"字样的企业名称，删除相关宣传信息；二、北京某科技公司赔偿北京某网络公司经济损失 6 万元；三、北京某科技公司赔偿北京某网络公司合理开支 3 万元；四、驳回北京某网络公司的其他诉讼请求。宣判后，北京某科技公司以一审法院认定事实错误，判决损害赔偿及合理支出畸高为由提起上诉。北京知识产权法院于 2017 年 9 月 25 日作出（2017）京 73 民终 1077 号民事判决：驳回上诉，维持原判。

裁判理由

一、北京某科技公司使用"联众"作为企业名称的行为已构成对北京某网络公司的不正当竞争

本案中，北京某科技公司主张其注册的"北京某互动公司"企业名称是经过北京市工商局依法核准的，在法律规定的范围内进行使用，未违反 1993 年《反不正当竞争法》的规定。企业名称是经相关机关审核批准后予以登记注册的，通常情况下企业可以核准注册的名称对外从事经营活动。然而，从反仿冒和制止不正当竞争行为的立法目的出发，1993 年《反不正当竞争法》第五条第三项规定及相关司法解释的本意可知，如果企业在注册企业名称时即具有攀附他人商业信誉的意图，擅自将与他人的企业名称或字号近似的企业名称予以注册，并在其后的经营过程中予以使用，容易造成相关公众混淆、误认的，应当属于上述法律所规定的不正当竞争行为。若仅以该企业名称已核准登记，而否定其注册该企业名称时的主观恶意，忽略给他人造成的损害，则有违《反不正当竞争法》的立法宗旨，亦纵容了借助合法形式侵害他人商誉之行为，故此种抗辩理由不应得到支持。因此，本案中，北京某科技公司虽称其正当使用了合法注册的企业名称，但其注册并使用该企业名称的行为是否构成不正当竞争，还应当结合其注册该企业名称时的具体情形和主观意图予以分析。

本案中，已有证据可以佐证两公司均为从事互联网信息服务等业务的企业，为同行业的竞争者。在案证据则显示，北京某网络公司自 1998 年 3 月成立至今，一直使用"联众"字号，此间注册了若干包含"联众"字样的商标，获得了众多奖项及荣誉，已在互联网行业中具有较高的知名度。北京某科技公司成立于 2016 年 1 月 29 日，且与北京某网络公司处于同一地域。鉴于"联众"字号的较高知名度，同处于北京市的北京某科技公司作为原告互联网行业的竞争者，理应知晓"联众"为北京某网络公司的字号，却仍将其注册为企业名称，并在经营活动中使用，具有不正当利用北京某网络公司知名度的主观恶意,容易导致相关公众误认为北京某科技公司的服务与北京某网络公司存在特定联系,进而损害北京某网络公司的合法权益。北京某科技公司主张其自成立后一直以上市公司某客信息技术股份有限公司北京地区服务商的名义进行对外经营活动,也从未以"联众"名义进行过任何经营宣传活动误导公众。但该主张缺乏证据证明,且与在案证据相违,法院未予支持。一审判决认定北京某科技公司构成不正当竞争行为正确,二审法院予以支持。

二、一审判决认定赔偿数额及合理支出恰当

北京某科技公司主张,北京某网络公司提交的证据不能证明其存在经济损失,无实质性证据证明北京某科技公司的行为给北京某网络公司造成了经济损失。北京某科技公司刚刚成立并未盈利,一直处于亏损状况,北京某科技公司注册资本为认缴并非实缴,不能借此判断北京某科技公司规模。本案中,北京某网络公司并未提交证据证明其实际损失及北京某科技公司的侵权获利,北京某科技公司提交的审计报告虽证明其公司的经营情况,但不足以排除其因侵权而获利。北京某科技公司的相关上诉主张不能成立,法院不予支持。一审法院综合考量北京某科技公司的成立时间、经营规模,"联众"商标知名度,北京某科技公司涉案不正当竞争行为的性质、范围、时间、后果、主观过错程度等因素酌情确定经济损失数额并无不妥,二审法院予以支持。

关于合理支出部分,北京某科技公司主张对于公证费、律师费北京市司法局有明确的收费标准,应为9000元。根据《北京市律师诉讼代理服务收费政府指导价标准(试行)》:民事诉讼案件按审判阶段确定收费标准,计件收费标准为每件收费3000元~1万元;按标的额比例收费标准为10万元以下(含10万元)是10%(最低收费3000元),10万元至100万元(含100万元)是6%……按当事人争议标的额差额累进计费。双方争议的标的额为45万元,则一审的律师费指导价为2.7万元(下浮不限)。根据在案公证书、律师委托代理合同及对应发票等证据,一审法院根据案件的关联性及必要性,酌情支持3万元并无不妥,二审法院予以支持。

裁判要旨

企业字号依法核准注册不能成为不正当竞争行为的抗辩理由。被诉侵权人使用相关企业名称的行为是否构成不正当竞争，可以结合其注册该企业名称时的主观意图及其他情节进行具体分析。

关联索引

2013年《中华人民共和国商标法》第五十八条

1993年《中华人民共和国反不正当竞争法》第五条第三项、第二十条

一审：北京市朝阳区人民法院（2016）京0105民初59195号（2017年3月30日）

二审：北京知识产权法院（2017）京73民终1077号（2017年9月25日）

法官评析

根据2013年《商标法》的规定，将他人注册商标作为企业名称中的字号使用，误导公众，构成不正当竞争行为的，应当依照《反不正当竞争法》处理。企业名称与注册商标均为市场主体特有的商业标志，在交易中起到区分商品或服务来源的作用，同时亦是相关经营者商誉与企业价值的重要载体。由于二者分属不同的登记管理体系，加之企业名称的登记管理还存在地域划分的客观现实，实践中，前述商业标志发生权利冲突的情况常有出现。从保护在先权利、保护消费者以及防止混淆的原则出发，是解决此类纠纷所遵循的基本前提。北京某网络公司在先注册的"联众"系列商标经多年宣传使用已具有较高的知名度和可识别性。北京某科技公司作为同类企业，在后将"联众"作为字号注册为企业名称，其存在主观恶意，且客观上也易使相关公众产生混淆误认，违背了诚信的基本原则，侵犯了他人的在先权利，构成不正当竞争行为。

根据1993年《反不正当竞争法》第五条第三项的规定，经营者不得采用擅自使用他人的企业名称或者姓名，引人误认为是他人的商品的不正当手段从事市场交易，损害竞争对手的合法正当利益。《最高人民法院关于审理不正当竞争民事案件应用法律若干问题的解释》第六条第一款规定，具有一定的市场知名度、为相关公众所知悉的企业名称中的字号，可

以认定为1993年《反不正当竞争法》第五条第三项规定的"企业名称"。

本案中,北京某科技公司的抗辩理由是其企业名称系经北京市工商局依法核准注册,在法律规定的范围内进行使用,并未违反《反不正当竞争法》的规定。通常情况下,对于经工商行政机关审核批准后予以登记注册的企业名称,相关企业当然有权利在其核准范围内规范使用。但在不正当竞争纠纷案件中,应当结合《反不正当竞争法》的反仿冒和制止不正当竞争行为的立法目的,以及综合考虑1993年《反不正当竞争法》第五条第三项的规定及相关司法解释的本意,从而在具体案件中对争议问题作出符合立法宗旨的认定。如果在案证据可以证明被诉企业在注册涉案争议企业名称时即具有攀附他人商业信誉的主观恶意,擅自将与他人在先具有一定知名度的企业名称或字号近似的企业名称进行注册与使用,容易使相关公众对市场主体及商品或服务的来源产生混淆、误认,应当属于不正当竞争行为。涉案争议企业名称经核准登记注册并不能当然地证明其申请注册行为的正当性。如仅因其经核准登记而忽略申请人攀附他人在先商号等知名度的恶意,则不仅是对在先权利人合法权利的损害,也不利于相关公众区分市场主体与商品或服务来源,是对市场经济秩序的破坏,显然不符合《反不正当竞争法》的立法宗旨。《最高人民法院关于当前经济形势下知识产权审判服务大局若干问题的意见》第十条亦指出,按照诚实信用、维护公平竞争和保护在先权利等原则,妥善处理注册商标、企业名称与在先权利的冲突,依法制止"傍名牌"等不正当竞争行为,有工商登记等的合法形式,但实体上构成商标侵权或者不正当竞争的,依法认定构成商标侵权或者不正当竞争。

一审法院合议庭成员　彭新桥　杨静田　张根管
二审法院合议庭成员　宋　堃　何　暄　刘炫孜
编写人　宋　堃

24. 北京某科技公司诉北京某装备公司、刘某不正当竞争纠纷案

——2019年《反不正当竞争法》第六条第四项的适用

关键词　不正当竞争　混淆　仿冒　有一定影响

基本案情

原告北京某科技公司诉称：原告北京某科技公司成立于2005年，主要经营攀爬、救援、绳索领域的器材和装备。原告经多年经营，打造出"雪鸟"这一国内同行业领域中的优质品牌，积累了大量产品、市场、客户、供应商信息和知名度。公司将网站主页、新浪微博账号、优酷土豆网账号及上传的各种宣传培训资料作为重要的商业信息建立了自己的数据库，采取了加密、专人专管等保密措施。被告刘某为原告职工，2016年起，刘某先后担任公司经理、法定代表人、执行董事等职务，全面负责公司管理，公司网页、新浪微博账号、优酷土豆网账号密码等经营秘密也长期由刘某管理和维护。2019年7月，公司创始人周某有退休想法，刘某表示要继续经营公司业务，双方达成口头协议，由刘某履行向周某支付原告库存货物销售款及延续原告的政策等条件，周某同意将原告客户资源交由刘某继续经营，但签协议时刘某以出国培训及有家庭事务为由未签署。在履行过程中，刘某只履行了注销原告分公司的义务，并表明不愿意履行支付货款、证照、财物等义务。2019年7月，在没有解决纠纷的情况下，刘某成立了被告北京某装备公司并担任法定代表人，擅自经营与原告同类的业务，原告提出警告后刘某继续实施了一系列不正当竞争行为，包括：（1）擅自使用原告公司域名，将该域名备案信息更改为被告北京某装备公司的名称，

被告北京某装备公司在天眼查、企查查上使用的是原告公司域名。（2）刘某向被告北京某装备公司披露北京某科技公司的新浪微博账号、优酷土豆网的账号密码等原告商业秘密，供被告北京某装备公司使用。由于原告经营这两个账号很长时间并上传了大量博文和视频，被告北京某装备公司变更密码后存在使用这两个账号进行宣传的行为，构成2019年《反不正当竞争法》第六条第四项的其他混淆行为。（3）被告北京某装备公司在其官方网站产品介绍中使用大量带有"雪鸟"字号和商标的图片，违反2019年《反不正当竞争法》第六条第二项构成擅自使用他人有一定影响的企业名称及字号。故请求法院判令：（1）被告北京某装备公司停止使用原告公司域名snowbird.com.cn的不正当竞争行为，包括恢复原告公司网站的主办单位、网站名称等ICP备案信息，恢复网站运行，停止在天眼查、企查查、启信宝网站上将snowbird.com.cn登记为被告北京某装备公司网址的行为；（2）被告北京某装备公司恢复原告的新浪微博、优酷土豆网账号信息，取消在被告北京某装备公司网站上对原告新浪微博的链接，被告刘某向原告交还属于原告的新浪微博、优酷土豆网账号的管理权；（3）被告北京某装备公司在其官网上停止使用带有原告"雪鸟"字号和雪鸟商标的照片；（4）二被告连带赔偿原告经济损失500万元及律师费16万元，共计516万元；（5）本案诉讼费由二被告承担。

被告北京某装备公司、刘某共同辩称：（1）根据被告查询的域名注册信息结果，"雪鸟"的ICP在"雪鸟"关停注销期间已被北京某科贸有限公司注册备案成该公司的ICP，被告北京某装备公司并没有占有、使用原告原ICP。原告第一项诉讼请求中的要求被告北京某装备公司停止使用原告域名的事实不存在。该请求中涉及企查查、天眼查、启信宝的登记信息，被告北京某装备公司没有委托此类平台发布过相关信息，此类平台上发布的错误信息与被告北京某装备公司无关。（2）新浪微博账号是被告北京某装备公司向新浪公司官方申请、认证的信息，是原告将被告北京某装备公司的新浪微博和优酷土豆网账号误认为是自己的。原告的新浪官方微博账号是有蓝色V标认证的，与被告北京某装备公司的完全不同，被告北京某装备公司官方网站上链接的是自己的新浪微博账号，故原告要求刘某交还两个账号的管理权也无事实依据。（3）2019年7月，原告唯一股东周某与刘某达成过由刘某成立新公司并继续经营相关业务的口头协议。之后，周某要求刘某以新公司名义代售原告库存产品，因为原告已进入注销程序。被告北京某装备公司在其网站上发布的部分带有"雪鸟"商标的照片，是根据约定宣传北京某科技公司的库存产品，并非恶意侵权行为。现原告提起诉讼，被告北京某装备公司已将相关照片删除，并且不再发布带有"雪鸟"商标的任何产品照片，不再代售清理北京某科技公司库存货物。该照片中并没有"雪鸟"字号，仅仅是一个图标而已，因此原告第3项请求也无任何事实依据。（4）关于500万元损失，原告于2019年7月停止了全部经营活动，不存在经营损失之说；原告主张被告侵权的事实不存在，要求刘某成立新公司还有被告北京某装备公司的经营行为全部是周某同意的；被告北京某装备公司的成立时间是2019年7月16日，是原告2019年7月停止经营活动后成立的，被告北京某装备公司成立时原告已不具备2019年《反不正当竞争法》中规定的经营者身份，两公司间根本不存在竞争关系，原告也没有明确商业秘密的内容及其采取了何种保密措施。综上，请求法院驳回原告的全部诉讼请求。

法院经审理查明：原告北京某科技公司成立于2005年5月30日，法定代表人刘某，经营范围为体育用品的技术开发、技术服务、技术咨询、技术转让；销售体育用品、工艺品、文化用品；拓展活动。投资人为周某，股东类型为自然人股东。2016年7月28日，法定代表人由周某变更为刘某，总经理由周某变更为刘某。

2018年4月3日，刘某签署了北京某科技公司执行总经理任职协议书。该协议书载明：任职期间为2013年1月1日至2022年12月31日。执行总经理必须严守职业道德，任职期内如发现有以下行为，本协议可自动解除：利用职权为私人牟利；在公司拉帮结派；瞒报财务数据；消极怠工；损害公司形象等。

北京某装备公司成立于2019年7月16日，法定代表人黄某，经营范围为销售体育用品、工艺品、文化用品；技术开发、技术服务、技术咨询、技术转让；拓展活动。投资人韩某、李某，股东类型为自然人股东。2020年7月13日法定代表人由刘某变更为黄某。2020年7月13日执行董事由刘某变更为黄某，经理由刘某变更为黄某。2019年11月1日投资人由刘某变更为韩某、刘某，企业类型由有限责任公司（自然人独资）变更为有限责任公司（自然人投资或控股）。

2020年3月26日，北京某科技公司委托人进行可信时间戳认证。主要过程如下：登录www.snowbird.com.cn网页，自"雪鸟技术"频道点击"雪鸟—绳索技术微博"链接，登录新浪微博，账号名称为"贝安—绳索技术及装备评论"。登录工业和信息化部ICP/IP地址/域名信息备案管理系统，查询域名snowbird.com.cn的备案信息，显示主办单位、网站名称均为北京某装备公司，审核日期为2020年3月24日。依次登录"天眼查""启信宝""企查查"等网站搜索"北京某装备有限公司"，均显示北京某装备公司网址为www.snowbird.com.cn，审核日期为2020年3月24日。

2020年3月27日，北京某科技公司委托人进行可信时间戳认证。主要过程如下：登录新浪微博网页，搜索"贝安绳索"，进入微博账号"贝安—绳索技术及装备评论"，在该账号发表的所有博文内搜索"雪鸟"查询多篇文章，微博账号主体信息显示公司名称为"北京某装备有限公司"，简介内容为法国Beal中国区总代理，英国ISC中国区总代理，Beal Experience Academy技术培训中国区域唯一代理。登录优酷网站，在优酷网主页搜索"贝安"及"雪鸟视频"，视频账号名称显示为"北京某装备公司所有"。

2020年6月4日，北京某科技公司委托人进行可信时间戳认证。主要过程如下：登录工业和信息化部ICP/IP地址/域名信息备案管理系统，查询域名besafeman.com.cn的备案信息，备案主体为北京某装备公司。登录http：//besafeman.com.cn网站显示版权所有北京×××××，地址为北京市昌平区城南街道振兴路×号院×号楼5层×××，邮箱liuli@snowbird.com.cn。进入"贝安产品"频道，网页中出现"雪鸟产品"字样，在产品介绍图片中出现"雪鸟"商标。

为证明北京某科技公司误将北京某装备公司注册使用的新浪微博认为是自己的微博，刘某、北京某装备公司提交了"雪鸟"官方微博账号信息截图、北京某装备公司企业微博信息截图、微博个人账号与企业账号认证的截图及说明等证据，可证实北京某科技公司主张权利的微博显示名称为"贝安—绳索技术及装备评论"，微博认证主体为北京某装备公司。另有名称为"北京雪鸟"的微博，其头像为涉案的雪鸟商标，认证主体为北京某科技公司，微博审核时间为2013年10月17日。经一审法院庭后审核，上述情况属实。

法院补充查明：（1）涉案微博部分博文中显示有"小编授权代表北京

某科技公司……""我们的微博将由新的小编负责"等内容,北京某科技公司主张上述内容足以证明该微博系北京某科技公司曾使用过的官方微博,且北京某科技公司曾安排专人负责该微博的运营。虽然北京某科技公司存在有另一名称为"北京雪鸟"的微博账号,但该微博的存在不能否认涉案微博曾为北京某科技公司官方微博并经北京某科技公司长时间使用的事实。(2)一审中,北京某科技公司为证明涉案域名、"雪鸟"字号、涉案微博及涉案优酷土豆网账号的知名度,提交了北京某科技公司代理各品牌商的资质证明和海外品牌商给北京某科技公司的宣传册等证据材料。

北京市石景山区人民法院于2021年1月6日作出(2020)京0107民初9996号民事判决:驳回北京某科技公司全部诉讼请求。宣判后,北京某科技公司不服,提出上诉。北京知识产权法院于2022年3月4日作出(2021)京73民终803号民事判决:驳回上诉,维持原判。

裁判理由

法院生效裁判认为:

本案中,北京某装备公司未经北京某科技公司许可,擅自将北京某科技公司曾使用过的官方微博认证为本公司官微,并使用该微博平台进行宣传推广的行为,由于涉案微博并非2019年《反不正当竞争法》第六条第一项至第三项规定的商业标识,故本案有适用兜底性条款的余地。此时,为判断北京某装备公司使用涉案微博的行为是否"足以引人误认为是他人商品或者与他人存在特定联系",涉案微博是否具有"一定影响"是不可回避的问题。

《最高人民法院关于审理不正当竞争民事案件应用法律若干问题的解释》第一条第一款规定,在中国境内具有一定的市场知名度,为相关公众所知悉的商品,应当认定为《反不正当竞争法》第五条第二项规定的"知名商品"。由于该司法解释是对1993年《反不正当竞争法》所作的解释,而1993年《反不正当竞争法》第五条与2019年《反不正当竞争法》第六条相对应,故该司法解释中的"知名商品"可以参照适用于"有一定影响的商品"。正如山西省高级人民法院在(2018)晋民终910号民事判决书中认定的"《反不正当竞争法》对于商业标识的保护不以是否注册为条件,而是立足于是否容易导致市场混淆,只有商业标识具有实际的市场知名度，才能发挥识别商业来源的作用，且才可能导致市场混淆，因此，具有一定知名度是反不正当竞争法保护商业标识的前提条件"。对于涉案微博以及北京某科技公司相关商品或服务的知名度，法院具体分析如下：

第一，"有一定影响"应当是在中国境内具有一定的市场知名度。本案中，一方面，北京某科技公司提供的外文证据未提供翻译件，不符合2020年《最高人民法院关于适用〈中华人民共和国民事诉讼法〉的解释》第五百二十七条①的规定；另一方面，北京某科技公司的相关证据亦不足以证明其"体育用品的技术开发"等服务及涉案微博在涉案行为发生前在中国境内已具有一定知名度。

第二，"有一定影响"应当是在"相关公众"中具有一定影响，为相关公众所知悉。本案中，北京某科技公司应对其商品或服务的知名度承担举证责任，根据一审法院查明的事实，虽然可以证明北京某科技公司自2013年开始已使用涉案微博进行宣传和推广，其宣传行为已持续一定时间，但相关时间戳视频等证据不能证明涉案微博在相关公众中已具有一定的影响力和知名度。虽然北京某科技公司提供的时间戳认证视频显示涉案微博已具有一定数量的"粉丝"，但该认证视频的取证时间为2020年3月26日，该时间系北京某装备公司使用涉案微博之后，故仅凭该证据无法证明涉案微博在2019年7月16日北京某装备公司成立之时的知名度情况。因此，在案证据不能证明涉案微博经北京某科技公司的使用已为相关公众所知悉。

综上，鉴于在案证据无法证明涉案微博已具有一定知名度并为相关公众所知悉，故北京某装备公司使用涉案微博进行宣传的行为，尚不足以使包括微博粉丝在内的相关公众误以为两公司具有特定联系或导致相关公众发生混淆与误认，北京某装备公司的上述行为不构成2019年《反不正当竞争法》第六条第四项规定的其他足以引人误认为是北京某科技公司的商品或与其存在特定联系的混淆行为。北京某科技公司提出的北京某装备公司擅自使用其涉案微博的行为构成不正当竞争行为的主张缺乏事实与法律依据，法院不予支持。

---

① 该解释已于2022年修正，本条现为第五百二十五条。

裁判要旨

1. "足以引人误认为是他人商品或者与他人存在特定联系"是2019年《反不正当竞争法》第六条规定的不正当竞争行为的共同构成要件。只有当经营者的使用行为"足以引人误认为是他人商品或者与他人存在特定联系",且其仿冒的商业标识未能被第一项至第三项列举时才有适用兜底条款的余地。"足以引人误认为是他人商品或者与他人存在特定联系"的判断以被仿冒的商业标识是否达到"有一定影响"为前提。

2. 关于被仿冒的商业标识是否具有一定影响,主要应当从两方面进行分析:其一,"有一定影响"应当是在中国境内具有一定市场知名度,可以是在全国范围内具有一定市场知名度,也可以是在一定地域范围内具有一定市场知名度。其二,"有一定影响"应当是在"相关公众"中具有一定影响,为相关公众所知悉。

关联索引

2019年《中华人民共和国反不正当竞争法》第六条

一审:北京市石景山区人民法院(2020)京0107民初9996号(2021年1月6日)

二审:北京知识产权法院(2021)京73民终803号(2022年3月4日)

法官评析

2019年《反不正当竞争法》第六条规定:"经营者不得实施下列混淆行为,引人误认为是他人商品或者与他人存在特定联系:(一)擅自使用与他人有一定影响的商品名称、包装、装潢等相同或者近似的标识;(二)擅自使用他人有一定影响的企业名称(包括简称、字号等)、社会组织名称(包括简称等)、姓名(包括笔名、艺名、译名等);(三)擅自使用他人有一定影响的域名主体部分、网站名称、网页等;(四)其他足以引人误认为是他人商品或者与他人存在特定联系的混淆行为。"该条旨在禁止混淆行为,以列举方式规定了常见的商业标识混淆行为,并规定了兜底条款。根据该条文规定,足以造成混淆是该条规定的不正当竞争行为的共同构成要件,判断经营者的行为是否构成混淆的标准应当为"足以引人误认为是他人商品或者与他人存在特定联系"，其中第一项至第三项明确规定被仿冒的商业标识需"有一定影响"。根据上述规定，经营者实施 2019 年《反不正当竞争法》第六条第一项至第三项以外的仿冒行为，如果达到"足以引人误认为是他人商品或者与他人存在特定联系"，则可适用兜底性条款，认定经营者的行为构成混淆行为。该条第四项作为兜底条款，其适用的前提是第一项至第三项以外的商业标识"具有一定影响"。本案二审判决作出后，2022 年 3 月 16 日，最高人民法院颁布了《最高人民法院关于适用〈中华人民共和国反不正当竞争法〉若干问题的解释》，该解释第十三条对 2019 年《反不正当竞争法》第六条第四项的适用进一步明确，规定擅自使用 2019 年《反不正当竞争法》第六条第一项、第二项、第三项规定以外"有一定影响的"标识，可以依照第四项予以认定。本案二审生效判决的认定与上述司法解释的规定内容不谋而合，其意义在于对兜底条款的适用情形及是否构成兜底条款进行了明确认定。本案表明，法官在审理案件时应坚持以法律为中心的裁判思路，不回避当事人的争议焦点，提高解释法律和适用法律的能动性。

针对被仿冒的商业标识是否具有一定影响，主要应当从两方面进行分析：其一，"有一定影响"应当是在中国境内具有一定市场知名度，可以是在全国范围内具有一定市场知名度，也可以是在一定地域范围内具有一定市场知名度。其二，"有一定影响"应当是在"相关公众"中具有一定影响，为相关公众所知悉。对于相关标识是否达到"有一定影响"的程度，原告应承担举证责任，根据《反不正当竞争法》司法解释的规定，人民法院认定 2019 年《反不正当竞争法》第六条规定的标识是否具有一定的市场知名度，应当综合考虑中国境内相关公众的知悉程度，商品销售的时间、区域、数额和对象，宣传的持续时间、程度和地域范围，标识受保护的情况等因素。

一审法院独任审判员 易珍春
二审法院合议庭成员 张晓霞 刘义军 范米多
编写人 张晓霞 万超

第八条·虚假宣传条款

25. 王某、陈某诉董某、某报社侵害署名权及不正当竞争纠纷案*
——虚假宣传与意思表示错误的界定

关键词　民事　不正当竞争　虚假宣传

基本案情

原告王某、陈某（以下合称二原告）诉称：王某系一级编剧。二原告共同创作了电影文学剧本《建国大业》。2008年11月，二原告与某电影公司签订《电影文学剧本〈建国大业〉著作权许可使用合同书》，约定："甲方（二原告）将剧本的电影摄制权有偿许可给乙方（某电影公司）独家使用""甲方同意乙方依据剧情有限度修改剧本，没有甲方授权、书面认可，乙方不得另请作者修改剧本"。2009年2月18日，国家广播电影电视总局在其官方网站发布《电影局2009年1月故事影片备案公示（b）》，公示内容显示二原告为电影《建国大业》的编剧。2009年9月16日，电影《建国大业》公映，影片和海报均显示二原告为编剧。董某在电影《建国大业》拍摄过程中，以副导演身份参与，在电影作品中署名副导演。近期二原告发现，被告董某多次在公开场合，以各种方式宣称自己是电影《建国大业》编剧。董某在《中国电影报》上以"《建国大业》编剧"的

---
* 本案例入选《中国法院2023年度案例》。

身份发表署名文章，又主动修改百度百科"董某"词条，增加"董某系著名电影《建国大业》编剧"的表述，在进行网络宣传或参加电视综艺节目时也自称"系《建国大业》编剧""系《建国大业》主笔""系建国三部曲创作者"等。董某原为网络写手，在电影《建国大业》上映之后，董某向编剧转型，并成立了自己的工作室、文化传播公司等，公开承揽编剧工作。董某实施的前述以电影《建国大业》编剧自称的行为，主观上具有盗用电影《建国大业》编剧身份进行虚假宣传，牟取不正当利益的故意，客观上足以削弱、割裂二原告与电影《建国大业》编剧身份之间的密切联系，引起社会公众混淆，误认为董某才是电影《建国大业》的真正编剧。董某的行为必然侵蚀减损二原告作为电影《建国大业》编剧应当享有的业内声誉，并对二原告的声望、信誉及社会评价造成减损。董某的行为侵犯了二原告的署名权，亦违反了诚信原则和公认的商业道德，属于不正当竞争。某报社对董某的侵权行为及后果发生具有一定过错，亦应承担相应责任。遂向法院提出诉讼请求：（1）二被告立即停止使用"董某"系"《建国大业》编剧""电影《建国大业》编剧""《建国大业》主笔""电影《建国大业》主笔"的表述；（2）二被告在《中国电影报》头版发表致歉声明，向二原告赔礼道歉，为二原告消除影响；（3）二被告连带赔偿二原告经济损失 20 万元，二被告赔偿二原告为制止侵权行为支出的合理开支 24500 元（包含律师费 2 万元和公证费 4500 元）。

被告董某答辩称：（1）董某从未对外主动、公开作出其系"《建国大业》编剧"等表述，未实施侵犯二原告署名权的行为，不应承担侵权责任。二原告主张的《中国电影报》文章由某报社发表并署名，董某对此不知情也与董某无关。某报社已于 2018 年 5 月 23 日在《中国电影报》第 20 期就刊登错误发表致歉声明。二原告主张的"百度百科、互动百科、搜狗百科"等词条中或网页上的介绍并不具有真实性，也非董某亲自进行的修改。二原告主张的新闻采访、媒体报道、会议座谈会等，是他人对董某身份的介绍，从未与董某核实，董某本人也未认可，此类证据不能直接证明董某亲自或对外声称自己是电影《建国大业》的编剧。（2）董某从未实施过侵权行为，且出席的各种活动并不具有营利性，不应适用 1993 年《反不正当竞争法》。依据 1993 年《反不正当竞争法》第二条规定，不正当竞争行为应发生在商业活动中。本案中，董某参与文艺会议、文艺活动、新闻采访等活动的行为并非商业行为，董某不属于市场上的经营主体，本案不应适用《反不正当竞争法》。董某并未实施任何以"《建国大业》编剧"自称的行为，从未割裂或淡化二原告和电影《建国大业》的联系，不可能减损二原告的声望、信誉及社会评价等，未违背诚信原则和商业道德，因此不构成不正当竞争。综上，董某不同意二原告的诉讼请求。

被告某报社答辩称：（1）某报社出版的《中国电影报》2012年5月24日第20~21版关于国家广电总局电影局和总局电影剧本规划策划中心组织创作者赴江苏华西村调研采访的报道，以及2017年11月29日第3版关于十位电影人代表在青年电影人专题学习座谈会上发言的报道中，轻信并引用网络来源，误将电影《建国大业》副导演、《建党伟业》编剧董某，标注为"《建国大业》《建党伟业》编剧"，未向董某本人及电影《建国大业》编剧王某、陈某正面核实，由此对三位当事人造成不利影响。某报社发现前述失误后，已于《中国电影报》2018年5月23日第3版发表致歉声明，已向二原告道歉并消除影响。（2）某报社与二原告不存在竞争关系，不存在不正当竞争行为。鉴于某报社已经向二原告赔礼道歉、消除影响，故请求法院驳回二原告对某报社的诉讼请求。综上，某报社不同意二原告的诉讼请求。

法院经审理查明：二原告提交的《气壮山河——纪念中国人民抗日战争暨世界反法西斯战争胜利70周年重点电影推介典礼》视频片段及多份网页截图。具体内容为：

1. 网页截图。其中显示2015年8月22日央视网综艺频道中有《抗战题材重点电影推介典礼 成某李某迪现场申请推介》一文，该文中记载："为纪念中国人民抗日战争暨世界反法西斯战争胜利70周年，由国家新闻出版广电总局电影局主办，CCTV-6电影频道、华夏电影发行公司承办的《气壮山河——纪念中国人民抗日战争暨世界反法西斯战争胜利70周年重点电影推介典礼》（以下简称电影推介典礼）于8月21日举办。《百团大战》《战火中的芭蕾》《诱狼》《根据地》《开罗宣言》等共计13部国产重点献礼影片陆续登场亮相"。

2. 电影推介典礼视频片段。视频中显示，推介电影《百团大战》环节中董某与其他三位电影创作人员登台，主持人在介绍董某时说："我的身边呢，是我们的编剧董某，董某曾经担任过《建党大业》《建国大业》电影的主笔，对于这种主旋律的题材应该是驾轻就熟，那么，这一部《百团大战》创作的动因是什么呢？"介绍期间董某微笑点头示意回应。另查明，电影《建党伟业》片尾署名编剧为黄某、郭某立和董某，电影《百团大战》片尾署名编剧为董某。

庭审中，二原告表示"主笔"的原意是在报刊中撰写评论，也指报刊编辑部的负责人，指向的是写作，在电影创作中主笔就是编剧。董某则认为主笔的含义是指主要执笔人，相当于写作负责人，与剧本编剧具有不同的含义，主笔不同于编剧。

2017年12月18日登录百度百科查看"董某"词条，该词条中记载"董某，男，影视编剧，第一代网络写手，铁血网站创始团队成员，北门影视文化创意工作室创始人"；电影作品中列有"2009年9月，《建国大业》，导演韩某平、黄某新""2011年6月，《建党伟业》，导演韩某平、黄某新"。该词条的历史版本中显示，2012年7月23日，该词条由用户"向颓废说再见"创立，该版本中介绍："2004年前后，还是网络写手的董某写了一部网络小说《汉风》，……"；2014年11月3日，用户"草莽大汉小宇"申请修改该词条，修改的原因为"编辑基本信息"，修改后的版本中介绍："董某，男，编剧，著名电影《建国大业》以其网络小说《汉风》为材料，由韩某平执导"。2015年1月29日，用户"wasabixiao123"申请修改该词条，修改原因为"更正错误 请尽快修改!! 内容有误!! 北京北门文化传播有限公司提交!!! 肖小姐1391076××××"，修改后的版本中介绍："董某，男，编剧，著名电影《建国大业》编剧，由韩某平执导"。此外，二原告提交的北京某文化传播有限公司工商信息查询页面显示，董某为该公司的法定代表人。

3. 互动百科关于"董某"的词条页面。该页面中董某的介绍为："作家、影视编剧，第一代网络写手，铁血网站创始团队成员，某影视文化创意工作室创始人。代表作品有《百团大战》《智取威虎山》《一号目标》《建党伟业》"，其中主要作品中有电影作品、电视剧作品、文学作品三类介绍，电影作品部分中有"上映时间：2009年9月，作品：《建国大业》，导演：韩某平、黄某新，担任职务：编剧"字样。

北京市海淀区人民法院于2020年12月18日作出（2018）京0108民初11034号民事判决：一、判决生效之日起15日内，被告董某在《中国电影报》非中缝位置刊载声明，为原告王某和原告陈某消除影响（声明内容须经法院核实，逾期不履行，将依法承担拒不履行生效判决的法律责任，法院将根据原告王某和原告陈某的申请，选择一家全国发行的报刊，刊登判决主要内容，费用由被告董某承担）；二、本判决生效后10日内，被告董某向原告王某和原告陈某赔偿经济损失10万元，合理开支24500元；三、驳回原告王某和原告陈某的其他诉讼请求。董某不服一审判决，提起上诉。北京知识产权法院于2022年2月24日作出（2021）京73民终550号民事判决：驳回上诉，维持原判。

裁判理由

法院生效裁判认为：

关于董某在电影推介典礼上的行为是否违反1993年《反不正当竞争法》第九条第一款的规定。二审法院认为：首先，在电影推介典礼上，主持人在推介电影《百团大战》的环节中对董某进行了介绍和采访，其中在介绍环节提到"编剧董某"以及"董某曾担任过《建党大业》《建国大业》电影的主笔"，综合考虑"主笔"的字面含义及被提及的语境，此处的"主笔"应理解为电影的编剧。根据《建国大业》的片尾署名，董某并非《建国大业》的编剧，其在主持人介绍宣传内容与事实情况不符、且容易引人产生误解时，应适时更正上述错误表述，但董某始终未对此作出任何相反的表示，其行为构成引人误解的虚假宣传，违反了1993年《反不正当竞争法》第九条第一款的规定。一审判决对此认定正确，法院予以确认。

关于一审判决判令董某承担的民事责任是否正确。二审法院认为：董某应就其上述不正当竞争行为承担相应的法律责任，该行为必然给王某、陈某带来一定的影响，一审法院根据涉案行为发生的具体情况，判令董某在《中国电影报》非中缝位置刊载声明消除影响并无不当。关于赔偿经济损失和合理支出的责任，根据1993年《反不正当竞争法》第二十条第一款的规定，经营者违反该法规定，给被侵害的经营者造成损害的，应当承担赔偿责任，被侵害的经营者的损失难以计算的，赔偿额为侵权人在侵权期间因侵权所获得的利润，并应当承担被侵害的经营者因调查该经营者侵害其合法权益的不正当竞争行为所支付的合理费用。鉴于双方均未充分举证权利人的实际损失与侵权人的违法所得，一审法院综合考虑王某、陈某的知名度、涉案侵权行为的具体情况及所造成的影响范围等因素，酌情确定董某应承担的经济损失赔偿金额及合理支出，所确定数额在合理范围内，并无不当，二审法院予以确认。综上，董某的上诉请求不能成立，应予驳回；一审判决认定事实清楚，适用法律正确，应予维持。

裁判要旨

在认定行为人的被诉行为是否构成虚假宣传或意思表示错误时，应考虑行为人在作出意思表示时的身份、意思表示的具体内容、内容的接收对象、行为人是否对作出的意思表示进行过修正等因素予以认定。

关联索引

1993年《中华人民共和国反不正当竞争法》第九条第一款、第二十条

一审：北京市海淀区人民法院（2018）京0108民初11034号（2020年12月18日）

二审：北京知识产权法院（2021）京73民终550号（2022年2月24日）

法官评析

私法自治为民法重要的基本原则之一。私法自治，在法律上是通过推行法律行为制度来实现，法律行为是以意思表示为要素，并依该表示的内容发生法律效力的行为。在经济快速发展的过程中，人与人之间的交往愈加频繁，时刻都涉及对法律行为的认定。在双方沟通的过程中，行为人在实施法律行为时，常因误会或不知而发生主观认识与现实状况不相符的情形，从而构成私法上的"错误"。错误于人在所难免，因此，如何规范意思表示错误所产生的种种问题，由于涉及的利益关系及情形众多，其一直是司法实践中的难点。《民法典》等相关法律虽进行了规定，但是行为人作为经营者，在竞争关系中进行非真实陈述时，其结果亦导致他人权益因此受到影响时，应当如何对该行为进行认定，对此，并无明确的裁判规则。

对于董某是否应当承担责任，主要有以下三种观点：第一种观点认为，董某的行为不构成侵权。错误的信息是由他人发出的，董某并没有主

动干预过他人的行为,其面对错误信息可以更正也可以不更正,这应是董某享有的权利,而不应该设定为义务,不应让董某承担其无法预料到的行为所产生的责任。第二种观点认为,董某的行为构成署名权侵权。他人将与董某无关的作品进行联系,在董某未及时更正的情况下,将会使公众认为董某系作品的作者,由于董某的不作为割裂了真实作者与作品的联系,因此构成侵犯署名权。第三种观点认为,董某的行为构成虚假宣传的不正当竞争行为。错误的信息虽由他人发出,但是董某有义务进行更正,尤其是在面向公众广泛传播的情况下,错误信息所产生的影响将严重影响权利人的权益。若双方具有竞争关系,可通过1993年《反不正当竞争法》予以规制。

笔者支持上述第三种观点,认为在考虑本案中的被诉行为是否构成侵权、董某的抗辩是否成立时,应当重点考虑以下问题:

第一,关于意思表示的理解。常言道:人非圣贤,孰能无过。错误是人类在生活、生产过程中难以避免之事,如何规范民事错误行为系现代民法上的一个重要问题。民法以普通民众为规范对象,意思表示错误是《民法典》规范的重要内容。意思表示是指民事主体意欲发生一定法律效果的内心意思的外在表达,是民事法律行为最核心的内容。民事法律行为之所以能对民事主体产生法律约束力,原因在于民事主体按照自己的意愿作出。意思表示可以分为有相对人的意思表示和无相对人的意思表示。根据《民法典》的规定,行为人可以明示或者默示作出意思表示。默示只有在有法律规定、当事人约定或者符合当事人之间的交易习惯时,才可以视为意思表示。因表意人的错误认识或错误判断,导致或产生由表意人的表示行为可推测的意思与其真意的不一致,如将人民币书写成美元,误将真品作为赝品而低价出卖等。意思表示错误中表意人的错误认识、错误判断,在从表意人为意思决定的动机、目的起,至以口头、言词或书面表示该意思决定止的各个阶段或场景发生。私法自治赋予个人充分的自由,但同样作为近现代私法之精神支柱的个人责任则要求个人必须为自己自主选择的结果负责。就意思表示而言,个人可基于其需求单独或者向特定的相对人自由作出意思表示,根据个人责任的要求,个人应就其自由行使意思表示而产生的不利后果负责。因此,行为人即使在意思表示发生错误时,也应承担该错误给其造成的后果。特别是当行为人自由表示其意思时,如该意思表示已被相对人受领或虽未被相对人受领但已经对其产生一定的实质影响时，法律更应当考虑如何在一方当事人的自由与对方当事人的安全之间寻求适当的平衡，此时，如对自由不加以适当的限制，必将使对方当事人处于交易不确定的危险之中。

第二，关于虚假宣传的理解。随着中国特色社会主义市场经济的日益发展和完善，诚信原则成为市场经济健康发展不可背离的方向标。《保护工业产权巴黎公约》第10条将虚假宣传行为界定为"在经营过程中使用的使公众对商品的性质、制造方法、特点、用途或者数量易于产生误解的所有表示或者说法"。这种行为就是误导公众（to mislead the public）的行为。1993年《反不正当竞争法》第九条第一款规定，经营者不得利用广告或者其他方法，对商品的质量、制作成分、性能、用途、生产者、有效期限、产地等作引人误解的虚假宣传。自1993年《反不正当竞争法》实施以来，该条所规范的引人误解的虚假宣传行为占据了不正当竞争行为的重要位置。宣传是经营者重要的商业手段，商业言论自由具有促进社会主义市场经济发展的功能。

虚假宣传行为是经营者为了获取相关市场上的竞争优势和不正当利益，在违背诚信原则的情况下，借助商业广告或者其他宣传方式，对于商品或服务信息诸如质量、方式、性能、用途等进行有悖于客观事实或者在一般认知下会产生误导的，具有欺骗或误导消费者属性的不正当竞争行为。虚假宣传行为的主体是参与市场竞争的经营者，包括商品的生产者和销售者，以及广告的经营者、发布者。其主观方面通常表现为具有虚假宣传的故意，并且以使消费者对特定的经营者或商品、服务等产生误解为目的，特殊情况下也有可能是过失。虚假宣传行为的客观方面就是指作出"引人误解"的宣传的法律事实，通常包括"引人误解的虚假宣传""引人误解的真实宣传"和"以未定论的事实作引人误解的宣传"。

第三，关于署名权的理解。从我国关于署名权的定义看，署名权控制的行为首先以"表明作者身份"为目的，"在作品上"署名是署名权的一个构成要件，其强调作者与作品之间的身份关系必须借助作品的传播到达相对人。因此，董某的不作为与《著作权法》规定的署名权控制的行为存在差异，该行为不受《著作权法》的规制。

第四，关于本案的判断。编剧是从事文学艺术创作的主体，对于该类主体而言,其创作的作品,尤其是知名度较高的作品,是彰显创作主体个人业务能力的重要内容。该类主体参与文学艺术作品创作的经历亦能反映出该主体的成长经历,展现其文学创作能力,在关于该类主体的介绍中亦常以其代表作或重要创作经历作为主要介绍内容。对于编剧这一职业而言,创作剧本是其主要的工作内容,对外授权剧本是其所依托其创作的剧本取得经济收益的重要方式之一。从该角度来看,编剧作为文学艺术领域内的从业者,其相关行为可以适用1993年《反不正当竞争法》进行规制。董某、王某、陈某均在文学艺术创作领域内从事编剧工作,其作为从事文学艺术创作的主体在介绍其代表作或其创作经历时应当秉持诚信原则,介绍内容中不得存在夸大或虚假的内容。

电影推介典礼活动为重点电影推介典礼,介绍的是电影作品,董某作为《百团大战》编剧参加该活动,主持人先介绍了董某为"编剧",而后介绍了董某的代表作,在介绍代表作的过程中着重提到了电影《建国大业》并使用"主笔"一词来介绍董某。由此,该情境下的"主笔"一词具有电影编剧之义。董某参与电影推介典礼并接受主持人的介绍和采访,其对介绍和采访的内容已知晓,但其并未作出任何相反的表示,由此可以视为董某认可该介绍的内容和表达方式。该次电影推介典礼举办于2015年,故应当适用1993年12月1日实施的《反不正当竞争法》。董某为电影《建国大业》的三位副导演之一,而董某以"《建国大业》主笔"参与该次电影推介典礼,与其系电影《建国大业》三位副导演之一的身份事实不符,构成虚假宣传。

一审法院合议庭成员 刘君婕　李莉莎　刘佳欣
二审法院合议庭成员 李志峰　冯　刚　崔宇航
编写人 李志峰

26. 穆某、陈某诉北京某影视公司、福建某影业公司、北京某互联网公司不正当竞争纠纷案*

——谎称翻拍他人作品的虚假宣传行为的司法认定

关键词　竞争关系　虚假宣传　翻拍　不正当竞争

基本案情

原告穆某、陈某（以下合称二原告）诉称：二原告是电影《黑楼孤魂》（以下简称《黑》片）的编剧，对《黑楼孤魂》电影剧本（以下简称《黑》片剧本）享有包括摄制权在内的著作权，有权许可他人翻拍。二原告曾授权深圳某影业公司将该剧本拍摄成同名电影，并于1989年上映，获得广泛好评。现由被告北京某影视公司出品、福建某影业公司发行的电影《柱死楼之诡八楼》（以下简称《柱》片）未经二原告授权，在其海报及其他推广活动中称该片系"翻拍1989年禁映恐怖电影《黑楼孤魂》"。被告北京某互联网公司在其经营的搜狐网上发布了《柱》片的先导海报、预告片，撰写并发表了介绍该电影且含有不实信息的文章。被北京某影视公司、福建某影业公司及北京某互联网公司借由二原告作品的社会影响力作为宣传其《柱》片的噱头，搭二原告作品之便车，使二原告的合作伙伴误认为二原告在已许可他人翻拍《黑》片剧本的情形下，仍与其商谈影片的重拍事宜，从而对二原告的形象产生负面影响。北京某影视公司、福建某影业公司及北京某互联网公司的行为侵害了二原告的合法权益，构成1993

---

* 本案入选2016年国际保护知识产权协会（AIPPI）中国分会评选的2015—2016年度十大热点版权案例。

年《反不正当竞争法》中规定的虚假宣传,故现诉至法院,请求判令北京某影视公司、福建某影业公司及北京某互联网公司(以下合称三被告):(1)立即停止涉案虚假宣传行为;(2)在搜狐网及腾讯新闻上刊登声明,向二原告赔礼道歉,并消除影响;(3)连带赔偿二原告经济损失及诉讼合理支出共计100万元。

被告北京某影视公司、福建某影业公司辩称:(1)二原告与北京某影视公司、福建某影业公司之间不存在1993年《反不正当竞争法》中规定的竞争关系,二原告是《黑》片的编剧而非制片者,并非本案的适格原告;(2)《枉》片的宣传内容不足以造成相关公众的误解,未构成1993年《反不正当竞争法》中规定的引人误解的虚假宣传;(3)北京某影视公司、福建某影业公司实施的涉案行为并未给二原告造成经济损失,故不同意二原告的全部诉讼请求。

被告北京某互联网公司辩称:北京某互联网公司发布《枉》片的宣传内容系提供免费服务,其并非广告发布者,不承担广告发布者的相应责任。此外,《枉》片的宣传素材为北京某影视公司、福建某影业公司提供,北京某互联网公司并不明知或应知该宣传行为是否构成虚假宣传的不正当竞争行为,且其已于收到起诉书后删除了《枉》片的相关宣传内容,主观上并无过错,不应与北京某影视公司、福建某影业公司承担连带责任。

法院经审理查明:深圳某影业公司为《黑》片的出品人及著作权人。二原告为《黑》片的编剧、穆某为《黑》片的导演。北京某影视公司为《枉》片的出品人,福建某影业公司为《枉》片的发行人。

二原告提交了(2014)京方圆内民证字第09019号公证书,其中主要记载有如下内容:(1)时光网、豆瓣网中有关于《黑》片如"简陋不代表不吓人""音效好过特效,国产最优恐怖电影""赤裸裸的炒作""黑楼孤魂!新中国第一恐怖片""实际上,它究竟有没有吓死过人还是值得怀疑的。由于电影反映了一些敏感的社会问题,以'吓死人'为由来禁播这部电影是比较能够站得住脚的""在电影院里把人都吓死了""黑市票甚至炒到六块钱一张(正常票价才几毛钱)"等网友影评。(2)中国知网中检索到的《电影评介》杂志中刊载有涉及《黑》片的影评文章。穆某、陈某欲以此证明《黑》片在中国具有良好声誉。

搜狐网(网址:www.sohu.com)中的搜狐娱乐电影新闻栏目中于

2014年8月29日刊载《〈诡八楼〉发布番外特辑 回顾"鬼楼"神秘传说》一文（以下简称《诡》文）并发布《柱》片先导海报、预告片。海报上注明宣传语"翻拍1989年禁映恐怖电影《黑楼孤魂》"。《诡》文中有"以'北京四大鬼宅'之一鬼八楼为背景的恐怖悬疑惊悚电影《诡八楼》将于9月19日与全国观众见面……近日片方曝光番外特辑，为观众呈现这座鬼宅不为人知的历史与现状……当地的一些居民都表示二十世纪六、七十年代很多人在此楼遭遇迫害致死……而在这些被迫害的人的故事中，'黑楼孤魂'流传得最广""改编自'黑楼孤魂'事件 破禁公映《诡八楼》取材自流传很广的'黑楼孤魂'恐怖事件，将因为放映之时吓死观众的1989年被禁映恐怖片《黑楼孤魂》重新搬上大银幕。据悉，此次翻拍，不仅借鉴了89版《黑楼孤魂》中的种种恐怖惊悚元素，更把人性的种种欲念锁进其中"等内容。在搜狐网搜狐视频栏目中以"诡八楼"为关键词进行搜索可获得"诡八楼终极预告片"播放链接，点击播放时片中显示"翻拍1989年禁映电影《黑楼孤魂》"大幅字幕。

二原告主张搜狐网中的上述有关《柱》片是翻拍《黑》片的宣传内容构成1993年《反不正当竞争法》中规定的引人误解的虚假宣传。北京某影视公司、福建某影业公司以及北京某互联网公司均确认搜狐网中的有关《柱》片的宣传内容为北京某影视公司、福建某影业公司向北京某互联网公司提供，北京某互联网公司系免费提供宣传。

北京市海淀区人民法院于2015年9月11日作出（2015）海民（知）初字第20815号民事判决：一、自本判决生效之日起7日内，北京某影视公司、福建某影业公司于搜狐网（网址：www.sohu.com）首页持续48小时发布声明，为二原告消除影响（声明内容须经一审法院审核，逾期不履行，一审法院将依二原告的申请，在相关媒体公布本判决的主要内容，其费用由不履行此义务的北京某影视公司、福建某影业公司共同承担）；二、自判决生效之日起10日内，北京某影视公司、福建某影业公司共同向二原告赔偿经济损失15万元；三、驳回二原告的其他诉讼请求。宣判后，北京某影视公司、福建某影业公司以涉案行为未构成不正当竞争等为由提起上诉。北京知识产权法院于2016年11月4日作出（2016）京73民终156号民事判决：驳回上诉，维持原判。

裁判理由

法院生效裁判认为：

二原告作为《黑》片剧本的编剧，系向市场提供智力成果的市场主体，就其作品享有相应交易机会和经济利益，构成1993年《反不正当竞争法》中的经营者。同时，北京某影视公司和福建某影业公司作为影片的出品人和发行人，北京某互联网公司作为网络媒体，在影视文化、娱乐媒体等经营领域与二原告存在竞争关系，故二原告作为本案的原告主体适格。

北京某影视公司作为《柱》片的著作权人，未经《黑》片剧本著作权人二原告或《黑》片著作权人深圳某影业公司的许可而翻拍其作品，北京某影视公司和福建某影业公司亦未提供证据指出《柱》片与《黑》片在作品内容上存在何种承继关系或关联关系，却在《柱》片的图文宣传及预告片中宣称《柱》片系"翻拍1989年禁映恐怖电影《黑楼孤魂》""破禁公映""将因为放映之时吓死观众的1989年被禁映恐怖片《黑楼孤魂》重新搬上大银幕""借鉴了89版《黑楼孤魂》中的种种恐怖惊悚元素"等。此后观影人给出的《柱》片影评中有"《诡八楼》：定位不准、乱造舆论是否属于虚假宣传""恐怖片作宣传，整天都会是啥以前上映时候吓死过人，其实年代久远，几乎无法证实。但是，今天我看了以后，我忽然有个疑问：他们当年，是被气死的吧？？？"等内容，可见此一宣传已经在相关公众中产生误导及负面影响，认为《柱》片与《黑》片存在"翻拍"的关联关系。北京某影视公司和福建某影业公司存在主观过错，其行为已构成引人误解的虚假宣传，应承担相应法律责任。

裁判要旨

1. 在市场资源相对稀缺的前提下，不正当竞争行为除直接使同业竞争者受到损害外，还会使其他参与市场竞争的经营者受到损害。如果将竞争关系限定为同业竞争者关系，将可能使其他受到侵害的市场参与者的合法权益得不到相应保护，从而有悖于《反不正当竞争法》的立法目标。

2. 除文学名著以及经典剧目外，通常剧本被翻拍的机会有限，且经历数次翻拍后剧本的翻拍价值可能逐次递减，翻拍与再创作的表达空间亦会逐次缩减，故剧本如被宣传已被翻拍，可能会减少该剧本的拍摄机会进而影响或减少剧本著作权人的交易机会及经济收益。

关联索引

1993年《中华人民共和国反不正当竞争法》第九条第一款、第二十条
《中华人民共和国民法通则》第一百三十条

一审：北京市海淀区人民法院（2015）海民（知）初字第20815号（2015年9月11日）

二审：北京知识产权法院（2016）京73民终156号（2016年11月4日）

法官评析

本案从著作权视角和反不正当竞争法视角对未获授权的翻拍影视剧在宣传中声称"翻拍"他人影视作品的行为进行了详细的分析、定性，并论证了被"翻拍"影视作品剧本的著作权人有权基于《反不正当竞争法》主张权利。但我们在此不对该案涉及的法律问题进行逐一评析，而仅对该案中折射出的虚假宣传不正当竞争纠纷中原告是否适格的司法认定问题进行分析。

一、是否存在竞争关系——司法认定原告是否适格的首要前提

虚假宣传通常是指以捏造散布虚构事实、歪曲事实或者其他误导性方式，对商品质量作出的与实际情况不相符的宣传。我国1993年《反不正当竞争法》涉及虚假宣传的规定主要有第五条第四项和第九条。其中第五条第四项规定，经营者不得采用下列不正当手段从事市场交易，损害竞争对手：……在商品上伪造或者冒用认证标志、名优标志等质量标志，伪造产地，对商品质量作引人误解的虚假表示。第九条规定，经营者不得利用广告或者其他方法，对商品的质量、制作成分、性能、用途、生产者、有效期限、产地等作引人误解的虚假宣传。广告的经营者不得在明知或者应知的情况下，代理、设计、制作、发布虚假广告。

通常认为，"引人误解"是虚假宣传的本质特征和根本要求，经营者的宣传内容只要是产生引人误解的后果，即使其内容真实（但不全面），

也构成虚假宣传。《最高人民法院关于审理不正当竞争民事案件应用法律若干问题的解释》第八条规定了法院在判断"引人误解"时的考量因素，即法院应当根据日常生活经验、相关公众一般注意力、发生误解的事实和被宣传对象的实际情况等因素，对引人误解的虚假宣传行为进行认定。

鉴于虚假宣传行为损害对象的广泛性和不特定性，司法实践中对提起虚假宣传之诉的主体资格存在争议。根据2012年修正的《民事诉讼法》第一百一十九条①的规定，原告是与本案有直接利害关系的公民、法人和其他组织，即只有与争议的民事实体权利义务关系存在实质联系的人才能以自己的名义提起诉讼。具体到虚假宣传不正当竞争纠纷案件中，有权提起诉讼的原告需要以其因该虚假宣传行为受到损害为前提，否则该诉讼就变成了公益诉讼，而我国1993年《反不正当竞争法》并没有规定公益诉讼。此种情况下，原告与被告之间是否存在竞争关系，便成了人民法院判断原告是否受到被告实施的涉案虚假宣传行为所造成的直接损害，从而认定原告是否系本案适格原告的首要前提。

二、《反不正当竞争法》的发展趋势——竞争关系认定的日益广义化

1993年《反不正当竞争法》第二条第二款规定，不正当竞争是指经营者损害其他经营者的合法权益扰乱社会经济秩序的行为，即是经营者之间的行为。按照通常理解，不正当竞争行为必须限于竞争者之间实施的行为，以行为人和受害人之间为同业竞争者（相同或类似商品服务的经营者）为前提。但现代市场经济的发展导致市场竞争态势越发复杂化，出现了非同行业的市场参与人严重违反诚信原则、违背善良风俗，损害他人竞争能力、严重影响正常的市场竞争秩序的行为和现象。由于是在市场竞争中发生的，对市场格局和竞争关系产生重大影响，也对正当守法的经营者造成了严重损害，适当拓展《反不正当竞争法》的适用范围，有助于更好地维护公平竞争的市场环境，符合社会现实和社会需要。因此，在许多情况下，对于竞争关系的理解不应如此狭义，只要实质上是以损人利己、"搭便车"模仿等不正当手段进行竞争，从而获取竞争优势或破坏他人竞

---

① 对应2023年修正的《民事诉讼法》第一百二十二条。

争优势的行为，就可以认定构成不正当竞争行为。竞争关系的泛化，是反不正当竞争法本身变化的结果，其立法目标已逐渐经由保护竞争者利益而不断向保护消费者权益和维护公共利益方面拓宽，由单纯的私权保护不断向实现市场管制的目标发展。这就使不正当竞争行为的界定不限于同业竞争者之间的竞争行为，而拓展到非同业竞争者的竞争损害。因为在市场资源相对稀缺的前提下，竞争行为除直接使同业竞争者受到损害外，还会使其他参与市场竞争的经营者受到损害。如果将竞争关系限定为同业竞争者之间的关系，将可能使其他受到侵害的市场参与者的合法权益得不到相应保护，从而有悖于《反不正当竞争法》的立法目标。

本案中，二原告既是《黑》片剧本的著作权人，又是《黑》片的编剧，系向市场提供智力成果并获取经济报酬的市场主体，构成1993年《反不正当竞争法》中规定的经营者。北京某影视公司和福建某影业公司作为《枉》片的出品人和发行人，北京某互联网公司作为对《枉》片实施宣传行为的网络媒体，虽然均与二原告并不存在直接的同业竞争关系，但综合考量本案情况可以认定，二原告作为《黑》片剧本的著作权人和《黑》片的编剧，在影视文化、娱乐媒体等经营领域与北京某影视公司、福建某影业公司及北京某互联网公司存在1993年《反不正当竞争法》上规定的广义的竞争关系。具体理由包括如下两方面：

一方面，2010年修正的《著作权法》第十五条规定："电影作品和以类似摄制电影的方法创作的作品的著作权由制片者享有，但编剧、导演、摄影、作词、作曲等作者享有署名权，并有权按照与制片者签订的合同获得报酬。电影作品和以类似摄制电影的方法创作的作品中的剧本、音乐等可以单独使用的作品的作者有权单独行使其著作权。"本案中，《黑》片剧本与《黑》片之间存在着不可分割的紧密关系，《黑》片电影的拍摄实质上是二原告将其对《黑》片剧本享有的著作权中的摄制权、改编权许可《黑》片的制片者深圳影业公司行使之结果。换言之，《黑》片系《黑》片剧本的演绎作品，《黑》片的制片者及他人在行使对该演绎作品的著作权时，均不得侵害原作（即《黑》片剧本）著作权人的权利。二原告作为《黑》片剧本的著作权人，对《黑》片的翻拍（即再次拍摄）享有许可权和最终的控制权，即使其将《黑》片剧本的摄制权、改编权许可或转让给《黑》片的制片者，其对《黑》片剧本仍享有《著作权法》规定的人身权利及其他财产权利。因此,二原告基于其对《黑》片剧本享有的著作权而在影视文化、娱乐媒体等经营领域内享有潜在的交易机会及获取经济报酬的可能性,从而与北京某影视公司、福建某影业公司及北京某互联网公司在上述领域存在竞争关系。

另一方面,二原告作为《黑》片的编剧,对《黑》片享有署名权。著作权法意义上的署名权是表明作者身份,在作品上署名的权利。署名权系一种作者表明其与作品之间存在创作关系事实的权利,其所要保护的是作为某一作品创作者的身份利益。剧本作为一种特殊的文字作品,其创作的目的就是用于影视作品的拍摄,并且通过影视作品的播出体现剧本作者的创作内容,因此,体现剧本作者的人格权利最为重要的方式就是在影视作品中进行编剧署名。而相关公众对剧本的接受程度,则主要是通过对根据剧本改编的影视作品的观看来完成的,在此情形下,使相关公众能够对剧本作品的作者进行识别的最主要方式就是影视作品字幕中的编剧的署名权。因此,影视作品字幕中编剧的署名权属于著作权法意义上剧本的法定署名权。

本案中,二原告主张北京某影视公司和福建某影业公司在搜狐网中有关《枉》片是翻拍《黑》片的相关宣传内容构成引人误解的虚假宣传,并举证证明《枉》片在相关公众中已客观存在一定的负面评价。而其该主张如果成立,则会使相关公众将其对《枉》片的负面评价延伸至《黑》片,这不仅会直接损害《黑》片著作权人的合法权益,亦会间接损害二原告基于其创作行为而以编剧身份在《黑》片字幕中署名的人格权利。二原告作为向市场提供智力成果的市场主体,其人格权利在市场经营中承载着较多的商业化利益,在市场资源相对稀缺的前提下,此种商业化利益的受损,将可能导致其在影视文化、娱乐媒体等经营领域的竞争优势减弱或丧失。因此,二原告作为《黑》片的编剧,亦与北京某影视公司、福建某影业公司及北京某互联网公司在上述领域存在广义上的竞争关系。

三、原告应与案件具有直接利害关系——司法认定原告是否适格的根本标准

需要注意的是,即使是1993年《反不正当竞争法》第九条第一款规定的引人误解的虚假宣传行为,也并非都是经营者可以主张民事权利的行

为,也应当符合经营者之间具有竞争关系、有关宣传内容足以造成相关公众误解,以及对经营者造成了直接损害这三个基本条件。故对于包括虚假宣传纠纷在内的不正当竞争纠纷,仍然应当严格按照 2012 年《民事诉讼法》的规定,审查原告的诉讼主体资格。

实践中,当事人与案件是否具有利害关系,往往要经过实质审理,通过当事人在法庭上进行主张和抗辩才能作出裁判。在案件进入实体审理之前,对原告的主体资格进行实质审查,无疑不利于民事主体合法权益的维护。因此,根据 2012 年《民事诉讼法》第一百一十九条规定的"直接利害关系",不能对原告的起诉资格要求过高。有学者认为,具有"直接利害关系"应解释为"原告在起诉时需具备诉权享有要件的要求",即原告在起诉时需证明自己因诉讼可能获得的"利益"。这种"利益"只是原告观念上认为的利益,至于这种利益是否确实满足实体法上"实体利益"的要求,法院无需在起诉阶段审查确定。① 笔者对此表示赞同。

本案中,二审法院在论证二原告与北京某影视公司、福建某影业公司及北京某互联网公司存在市场竞争关系的基础上,进一步论证认为:二原告作为《黑》片剧本的著作权人,对《黑》片的翻拍享有许可权和最终的控制权。二原告主张北京某影视公司、福建某影业公司有关《枉》片是翻拍《黑》片的相关宣传内容构成引人误解的虚假宣传,并举证证明《枉》片在相关公众中已客观存在一定的负面评价。而其该主张如果成立,则会使相关公众将其对《枉》片的负面评价延伸至《黑》片,这不仅会直接损害二原告作为《黑》片著作权人的合法权益,亦会间接损害二原告作为《黑》片编剧的正当权益。因此,就北京某影视公司、福建某影业公司在搜狐网中有关《枉》片是翻拍《黑》片的相关宣传内容构成引人误解的虚假宣传争议而言,二原告与北京某影视公司、福建某影业公司及北京某互联网公司并非一般意义上的市场竞争关系,二原告与本案的诉讼具有直接利害关系,符合 2012 年《民事诉讼法》关于原告资格的规定。

在此基础上,法院认为:北京某影视公司作为《枉》片的著作权人,其并未经《黑》片剧本的著作权人二原告授权许可而翻拍《黑》片,且北

---

① 肖建华、王勇:《论我国民事诉讼立案登记的积极要件——兼评〈民事诉讼法〉第 119 条》,载《浙江工商大学学报》2017 年第 2 期。

| 秩序之锚——北京知识产权法院竞争垄断典型案例

京某影视公司、福建某影业公司亦未提交证据证明《枉》片与《黑》片在作品内容上存在何种承继关系或关联关系，其在搜狐网中有关《枉》片的宣传中宣称的《枉》片系"翻拍1989年禁映恐怖电影《黑楼孤魂》""破禁公映""将因为放映之时吓死观众的1989年被禁映恐怖片《黑楼孤魂》重新搬上大银幕""借鉴了89版《黑楼孤魂》中的种种恐怖惊悚元素"等内容构成虚假宣传。且前述虚假宣传已经在相关公众中产生明显误导及一定负面影响，客观上已经使至少部分公众认为《枉》片与《黑》片存在"翻拍"的关联关系，从而构成1993年《反不正当竞争法》第九条规定的引人误解的虚假宣传。

一审法院合议庭成员 李 因 闫 洪 郭 焕
二审法院合议庭成员 刘义军 李燕蓉 兰国红
编写人 刘义军

27. 北京某科技公司诉安徽某科技公司等侵害商标权及不正当竞争纠纷案
——捧杀合作伙伴并可能损害商誉的行为构成不正当竞争

关键词　不正当竞争　虚假吹捧　合作　受益

基本案情

原告北京某科技公司诉称：北京某科技公司享有第 11388047 号"爱奇艺"商标及第 11388013 号"iQIYI"商标的注册商标权，涉案商标具有很高的知名度。北京某科技公司发现，被告安徽某科技公司、马鞍山甲科技公司、马鞍山乙科技公司（以下合称三被告）在其共同运营的桔梗网（jiegeng.com）、大雀网（daque.cn）中宣传"爱奇艺视频""爱奇艺万能播放器""2017 爱奇艺视频电脑版去广告补丁""爱奇艺 VIP 账号共享获取器"时，使用爱奇艺字样和 iQIYI 图形商标，且下载上述软件过程中均出现三被告共同开发运营的智能下载器，该智能下载器的软件名称使用了"爱奇艺"字样，智能下载器在安装过程中亦使用了"爱奇艺"字样，上述行为侵害了北京某科技公司的商标权。同时，三被告宣称其智能下载器具有视频电脑去广告补丁、爱奇艺 VIP 账号共享的功能，并宣传其为"金山毒霸/360 安全中心/腾讯管家认证软件"，与事实不符，其行为构成虚假宣传的不正当竞争行为。三被告还通过技术手段替换爱奇艺软件自带的推荐软件，并在爱奇艺软件安装的过程中，强制用户安装三被告推荐的软件，干扰了爱奇艺软件的正常安装，上述行为均构成不正当竞争。故原告起诉至一审法院，请求：（1）三被告连带赔偿北京某科技公司经济损失 2872000 元及合理开支 128000 元（包括律师费 12 万元、公证费 8000 元）；

（2）三被告在《中国知识产权报》中缝以外版面刊登声明、消除影响。

三被告共同辩称：（1）三被告的被诉行为未侵害北京某科技公司的商标权。北京某科技公司同意马鞍山乙科技公司将其爱奇艺软件嵌入智能下载器中并使用涉案商标，北京某科技公司与马鞍山乙科技公司签订的涉案合同中仅约定不得使用官方下载字样，因此三被告有权在智能下载器中使用涉案商标。（2）北京某科技公司知晓三被告的涉案推广方式，但北京某科技公司未以任何方式对涉案推广方式提出过异议，且在本案起诉后，北京某科技公司仍然继续向马鞍山乙科技公司支付推广费用。（3）对于本案事实，仅有负责双方合作的北京某科技公司员工朱某和马鞍山乙科技公司员工夏某了解，北京某科技公司员工朱某在聊天记录中表示三被告的被诉行为没有任何问题。（4）关于被诉虚假宣传行为，马鞍山乙科技公司与北京某科技公司的合同约定不能使用"官方下载"字样，因此三被告可以使用"万能""去补丁"等词汇。北京某科技公司提供给马鞍山乙科技公司的软件是清洁版软件，并未替换推荐软件，故三被告并不存在虚假宣传和替换软件的行为。（5）北京某科技公司与其他主体合作的推广形式与本案基本一致，如果本案被认定为侵权，则北京某科技公司会依据本案判决向三被告和其他合作方主张赔偿，将严重扰乱市场秩序。综上，不同意北京某科技公司的全部诉讼请求。

法院经审理查明：北京某科技公司与马鞍山乙科技公司分别于2018年1月、2019年1月、2019年12月签订《爱奇艺影音客户端推广协议》及《续约协议》。约定：马鞍山乙科技公司通过技术手段将北京某科技公司提供的"爱奇艺影音"客户端软件嵌入马鞍山乙科技公司的软件安装程序"智能下载器"中，由马鞍山乙科技公司向市场推广"爱奇艺影音"客户端软件，电脑操作系统渠道单价为1.2元/个有效装机量，电脑软件捆绑安装单价为0.8元/个有效装机量，该合同实际上由三被告共同履行。截至2020年4月，北京某科技公司共支付推广费达800余万元。北京某科技公司发现，三被告在共同履行上述合同的过程中，将推广的爱奇艺软件命名为"2017爱奇艺视频电脑版去广告补丁""爱奇艺VIP账号共享获取器"，并宣称"2017爱奇艺视频电脑版去广告补丁"是"一款专为爱奇艺电脑端推出的去广告补丁软件"，"爱奇艺VIP账号共享"能够提供VIP服务，而实际上三被告推广的软件为前述推广协议中约定的"爱奇艺影音"客户端,并不具备"去广告""VIP 服务"等功能。

北京市海淀区人民法院于 2020 年 12 月 31 日作出(2019)京 0108 民初 49883 号民事判决:驳回北京某科技公司的全部诉讼请求。宣判后,北京某科技公司以一审法院适用法律错误为由提起上诉。北京知识产权法院于 2022 年 9 月 27 日作出(2021)京 73 民终 3015 号民事判决:一、撤销一审判决;二、马鞍山乙科技公司、马鞍山甲科技公司、安徽某科技公司赔偿北京某科技公司经济损失及合理支出共计 30 万元;三、马鞍山乙科技公司、马鞍山甲科技公司、安徽某科技公司在《中国知识产权报》登载声明,消除影响;四、驳回北京某科技公司的其他诉讼请求。

裁判理由

法院生效裁判认为:

被诉行为易使相关公众认为"2017 爱奇艺视频电脑版去广告补丁""爱奇艺 VIP 账号共享"等软件系源自北京某科技公司或系得到北京某科技公司的授意许可,用户下载上述软件之后,会发现与宣传内容不符,对北京某科技公司的企业形象和商业信誉造成负面影响。虽然基于马鞍山乙科技公司与北京某科技公司的合作关系,上述行为促进了双方合同的履行、增加了爱奇艺软件的装机量,但双方签订的合同系双务合同,北京某科技公司对于增加的装机量需要依据合同支付费用。从整体上看,上述被诉行为是以北京某科技公司承担信用风险、商誉降低为代价促进了合同的履行,北京某科技公司既需要为装机量的增加付出信用透支的代价,也需要对增加的装机量支付增加的合同款项,而三被告却因此获得了由于装机量增加而产生的额外收益,实现了自身的不正当利益。此外,三被告的宣传内容明显与事实不符,如果任由不符合事实的虚假宣传大行其道,而不加以规制,将会使得大量网络信息处在真假难辨的环境之中,破坏以诚实信用为基础的良性竞争秩序,损害诚信社会建设,也会使得消费者因虚假信息作出错误决策,从而损害消费者利益。

裁判要旨

行为人为促进与其合作伙伴之间的合同履行,在合作伙伴不知情的情况下脱离基本事实吹捧其合作伙伴,使得相关公众可能对该合作伙伴的商业诚信产生质疑的,即便该合作伙伴在一定程度上可以因此受益,仍可以认定虚假吹捧行为构成对该合作伙伴的不正当竞争。

关联索引

2019年《中华人民共和国反不正当竞争法》第八条第一款、第十七条第一款

一审: 北京市海淀区人民法院(2019)京0108民初49883号(2020年12月31日)

二审: 北京知识产权法院(2021)京73民终3015号(2022年9月27日)

法官评析

虚假宣传行为本质上是通过虚构的事实影响市场认知,从而抬高自己在市场中的评价,或者降低他人在市场中的评价,并由此谋求不正当的竞争优势。因此,虚假宣传行为常常表现为虚构事实贬低他人或者吹捧自己,而"吹捧他人"看上去并不符合虚假宣传的表现方式。实际上,虚假宣传行为不仅仅包括贬低他人、吹捧自己这两种情形。特定情况下,商业吹捧也可以构成虚假宣传的不正当竞争行为,本案就属于这种较为少见的类型。

本案中,对于如何理解2019年《反不正当竞争法》第八条规定的虚假宣传问题,一审判决认为《反不正当竞争法》规制的虚假宣传行为,并非仅因存在虚假或引人误解的宣传,即当然构成虚假宣传的不正当竞争行为,还需考虑该宣传内容是否损害到其他经营者的合法权益。本案被诉宣传行为不仅未损害到北京某科技公司的合法权益,反而使北京某科技公司因此而获利,故被诉宣传行为并不属于《反不正当竞争法》所规制的虚假宣传行为。

二审判决对一审判决的上述观点予以了否定。这是因为,在考察某一商业行为是否构成虚假宣传的不正当竞争行为时,应当结合《反不正当竞争法》的法律功能、立法目的,准确地理解和适用上述规定。反不正当竞争法不仅调节私权主体之间的权利义务,还具有维护社会公平竞争秩序、保护消费者权益的公法特质,不能完全照搬侵权责任法的思维处理反不正当竞争法的问题。因此,对于虚假宣传行为的认定,应当从以下三方面进

行考量：一是被诉行为对行为人、相对方的利益造成的影响；二是对消费者利益的影响；三是是否有利于形成和保持健康的市场竞争秩序，促进经济良性发展。

应当注意的是，在考察对双方利益的影响之时，不能仅仅考虑某一个环节，被诉行为对于相关主体的整个现实利益以及潜在利益的影响都应当被纳入考虑的范围。本案中，虽然被诉行为促进了双方合同的履行、增加了爱奇艺软件的装机量，但从整体上看，上述被诉行为实质是以北京某科技公司承担信用风险、商誉降低为代价促进了合同的履行。北京某科技公司既需要为装机量的增加付出信用透支的代价，也需要对增加的装机量支付增加的合同款项，而马鞍山乙科技公司却因此获得了由于装机量增加而产生的额外收益，实现了自身的不正当利益。因此，一审判决片面认定北京某科技公司因此获利，并未全面考虑对双方利益的影响。

在当前商业环境下，消费者的认知是谋取竞争优势的重要媒介和载体。混淆行为、虚假宣传、有奖销售、商业诋毁等不正当竞争行为，目的都是通过影响消费者认知来增加交易机会。可见，不正当竞争行为直接影响着消费者的认知，直接关乎消费者的利益，如果任由不符合事实的虚假宣传大行其道，将会破坏以诚实守信为基础的良性竞争秩序，也会使得消费者因虚假信息而作出错误决策，同时也会增加整个社会的交易成本、降低交易效率，损害社会公共利益。

根据以上分析，对于"商业吹捧构成不正当竞争"的裁判规则可总结为：行为人为促进与其合作伙伴间的合同履行，在合作伙伴不知情的情况下脱离基本事实吹捧其合作伙伴，使得相关公众可能对其合作伙伴的商业诚信产生质疑的，即便该合作伙伴在一定程度上可以因此受益，仍可以认定虚假吹捧构成对该合作伙伴的不正当竞争行为。

一审法院合议庭成员 王栖鸾　李莉莎　刘佳欣
二审法院合议庭成员 张　宁　马兴芳　范米多
编写人 张　宁

第九条·商业秘密条款

28. 北京甲软件公司诉北京乙软件公司、青岛某研究院侵害商业秘密纠纷案[*]
——购买侵犯技术秘密的产品是否适用善意取得

关键词 不正当竞争 技术秘密 善意取得 产品 法律责任

基本案情

原告北京甲软件公司诉称：其"理正建设企业管理信息系统 V4.8"系统软件于 2009 年 6 月 15 日完成开发，开发技术中含有不为公众所知的技术秘密，具有极高的商业价值。臧某某、何某某、刘某某原系原告员工，负责上述软件的研发，三人在原告工作期间均签署了保密协议。2011 年，三人先后从原告处离职，并注册成立了被告北京乙软件公司。北京乙软件公司利用三人从原告处非法获取的技术秘密，与被告青岛某研究院签署了技术开发合同，为青岛某研究院开发了涉案软件。后臧某某、何某某、刘某某的上述行为被生效刑事判决认定构成侵犯商业秘密罪。青岛某研究院完全知情北京乙软件公司的侵权行为，仍继续购买、使用北京乙软件公司的侵权产品，主观侵权故意明显。故请求法院判令被告青岛某研究院和北京乙软件公司（以下合称二被告）：（1）立即停止侵权行为；（2）在《建筑设计》杂志上公开向原告赔礼道歉、消除影响；（3）赔偿原告损失

---

[*] 本案例获全国法院系统 2021 年度优秀案例分析三等奖。

30万元。

被告北京乙软件公司辩称：北京乙软件公司不构成侵害商业秘密的行为。被告总共销售所得仅为50万元，原告诉求金额过高，被告也受到了相应的刑事制裁，故不同意原告的全部诉求。

被告青岛某研究院辩称：青岛某研究院是涉案软件的终端用户，其并不存在明知或应知北京乙软件公司侵权的情形，且在购买软件过程中尽到了相应的注意义务，青岛某研究院已向北京乙软件公司支付了全部款项，不应当承担侵权责任。

北京市海淀区人民法院于2017年12月19日作出（2013）海民初字第15447号民事判决：一、二被告于本判决生效之日起立即停止侵害北京甲软件公司商业秘密的不正当竞争行为；二、二被告于本判决生效之日起10日内在《建筑设计》杂志上公开发表书面声明，以消除不良影响（声明内容须于判决生效后10日内送法院审核，逾期不履行，法院将在相关媒体上刊登判决主要内容，所需费用由二被告承担）；三、二被告于本判决生效之日起10日内赔偿北京甲软件公司经济损失30万元；四、驳回北京甲软件公司的其他诉讼请求。宣判后，青岛某研究院不服原审判决，提起上诉。北京知识产权法院于2019年12月30日作出（2018）京73民终1249号民事判决：一、撤销一审判决；二、北京乙软件公司于判决生效之日起立即停止侵害北京甲软件公司商业秘密的不正当竞争行为；三、北京乙软件公司于判决生效之日起10日内在《建筑设计》杂志上公开发表书面声明，以消除不良影响（声明内容须于判决生效后10日内送法院审核，逾期不履行，法院将在相关媒体上刊登判决主要内容，所需费用由北京乙软件公司承担）；四、北京乙软件公司于判决生效之日起10日内赔偿北京甲软件公司经济损失30万元；五、驳回北京甲软件公司的其他诉讼请求。

裁判理由

法院生效裁判认为：

判断是否存在1993年《反不正当竞争法》第十条第二款所指"第三人明知或者应知前款所列违法行为，获取、使用或者披露他人的商业秘密"之情形，既要充分保护技术秘密权利人的合法权益，又要合理确定经营主体在通常商业交易过程中所负注意义务的大小；既不能放任侵权行为，也不能对商业主体施以过高的注意义务，不适当地增大市场交易成本。此外，也要考虑裁判结果对各方预期利益的影响，以及各方的缔约角色、判断能力，保护善意交易主体的合理信赖利益。

第一，从使用主体方面来讲，青岛某研究院系相关产品的终端用户，其通过组织正常的招标程序购买涉案软件，并支付了合理对价，在上述软件交付使用之后，其作为善意第三人合法取得了涉案软件的所有权。基于对招标程序正当性的信任及合理的交易预期，青岛某研究院的相关权益应当受到法律保护。

第二，从主观意图方面来讲，青岛某研究院在交易过程中尽到了合理注意义务，并不存在过错。首先，本案涉及的商业秘密是北京甲软件公司主张的数据库表、存储过程/函数等技术秘密，虽然夏某某之前曾在其他公司作为项目接收人与北京甲软件公司签订过《技术开发合同》，但其系管理人员而非技术人员，并无能力判断北京甲软件公司开发的软件使用了何种技术，且涉案技术秘密无法从终端用户界面予以判断。不能仅凭夏某某转任青岛某研究院担任副院长这一事实，就认定青岛某研究院应当知晓北京乙软件公司开发的涉案软件使用了北京甲软件公司的技术秘密。其次，由于北京甲软件公司与北京乙软件公司存在竞争关系，在北京乙软件公司能够提供计算机软件著作权登记证书且双方又签订了知识产权保证条款的情况下，如此时要求青岛某研究院在有限的时间内，投入大量的人力、物力调查北京乙软件公司开发的软件是否使用了北京甲软件公司的技术秘密之后，再行决定与谁签订涉案软件开发合同，显然不符合正常商业行为的时限性要求。

第三，从后续影响方面来讲，青岛某研究院继续使用涉案软件不会影响北京甲软件公司的预期利益。法院已认定北京乙软件公司应当承担侵犯技术秘密的法律责任，北京甲软件公司的损失可在北京乙软件公司处获得弥补。还需强调的是，如青岛某研究院可以直接传播该软件使用的技术秘密，则可能对北京甲软件公司的潜在市场份额造成威胁，但涉案技术秘密属于编写涉案软件源代码时所使用的技术工具及方法，而青岛某研究院持有的涉案软件仅是目标程序，故其无法获取、披露涉案软件使用的技术秘密，且青岛某研究院的经营业务与北京甲软件公司不在同一市场，二者不存在竞争关系，其继续使用涉案软件并不会影响北京甲软件公司的潜在市场份额，进而损害北京甲软件公司的预期利益。

综上，青岛某研究院作为涉案软件的购买者、消费者，在购买时并不知晓或应当知晓涉案软件属于侵犯他人技术秘密的产品，其通过招标程序、从正常商业渠道获得，并支付了合理对价，不需要承担法律责任。一审法院对青岛某研究院的责任认定不当，二审法院予以纠正。

裁判要旨

通过正常商业渠道获得、支付了合理对价，购买时并不知晓或应当知晓所购产品属于侵犯他人技术秘密的产品，可以适用善意取得规则，不构成不正当竞争行为。即使事后知晓上述产品属于侵权产品，亦不需要承担法律责任，且有权继续使用。

关联索引

1993年《中华人民共和国反不正当竞争法》第十条

一审：北京市海淀区人民法院（2013）海民初字第15447号（2017年12月19日）

二审：北京知识产权法院（2018）京73民终1249号（2019年12月30日）

法官评析

一、法律适用困境——如何理解1993年《反不正当竞争法》第十条第二款

本案涉及的核心问题是，对于侵犯他人技术秘密所生产的产品，该侵权产品的购买人是否应当承担法律责任。2020年5月28日颁布的《民法典》第一百二十三条明确了商业秘密作为知识产权的一种类型，将商业秘密的知识产权属性用民事根本大法的形式予以了确认。但关于技术秘密①保护的具体规则，我国现行法律仍将其纳入《反不正当竞争法》予以规制。其他法律法规、司法解释虽对技术秘密的保护有所涉及，②但对于技术秘密以及侵权产品在整个市场流转过程中的各方权利义务分配，并未形成规则上的逻辑闭环。特别是对于第三人③侵害技术秘密的行为，仅有1993年《反不正当竞争法》第十条第二款对此采取了概括式的规定，但对于第三人是否有权主张善意取得抗辩、保护客体是否可延及非法使用技术秘密制造的产品，均缺乏明确规定。

上述问题在本案中的主要争议为：第一，本案中北京甲软件公司依据1993年《反不正当竞争法》主张青岛某研究院承担侵权责任，那么该条款所规定的"商业秘密"中，是否包括非法使用技术秘密开发的产品即涉案软件呢？第二，虽然青岛某研究院购买侵权产品系通过正常商业方式，并支付了合理对价，但其在一审庭审中明确获知该产品属于侵权产品，此后继续使用该侵权产品，是否因此满足了1993年《反不正当竞争法》第十条第二款所规定的"明知或应知"之条件，应当承担法律责任？

司法实务中对此分歧较大。有的观点认为，纳入1993年《反不正当竞争法》第十条规制的是技术秘密本身，并未提及非法使用他人技术秘密生产的产品，根据"法无明文禁止即可为"原则，购买侵权产品不在该条的规制范围内。有的观点则认为，本案需要分段评价。第三人购买侵权产品之时的主观态度是善意的，且支付了合理对价，故在其知晓所购产品属于侵权产品之前是不侵权的，但在得知所购产品属于侵权产品之后仍然继

---

① 本案侵权客体属于商业秘密中的技术秘密。

② 《最高人民法院关于审理技术合同纠纷案件适用法律若干问题的解释》第十二条第一款规定："根据合同法第三百二十九条的规定，侵害他人技术秘密的技术合同被确认无效后，除法律、行政法规另有规定的以外，善意取得该技术秘密的一方当事人可以在其取得时的范围内继续使用该技术秘密，但应当向权利人支付合理的使用费并承担保密义务。"该款确认了技术秘密转让过程中，善意购买人有权在支付合理费用的前提下继续使用该技术秘密，但并未涉及转让侵犯技术秘密之产品的情形。此外，2020年6月10日最高人民法院发布了《关于审理侵犯商业秘密纠纷民事案件应用法律若干问题的解释（征求意见稿）》，向社会广泛征求意见，但在该征求意见稿中，仍未见本案争议焦点所涉内容。

③ 第三人是相对第一人、第二人而言的，第一人是技术秘密的权利主体，第二人是指以不正当手段获取、披露、使用或允许他人使用技术秘密的侵权主体。

续使用,这时其主观状态属于"明知",构成1993年《反不正当竞争法》第十条第二款规制的情形,故其应对知晓之后的使用行为承担赔偿损失、停止使用等侵权责任。①

二、寻找与回归——传统民法的善意取得制度在反不正当竞争法私权救济领域适用的合理性分析

以上观点反映出在适用1993年《反不正当竞争法》时,过于强调该法的个性,而忽视了在私权救济领域,民法、侵权法的基本原理和一般规则的适用。反不正当竞争法的民事适用毕竟以民法的制度背景为基础,除独特性之外,反不正当竞争法的适用不可能完全自足自洽,仍应以民法的基本精神和基本原则为指导,如民事权益法理、侵权责任法理等。民法的法益理论和侵权责任法精神,对于确定不正当竞争行为的判断标准和法律模式具有参考和指导意义。诚然,知识产权作为具有个性化特点的权利类型,因其特殊的存在形式、传播方式、授权方式、使用方式与传统的动产、不动产的区别,使得知识产品具有了不同于不动产和动产的存在、利用和处分形式。② 特别是采用不公开方式进行保护的技术秘密更是如此。但是,鉴于普通物权的善意取得与技术秘密的善意取得具有同质性与同构性,主观善意、合理对价、权利外观等基本理念对解决技术秘密流转过程的权利冲突仍具有可适用性。

(一)国外立法关于技术秘密适用善意取得的考量因素

对此,大体上可分为三种类型:许可说、禁止说、折中说。(1)许可

---

① 还有少数观点认为,"第三人"仅限于直接从"第二人"处获取、使用、披露他人商业秘密的主体,而不包括后手,本案中臧某某、何某某、刘某某系"第二人",北京乙软件公司系"第三人",青岛某研究院系后手,不属于"第三人",故无论其主观上是否明知侵权事实,都不需承担责任。笔者认为,1993年《反不正当竞争法》第十条第二款中"第三人明知或应知前款违法行为"系主观构成要件,并非限制"第三人"必须是直接从"第二人"处获取、使用、披露商业秘密的主体,对于后手明知或应知仍然获取、使用、披露使用的,其行为具有明显的不正当性。比如甲为权利人,甲的员工乙违法将甲的商业秘密披露给丙,丙又违法披露给丁,丁明知上述违法事实仍使用该商业秘密获利,按上述观点丁并非第三人而不需承担责任,这显然是不合适的。若对此不加以规制,不仅明显不利于商业秘密的保护,且会架空1993年《反不正当竞争法》第十条的制度设计,而给侵权人以合法规避的空间。本文限于主题与篇幅,对此不再展开讨论。
② 吴汉东主编:《知识产权制度基础理论研究》,知识产权出版社2009年版,第25页。

说。该说支持在技术秘密的交易环节适用善意取得,以日本、荷兰、芬兰等国家为代表。例如,《日本反不正当竞争防卫法》第 11 条体现了保护正常交易绝对安全的原则,善意支付交易对价的主体,对交易范围内的技术秘密可以行使完整的支配权。在 AIPPI 杂志(国际贸易许可工作者协会主办的知识产权专业刊物)举办的专题讨论中,荷兰小组认为,根据技术自由和信息自由原则,对既不是专利又不是版权的商业秘密实施如此强的保护,既不公正也不合理。① (2) 禁止说。该说不承认技术秘密的善意取得,以德国、斯洛伐克等国为代表。例如,在 AIPPI 专题讨论会中,德国小组认为,除非善意第三人取得的技术秘密已进入公有领域,否则不允许进一步使用,因为这种情况下永久的"善意取得"是不存在的。② (3) 折中说。该说将绝对保护交易安全与适当限制善意取得人的部分权利加以综合考虑,典型立法例以美国为代表。1995 年《美国反不正当竞争法重述》中规定,对于善意支付对价或者实质改变了自身状态的善意购买人,法院根据案件具体情况,可以在允许善意购买人使用的基础上,对技术秘密权利人给予有限的救济,比如要求善意购买人向技术秘密权利人支付合理使用费。

上述立法例给我们带来以下启示:第一,技术秘密作为未公示、需确认的权利,其保护力度是否应与已公示或已确认的权利达到同样的高度。第二,善意相对人支付合理对价之后,应当在多大程度上以牺牲善意相对人的信赖利益为代价,对技术秘密予以保护。第三,权衡交易安全与权利保护的价值之时,如何确定合理的权利义务边界以实现社会总体利益的最大化。这些观点不仅反映了立法者的价值观,还有对权利保护强度的协调性考虑,以及追求社会整体利益最大化的实用主义考量。

(二)侵犯技术秘密之产品在交易环节的特殊性

以上考量因素对本案的法律适用具有重要借鉴意义。但相较于技术秘密本身,对于本案涉及的侵权产品的交易,因其区别于技术秘密交易的如下特点,对其适用善意取得的理由要充分得多:

---

① 张玉瑞:《商业秘密法学》,中国法制出版社 1999 年版,第 556 页。
② 姚建军:《中国商业秘密保护司法实务》,法律出版社 2019 年版,第 119 页。

第一，受让人的判断能力不同。对于技术秘密的交易，技术秘密受让人往往是开展技术实施或研发的主体，其识别技术信息、掌握市场动态的能力要远大于产品购买人。而侵权产品购买人在交易中关注的重点是产品的使用价值，其对产品制造技术的识别能力、了解程度要远低于技术秘密的受让人。由于技术秘密本身不公开，如要求产品购买人先行对所购产品是否侵犯他人技术秘密作出判断，再行决定是否进行此项交易，很多情况下是不切实际的，而且也不符合正常商业行为时效性的要求。

第二，造成权利扩散的风险大小不同。本案技术秘密并不是涉案软件中储存的信息，而是不为公知的存储过程/函数、数据库表。该存储过程/函数、数据库表均是开发涉案软件过程中的技术工具和技术手段，可表现为抓取、调用、存储、组合数据的逻辑方法，根据不同客户的实际需要，开发不同的软件。上述技术秘密既不在软件中直接体现，也无法通过分析软件目标代码的方式获得。因此，虽然本案标的物为可复制的软件，但其并不能代替涉案技术秘密，即使该软件得以复制传播，仍局限在该软件可提供的特定解决方案之内，对技术秘密权利人的影响有限。而对于标的物为技术秘密的交易，如果认定购买人善意取得该技术秘密的所有权，那么基于完整的占有、使用、收益、处分权，购买人可以无限复制该技术进行应用，此时技术秘密权利人承受损失的风险显然要大得多。

第三，是否存在竞争关系不同。技术和产品相比，二者的功能用途、消费群体、销售渠道、消费对象均不相同，即使购买侵权产品用于经营活动，产品购买人与技术秘密权利人的经营活动也不在同一竞争市场，二者不具有竞争关系。因此，购买人继续使用侵权产品，对技术秘密权利人的预期经营利益影响不大。

基于以上原因，尽管在我国学术界或实务界对包括技术秘密在内的知识产权是否适用善意取得尚有争议，但是对于侵犯技术秘密之产品的交易，承认善意取得的适用显然更具正当性与合理性。

三、结果正当与逻辑必然——本案适用善意取得的法律效果分析

从效果上讲，在本案中适用善意取得，不仅是与现有知识产权法保持

逻辑统一的内在要求，也是妥善衡平权利保护与交易安全、实现社会整体利益最大化的现实需要。以下对本案承认和排除善意取得的法律效果作比较分析：

（一）衡平技术秘密保护与交易安全，应当考虑社会整体利益的最大化

以下从直接总利益、间接总利益①两个角度分别考察适用与排除善意取得的实际效果。

1. 直接总利益的比较

就直接利益而言，涉及的主体有技术权利人北京甲软件公司、侵权产品提供者北京乙软件公司、产品购买人青岛某研究院。各方利益不仅包括物质上的经济利益，还包括观念上的公平正义、对裁判结果的认同程度。

从经济利益的角度，如承认善意取得的适用，权利人北京甲软件公司仍可对北京乙软件公司主张权利，获得相应救济。如否认善意取得，北京甲软件公司除向北京乙软件公司追责外，还可以同时向青岛某研究院主张连带赔偿责任、要求其停止使用。虽然对北京甲软件公司的救济更加充分，但在此情形下，青岛某研究院所购产品无法发挥使用效能，而且其在本案中承担赔偿责任之后，需要再行向北京乙软件公司追偿，历经两个诉讼程序，增加了总体维权成本。

从裁判认同的角度，如排除善意取得的适用，很明显，北京甲软件公司将享受胜诉的喜悦，而青岛某研究院将承担败诉的痛苦。根据美国学者卡尼曼和特沃斯基的"前景理论"②（Prospect Theory）的研究成果，上述裁判方式对技术秘密权利人带来的愉悦却明显小于给购买人带来的痛苦。本案侵权行为实质上为北京乙软件公司盗用北京甲软件公司的技术秘密，并将该技术的使用价值以侵权产品为载体销售给青岛某研究院，该侵权产

---

① 直接总利益指某项具体交易的各方利益之和，间接总利益指尚未发生的潜在交易主体的各方利益之和。

② 前景理论为卡尼曼和特沃斯基于 1979 年提出，概念为：人们所处的盈利状态或亏损状态会使得自身在相同的环境下发生不同的反应。根据实验数据，经济行为个体对于亏损的敏感度要高于对盈利的敏感度，即盈利额度和亏损额度相同的情况下，盈利所带来的满足程度小于亏损所带来的沮丧程度。参见李睿：《前景理论研究综述》，载《社会科学论坛》2014 年第 2 期。

品本质上类似于盗赃物。根据学界的主流观点，盗赃物应适用善意取得制度，有学者对此进行了法经济学的量化研究后发现，在盗赃物不适用善意取得的情况下，善意第三人承受的痛苦远远大于原所有权人再次得到该物所带来的快乐。肯定盗赃物能够善意取得，可以在不违背法律公平正义内核的同时达到节约资源、实现社会效率最大化之功效。[①]

2. 间接总利益的比较

裁判规则的价值不仅仅是对某个具体纠纷的解决，更重要的是对社会行为和秩序的指引。如排除善意取得的适用，对于一个理性的经营者来说，为避免侵权风险，势必需要投入大量的人力、物力和时间成本调查真实的权利状态，而面对不断延长的交易链条，不仅增加交易成本，有时也并不可能实现，且在交易多手的情况下恢复原状，交易秩序便会荡然无存。[②]特别是技术秘密并不公开，对于所购产品是否使用了某种秘密技术制造，在大多数情况下，要求购买人具备此项辨别能力几乎是不可能的。此外，如前文所述，技术秘密与侵权产品二者不在同一竞争市场，即使青岛某研究院继续使用该产品用于经营活动，也与北京甲软件公司没有竞争关系，不会影响北京甲软件公司的潜在市场份额。

通过以上比较可见，承认善意取得的适用明显更有利于实现社会整体利益的最大化。

（二）与现有知识产权相关法规的逻辑自洽

本案中，北京甲软件公司主张的技术秘密，实质上属于未公开的技术方法或技术信息，相较于专利技术，二者的主要区别在于：专利权人对技术方法的保护手段是通过向国家有关行政部门申请专利，以公开上述技术信息的代价换取一定时期内的专用权保护，而技术秘密的权利人则是采用保密的方法来防止他人知悉，仅供自己使用。

根据二者的基本特点和主要区别，在确定司法救济的保护方式时应当

[①] 费安玲、汪源：《论盗赃物善意取得之正当性——以法经济学为分析视角》，载《法学杂志》2018年第7期。

[②] 吴国喆：《善意取得制度的缺陷及其补正——无权处分人与善意受让人间法律关系之协调》，载《法学研究》2005年第4期。

考虑以下几方面：第一，本案技术秘密作为未公开的技术方法、技术手段，并没有类似专利技术的保护期限限制，理论上可以获得无限期的保护；第二，专利权均在国家有关行政部门公布，相关公众可以查询获知，从这个角度上说，涉嫌侵犯他人专利权的主体应当负有更高的注意义务；第三，为鼓励发明创造人及时公开技术、节约开发资源，应当鼓励通过申请专利的方式公开技术方案，在实现资源共享的基础上促进科技进步和社会发展。因此，为平衡专利权人、技术秘密持有人、国家和社会公益等多方面的利益，并无理由对技术秘密的保护力度高于专利技术。

根据《最高人民法院关于审理侵犯专利权纠纷案件应用法律若干问题的解释（二）》第二十五条①之规定，专利侵权产品的购买者符合下列四个条件时即可免责：（1）购买时不知道属于侵权产品；（2）通过正常商业方式取得；（3）支付了合理对价；（4）购买侵权产品系为自用，而非转售牟利。上述条件（1）和（2）可归结为"主观善意"的要求，第3个条件为"合理对价"之要求，第4个条件为"购买目的"之要求。本案中，青岛某研究院购买涉案侵权产品之时，并不知晓有关侵权事实，其通过招标方式购买并支付了合理对价，且购买该产品系为自用而非转售牟利，完全符合上述司法解释规定的要件。如前所述，对技术秘密的保护力度不应高于对专利技术的保护，故举重以明轻，在专利领域尚不需承担法律责任的情况下，在本案技术秘密侵权领域，更不应当认定产品购买人承担责任，这与善意取得制度的法律效果是一致的。因此，青岛某研究院即使事后知晓了所购产品属于侵权产品，也无须承担停止使用的责任。

反之，如排除本案善意取得的适用，进而认定青岛某研究院承担责任，则会在逻辑上与上述司法解释产生明显矛盾。

综上分析可见，青岛某研究院作为涉案软件的购买者，其通过正常商业渠道获得、支付了合理对价，善意取得了涉案软件的所有权，享有完整的占有、使用、收益、处分的权利，不属于1993年《反不正当竞争法》

---

① 该司法解释第二十五条第一款规定："为生产经营目的使用、许诺销售或者销售不知道是未经专利权人许可而制造并售出的专利侵权产品，且举证证明该产品合法来源的，对于权利人请求停止上述使用、许诺销售、销售行为的主张，人民法院应予支持，但被诉侵权产品的使用者举证证明其已支付该产品的合理对价的除外。"

第十条第二款规定的情形。青岛某研究院即使事后知晓涉案软件属于侵权产品,亦不需要承担法律责任,有权继续使用。

需注意的是,在适用我国1993年《反不正当竞争法》第十条第二款时,对于侵犯技术秘密之产品购买人的责任认定,应当明确善意取得规则的适用,这既有利于保持我国现有知识产权法规逻辑上的内在统一,也有利于妥善衡平权利保护与交易安全、实现社会整体利益的最大化,宜尽快以高效力规范性文件的形式予以确认,以统一各方认识。

一审法院合议庭成员 陈昶屹 彭振义 梁铭全
二审法院合议庭成员 张 宁 刘义军 侯 艳
编写人 张 宁

29. 北京某教育公司诉赵某侵害商业秘密纠纷案
——商业秘密侵权案件中惩罚性赔偿的适用

关键词　商业秘密　惩罚性赔偿　反不正当竞争法

基本案情

原告北京某教育公司诉称：赵某在与北京某教育公司签署了保密协议的情况下，向他人披露北京某教育公司与续报率、报名人次、预收收入、直播到课率、转化率、退款率、投资回报率（ROI）等相关的经营秘密，并允许他人使用，据此获取了高额经济利益，侵犯了北京某教育公司的商业秘密。据此，北京某教育公司诉至一审法院，请求：判令赵某赔偿北京某教育公司经济损失50万元。

被告赵某辩称：北京某教育公司混淆了一般的经营性数据与商业秘密之间的概念、内涵与范畴。本案所涉商业经营的数据主要是续报率、招生人数、转化率、退课率等粗略数据，并不涉及公司经营策略和营销方式，不具有商业性和实用性这两大根本特点，赵某使用北京某教育公司基础的、粗略的数据不构成侵犯商业秘密。赵某经案外公司杭州某公司、上海某信息公司的介绍进行访谈、咨询，上述公司均有内部合规制度，均进行了严格的合规审查，如果其知道访谈中存在利用商业秘密并给北京某教育公司造成损失的情况，则北京某教育公司应将上述公司一并作为被告提起诉讼。赵某因被诉行为所获利益本质上是兼职的劳务收入，虽收入有不当之处，违反了北京某教育公司的劳动管理制度，但这与本案的侵犯商业秘密行为是两个不同的法律关系。故不应认定为侵犯商业秘密行为，北京某教育公司的赔偿主张缺乏依据。

法院经审理查明：2018年8月22日，北京某教育公司与赵某签订《劳动合同》，赵某就职于直播课业务支持部中学数据分析组，主要负责初中、高中、IMC（互联网线上小班）项目等业务的日常数据监控、专项数据分析等工作。合同有效期自2018年8月22日起至2021年9月30日止。《劳动合同》第三十六条"商业秘密"第四款约定，北京某教育公司对商业秘密采取的保密措施包括但不限于：赵某的访问受到北京某教育公司内部网络的限制、使用信息时按照规定应履行登记手续（如借用、审批、获得登录密码等）、在某信息载体中的明确位置注明"保密"和/或"秘密"字样，北京某教育公司对其中某一信息采取了上述保密措施中的任何一种措施，即完成了对该信息保密性的确认。

2018年8月22日，北京某教育公司与赵某签署了《保密协议》，其中第1.1条约定，北京某教育公司向赵某提供或披露的所有有关北京某教育公司的信息均为保密信息，以及由北京某教育公司明确表示为保密的信息。第2.1条约定，赵某不得向任何第三方披露保密信息。第9条"违约"约定，如果赵某未经北京某教育公司书面同意擅自使用保密信息或将保密信息披露给任何第三方，应构成违约行为；赵某应承担全部法律责任并向北京某教育公司支付违约金人民币30万元。协议期限为自签署之日起生效并持续有效至本协议生效之日起5年。

北京某教育公司《员工手册》第6条"保守商业秘密及履行竞业限制协议"约定，商业秘密包括关于经营管理的信息，如公司的各类工作计划、招生规模、续报率、拉新转化率、获客成本、组织结构、人事数据、财务数据、工资福利、内部宣讲的PPT、影像资料、课程讲义、教材教辅资料等，公司现有的或者正在开发之中的内部业务规程、管理体系以及各种重要管理文件等。上述《员工手册》记载于（2022）京方圆内经证字第6251号公证书中。2018年8月22日，赵某签署《确认函》，确认其入职时北京某教育公司已向其公示了《员工手册》及其他规章制度。庭审中，赵某表示清楚上述《员工手册》中的内容。

2021年3月22日，北京某教育公司与赵某签署《知识产权及商业秘密保密协议》。其中第二条"商业秘密"约定：本协议所称商业秘密是指归属北京某教育公司所有或合法使用，与北京某教育公司业务有关的，具有商业价值的，非公知的并经北京某教育公司采取保密措施的所有信息。

第十一条"保密细则"约定：赵某未经北京某教育公司书面同意，不得随意进行复制、交流或转移含有北京某教育公司商业秘密的资料，不得在学术会议、产品订货会、技术鉴定会等会议或活动以及报刊、杂志、网络等媒介以及其他任何公开场所披露北京某教育公司的商业秘密。赵某不得为非北京某教育公司利益而使用北京某教育公司的商业秘密，更不得利用北京某教育公司商业秘密为与北京某教育公司有竞争关系的企业工作或通过任何途径泄露给第三方（包括不应知悉该商业秘密的北京某教育公司其他职员）。第十九条约定，如因赵某违反本协议约定，给北京某教育公司造成损失的，北京某教育公司有权要求赵某赔偿违约金20万元。

本案构成商业秘密的经营信息包括续报率、报名人次、预收收入（GMV）、直播到课率、转化率、退款率、ROI，共计64个数据（以下简称涉案数据），涉案数据存储于某大数据平台（以下简称某平台）中。北京某教育公司明确，某平台仅允许特定已开放权限的员工访问，除了被授权员工外，其余人员都无法获得某平台中的数据。根据某平台截图显示，某平台首页底部有"平台所有数据均为公司机密，严禁外传"的提示。赵某申请开通某平台权限的记录显示，赵某自2020年6月起，5次以数据分析为由申请开通权限。

2020年3月至2021年6月间，赵某至少接受上海某信息公司和杭州某公司访谈102次，在与客户进行的一对一访谈中，披露了涉案数据，并允许对方使用。赵某接受访谈所获收入为每次1500元左右，共计20万元，其并未向北京某教育公司交还上述所得款项。

北京市海淀区人民法院于2023年4月26日作出（2021）京0108民初69282号民事判决：赵某于判决生效之日起15日内，就涉案侵害商业秘密行为赔偿北京某教育公司经济损失50万元。宣判后，赵某以涉案经营信息不构成商业秘密、一审判决的赔偿数额50万元无事实依据以及一审判决适用法律错误、本案不属于侵害商业秘密纠纷为由提起上诉。北京知识产权法院于2023年9月27日作出（2023）京73民终2575号民事判决：驳回上诉，维持原判。

裁判理由

法院生效裁判认为：

一、赵某的行为侵害了北京某教育公司的商业秘密

2019年《反不正当竞争法》第九条第四款规定:"本法所称的商业秘密,是指不为公众所知悉、具有商业价值并经权利人采取相应保密措施的技术信息、经营信息等商业信息。"2020年《最高人民法院关于审理侵犯商业秘密民事案件适用法律若干问题的规定》(以下简称2020年《商业秘密司法解释》)第三条规定,权利人请求保护的信息在被诉侵权行为发生时不为所属领域的相关人员普遍知悉和容易获得的,人民法院应当认定为不为公众所知悉。该司法解释第五条第一款规定,权利人为防止商业秘密泄露,在被诉侵权行为发生以前所采取的合理保密措施,人民法院应当认定为采取了相应保密措施。人民法院应当根据商业秘密及其载体的性质、商业秘密的商业价值、保密措施的可识别程度、保密措施与商业秘密的对应程度以及权利人的保密意愿等因素,认定权利人是否采取了相应保密措施。2020年《商业秘密司法解释》第七条第一款规定,权利人请求保护的信息因不为公众所知悉而具有现实的或者潜在的商业价值的,人民法院经审查可以认定为《反不正当竞争法》第九条第四款所称的具有商业价值。

本案中,北京某教育公司主张的续报率、报名人次、预收收入、转化率、到课率、退款率、ROI反映的是与北京某教育公司提供的在线教育服务相关的具有个性化的经营信息,系北京某教育公司在从事相关经营活动中积累所得。即便上述名称与同行业经营者的相关表述相似,但在案证据不足以证明上述称谓中所蕴含的涉案数据是同行业的通用数据,或系可以为所属领域的相关人员从公开渠道获得或普遍知悉的数据。而且,涉案数据对于北京某教育公司根据用户需求提升产品内容、调整改进营销模式,并据此保持现有用户规模、吸引新用户,适时调整投入策略、形成商业决策具有重要的参考价值。因此,涉案数据可以为其带来现实的或潜在的经济利益、保持竞争优势,显然具有商业价值。同时,北京某教育公司与赵某通过签订保密协议和《劳动合同》的方式,约定了赵某应当履行的保密义务及具体的保密信息内容,还在《员工手册》中将涉案数据明确为保密信息,并采取了包括设置访问权限、分类有限开通、标注保密标志等保密措施。综上,涉案数据属于《反不正当竞争法》规定的不为公众所知悉、具有商业价值、经权利人采取相应保密措施的经营信息,构成商业秘密。

赵某虽主张其在访谈中提及的仅为粗略的、模糊的、记忆中的数据，并非北京某教育公司的真实运营数据，但其并未就此举证，且赵某在一审庭审中有关"对于记得清的数据就直接提供，有些记不清楚的数据就直接说'记不清了'""平时就是负责数据分析，所以对基本数据都有印象"等陈述，足以推翻其前述上诉主张。

综上，赵某向杭州某公司、上海某信息公司的客户提供涉案数据并允许其使用的行为侵犯了北京某教育公司的涉案商业秘密。

二、赵某侵害商业秘密的行为符合适用惩罚性赔偿的法定构成要件

2019年《反不正当竞争法》第十七条第三款规定，经营者恶意实施侵犯商业秘密行为，情节严重的，可以在按照上述方法确定数额的1倍以上5倍以下确定赔偿数额。根据2021年《最高人民法院关于审理侵害知识产权民事案件适用惩罚性赔偿的解释》（以下简称《惩罚性赔偿司法解释》）第三条第二款第三项之规定，被告与原告或者利害关系人之间存在劳动、劳务、合作、许可、经销、代理、代表等关系，且接触过被侵害的知识产权的，人民法院可以初步认定被告具有侵害知识产权的故意。该司法解释第四条第一款规定：对于侵害知识产权情节严重的认定，人民法院应当综合考虑侵权手段、次数，侵权行为的持续时间、地域范围、规模、后果，侵权人在诉讼中的行为等因素。根据该司法解释第六条第一款规定，人民法院依法确定惩罚性赔偿的倍数时，应当综合考虑被告主观过错程度、侵权行为的情节严重程度等因素。

首先，赵某在明知涉案数据属于北京某教育公司的商业秘密的情况下，仍然向案外人披露涉案数据，并据此牟利，主观恶意极为明显。赵某作为北京某教育公司从事数据分析工作的员工，不仅知晓《员工手册》、保密协议等合同中已将涉案数据明确为北京某教育公司商业秘密，以及北京某教育公司对涉案数据采取的多种保密措施，而且其在获取涉案数据时也是按照北京某教育公司设置的审批权限进行的审批。因此，赵某对于涉案数据构成北京某教育公司的商业秘密是明知的。特别是北京某教育公司提交的违规面访记录进一步证明，赵某曾明确表示知晓其是作为北京某教育公司内部业务数据分析师接受咨询的，亦明确知晓其接受的报酬是用北

京某教育公司的名誉、经济损失风险换取,且在承诺归还涉案所得报酬后,直至一审诉讼中仍未向北京某教育公司归还涉案所得报酬。

其次,涉案侵犯商业秘密行为情节严重。本案中,赵某于2018年8月22日入职,于2021年7月14日离职。赵某在其任职的近三年时间内,自2020年3月到2021年6月共计接受了102次访谈,平均每周一到两次,侵权时间长达一年零三个月,占其任职期间的比例接近一半,故涉案侵权行为实施频率较高、次数较多、持续时间较长。同时,赵某自认在其接受的102次访谈中,80%的访谈对象没有重复,由此可以推断,赵某至少向80家企业披露了涉案数据,故涉案数据泄露范围较广、披露对象较多、侵权规模较大,且属于针对北京某教育公司的涉案数据多次实施侵权行为。赵某对外披露的涉案数据为其访谈的主要内容,赵某利用涉案数据获利高达20万元,侵权获利数额较高。

综上,赵某主观恶意极为明显、情节严重,符合适用惩罚性赔偿的法定构成要件,法院据此对北京某教育公司主张的1.5倍惩罚性赔偿数额予以全额支持。

裁判要旨

对于不为公众所知悉、具有商业价值并经权利人采取相应保密措施的涉案数据等经营信息,符合商业秘密的构成要件,依法应受法律保护。对于恶意实施涉案侵犯商业秘密行为且情节严重的侵权行为人,符合适用惩罚性赔偿的法定构成要件。

关联索引

2019年《中华人民共和国反不正当竞争法》第九条、第十七条

《最高人民法院关于审理侵犯商业秘密民事案件适用法律若干问题的规定》第三条、第五条、第七条

《最高人民法院关于审理侵害知识产权民事案件适用惩罚性赔偿的解释》第三条、第四条、第六条

一审:北京市海淀区人民法院(2021)京0108民初69282号(2023年4月26日)

二审:北京知识产权法院(2023)京73民终2575号(2023年9月27日)

法官评析

2021—2022年北京知识产权法院受理的商业秘密案件具有以下特点：（1）涉及新兴高科技领域的案件多。当事人主张的技术秘密主要涉及互联网、能源化工和生物医药领域，主张的经营秘密主要集中于互联网、金融服务和教育娱乐领域。（2）秘密内容的类型较为集中。当事人主张保护的经营信息主要体现为客户名单，主张保护的技术信息则主要体现为计算机程序及其有关文档。（3）以员工、前员工为被告的案件占比较高。商业秘密侵权行为主要体现为员工离职跳槽期间导致的秘密信息流失。（4）原告败诉的原因集中，主要原因是未能举证证明其商业秘密具有秘密性、保密性及价值性。（5）酌定赔偿占比较高，判赔数额有所上升。（6）案件撤诉率有逐年下降趋势。

本案系典型的以员工为被告的侵害商业秘密案件，原告在本案中就其涉案数据等经营信息的秘密性、保密性和价值性进行了充分举证，具有较高的固定证据及举证能力，为最终的胜诉结果奠定了良好基础。同时，本案裁判体现了"恶意侵犯商业秘密且情节严重的，可以适用惩罚性赔偿"的裁判理念，对类似案件的裁判具有较强的指导和借鉴意义。惩罚性赔偿制度在具有惩罚、威慑与预防功能的同时，仍具有补偿功能，对于打击故意侵权行为、有效保护基于商业秘密产生的竞争优势，进而维护市场竞争秩序、促进社会创新活动，具有明显的现实意义。商业秘密侵权案件中，应在判断侵权人是否存在侵权恶意、情节是否严重的基础上，确定是否适用惩罚性赔偿。主观要件"恶意"即"主观故意"，客观要件"情节严重"是对行为与整体案件事实的综合考量。赔偿金额的确定应坚持适度原则、比例原则，惩罚性赔偿的倍数与情节严重程度应具有对应关系。另外，宜采用"明确直接"的证据标准，在具体案件中通过明确的直接证据来证明各个要件事实。①

最高人民法院在在先裁判②中认为，主观要件恶意即故意，无论是直

---

① 徐卓斌、张钟月：《商业秘密侵权案件惩罚性赔偿的适用》，载《法律适用》2021年第4期。

② 广州某材料股份有限公司、九江某材料有限公司诉华某、刘某、安徽某精细化工有限公司等侵害技术秘密纠纷案。

接故意还是间接故意，均可适用惩罚性赔偿。判断客观要件情节是否严重时，被诉侵权人是否以侵权为业、侵权行为是否构成刑事犯罪、诉讼中是否存在举证妨碍行为、侵权受损或者侵权获利数额、侵权规模、侵权持续时间等均可以作为考量因素。[①] 关于"恶意"，人民法院应当综合考虑被告与原告或者利害关系人之间的关系、侵犯商业秘密的行为和手段的具体情形、从业时间、受保护记录等因素进行具体判断。关于"情节严重"，人民法院应当综合考虑侵犯商业秘密行为的手段、次数、性质，侵权行为的持续时间、地域、范围、规模、后果，侵权人在诉讼中的行为等因素进行认定。[②]

本案中，赵某的行为具有典型性，对于侵害商业秘密纠纷案件惩罚性赔偿的适用具有指导意义。法院综合考虑涉案数据对于北京某教育公司的重要性及其所具有的较高商业价值，北京某教育公司对涉案数据采取了多项保密措施，赵某恶意实施涉案侵犯商业秘密的行为，涉案侵权行为持续时间较长、实施次数较多、损害后果较大，赵某侵权获利数额较高等因素，认为北京某教育公司主张的1.5倍惩罚性赔偿倍数并无不合理之处，最终对北京某教育公司50万元赔偿的诉讼请求予以全额支持。

一审法院合议庭成员　张　弓　王栖鸾　李莉莎
二审法院合议庭成员　谢甄珂　兰国红　李迎新
编写人　谢甄珂

[①] 参见最高人民法院（2019）最高法知民终562号民事判决书。
[②] 参见《江苏省高级人民法院侵犯商业秘密民事纠纷案件审理指南》（2020年修订）。

30. 北京某教育公司诉王某、北京某计算机公司、北京某信息公司不正当竞争纠纷案

——学员 ID 作为经营秘密进行保护的
认定要件及损害赔偿的计算

关键词　商业秘密　共同侵权　责任承担

基本案情

原告北京某教育公司诉称：北京某教育公司成立于 2012 年，系全国知名的为中小学生提供在线学习工具的公司，"猿辅导"作为其核心产品，目前已有超过一亿中小学生使用，具有较高知名度。被告王某于 2018 年 2 月入职北京某教育公司从事"猿辅导"产品的网络授课工作；2019 年 5 月，北京某教育公司与王某签订了《保密和知识产权协议》，约定王某应对北京某教育公司客户名单等经营信息负有保密义务。2019 年 11 月，王某自北京某教育公司离职后加入被告北京某信息公司。后北京某教育公司发现，王某违反与其签订的保密协议，擅自将其在北京某教育公司处获得的"猿辅导"学员资料等提供给被告北京某计算机公司、北京某信息公司使用。北京某计算机公司、北京某信息公司亦提供在线教育服务，其明知前述学员资料属于北京某教育公司的核心商业秘密，仍予以使用，其与王某共同怂恿大量北京某教育公司学员退费并转报其"有道精品课"课程，系恶意侵害北京某教育公司商业秘密之行为，违反了 2019 年《反不正当竞争法》第九条之规定。三被告还在宣传其课程时通过对比方式贬低北京某教育公司的教学水平，损害北京某教育公司商誉，违反了 2019 年《反

不正当竞争法》第十一条之规定。此外，王某从北京某教育公司离职前，三被告即提前设立"有道精品课程福利群"，通过"定向优惠"的方式招揽、引导"猿辅导"学员退出北京某教育公司课程，转报"有道精品课"，违反了2019年《反不正当竞争法》第二条。因此，原告请求法院判令：（1）三被告立即停止涉案不正当竞争行为，具体包括以下行为：①停止披露以及擅自使用北京某教育公司商业秘密的行为；②销毁持有的北京某教育公司商业秘密或返还储存北京某教育公司商业秘密的存储设备；③停止贬低北京某教育公司的教学水平，损害北京某教育公司商誉的行为；④其他违反诚实信用原则的不正当竞争行为。（2）三被告共同赔偿北京某教育公司经济损失1992000元和合理开支8000元（公证费）。（3）三被告在《北京日报》、"有道精品课"微信公众号、"有道精品课"App客户端以及新浪、网易等网站上刊登声明，公开赔礼道歉以及消除影响。（4）三被告承担本案诉讼费。

被告王某辩称：（1）北京某教育公司未证明其主张的学员资料构成商业秘密。（2）王某在北京某教育公司工作期间无法获得北京某教育公司主张的学员资料。（3）王某建立QQ群的目的是确保学员学习的连续性，为学员答疑解惑，学员均系自愿、主动加入该群。（4）北京某教育公司未证明其学员退课与王某被诉行为存在关系，学员转报课程系因信赖王某个人的教学水平，而非王某怂恿其退出"猿辅导"课程。（5）王某系基于教学感受进行的客观真实的课程比对，其对"猿辅导"课程的评价不构成商业诋毁。（6）王某在QQ群中发放优惠券系其个人行为，未经北京某计算机公司、北京某信息公司许可，该行为亦不构成不正当竞争。（7）北京某教育公司主张的经济损失和合理开支缺乏事实和法律依据。

被告北京某计算机公司辩称：（1）北京某计算机公司负责"有道精品课"网站的运营，但涉案不正当竞争行为均非发生在该网站中；王某系北京某信息公司员工，QQ群助教系北京某信息公司的外包人员，其均与北京某计算机公司不存在劳动或委托关系，故北京某计算机公司并非本案适格被告。（2）北京某计算机公司与北京某教育公司不存在竞争关系。（3）北京某教育公司未证明其主张的学员资料构成商业秘密。（4）北京某计算机公司未使用过北京某教育公司的学员资料；亦不知晓王某在QQ群中发放优惠券的行为;即便王某具有招揽北京某教育公司学员的行为,但其建群等被诉行为均属于其个人行为,与北京某计算机公司无关。(5)学员选择课程更多系基于对教师教学水平的信赖而非平台服务,王某自北京某教育公司离职后,北京某教育公司学员选择退课是可以预见的结果。(6)涉案比对课程信息均属实,未误导学员,亦没有贬低北京某教育公司的教学水平,未违反2019年《反不正当竞争法》第十一条的规定。(7)即便王某在QQ群发放了"定向优惠",该行为亦属于合理的价格竞争,未违反商业道德。(8)北京某教育公司主张的经济损失和合理开支缺乏事实和法律依据。

被告北京某信息公司辩称:(1)北京某信息公司系利用大数据技术提供互联网应用的技术型公司,与北京某教育公司不具有竞争关系。(2)北京某教育公司主张的学员资料不构成商业秘密中的客户名单。(3)北京某信息公司仅系"有道精品课"App计算机软件著作权权利人和内容提供者,并非该App及网站的运营主体,亦不参与"有道精品课"的实际运营,仅提供内容的技术支持,没有窃取北京某教育公司学员资料的动机。(4)王某被诉行为均系其个人行为,北京某信息公司未实施侵害北京某教育公司商业秘密,进行商业诋毁或有违诚信原则的行为。(5)北京某教育公司主张的经济损失和合理开支缺乏事实和法律依据。

法院经审理查明:

一、关于涉案学员ID构成商业秘密的相关事实

为证明其主张的涉案学员信息具有秘密性和价值性,北京某教育公司向一审法院提交了王某任职期间所在班级的课程列表、参与前述课程的学员信息列表(共22190人次,涉及12878名学员,以下简称涉案学员信息列表),学员信息中包含用户ID、姓名、手机号、所在省份、所在城市、所在县区、家庭住址、班级ID(与涉案课程列表对应)、学习时长(指所报课程持续时长)等证据材料。

为证明其对涉案学员信息采取了保密措施,北京某教育公司向一审法院提交了:Amaze系统界面截图、《员工信息安全守则》(以下简称《守则》)、《数据分类分级指南》(以下简称《指南》),以及北京某教育公司与王某(乙方)于2018年2月1日签订的劳动合同及保密协议等证据材料。

为证明涉案学员信息系其投入大量成本所积累得到的,北京某教育公司向一审法院提交了《广告投发服务合同》《广告服务合同》《OOP 信息服务框架合同》《广告推广服务框架合同》《广告发布代理合同(电视)》(以下统称广告服务合同)等材料。

二、与被诉不正当竞争行为相关的事实

北京某教育公司为证明其主张的王某、北京某信息公司、北京某计算机公司的不正当竞争行为成立,向一审法院提交的解除劳动合同证明书载明:王某与其解除劳动合同的日期为 2019 年 11 月 26 日;另提交了(2020)京长安内经证字第 1394 号、第 1395 号、第 1396 号、第 1397 号公证书(公证取证时间分别为 2019 年 12 月 26 日、12 月 30 日)(以下简称第 1394 号、第 1395 号、第 1396 号、第 1397 号公证书),(2020)京方圆内经证字第 7160 号、第 13501 号公证书(公证取证时间分别为 2020 年 7 月 1 日、8 月 14 日)(以下简称第 7160 号、第 13501 号公证书),王某 Amaze 系统账号 ID 等信息的截图,Amaze 系统后台记录,根据 7 名涉案学员手机号进行 QQ 号查找的 QQ 截图,王某班级的退课人数统计表(以下简称退课学员统计表)等证据材料。

北京市海淀区人民法院于 2021 年 7 月 22 日作出(2020)京 0108 民初 15679 号民事判决:一、自本判决生效之日起,被告王某立即停止侵犯原告北京某教育公司的涉案商业秘密;二、自本判决生效之日起 10 日内,被告王某赔偿原告北京某教育公司经济损失 100 万元及合理开支 4000 元;三、本判决生效之日起 10 日内,被告北京某信息公司与北京某计算机公司共同赔偿原告北京某教育公司经济损失 50 万元及合理开支 4000 元;四、本判决生效之日起 15 日内,被告王某在一家全国发行的教育类杂志上发布声明,被告北京某计算机公司、北京某信息公司在"有道精品课"App 首屏显著位置持续 15 日发布声明,就涉案侵犯商业秘密行为为原告北京某教育公司消除影响;五、驳回原告北京某教育公司的其他诉讼请求。

上诉人王某、北京某信息公司、北京某计算机公司上诉称:(1)北京某教育公司的学员 ID 不属于商业秘密。王某在北京某教育公司工作期间能够查看和获取的信息只有学员 ID,而北京某教育公司的学员 ID 仅仅是 Amaze 系统自动生成的数字编码，一旦脱离 Amaze 系统后不能使用，故不具有商业价值；学员 ID 不包含任何学员的姓名、手机号等个人信息，不具有秘密性；北京某教育公司授权给授课讲师查看的仅包括学员 ID 及课程续报情况等，对于其他学员信息授课讲师则无权查看，故该学员 ID 也不具有保密性。因此，一审判决认定北京某教育公司的学员 ID 构成商业秘密有误。（2）王某在北京某教育公司任职期间调取和使用学员 ID，通过 Amaze 系统向学员群发信息卡片的行为，目的是向已经续报北京某教育公司"2019 高三数学寒春联报班"的学员提供学习资料和进行答疑，系正常履行辅导教师职责的行为，不具有任何不正当性，王某自北京某教育公司离职后发卡片的行为也不构成不正当竞争。一审判决认定王某获取并使用学员 ID 的行为系出于恶意有误。（3）一审判决确定的赔偿数额过高。虽然王某自北京某教育公司离职后有部分学员从北京某教育公司退课，但北京某教育公司并未提交证据证明学员退课与被诉行为具有关联关系。此外，在教育培训行业学生对于教师的信赖程度较高，因教师离职导致退课的情况属于正常情形，与被诉行为无关。一审判决认定赔偿数额过高。请求法院判令：撤销一审判决，改判驳回北京某教育公司的全部诉讼请求。

被上诉人北京某教育公司二审辩称：（1）针对商业秘密，北京某教育公司在一审中就明确在本案中主张的商业秘密为王某担任"猿辅导"课程讲师期间其主讲班级的学员信息（以下简称涉案学员信息），具体包括学员姓名、地址、手机号、学习课程时长、学习时间段等信息。上述涉案学员信息是特定交易信息，且数量达上万人次，反映了每个学员的交易习惯、意向和内容，是北京某教育公司持续投入大量人力、物力，通过长期经营、推广和真实交易后所积累的客户信息，且非同行业普遍知悉或通过公开渠道可轻易获知的信息，是"不为公众所知悉"的特殊信息；该信息系北京某教育公司与涉案学员存在长期稳定的交易而获得的相应收益，具有商业价值；上述涉案学员信息仅储存在其内部的 Amaze 系统中，仅向本班任课老师开放，具有保密性；北京某教育公司为此还采取了为任课老师设置单独的账号密码、同员工签署保密协议等保密措施。因此，北京某教育公司主张的涉案学员信息满足商业秘密的构成要件，一审判决对此认定正确。（2）王某与北京某教育公司签订的劳动合同所附的保密协议第二条约定了用户资料属于秘密信息,而王某作为北京某教育公司的员工,在离职前夕违反保密义务,获取了涉案学员 ID 之后,利用掌握学员 ID 的职权向学员群发卡片、建立涉案 QQ 群并在群内宣传"有道精品课"的行为(以下简称涉案被诉侵权行为)具有明显侵权恶意,其宣传"有道精品课"的行为亦不属于正常的履职行为,一审判决关于王某的上述行为构成侵害商业秘密的认定正确。王某、北京某计算机公司、北京某信息公司在知晓涉案学员信息构成商业秘密的情况下,仍利用王某在离职前获取的涉案学员信息建立涉案 QQ 群将"猿辅导"学员引导至"有道精品课",主观恶意明显。(3)北京某教育公司在一审提交的有道网、七麦数据等第三方网站截图等证据显示:有道网公示的网页所有者为北京某计算机公司,七麦数据网中的有道 App 开发者为北京某信息公司,小米应用商店、应用宝中有道 App 开发者则为北京某计算机公司。从涉案 QQ 群消息记录中可看到王某和助教发送的海报均附有"有道"标识,即该些海报系"有道精品课"的官方海报,而北京某信息公司、北京某计算机公司系"有道精品课"的开发、运营者,也是上述涉案被诉侵权行为的直接获益主体。因此,北京某计算机公司、北京某信息公司提出涉案被诉侵权行为系王某个人行为的抗辩意见显然不能成立。(4)一审判决认定的赔偿数额无误。从统计数据来看,在王某离职、建立涉案 QQ 群前后,北京某教育公司相关高中数学课程的退课人数出现了异常增长,共计 2961 名学员退课,结合北京某教育公司提交的获客成本等材料,足以说明涉案被诉侵权行为给北京某教育公司造成了巨大损失。

北京知识产权法院于 2023 年 8 月 28 日作出(2022)京 73 民终 11 号民事判决:一、撤销一审判决;二、判决生效之日起 7 日内,王某、北京某计算机公司、北京某信息公司连带赔偿北京某教育公司经济损失 50 万元及为制止侵权行为所支出的合理费用 8000 元;三、王某、北京某计算机公司、北京某信息公司在"有道精品课"App 首屏显著位置持续 5 日发布声明,就涉案侵犯商业秘密的行为为北京某教育公司消除影响;四、驳回王某、北京某信息公司的其他上诉请求;五、驳回北京某教育公司的其他诉讼请求。

裁判理由

法院生效裁判认为:

北京某教育公司的涉案学员ID构成商业秘密的理由主要有：（1）利用涉案学员ID，通过北京某教育公司内部系统可以直接和学员取得联系，进而能够开展课程推广等一系列活动，故涉案学员ID属于经营信息；（2）涉案学员ID符合"不为公众所知悉""具有商业价值""采取相应保密措施"三个要件，已构成北京某教育公司的商业秘密。因此，二审法院维持了一审法院关于构成不正当竞争的认定。

针对责任分担，由于北京某计算机公司、北京某信息公司与王某利用北京某教育公司涉案学员ID组建了QQ群推广"有道精品课"存在合意，构成共同侵权，应当承担连带责任。而一审判决因为单位和员工分别实施了侵权行为造成同一后果，而认定分别承担侵权责任，属于法律适用错误。

针对损害的赔偿范围，北京某教育公司因不正当竞争行为受到的损害在于，本属于北京某教育公司的培训学员或者交易机会，因为王某实施了侵犯商业秘密的行为而被北京某计算机公司和北京某信息公司获取。故北京某信息公司与北京某计算机公司既是直接造成北京某教育公司受到损害的主体，也是基于不正当竞争行为直接获益的主体。一审鉴于北京某教育公司未提交证据证明其实际损失或三上诉人的实际获利数额，而依照侵权行为持续时间、侵权主观恶意等因素酌情确定北京某计算机公司和北京某信息公司应当承担的赔偿数额为50万元并无不当。但在没有证据证明王某除与北京某信息公司、北京某计算机公司共同造成北京某教育公司损失之外还有其他损害行为的前提下，一审判决要求王某单独承担100万元赔偿责任的判项缺乏事实和法律依据。

裁判要旨

利用职务便利，收集、下载分散储存的学员虚拟ID，并利用ID号群发消息建立群聊获取客户名单，致使前公司客户流失、交易机会丧失的，构成侵害商业秘密。

关联索引

2019年《中华人民共和国反不正当竞争法》第九条、第十七条

《中华人民共和国侵权责任法》第八条①

一审： 北京市海淀区人民法院（2020）京0108民初15679号（2021年7月22日）

二审： 北京知识产权法院（2022）京73民终11号（2023年8月28日）

法官评析

本案是线上教培领域的不正当竞争纠纷案件，行为不同于以往纠纷中直接秘密窃取客户名单，而是利用ID号建立群获得客户资源，对该行为的定性一方面对线上教培行业特有的权利客体加以保护，进一步规范线上培训行业的有序竞争；另一方面，针对一审法律判决法律适用错误的情况，根据共同侵权理论和侵害商业秘密行为的损害范围进行了纠正。认定侵犯商业秘密的损害赔偿，明确了作为侵犯客户名单时损害计算的考量因素，指出本属于北京某教育公司的培训学员或者交易机会，因为王某实施了侵犯商业秘密的行为而被北京某信息公司和北京某计算机公司获取，是侵犯客户名单这一客体时的主要损害形式。本案二审判决作出后，双方当事人均主动联系法院，积极履行判决，取得了良好的社会效果。

一、学员ID可以作为经营秘密予以保护的理由分析

在北京某教育公司的系统中，每一个学员ID对应着1名学员，通过该学员ID可以采用"发卡片"等方式同学员取得联系。由此可见，学员ID实际上相当于学员的联系方式，至于该联系方式是否符合商业秘密的构成要件，具体阐述如下：

（一）关于是否"不为公众所知悉"的认定

《最高人民法院关于审理侵犯商业秘密民事案件适用法律若干问题的规定》（以下简称《商业秘密司法解释》）第三条规定：权利人请求保护的信息在被诉侵权行为发生时不为所属领域的相关人员普遍知悉和容易获得的，人民法院应当认定为2019年《反不正当竞争法》第九条第四款所

---

① 对应《民法典》第一千一百六十八条。

称的不为公众所知悉。根据本案查明的事实，包括涉案学员 ID 在内的学员信息均储存在北京某教育公司内部的 Amaze 系统中，需要使用专门的用户名和密码登录之后才可查看和调取。并且，储存在 Amaze 系统中的学员 ID 均对应了北京某教育公司的具体学员，正如一审判决的认定，在线教育平台仅能掌握其本身开发的潜在学员或已有学员用户的相关信息，而难以接触到其他平台所掌握的学员相关信息。因此，报名北京某教育公司课程，并储存在其内部 Amaze 系统中的学员 ID 并非北京某教育公司所属的教育培训行业相关人员普遍知悉和容易获得的。

（二）关于是否"具有商业价值"的认定

《商业秘密司法解释》第七条第一款规定，权利人请求保护的信息因不为公众所知悉而具有现实的或者潜在的商业价值的，人民法院经审查可以认定为 2019 年《反不正当竞争法》第九条第四款所称的具有商业价值。本案中，一方面，只有当学员报名了北京某教育公司的网络课程，其信息才会显示在北京某教育公司后台的 Amaze 系统中，故系统中的学员实际上已经和北京某教育公司进行过交易，并已经实际为北京某教育公司带来了商业利益。故北京某教育公司请求保护的学员 ID 具有现实的商业价值。另一方面，根据北京某教育公司向一审法院提交的 20 名学员的报课清单显示的内容，该 20 名学员一共报名了 182 门课程，每名学员所报课程均在 6 门以上，其中部分学员报名课程在 10 门以上，最多报名课程达 14 门。三上诉人也多次强调，王某曾荣获"续报之星"，王某建立涉案 QQ 群均是为了使更多学员续报课程。因此，正如一审法院所认定的，涉案学员并非北京某教育公司一次性、偶然性的交易对象，而是有极大可能多次续报北京某教育公司的网络课程。同时，涉案学员 ID 对于北京某教育公司而言具有潜在的商业价值的原因在于，学员 ID 并非如三上诉人所述仅是一串数字组合，而是可以通过其内部系统直接和学员取得联系的，进而能够开展课程推广等一系列活动。此外，根据北京某教育公司提交的《广告投发服务合同》《广告服务合同》《OOP 信息服务框架合同》《广告推广服务框架合同》《广告发布代理合同（电视）》等证据，北京某教育公司为宣传推广其网络课程付出了一定成本，其为涉案学员 ID 的形成也付出了经济成本。

(三)关于是否"采取相应保密措施"的认定

《商业秘密司法解释》第五条规定,权利人为防止商业秘密泄露,在被诉侵权行为发生以前所采取的合理保密措施,人民法院应当认定为2019年《反不正当竞争法》第九条第四款所称的相应保密措施。人民法院应当根据商业秘密及其载体的性质、商业秘密的商业价值、保密措施的可识别程度、保密措施与商业秘密的对应程度以及权利人的保密意愿等因素,认定权利人是否采取了相应的保密措施。第六条规定:"具有下列情形之一,在正常情况下足以防止商业秘密泄露的,人民法院应当认定权利人采取了相应保密措施:(一)签订保密协议或者在合同中约定保密义务的;……(五)对能够接触、获取商业秘密的计算机设备、电子设备、网络设备、存储设备、软件等,采取禁止或者限制使用、访问、存储、复制等措施的……"本案中,从商业秘密载体的性质来看,双方当事人均认可涉案学员 ID 储存在北京某教育公司后台的 Amaze 系统中,根据一审法院当庭勘验,北京某教育公司 Amaze 系统需使用任课老师的用户名、密码才能登录;从北京某教育公司是否采取了相应措施来看,北京某教育公司与王某的劳动合同及《保密和知识产权协议》中均约定了客户信息属于商业秘密。北京某教育公司作为从事教育培训行业的企业,学员是其主要的客户,故学员 ID 亦属于客户信息;根据《员工信息安全守则》的规定,包括 open ID 在内的学员 ID 均属于内部信息。综合上述因素,可以认定北京某教育公司对于包括其学员 ID 在内的学员信息,采取了相应的保密措施。

二、关于三上诉人侵害商业秘密应当承担的法律责任分析

(一)关于责任承担是否属于二审审理范围的确定

与刑事案件全面审理不同,民事二审案件的审理范围为与当事人上诉请求有关的事实和法律适用问题,对于当事人均未提出异议的事项,则不属于二审的审理范围。本案一审认定三上诉人分别承担 100 万元、50 万元的损害赔偿责任,由于当事人均未就一审认定的分别承担责任提出异议,故二审能否对此进行审查成为不能回避的问题。对此,重点在于对《民事

诉讼法》第一百七十五条中"有关事实和适用法律"的理解。二审认为，三上诉人均针对一审法院确定的赔偿数额提出了上诉，而赔偿数额的调整不仅包括数额多少的计算，也包括责任的具体分担，故二审对于责任分担问题可以一并审理。

（二）关于三上诉人具体责任分担的认定

2019年《反不正当竞争法》第九条第一款和第三款分别规定了侵犯商业秘密行为的不同形式，一审判决也认定王某和北京某计算机公司、北京某信息公司分别违反第一款和第三款的规定，进而认定其分别承担责任。关于此种情形的认定，最高人民法院在（2020）最高法知民终621号案件（以下简称第621号案）中，曾对涉及2019年《反不正当竞争法》第九条第一款第三项规定的侵权行为进行过认定。在该案中，泽某公司实施了许可大某公司使用某同创公司的技术秘密的行为。对此，最高人民法院认定："泽某公司……实施了许可大某公司使用涉案技术秘密的行为，且大某公司对于泽某公司未经某同创公司许可系明知，故，根据《反不正当竞争法》第九条第一款第三项规定，泽某公司构成侵害某同创公司商业秘密的行为。"在此基础上，最高人民法院认定构成侵权的泽某公司和大某公司应当承担连带责任。由于2017年《反不正当竞争法》第九条第二款与现行2019年《反不正当竞争法》第九条第三款内容一致，故该案认定对本案具有借鉴意义。本案中，王某违反与北京某教育公司的保密义务实施获取涉案学员ID，并建立涉案QQ群的行为后，从北京某教育公司离职，又入职北京某信息公司。北京某信息公司、北京某计算机公司在明知或应知王某的上述行为的情况下，并未制止王某及助教老师在涉案QQ群内推广"有道精品课"的行为。因此，至少可以据此确认北京某信息公司、北京某计算机公司对王某在涉案QQ群推广"有道精品课"这一行为存在"放任"，属于构成共同侵权，应承担连带责任。这与最高人民法院前述在先生效判决认定的承担连带责任法理一致。因此，一审判决关于三上诉人侵犯商业秘密的行为系依据不同法律规定，应分别构成侵权，三上诉人不应承担共同法律责任，而应分别承担法律责任的认定缺乏法律根据。

(三) 关于侵害商业秘密案件损害赔偿的确定

针对赔偿损失的具体数额,2019年《反不正当竞争法》第十七条第一款规定:"经营者违反本法规定,给他人造成损害的,应当依法承担民事责任。"第三款、第四款规定:"因不正当竞争行为受到损害的经营者的赔偿数额,按照其因被侵权所受到的实际损失确定;实际损失难以计算的,按照侵权人因侵权所获得的利益确定。经营者恶意实施侵犯商业秘密行为,情节严重的,可以在按照上述方法确定数额的一倍以上五倍以下确定赔偿数额。赔偿数额还应当包括经营者为制止侵权行为所支付的合理开支。经营者违反本法第六条、第九条规定,权利人因被侵权所受到的实际损失、侵权人因侵权所获得的利益难以确定的,由人民法院根据侵权行为的情节判决给予权利人五百万元以下的赔偿。"根据该条款的规定,侵犯商业秘密的赔偿原则上应当以补偿性赔偿原则为主,即侵权人的赔偿责任应仅限于弥补权利人所受损失。

本案中,北京某教育公司因不正当竞争行为受到的损害在于,涉案侵犯商业秘密的行为导致本属于北京某教育公司的培训学员或者交易机会为北京某信息公司和北京某计算机公司所获取。即由于王某侵犯商业秘密的行为而报名"有道精品课"造成的学员流失等。故北京某计算机公司与北京某信息公司既是直接造成北京某教育公司权益受到损害的主体,也是基于不正当竞争行为而直接获益的主体。一审鉴于北京某教育公司未提交证据证明其实际损失或三上诉人的实际获利,判决依照侵权行为持续时间、侵权主观恶意等因素酌情确定北京某信息公司和北京某计算机公司应当承担的赔偿数额为50万元并无不当,二审亦不持异议。但是,对于北京某教育公司而言,其合法权益受到了一个侵权行为的损害,在其主要损失已体现在学员报名"有道精品课"等情形下,王某的侵权行为并未增加新的损失形式,故一审额外判令王某承担100万元的赔偿缺乏依据。

一审法院合议庭成员 张 璇 李莉莎 胡宝兰
二审法院合议庭成员 张晓霞 刘义军 马兴芳
编写人 张晓霞 万 超

秩序之锚——北京知识产权法院竞争垄断典型案例

31. 北京甲公司诉郭某某等六被告侵犯商业秘密纠纷案

——员工违规关联交易并不当然构成侵犯商业秘密

关键词　商业秘密　不正当手段　违规关联交易

基本案情

原告北京甲公司诉称：被告郭某某、朱某某、周某、何某某原为北京甲公司事业部销售人员，共同成立了北京乙公司和北京丙公司，并利用其在任职期间接触到的客户名单等信息（以下统称涉案信息）从北京甲公司以低价购入产品后通过该两公司卖出以获取利润，侵犯了北京甲公司的商业秘密。请求判令郭某某、朱某某、周某、何某某、北京乙公司和北京丙公司（以下合称六被告）赔偿其经济损失 1287682.78 元。

六被告共同辩称：郭某某、朱某某、周某、何某某曾为北京甲公司销售人员，掌握北京甲公司的产品定价上限及下限符合常理。郭某某、朱某某、周某、何某某任职于北京甲公司期间，以低于核算价所签订的销售合同均经上级审批，符合公司规定。六被告未实施侵犯北京甲公司商业秘密的行为，不同意原告的诉讼请求。

法院经审理查明：郭某某、朱某某、周某、何某某原为北京甲公司事业部销售人员，分别于 2019 年 9 月、10 月被北京甲公司解除劳动合同关系。北京乙公司成立于 2017 年 7 月，时任该公司的法定代表人及公司股东均为朱某某之母靳某某。北京丙公司成立于 2018 年 3 月 20 日，股东为朱某某之父朱某甲和王某某。

北京丙公司分别于 2019 年 7 月、8 月签订 4 份合同向北京甲公司购买产品，共涉及四款产品，其中两款产品的毛利率为 0，合同中代表北京甲公司签约的人员均为周某；北京乙公司分别于 2018 年及 2019 年签订 17 份合同向北京甲公司购买产品，其中一款产品的毛利率为 0，两款产品的毛利率为负数，合同中代表北京甲公司签约的人员均为朱某某。上述交易经由郭某某向北京甲公司董事长王某申请低于核算价出售产品，经过了上级审批。

北京甲公司提交的《制度汇编》第十九条规定："未经公司法定代表人授权或书面批准，不得从事下列活动：……5. 利用职务之便或公司资源'即利用本人经手、组织、领导、监督、管理等职权以及利用上述职务有关的便利条件或资源'，使其亲属控制、投资、经营的实体与公司发生关联交易的行为。"

北京市海淀区人民法院于 2021 年 12 月 24 日作出（2020）京 0108 民初 7074 号民事判决：驳回北京甲公司的全部诉讼请求。宣判后，北京甲公司以涉案行为构成侵犯商业秘密为由，提起上诉。北京知识产权法院于 2022 年 9 月 27 日作出（2022）京 73 民终 808 号民事判决：驳回上诉，维持原判。

裁判理由

法院生效裁判认为：

北京甲公司的涉案客户名单（包括涉案客户清单和合同清单）、涉案产品体系及产品价格体系构成商业秘密。根据北京甲公司和被上诉人提交的电子邮件显示，朱某某等销售人员低价出售产品均经过郭某某及其上级的共同审批。此外，郭某某亦数次向其上级申请以低于核算价的价格向案外其他公司销售产品并获得批准。朱某某等人违反公司制度相关规定的情况，并不能当然证明其构成侵害涉案商业秘密的行为。在案证据仅能证明朱某某等人知晓涉案产品体系、价格体系以及低于核算价销售的审批流程，而此类信息是朱某某等人在履职期间依职权获得，并依照公司常规的审批流程以低于核算价的价格对北京乙公司、北京丙公司销售了产品，也即北京甲公司与北京乙公司、北京丙公司的交易是经过北京甲公司确认的，尽管该交易的审批环节包括郭某某，但交易最终是否达成是由北京甲公司所决定，不能据此认定六被告直接利用了其所掌握的相关涉案信息实现了向北京乙公司、北京丙公司低价销售产品的目的。在案证据未能证明六被告利用了其所掌握的相关涉案信息进行了低价销售，且该行为存在不正当竞争。在案证据亦无法证明朱某某、郭某某、何某某、周某四人利用了北京甲公司的商业秘密促成北京甲公司原客户与北京乙公司、北京丙公司进行了交易。

裁判要旨

违规关联交易和侵犯商业秘密的构成要件有较大区别，只有在违规关联交易违反了2019年《反不正当竞争法》第九条规定的情形下，才构成侵犯商业秘密的行为。如果员工获取、使用公司商业秘密经过了公司审批、授权，获取使用商业秘密的行为本身并不违法。员工利用合法获取的信息开展关联交易虽违反公司规章制度，但交易流程经公司正常审批确认的，也不构成侵犯商业秘密的行为。

关联索引

2019年《中华人民共和国反不正当竞争法》第九条

一审：北京市海淀区人民法院（2020）京0108民初7074号（2021年12月24日）

二审：北京知识产权法院（2022）京73民终808号（2022年9月27日）

法官评析

本案是在职员工以其他公司名义低价购入本公司产品并高价转卖实施关联交易引发的侵犯商业秘密纠纷。本案与其他常规商业秘密案件存在明显的区别：（1）常规商业秘密案件，大多是在职员工将公司客户介绍出去；但是本案中，在职员工是将公司产品销售出去。（2）常规商业秘密案件，大多是员工的行为未经公司同意；但是本案中，员工的销售行为经过了公司同意。上述区别使得本案的争议重点发生转移。本案的争议重点已不在于涉案客户名单（包括涉案客户清单和合同清单）、涉案产品体系及产品价格体系是否构成商业秘密，而在于员工获取、使用这些信息的手段是否正当、是否构成侵犯商业秘密。深入分析本案，有助于厘清违规关联交易与侵犯商业秘密的界限，澄清商业秘密案件办理中的若干认识误区。

一、员工获取商业秘密的行为本身并不当然违法，关键要分析获取商业秘密的手段是否正当

我国尚未就商业秘密单独立法。在现行法下，侵犯商业秘密的行为规

定在《反不正当竞争法》中。《反不正当竞争法》的名称即含有"不正当"字样,足见不正当竞争行为属于典型的过错责任。权利人必须论证行为人具有过错,才能认定其构成不正当竞争或者侵犯商业秘密。

(一)员工获取企业信息,具有不可避免性

2019年《反不正当竞争法》第九条第四款规定:"本法所称的商业秘密,是指不为公众所知悉、具有商业价值并经权利人采取相应保密措施的技术信息、经营信息等商业信息。"由此可见,商业秘密的本质是信息,而信息具有无形性。企业经营过程中,必然产生大量信息。任何一个企业,只要雇用员工,员工在工作过程中就不可避免地会接触到企业经营中形成的信息。甚至部分信息正是负责经办的员工研发、引进、形成的。此外,还有部分信息是为员工履行职责、开展业务提供便利,经公司审批,授权员工而接触、获取的。因此,员工获取企业经营信息具有不可避免性。

(二)企业经营中形成的信息,并非全部构成商业秘密

企业经营中形成的部分信息属于公知信息,部分信息缺乏商业价值,部分信息未采取保密措施,并非全部构成商业秘密。只有不为公众所知悉、具有商业价值并经权利人采取相应保密措施的技术信息、经营信息等商业信息,才构成商业秘密。信息本身并不具有天然的权利外观,仅凭信息本身难以判断其是否构成商业秘密。只有经权利人采取保密措施后,被采取保密措施的信息才得以从其他信息中分离出来。在法理上,合理的保密措施类似于有形财产的公示手段。正如动产以占有为公示手段、不动产以登记为公示手段一样,商业秘密以合理的保密措施为公示手段。合理的保密措施足以使善意第三人知道或者应当知道被采取保密措施的信息是保密财产,而非任何人均可自由获取、使用的普通信息。如果行为人明知或者应知该信息系经权利人采取保密措施的信息,但仍然破坏、越过权利人采取的合理保密措施,执意获取此类信息,则可推定行为人存在过错,因而构成侵犯商业秘密的行为。

(三)侵犯商业秘密的本质特征是行为人采取了不正当手段

2019年《反不正当竞争法》第九条规定:"经营者不得实施下列侵犯

商业秘密的行为：（一）以盗窃、贿赂、欺诈、胁迫、电子侵入或者其他不正当手段获取权利人的商业秘密；……"《最高人民法院关于审理侵犯商业秘密民事案件适用法律若干问题的规定》（以下简称《侵犯商业秘密司法解释》）第八条规定："被诉侵权人以违反法律规定或者公认的商业道德的方式获取权利人的商业秘密的，人民法院应当认定属于反不正当竞争法第九条第一款所称的以其他不正当手段获取权利人的商业秘密。"由此可见，获取商业秘密的不正当手段，包括盗窃、贿赂、欺诈、胁迫、电子侵入或者"其他不正当手段"。结合《侵犯商业秘密司法解释》的规定，"其他不正当手段"的认定，应以违反法律规定或者公认的商业道德为限。本案中，虽然涉案客户名单（包括涉案客户清单和合同清单）、涉案产品体系及产品价格体系构成商业秘密，但员工获取、使用此类信息经过了公司审批、授权，也是员工履行职责、开展业务的必要条件，既不是以盗窃、贿赂、欺诈、胁迫、电子侵入等手段获取、使用，也不是以违反法律规定或者公认的商业道德的方式获取、使用，其获取、使用商业秘密的行为本身并不违法。

二、员工的行为违反公司规章制度，但不必然同时侵犯商业秘密

（一）劳动者应当遵守用人单位依法制定的规章制度，否则要承担相应的法律后果

并非所有用人单位制定的所有规章制度全都具有法律效力。只有依据法定程序、实质内容合法的规章制度，对劳动者才有约束力。《劳动合同法》第三十八条规定："用人单位有下列情形之一的，劳动者可以解除劳动合同：（一）未按照劳动合同约定提供劳动保护或者劳动条件的；（二）未及时足额支付劳动报酬的；（三）未依法为劳动者缴纳社会保险费的；（四）用人单位的规章制度违反法律、法规的规定，损害劳动者权益的……"《劳动合同法》第三十九条规定："劳动者有下列情形之一的，用人单位可以解除劳动合同：（一）在试用期间被证明不符合录用条件的；（二）严重违反用人单位的规章制度的；（三）严重失职，营私舞弊，给用人单位造成重大损害的；（四）劳动者同时与其他用人单位建立劳动关系，对完成本单位的工作任务造成严重影响,或者经用人单位提出,拒不改正的;(五)因本法第二十六条第一款第一项规定的情形致使劳动合同无效的;(六)被依法追究刑事责任的。"由此可见,如果用人单位的规章制度违反法律、法规的规定,损害劳动者权益,劳动者不仅没有遵守的义务,反而可以据此要求解除劳动合同。如果用人单位制定的规章制度程序合法、内容合法,劳动者严重违反此类规章制度的,用人单位有权解除劳动合同。此时,劳动者要承担由此带来的不利后果。但是,此等不利后果并不当然导致劳动者承担侵犯商业秘密的责任。

(二)员工违反除保密制度以外的其他制度的行为,不足以导致员工承担侵犯商业秘密的法律责任

用人单位的规章制度涉及很多领域,可能包括考勤制度、研发制度、营销制度、培训制度、保密制度等。2019年《反不正当竞争法》第九条第一款第三项规定,经营者违反保密义务或者违反权利人有关保守商业秘密的要求,披露、使用或者允许他人使用其所掌握的商业秘密,构成侵犯商业秘密。因此,只有违反保密制度的行为,才可能构成侵犯商业秘密。如果劳动者违反其他制度,但未违反保密制度,虽然可能承担其他法律责任,但未必因此承担侵犯商业秘密的法律责任。

本案中,虽然北京甲公司与郭某某等四人签订的《劳动合同书》均载有保密条款,明确约定四人需严格遵守其制定的有关保守企业秘密的各项规章制度,严格保守其商业秘密等。但是,并非所有规章制度均构成"有关保守企业秘密的各项规章制度"。虽然北京甲公司提交的《制度汇编》第十九条规定:"未经公司法定代表人授权或书面批准,不得从事下列活动:……5.利用职务之便或公司资源'即利用本人经手、组织、领导、监督、管理等职权以及利用上述职务有关的便利条件或资源',使其亲属控制、投资、经营的实体与公司发生关联交易的行为。"但是,上述规定仅禁止违规关联交易,本身并不包含任何保密要求。从法理上分析,违规关联交易本身并不当然构成侵犯商业秘密。

(三)违规关联交易与侵犯商业秘密的构成要件不同,不能简单得出由此及彼的结论

违规关联交易的构成要件比较简单,只要劳动者违反公司依法制定的

规章制度,使其亲属控制、投资、经营的实体与公司发生关联交易,即可构成违规关联交易。但是,侵犯商业秘密的构成要件却比较复杂,通常包括:(1)权利人主张的信息构成商业秘密。(2)行为人以不正当手段获取了权利人的商业秘密,或者披露、使用或者允许他人使用以不正当手段获取的权利人的商业秘密,或者违反保密义务或违反权利人有关保守商业秘密的要求,披露、使用或者允许他人使用其所掌握的商业秘密,或者教唆、引诱、帮助他人违反保密义务或者违反权利人有关保守商业秘密的要求,获取、披露、使用或者允许他人使用权利人的商业秘密,或者第三人明知或者应知商业秘密权利人的员工、前员工或者其他单位、个人实施了上述违法行为,仍获取、披露、使用或者允许他人使用该商业秘密的。由此可见,违规关联交易和侵犯商业秘密的构成要件有较大区别。违规关联交易既可能同时侵犯商业秘密,也可能并未侵犯商业秘密。无论从法律规定方面,还是从证明标准方面,均不能仅凭违规关联交易本身,即推定得出劳动者实施了侵犯商业秘密行为的结论。如果权利人主张劳动者的违规交易行为同时侵犯商业秘密,还要满足其他构成要件和证明标准。

综上,郭某某等人违反公司相关制度的情况,并不能当然证明其构成侵害涉案商业秘密的行为。在案证据仅能证明郭某某等人知晓涉案产品体系、价格体系以及低于核算价销售的审批流程,而此类信息是郭某某等人在履职期间依职权获得的,并依照公司常规的审批流程以低于核算价的价格对北京乙公司、北京丙公司销售了产品,也即北京甲公司与北京乙公司、北京丙公司的交易是经过北京甲公司确认的。尽管该交易的审批环节包括郭某某,但交易最终是否达成则是由北京甲公司决定,不能据此认定郭某某等人直接利用了其所掌握的相关涉案信息向北京乙公司、北京丙公司低价销售产品,侵犯商业秘密。

一审法院合议庭成员 张 璇 刘君婕 刘佳欣
二审法院合议庭成员 兰国红 杨 钊 李迎新
编写人 兰国红

32. 北京某体育公司、北京某文化公司、北京某旅游公司诉北京某投资公司、金某等侵害商业秘密纠纷案

——侵犯商业秘密案件的举证责任分配

关键词　商业秘密　跳槽员工　关联公司　分工合作　连带责任

基本案情

原告北京某体育公司、北京某文化公司、北京某旅游公司（以下统称三原告）诉称：三原告系国内知名高尔夫球服务经营商，其凭借多年积累形成的高尔夫球场资源，为多家金融机构的客户提供球场预订、咨询培训、赛事和旅游等高尔夫增值服务，拥有大量不为公众所知的经营信息。三原告使用前述信息获得了巨大经济利益，维持了显著的市场竞争优势。被告金某、徐某、姚某、孙某、王某（以下简称金某等五人）原系三原告员工，分别担任公司球场部经理、大客户部经理、财务部球场对账助理、客服组长等职务，于2012年至2013年7月期间先后从三原告辞职后入职被告北京某投资公司，并且未经许可将三原告的商业秘密披露给北京某投资公司使用。北京某投资公司在明知金某等五人非法获取三原告商业秘密的情况下，使用这些商业秘密与相关高尔夫球场和银行进行合作，获得巨额经济利益。被告北京某投资公司和金某等五人的行为侵犯了三原告的商业秘密，给其造成了巨大经济损失和不良影响，故提起本案诉讼。原告向一审法院提出诉请：（1）判令北京某投资公司、金某等五人停止侵犯三原告的商业秘密，并在新闻媒体上发布声明，为三原告消除影响。（2）金某

赔偿三原告经济损失50万元。（3）徐某赔偿三原告经济损失50万元。（4）王某赔偿三原告经济损失10万元。（5）孙某赔偿三原告经济损失10万元。（6）姚某赔偿三原告经济损失10万元。（7）北京某投资公司赔偿三原告经济损失1500万元，并对金某等五人的赔偿责任承担连带责任。（8）北京某投资公司、金某等五人共同赔偿因本案支出的合理费用17万元。

被告北京某投资公司、金某等五人辩称：三原告主张的经营信息或未采取保密措施，或可从公开渠道获得，应不属于商业秘密。金某等五人加入北京某投资公司的时间晚于北京某投资公司中标相关高尔夫服务项目的时间，该公司中标与金某等五人无关，三原告不能因为金某等五人入职北京某投资公司就认为系侵犯其商业秘密。北京某投资公司与相关高尔夫球场和银行合作的信息源自自身长期经营积累，并非源自金某等五人披露的三原告的经营信息。北京某投资公司中标项目发生在金某等五人入职之前，与金某等五人无关。北京某投资公司不存在侵犯三原告商业秘密的情况。北京某投资公司长期处于亏损状态，三原告主张的赔偿数额缺乏依据。

法院经审理查明：三原告系关联公司，股权互有交叉且法定代表人相同，三原告自称其属于"三块牌子，一套人马"，共同经营中国高尔夫网。三原告由同一组织机构运营管理，员工主要与北京某旅游公司签订劳动合同，但员工会按岗位、级别差异分别接触三公司的经营信息。金某等五人原系三原告的员工，分别担任公司球场部经理、大客户部经理、财务部球场对账助理、客服组长等职务，于2012年至2013年7月期间先后从三原告处辞职后入职北京某投资公司，并未经许可将三原告的商业秘密披露给北京某投资公司使用。北京某投资公司在明知金某等五人非法获取三原告商业秘密的情况下，使用这些商业秘密与相关银行进行合作，获得了巨额经济利益。本案中，三原告主张其共同享有三项商业秘密：第一，与高尔夫球场的合作信息，包括全国400多家高尔夫球场的负责人、联系电话、合作价格、合作模式、流程、数据库等信息；第二，系统数据信息，包括"21Golf"球场管理系统中的球场联系人、电话，以及MIS系统中的球场订单数、球场底价等信息；第三，与银行的合作信息，包括银行负责人、联系人、联系方式、招投标信息、服务期限、价格、方式、流程、结算方式等信息。

北京市海淀区人民法院于2017年12月30日作出（2015）海民（知）初字第38761号民事判决：一、判决生效之日起，被告金某、被告徐某、被告姚某、被告北京某投资公司停止侵犯三原告的涉案商业秘密；二、判决生效之日起10日内，被告金某赔偿三原告经济损失50万元，被告北京某投资公司对此承担连带赔偿责任；三、判决生效之日起10日内，被告徐某赔偿三原告经济损失30万元，被告北京某投资公司对此承担连带赔偿责任；四、判决生效之日起10日内，被告姚某赔偿三原告经济损失10万元，被告北京某投资公司对此承担连带赔偿责任；五、判决生效之日起10日内，被告北京某投资公司赔偿三原告经济损失704万元；六、判决生效之日起10日内，被告金某、被告徐某、被告姚某、被告北京某投资公司共同赔偿三原告为本案所付合理费用5万元；七、驳回三原告的其他诉讼请求。宣判后，三原告和北京某投资公司、金某、徐某、姚某均不服一审判决，分别上诉至北京知识产权法院。北京知识产权法院于2020年7月20日作出（2018）京73民终686号民事判决：驳回上诉，维持原判。

裁判理由

法院生效裁判认为：

三原告为关联公司，股权互有交叉且法定代表人相同。三原告表示其在实际经营中采取了"三块牌子，一套人马"的模式，共同经营中国高尔夫网，其员工虽然系与某一公司签订劳动合同、保密协议等，但员工在具体工作中会根据岗位、级别差异接触到三原告共同的经营信息。经查，金某等五人虽然均系与北京某旅游公司签订劳动合同和保密协议等，但根据在案证据可知，其实际上根据各自岗位、级别差异分别接触了三原告共同的经营信息，包括以不同公司名义对外与银行、高尔夫球场进行联络或对外签订合作协议等。这一过程不仅体现了三原告主张作为商业秘密保护的经营信息具有共同性和同一性，事实上也无法对其予以区分，并在三原告之间进行分配，而且体现出三原告对其主张的商业秘密保护的经营信息具有共同保密的主观意愿。因此，三原告如认为其共同经营过程中形成的经营信息受到他人的不法侵犯，并对该经营信息主张商业秘密保护时，其有权作为共同原告提起本案诉讼。

关于三原告主张的经营信息是否符合商业秘密的构成要件。首先，关于三原告与高尔夫球场签订的合作协议,三原告在其与众多高尔夫球场签订的合作协议中,除大量合作协议未约定保密条款外,确有若干合作协议进行了保密约定。如其于2011年至2013年期间与上海某高尔夫乡村俱乐部有限公司等20余家公司签订的合作协议中,均明确约定了协议双方或一方应负担相应保密义务。对此,二审法院认为:对于三原告与高尔夫球场签订的合作协议是否采取了保密措施应当区别看待。一方面,对于三原告与高尔夫球场签订的合作协议中未约定保密条款的情形,鉴于三原告未能对与高尔夫球场的合作信息采取与其商业价值相适应的合理保护措施,防止信息泄露,故对三原告主张其与相关球场之间的合作信息属于商业秘密不予支持。另一方面,对于三原告与高尔夫球场签订的合作协议中约定有双方对协议内容均负担保密义务之保密条款的情形,应当认为三原告已经对其与相关高尔夫球场的合作信息采取了与其商业价值相适应的合理保护措施,故对三原告主张该部分经营信息属于其商业秘密予以支持。一审判决相关事实查明有误,二审法院依法予以纠正。其次,关于三原告主张的其与相关银行间的合作协议,由于三原告与金某等五人签订有保密合同,且其与银行的合作协议中均约定了保密条款,故二审法院根据现有证据认定三原告已经对其采取了合理保护措施。综上,二审法院认定三原告主张的其与高尔夫球场签订的约定有保密条款的合作协议中承载的相关合作信息,其与银行签订的合作协议中承载的相关合作信息,均构成商业秘密。

三原告与部分高尔夫球场签订的合作协议承载的相关合作信息构成商业秘密,但在案证据不足以证明金某等五人曾接触过,并违反约定向北京某投资公司披露该部分商业秘密,故对一审判决相关事实认定有误部分予以纠正;三原告与相关银行合作的信息构成商业秘密。从相关银行的招标需求和三原告向银行发送的投标文件及竞争性谈判文件等证据的内容可知,特定公司欲与银行开展高尔夫服务需要满足一系列条件,具有较高的准入门槛。北京某投资公司在2013年之前与银行等金融机构在高尔夫服务方面的合作很少,金某、徐某和姚某等入职该公司后不久,北京某投资公司即参与多家银行高尔夫服务项目投标并顺利中标,其高尔夫服务业务收入获得突飞猛进增长,侵权获利数额巨大。在此过程中,北京某投资公司明知徐某、金某、姚某非法披露三原告与相关银行合作形成的商业秘密,并在经营中积极利用该商业秘密的主观故意体现得十分明显,故确认北京某投资公司、金某、徐某和姚某实施的涉案行为侵犯了三原告与相关银行合作中形成的商业秘密，依法应当承担停止侵权、赔偿损失等法律责任。

裁判要旨

1. 关联公司高度混同导致其主张作为商业秘密保护的经营信息具有共同性和同一性，在事实上无法对其归属精确划分的情况下，各关联公司有权作为共同原告起诉他人侵害其共同商业秘密；共同经营信息是否符合商业秘密的保密性要件，可以根据各关联公司整体上是否采取了与其商业价值相适应的合理保护措施来判断。

2. 商业秘密权利人提供证据证明被诉当事人的信息与其商业秘密相同或者实质相同，且被诉当事人具有接触或者非法获取该商业秘密的条件，根据案件具体情况或者已知事实以及日常生活经验，能够认定被诉当事人具有采取不正当手段的较大可能性，可以推定被诉当事人采取不正当手段获取商业秘密的事实成立。

关联索引

1993年《中华人民共和国反不正当竞争法》第十条、第二十条

一审：北京市海淀区人民法院（2015）海民（知）初字第38761号（2017年12月30日）

二审：北京知识产权法院（2018）京73民终686号（2020年7月20日）

法官评析

本案中，三原告主张的商业秘密不仅包括与全国400多家高尔夫球场的合作信息，还包括与多家银行的合作信息，且五名员工在原告公司工作期间的岗位不同、接触的商业秘密范围不同，其入职北京某投资公司后的工作岗位和工作内容亦不同。因此，故本案涉及三原告商业秘密内容及范围的认定、每位员工接触三原告商业秘密的范围及其在北京某投资公司是否实施侵害商业秘密行为的认定、北京某投资公司是否积极利用每位员工非法披露的商业秘密、相关员工与北京某投资公司的连带责任承担等问题，证据繁多，案情复杂，本案二审判决在细致查明案件事实的基础上进行了充分说理，最终认定北京某投资公司和三名员工承担赔偿责任，赔偿

总额高达 799 万元。本案所确立的裁判规则对同类型侵害商业秘密纠纷案件的审理具有一定的借鉴意义。

一、多个高度混同的关联公司共同主张商业秘密保护的主体资格问题

本案二审诉讼中,北京某投资公司和金某等五人主张三原告寻求商业秘密保护的涉案经营信息不能同时归属于原告三家公司,三原告无权共同提起本案诉讼,二审法院经审理对其该主张未予支持。主要理由在于:一方面,三原告为关联公司,股权互有交叉且法定代表人相同。三原告表示其在实际经营中采取了"三块牌子,一套人马"的模式,共同经营中国高尔夫网,其员工虽然系与某一公司签订劳动合同、保密协议等,但员工在具体工作中会根据岗位、级别差异接触到三原告共同的经营信息。三原告还表示,其主营业务系为高尔夫球场预订提供中介服务,主要有两类客户:一是国内各大金融机构客户,二是国内高尔夫球场和练习场客户。由于不同的企业客户进行高尔夫项目招标时,需要有不同专项资质的公司进行投标,故三原告分别根据各自的资质向相关企业客户进行投标并签署合同,开展主营业务。金某等五人在一审诉讼中对三原告所述的公司经营管理模式、三原告相互关系及公司员工可接触到三原告共同业务的情况均未持异议,且结合姚某系与北京某体育公司签订劳动合同,却由北京某文化公司与其办理工作交接并为其开具离职证明等案件事实进行分析,亦可佐证三原告的相关主张,故法院对三原告的前述陈述均予以确认。

另一方面,保密措施通常是由商业秘密的权利人所采取的,体现出权利人对其主张商业秘密保护的信息具有保密的主观意愿。在多个权利人作为共同原告对特定信息主张商业秘密保护时,其自然应当体现出对其主张商业秘密保护的信息具有共同保密的主观意愿。根据本案在案证据可知,金某等五人实际上根据各自岗位、级别上的差异接触了三原告共同的经营信息,包括以不同公司名义对外与银行、高尔夫球场进行联络或对外签订合作协议等,这一过程不仅体现了三原告主张作为商业秘密保护的经营信息具有共同性和同一性,事实上也无法对其予以区分并在三原告之间进行分配,而且体现出三原告对其主张商业秘密保护的经营信息具有共同保密的主观意愿。因此,三原告如认为其共同经营过程中形成的经营信息受到

他人不法侵犯，并对该经营信息主张商业秘密保护时，其有权作为共同原告提起本案诉讼。

《最高人民法院知识产权案件年度报告（2016）》中收录的最高人民法院（2014）民三终字第3号侵害商业秘密纠纷案①的裁判要旨认为："当事人虽对相关商业秘密主张共有，但涉案信息实际上是在各当事人处分别形成。故某一当事人采取的保密措施，不能取代其他当事人分别对涉案商业秘密采取的合理保密措施。"该案情况与本案情况不同，该案所涉商业秘密是在较长时间内在多个关联公司处分别形成的，且关联公司之间不存在"三个单位、一套人马、三位一体"等情形，故该案中某一公司采取的保密措施，不能取代其他关联公司分别对涉案商业秘密采取的合理保密措施。而本案中，三原告在实际经营中采取了"三块牌子，一套人马"的模式，涉案商业秘密是在三原告经营过程中同时、共同形成的，三原告对其主张商业秘密保护的经营信息具有共同保密的主观意愿，且采取了共同的保密措施，故当然有权作为共同原告起诉。

二、商业秘密构成要件认定中的举证责任分配问题

要判断三原告主张的商业秘密是否成立，主要应判断三原告主张的经营信息是否符合商业秘密保护的法定要件——秘密性、商业价值性和保密性。但在判断三原告主张的经营信息是否符合前述法定要件之前，首先应查明其主张的经营信息的内容是否具体明确。本案中，二审法院关于商业秘密构成要件的认定从内容是否明确和是否符合商业秘密的"三性"四个方面展开论述：首先，关于三原告主张的经营信息内容是否明确。三原告主张其开发管理的"21Glof"球场管理系统和MIS系统中的相关数据信息构成商业秘密，但根据其在本案诉讼中提交的系统界面截图和"21Golf"管理系统操作视频，仅能显示涉案两个系统的部分界面信息及人员权限情况，尽管能体现出三原告对涉案两个系统收录的信息按不同人员岗位设置不同的操作使用权限，但无法显示三原告主张的系统数据信息的全部内容，也无法准确、清晰地对应三原告在本案中提交的与各高尔夫球场所签

---

① 上诉人化学工业部某合成材料厂、南通某合成材料有限公司、南通某工程塑胶有限公司与被上诉人南通市某实业有限公司、周某敏、陈某新等侵害商业技术秘密和商业经营秘密纠纷案。

订合同中的相关信息。此外，诚如北京某投资公司和金某等五人所述，三原告提交的前述系统截图及视频均无法反映形成时间，由于金某等五人至迟已于 2013 年 7 月 25 日离职，三原告提交的证据无法体现相关系统数据信息形成于该时间点之前。因此，三原告在本案中诉请保护的相关系统数据信息虽属于其经营信息，但不足以证明相关证据中显示的系统数据信息属于金某等五人在三原告工作期间已形成的信息，且该信息体现的内容不够明确具体，故法院对三原告在本案中主张对其"21Glof"球场管理系统和 MIS 系统中的相关数据信息进行商业秘密保护不予支持。

在商业秘密侵权纠纷案件中，商业秘密构成要件认定中的举证责任分配应当遵循"谁主张，谁举证"的基本规则，三原告首先需要举证证明其主张的商业秘密符合法定要件——秘密性、商业价值性和保密性。关于"秘密性"，由于判断"秘密性"主体标准的相对性和秘密状态的相对性对"秘密性"的举证义务没必要要求过高。原告只要提供了证明秘密性的优势证据或者对其主张的商业秘密信息与公有领域信息的区别点作出充分合理的解释或者说明的，可以认定"秘密性"成立。法院结合被告的抗辩以及社会公知常识、行业普遍认知等通常能够进行认定。关于"商业价值性"在实践中几乎没有争议。在我国法院审理的侵害商业秘密纠纷案中，在法院已认定涉案信息具有"秘密性"的情况下，尚未发现因其不具有"商业价值性"而被认定为不构成商业秘密的案件。关于"保密性"，只要原告采取的保密措施在正常情况下足以防止商业秘密泄露的，应当认定其采取了相应保密措施，该要求不宜过高。

本案中，在关于商业秘密"三性"的论述中，二审法院结合案件事实和证据深入分析了三原告主张的其与各高尔夫球场、相关银行签订的合作协议具有秘密性和商业价值性，但关于前述协议是否具有"保密性"，二审法院区分不同情况进行了分析。首先，关于三原告与高尔夫球场签订的合作协议，除大量合作协议中未约定保密条款外，确有若干合作协议进行了保密约定，如其于 2011 年至 2013 年期间与上海某高尔夫乡村俱乐部有限公司等 20 余家公司签订的合作协议中，均明确约定了协议双方或一方应负担相应的保密义务。对此二审法院认为：对于三原告与高尔夫球场签订的合作协议是否采取了保密措施，应当区别对待。一方面，对于三原告与高尔夫球场签订的合作协议中未约定保密条款的情形，鉴于三原告未能对与高尔夫球场的合作信息采取与其商业价值相适应的合理保护措施，防止信息泄露，故法院对三原告主张其与相关球场之间的合作信息属于商业秘密不予支持。另一方面，对于三原告与高尔夫球场签订的合作协议中约定双方对协议内容均负担保密义务之保密条款的情形，应当认为三原告已经对其与相关高尔夫球场的合作信息采取了与其商业价值相适应的合理保护措施，故对三原告主张该部分经营信息属于其商业秘密予以支持。其次，关于三原告主张的其与相关银行的合作协议，由于三原告与金某等五人签订有保密合同，且其与银行的合作协议中均约定有保密条款，故法院根据现有证据认定三原告已经对其采取了合理保护措施。综上，二审法院认定三原告主张的其与高尔夫球场签订的约定有保密条款的合作协议中承载的相关合作信息，以及其与银行签订的合作协议中承载的相关合作信息，均构成商业秘密。

需要注意的是，由于本案中三原告主张的涉案侵害商业秘密的行为均发生于1993年《反不正当竞争法》施行期间，故本案的审理适用1993年《反不正当竞争法》。此后，我国《反不正当竞争法》分别于2017年、2019年进行了两次修订或修正。根据2019年《反不正当竞争法》第三十二条的新增规定，其降低了原告关于"秘密性"和"保密性"的举证难度，并赋予法院根据案件情况适时将举证责任转移给被告的自由裁量权。本案二审审理时，我国《反不正当竞争法》尚未经过前述修订或修正，但本案的审理充分体现了此后修订的新法的相关规定的精神。例如，针对北京某投资公司等主张的三原告与广发银行、中国银行等签订的合作协议均为银行提供的格式合同，故不具有"秘密性"的主张，二审法院认为：虽然合作协议系在银行提供的格式合同基础上修改而来，但其中明确约定了双方的合作模式、流程、价格、联系人、联系方式等内容，考虑到三公司与广发银行、中国银行等签订的合作协议基本上均针对银行的高端客户专门定制，其中的服务模式、服务流程和各项服务的具体价格更是对于能否中标及合作协议能否签订具有重要影响，而该信息显然并不属于该领域内从业人员普遍知悉且容易获得的信息。这就未对三原告提交的其与银行签订的相关合作协议的"秘密性"提出过高的举证责任要求。

三、侵害商业秘密行为认定中的举证责任分配

商业秘密权利人提供证据证明被诉当事人的经营信息与其商业秘密相同或者实质相同，且被诉当事人具有接触或者非法获取该商业秘密的条件，根据案件具体情况或者已知事实以及日常生活经验，能够认定被诉当事人具有采取不正当手段的较大可能性，可以推定被诉当事人采取不正当手段获取商业秘密的事实成立。

本案中，虽然无直接证据证明北京某投资公司明知金某、徐某、姚某违反约定侵犯了三原告的商业秘密，但法院根据案件具体情况、已知事实以及日常生活经验，能够认定北京某投资公司应知此三人实施的涉案侵权行为，并进一步认定北京某投资公司具有采取不正当手段的较大可能性。故推定其采取不正当手段获取商业秘密的事实成立。具体理由如下：北京某投资公司在明知与相关银行开展高尔夫服务具有较高的准入门槛，而其于2013年之前并未将提供高尔夫服务作为主营业务，且明知金某、徐某、姚某曾在三原告处工作并能够接触三原告处有关高尔夫服务业务的情况下，委派徐某等人参与同中国银行等的合作并顺利签订合作协议；在没有证据证明北京某投资公司于2014年2月28日之前曾与广发银行签订过类似合作内容的高尔夫服务协议的情况下，金某在入职北京某投资公司后不久，北京某投资公司即参与广发银行此项高尔夫服务项目投标，后顺利中标并签订合作协议。在此过程中，北京某投资公司知晓金某、徐某、姚某非法披露三原告与相关银行合作形成的商业秘密，并在经营中积极利用该商业秘密的主观故意体现得十分明显。据此，法院认定，北京某投资公司与金某、徐某、姚某均实施了涉案侵害商业秘密的行为，应当各自承担相应的侵权责任。

一审法院合议庭成员　曹丽萍　袁卫　郑东涛
二审法院合议庭成员　刘义军　崔宁　张宁
编写人　刘义军

33. 河北某农牧公司诉北京市某禽业公司、杨某侵犯商业秘密纠纷案

——技术信息公开而不构成商业秘密的认定

关键词　商业秘密　技术信息　秘密性

基本案情

原告河北某农牧公司诉称：原告是一家从事蛋鸡育种、扩繁推广商品代蛋鸡的民营企业，于2014年成功研发出红羽粉壳蛋鸡配套系的培育方法，并应用该方法成功培育了"大午金凤"蛋鸡配套系。在"大午金凤"蛋鸡配套系的培育过程中，原告制定了保密制度，规定了保密人员的范围和保密事项、涉密技术的范围、保密管理和奖惩制度，采取了保密措施。被告杨某利用其职务便利获得了原告的技术秘密后，与被告北京市某禽业公司开展合作，作为第一完成人与该公司共同培育了"京粉6号"蛋鸡配套系。"京粉6号"与原告培育的"大午金凤"蛋鸡在外观、生产性能等方面高度一致，在产蛋期成活率等指标测定值高度一致、实质相同。被告杨某在极短时间内培育成"京粉6号"蛋鸡配套系，与育种科学规律严重不符，且不能说明其技术的合法来源。被告因侵权行为获得了巨额非法利益，同时给原告造成了巨大经济损失。北京市某禽业公司在明知是原告的商业技术秘密后，仍然与杨某共同利用该商业技术秘密，共同培育"京粉6号"蛋鸡配套系，原告有权要求二被告承担连带赔偿责任。据此，原告河北某农牧公司诉至一审法院，请求：（1）依法确认原告的红羽粉壳蛋鸡配套系的培育方法为商业秘密，被告立即停止对该商业秘密的侵害；（2）二被告连带赔偿原告经济损失5000万元及各项合理支出20万元；（3）二被

告承担本案案件受理费、公告费、保全费、鉴定费等。

被告北京市某禽业公司、杨某共同辩称：（1）本案被控侵权的"京粉6号"蛋鸡配套系完成于2014年至2015年，是北京市某禽业公司与北京某高校合作，采用先进的基因技术独立培育出的具有自主知识产权的蛋鸡品种。（2）北京市某禽业公司自主研发的"京粉6号"配套系与河北某农牧公司的"大午金凤"配套系在育种目标、育种素材等方面具有明显区别，河北某农牧公司主张北京市某禽业公司侵犯其技术秘密，明显缺乏事实依据。（3）"大午金凤"配套系属于国家蛋鸡产业技术体系协议项下的技术成果，其相应的知识产权及成果，属于国家所有。杨某作为首席科学家和北京某高校的教授，对北京市某禽业公司和河北某农牧公司提供蛋鸡技术研发的指导工作，系履行职务行为。（4）粉壳蛋鸡羽色自别雌雄品系的选育，在现有技术中已经有充分的研究与报道，并不是河北某农牧公司所创造的，而是北京某高校研究团队的技术成果，"大午金凤"配套系对于羽色自别雌雄技术体系并不享有知识产权。

法院经审理查明：河北某农牧公司成立于1997年4月，是国家级蛋鸡核心育种场、国家级蛋鸡扩繁基地，经营范围包括"京白939"祖代种鸡及鸡蛋、"京白939"、海兰灰、海兰褐、罗曼褐等商品代雏鸡及种蛋的零售。河北某农牧公司在2004年专门成立了育种团队，开始研究能羽色自别雌雄的红羽粉壳蛋鸡。从2009年起，河北某农牧公司与北京某高校合作，共同研发红羽粉壳蛋鸡品种。河北某农牧公司称其"大午金凤"蛋鸡配套系培育技术方案完成于2014年。从2011年至2020年，河北某农牧公司（综合实验站依托单位）与北京某高校（产业技术研发依托单位）逐年签订《国家蛋鸡产业技术体系综合实验站任务委托协议》。在该委托协议"四、共同条款"部分下第九条约定"在体系建设过程中形成的知识产权及成果归国家所有，其管理及使用参照国家有关规定执行，形成的知识产权及成果统一标注'国家蛋鸡产业技术体系建设专项经费资助'"。杨某除参加"大午金凤"蛋鸡配套系的中试论证外，还参加了中试推广论证会、由国家畜禽遗传资源委员会组织的现场审定汇报会。河北某农牧公司与员工签订的《劳动合同书》第八条、第九条约定，员工应当在合同期内和解除、终止合同之后保守公司的商业秘密和其他秘密，不得对外泄露公司的生产原料及配方、客户资料等信息；员工在公司所学的专有技术，在合同期内和解除、终止合同后，不得利用该专有技术进行同业竞争，不得许可使用、转让、披露该专有技术。

北京市某禽业公司成立于 1991 年 1 月 4 日，经营范围包括畜禽饲养、种畜禽生产（京红 1 号、京粉 1 号、京粉 2 号父母雏代鸡、商品代雏鸡）等。北京市某禽业公司与北京某高校合作，研发出"京粉 6 号"蛋鸡配套系品种，并在 2017 年 12 月与北京某高校共同向国家畜禽遗传资源委员会申请蛋鸡配套系新品种。在申请新品种审定表列出的主要培育人员中，包括杨某等 3 人，并注明工作单位是北京某高校，其余为北京市某禽业公司的技术人员。北京市某禽业公司称其"京粉 6 号"蛋鸡配套系培育技术方案完成于 2014 年至 2015 年。北京市某禽业公司认为被控侵权的"京粉 6 号"蛋鸡配套系培育技术方案采用的是现有技术，没有使用河北某农牧公司主张的商业秘密点 1；河北某农牧公司的商业秘密点 2 利用的是基因片段缺失，而被控侵权技术方案利用的是基因点突变，二者有所区别；关于商业秘密点 3，"二者的父本、母本的快慢羽完全相反，父母代及商品代雌雄鉴别方式也不同"。

案外人北京某高校于 2014 年 9 月 26 日向国家知识产权局申请了第 201410505667.7 号、名称为"粉壳蛋鸡羽色自别雌雄配套系的培育方法"的发明专利，公布日为 2015 年 1 月 14 日，授权公告日为 2016 年 5 月 18 日，原专利权人是北京某高校。2018 年 5 月 9 日，北京某高校与河北某农牧公司签订了协议，约定河北某农牧公司成为共同专利权人，并向国家知识产权局提出了专利权人著录变更申请。2018 年 6 月 22 日，国家知识产权局著录项目变更生效。

北京知识产权法院于 2022 年 6 月 30 日作出（2019）京 73 民初 1359 号民事判决：驳回河北某农牧集团种禽有限公司的诉讼请求。宣判后，双方当事人均未上诉，该判决已生效。

裁判理由

法院生效裁判认为：

一、河北某农牧公司可以作为本案适格原告，主张相关权利

河北某农牧公司在本案中主张的商业秘密内容，其核心系围绕获得国家有关部门审批授予的"大午金凤"蛋鸡配套系新品种的技术方案。根据畜禽新品种所具备的特点、属性等,河北某农牧公司围绕该新品种主张商业秘密的实质,显然也离不开其申请并被授予的"大午金凤"蛋鸡配套系新品种的技术方案。北京某高校作为"参加培育单位",在其明确表示对河北某农牧公司提出的商业秘密不主张权利,亦不参加诉讼的前提下,河北某农牧公司作为国家畜禽遗传资源委员会颁发的新品种证书上列明的培育单位,有权以原告的身份提起本案诉讼。

二、河北某农牧公司主张的秘密点不构成1993年《反不正当竞争法》规定的商业秘密

河北某农牧公司主张的商业秘密内容均是围绕"大午金凤"蛋鸡新品种(配套系)这一技术成果。蛋鸡配套系技术属于现有技术,而河北某农牧公司取得新品种证书的"大午金凤"蛋鸡配套系改变了以往从洛岛红父系群体中寻找商品代母鸡出现红羽原因的做法,选取白来航母鸡与洛岛红公鸡进行杂交,并对商品代母蛋鸡产生的红羽现象进行研究,培育出的粉壳蛋鸡品种能够通过羽色识别雌雄。河北某农牧公司在本案中主张的商业秘密内容均明确体现在第201410505667.7号"粉壳蛋鸡羽色自别雌雄配套系的培育方法"的发明专利说明书中,另有部分内容可见于早先发表的相关公开出版物。该项专利系北京某高校根据其与河北某农牧公司在《国家蛋鸡产业技术体系综合实验站任务委托协议》中的"在体系建设过程中形成的知识产权及成果归国家所有"的约定申请的,北京某高校申请专利的行为具有契约上的合法性。而河北某农牧公司在该项专利获得授权后,通过与北京某高校达成的协议,经著录项目程序变更后成为共同专利权人,系其真实意思的表示,其行为可视为同意将"大午金凤"蛋鸡配套系技术寻求专利制度的保护。河北某农牧公司已申请成为第201410505667.7号"粉壳蛋鸡羽色自别雌雄配套系的培育方法"专利的共同权利人,即表示其依照《专利法》的规定,同意将上述专利技术方案公之于众,包括专利申请在2015年1月14日被依法公布的行为。河北某农牧公司应当预见并应承担其行为的法律后果,即其"大午金凤"蛋鸡配套系技术方案丧失了"不为公众所知悉"的条件,因而不构成受《反不正当竞争法》保护的商业秘密。

裁判要旨

商业秘密和专利法律制度在是否将智力成果公之于众的要求方面截然相反，权利人只能择其一适用。如果权利人选择商业秘密保护模式，则必须符合"不为公众所知悉"的要求；若权利人就商业秘密申请专利且专利申请文件被公开，则相关信息的秘密性将随之丧失，不能再获得商业秘密的法律保护。

关联索引

2019年《中华人民共和国反不正当竞争法》第九条第四款

一审：北京知识产权法院（2019）京73民初1359号（2022年6月30日）

法官评析

本案为一起典型的侵害商业秘密纠纷民事案件。2019年《反不正当竞争法》第九条所保护的商业秘密包括技术信息即技术秘密，以及经营信息两个类型。本案涉及的是技术秘密。指控他人侵害商业秘密的行为成立，应当具备以下要件：第一，权利人请求保护的内容属于受《反不正当竞争法》保护的商业秘密，且应当达到2019年《反不正当竞争法》第九条中所规定的"不为公众所知悉、具有商业价值并经权利人采取相应保密措施"的要求，并且为可复制的有形载体。第二，起诉人是该技术秘密的权利所有人。第三，被控侵权行为人使用的被控产品或方法的技术方案中包含有权利人所主张的技术秘密内容。第四，被控侵权行为人使用的被控产品或方法的技术方案没有合法来源。第五，被控侵权行为人以盗窃、贿赂、欺诈、胁迫、电子侵入或者其他不正当手段获取权利人的商业秘密，或以合法形式接触过权利人的技术秘密，但其违反保密义务或者违反权利人有关保守商业秘密的要求，披露、使用或者允许他人使用其所掌握的商业秘密。上述侵害商业秘密行为的成立要件系必备要件，缺一不可。也就是说，如果本案原告在本案中提供的证据不能满足上述条件中的任何一项，其侵权指控即不能成立。

河北某农牧公司起诉之前，曾就被告北京市某禽业公司申请新品种授权的"京粉6号蛋鸡（配套系）"，即本案被控侵权技术方案，向国家畜禽遗传资源委员会提出异议，认为其享有技术秘密。国家畜禽遗传资源委员会经过评审，形成以下决议意见：该委员会认为二者的育种目标不同、育种素材不同、技术路线和选育方法不同、父母代和商品代雌雄鉴别方式不同、红羽遗传机制和选择方法不同、生产性能有明显不同。法院对国家畜禽遗传资源委员会作出的上述评审意见进行审查和分析判断后，认为理由和结论正确，可以采信，能够作为审理案件的证据。如果把这份国家畜禽遗传资源委员会作出的评审意见作为定案依据，相当于认定河北某农牧公司指控北京市某禽业公司非法使用的"京粉6号蛋鸡（配套系）"技术方案与其主张的"大午金凤"配套系技术方案有本质区别，没有满足侵害商业秘密行为成立的第三个要件，即"被控侵权行为人使用的被控产品或方法技术方案中包含有权利人所主张的技术秘密内容"，河北某农牧公司的侵权指控不成立，就此可以驳回其诉讼请求。但是，在知识产权侵权事实中，应当遵循先审查原告的主体资格、其权利依据是否合法有效、受法律保护的审理原则，这是对知识产权侵权案件审理提出的程序性要求。如果原告的主体资格不适格，则应裁定驳回其起诉；如果原告的权利依据不合法、存在瑕疵，或不能受到法律的保护，则应判决驳回其诉讼请求。据此，人民法院在审理本案时并未先行根据国家畜禽遗传资源委员会作出的评审意见，认定北京市某禽业公司的技术方案不侵权，而是首先依法审查河北某农牧公司的主体资格是否适格，其主张的技术秘密是否成立，能否得到反不正当竞争法的保护。

首先，对于河北某农牧公司的主体资格，即其能否作为原告起诉的问题。该公司在本案中主张的技术秘密内容的核心系围绕获得国家有关部门审批授予的"大午金凤"蛋鸡配套系新品种的技术方案。另外，根据畜禽新品种所具备的特点、属性等，其围绕该新品种主张商业秘密的实质，显然也离不开其申请并被授予的"大午金凤"蛋鸡配套系新品种技术方案。鉴于河北某农牧公司是向国家有关部门申请"大午金凤"蛋鸡配套系新品种的申请人，又系国家畜禽遗传资源委员会颁发的新品种证书上列明的培育单位，因此，可以认定其是配套系新品种技术秘密的权利人，有权以原告的身份提起本案诉讼，即主体资格适格。

其次，对于河北某农牧公司所主张的技术秘密是否成立，能否得到反不正当竞争法保护的问题。根据2019年《反不正当竞争法》的规定，商业秘密的构成要件之一是不为公众所知悉，在诠释何为"不为公众所知悉"时，《最高人民法院关于审理不正当竞争民事案件应用法律若干问题的解释》（2020年修正）第九条中列举了几种相反的情形，即不构成"不为公众所知悉"的情况，如该信息已经在公开出版物或者其他媒体上公开披露；该信息已通过公开的报告会、展览等方式公开；该信息从其他公开渠道可以获得……如果属于该情形，则原告主张的商业秘密因不符合法定"不为公众所知悉"的要求，不能得到反不正当竞争法保护。本案中，河北某农牧公司主张的技术秘密内容均明确体现在第201410505667.7号"粉壳蛋鸡羽色自别雌雄配套系的培育方法"的发明专利说明书中。就该项专利而言，系案外人根据其与河北某农牧公司在《国家蛋鸡产业技术体系综合实验站任务委托协议》中的"在体系建设过程中形成的知识产权及成果归国家所有"的约定申请的，该行为具有契约上的合法性。在该项专利获得授权后，河北某农牧公司通过与北京某高校达成的协议，经著录变更程序后成为共同专利权人，系其真实意思的表示，该行为可视为其同意将"大午金凤"蛋鸡配套系技术寻求专利法律制度的保护。

虽然我国知识产权法律体系就同一项智力成果客体可以为权利人提供多重法律制度的保护，但单就商业秘密和专利法律制度而言，如果权利人主张按照商业秘密给予保护，就必须符合"不为公众所知悉"的要求，防止技术外泄，一旦被公之于众，其秘密性即丧失，不再构成所谓的商业秘密，不能得到反不正当竞争法的保护。如果权利人选择专利制度保护，前提是须将其技术方案公之于众，即"以公开换保护"。显然，这两种法律制度在是否将智力成果公之于众的要求方面截然相反、相互排斥，权利人只能择其一。鉴于河北某农牧公司已申请成为第201410505667.7号"粉壳蛋鸡羽色自别雌雄配套系的培育方法"专利权的共同权利人，即表示其依照《专利法》的规定，同意将上述专利技术方案公之于众，属于前述司法解释所规定的"该信息已经在公开出版物或者其他媒体上公开披露；该信息已通过公开的报告会、展览等方式公开；该信息从其他公开渠道可以获得"的情况，丧失了"不为公众所知悉"的条件，不再受反不正当竞争法的保护。据此，人民法院判决驳回河北某农牧公司的诉讼请求。

一审法院合议庭成员 何暄 宋堃 肖玲玲

编写人 何暄

34. 北京某软件公司诉北京某科技公司等侵害商业秘密纠纷案
——单一客户的深度信息构成商业秘密的认定标准

关键词 不正当竞争 商业秘密 特定客户

基本案情

原告北京某软件公司诉称：原告于 2005 年 3 月 25 日设立，在 10 年来的经营活动中投入了大量人力、物力形成了客户名单信息。被告陈某、石某某曾是原告公司员工，和原告签订有《员工保密协议》，协议约定：商业秘密包括原告的决策信息、技术信息、营销信息等。双方劳动合同关系终止时或终止后，员工不得向第三方公司泄露公司商业秘密或利用其已掌握的商业秘密为自己或第三方服务。被告陈某、石某某当时在原告企业的移动服务部担任高级顾问职务和技术工程师职务，并被派往原告的客户某管道公司工作。某管道公司是一家国有企业，要成为其合作伙伴，有严格的资质要求。原告投入了大量的人力物力和时间才获得了某管道公司招投标市场的准入证，并成为其企业移动应用平台项目建设的产品提供商和服务提供商，进而拥有企业移动应用平台系统运维的"单一来源谈判"资格，承担该系统的运维支持、系统完善和二次开发工作。被告陈某和石某某在还未从原告公司离职时就于 2014 年 5 月 7 日设立了被告北京某科技公司，经营范围与原告公司基本相同，两公司存在直接的市场竞争关系。2014 年 6 月，陈某和石某某从原告公司离职又正式入职被告北京某科技公司后，违反与原告的保密协议约定，利用其掌握的原告商业秘密，采用不正当竞争的手段向原告的客户某管道公司销售相同技术的服务，构成了不正当竞争。故起诉至法院，要求北京某科技公司、陈某、石某某停止侵害北京某软件公司商业秘密的行为，公开向北京某软件公司赔礼道歉、消除影响，共同赔偿北京某软件公司经济损失50万元及合理费用2万元，合理费用包括律师费16000元，交通费4000元，并承担本案诉讼费用。

被告北京某科技公司、陈某、石某某辩称：不同意原告的诉讼请求，三被告没有侵害原告的商业秘密。原告的客户名单是在网站上公开展示的，并没有采取相应的保护措施，所以不属于商业秘密。

法院经审理查明：2012年7月，陈某、石某某入职北京某软件公司，签署了包括《保密协议》《员工知识产权承诺协议》等一系列具有保密性质的协议。二人在职期间受北京某软件公司的指派，参与了与某管道公司的项目合作，涉及移动应用平台项目。2014年5月7日，陈某配偶李某某与石某某（后变更为石某某之母韩某）作为自然人股东成立了北京某科技公司，李某某占股70%，石某某占股30%。2014年6月，陈某、石某某自北京某软件公司离职。后，陈某、石某某以北京某科技公司名义与某管道公司开展合作，2014年12月，北京某科技公司与某管道公司签订了《中国石油企业移动应用平台项目平台更新功能完善技术服务合同》。2015年11月，某管道公司信息中心出具《中国石油企业移动应用平台项目系统运维与用户支持技术服务工作任务书》，邀请北京某科技公司作为单一来源方谈判采购，北京某科技公司进行了三轮报价，其中第三轮报价为235万元。另外，北京某科技公司与某管道公司合作期间，其接触的某管道公司项目负责人有曹某、安某某、张某等人，上述人员同为陈某、石某某在北京某软件公司任职期间接触到的某管道公司相关项目人员。北京某软件公司主张北京某科技公司、陈某、石某某侵犯其商业秘密即客户名单，其内容包括某管道公司的客户交易习惯、需求、价格承受能力、项目负责人的性格特点、联系方式、地址，以及北京某软件公司与其形成的稳定交易关系。

北京市海淀区人民法院于2017年6月29日作出（2016）京0108民初7465号民事判决：北京某科技公司、陈某、石某某立即停止侵害北京某软件公司涉案商业秘密的行为，共同赔偿北京某软件公司经济损失20万元、律师费16000元，并在北京某科技公司网站刊登声明，消除影响。宣判后，北京某科技公司、陈某、石某某以一审法院适用法律错误为由提起上诉。

秩序之锚——北京知识产权法院竞争垄断典型案例

北京知识产权法院于 2017 年 11 月 15 日作出（2017）京 73 民终 1776 号民事判决：驳回上诉，维持原判。

裁判理由

法院生效裁判认为：

关于本案商业秘密的认定。商业秘密，是指不为公众所知悉、能为权利人带来经济利益、具有实用性并经权利人采取保密措施的技术信息和经营信息。依照相关法律和司法解释，商业秘密具有以下三个特点：秘密性、价值性、保密性。秘密性是指"不为公众所知悉"，即有关信息不为其所属领域的相关人员普遍知悉和容易获得；价值性则是指"能为权利人带来经济利益、具有实用性"，即有关信息具有现实的或者潜在的商业价值，能为权利人带来竞争优势；保密性则是指"采取保密措施"，即权利人应采取与其商业价值等具体情况相适应的合理保护措施来防止信息泄露。

第一，关于秘密性。某管道公司作为中石油系统的企业，考虑到其开展业务的准入门槛和市场化程度，虽然在相关网络媒体上有相关项目的概括性介绍，但所属领域的相关人员通过公开渠道无从得知具体项目内容、审批资金来源、前期服务的运营标准、项目验收标准、价格承受能力等核心信息，也无从知晓相关负责人的联络方式、性格特点、交易习惯、交易倾向等深度信息，而这些信息是把握商业机遇和取得竞争优势的关键，特别是对于软件开发运维服务这类更新换代快、时限性要求较高的领域。

第二，关于价值性。正所谓："知己知彼，百战不殆。"商场如战场，在具体的商业项目中，客户的交易需求、特殊偏好、实际验收标准、价格承受能力，往往是极为重要的核心信息，特别是价格承受底线等敏感信息，往往需要在长期的商业合作、商务谈判、市场调研中才能获得，也是商业主体争取竞争优势、成功获取项目的关键。掌握客户的核心需求、特殊偏好以及价格底线，能够使得竞争者在最短的时间内、以最低的代价在竞争中把握住机遇，成功获得合作机会，赚取商业利润，显然具有重要的商业价值。本案中，陈某、石某某在北京某软件公司任职期间，作为核心人员长期参与北京某软件公司与某管道公司之间的移动平台运维项目，完全有机会通过参加相关商业谈判、审查合同中的技术细节等渠道接触到上述信息。

第三，关于保密性。保密性的要求应当根据涉密载体的特性、权利人的保密意愿、保密措施的可识别程度、保密信息的知悉人员范围等因素，根据具体情况予以判断。

本案中，北京某软件公司与陈某、石某某签署了包含保密与竞业禁止的劳动合同、竞业限制协议、员工知识产权承诺协议、保密协议，通过多种书面形式向其强调了保守商业秘密的要求。虽然陈某辩称竞业禁止协议因北京某软件公司未向其发送书面竞业限制告知书而未生效，但查阅该竞业禁止协议的条款可知，该协议明确了北京某软件公司有权在二人离职之前的任何时间发送竞业限制告知书，而二人在离职之前约一个月即发起成立了与北京某软件公司有直接竞争关系的北京某科技公司，实际上否决了北京某软件公司依据竞业禁止协议所享有的在二人离职之前的任何时间发送竞业限制告知书的选择权。

经二审法院询问，北京某软件公司称其与某管道公司签订的商业合同等信息，仅限于在本公司一定范围内的人员知悉，结合陈某、石某某以上的主观状态与客观行为，二审法院认定北京某软件公司对涉案商业秘密基本上采取了相适应的保密措施。

裁判要旨

仅包含一个特定客户的单一客户名单，如果其上附着的客户信息属于在长期稳定交易关系中形成的包含客户需求类型、特殊经营规律、交易习惯、交易倾向、验收标准、利润空间、价格承受能力，以及相关负责人联络方式、性格特点等难以从公共渠道获得，或者正当获得需要投入一定的人力、物力、时间成本的信息，则属于深度信息。如上述深度信息同时具备价值性、秘密性、保密性，对其按照商业秘密进行保护能够遏制不劳而获、促进公平有序竞争的，则应认定该单一客户名单属于商业秘密。

关联索引

1993年《中华人民共和国反不正当竞争法》第二条、第十条、第二十条

一审：北京市海淀区人民法院（2016）京0108民初7465号（2017年6月29日）

秩序之锚——北京知识产权法院竞争垄断典型案例

二审：北京知识产权法院（2017）京73民终1776号（2017年11月15日）

法官评析

《最高人民法院关于审理不正当竞争民事案件应用法律若干问题的解释》第十三条规定："商业秘密中的客户名单，一般是指客户的名称、地址、联系方式以及交易的习惯、意向、内容等构成的区别于相关公知信息的特殊客户信息，包括汇集众多客户的客户名册，以及保持长期稳定交易关系的特定客户。"实践中，认定单一特定客户名单构成商业秘密的尺度和标准则较为模糊。据统计，2006年以来，北京市海淀区人民法院审理的因员工离职引发的侵害商业秘密纠纷案件，原告获得支持的比例不到10%。究其原因，很大程度上与原告无法准确判断离职员工带走的信息是否属于商业秘密有关。

《反不正当竞争法》的立法目的在于保护公平竞争、保护经营者和消费者的合法权益，促进社会主义市场经济健康发展。为衡平相关主体的利益诉求，在确定具体标准时应把握以下两个原则：一是避免过分扩大商业秘密的认定范围，防止权利人垄断与其具有长期稳定关系的客户，以保持市场活力；二是避免过高地设定商业秘密的门槛，从而放纵侵权人不劳而获的行为。

本案采用了客观标准与价值判断相结合的方法，第一步进行特征筛选，审查有关信息是否具备商业秘密的基本特征；第二步结合立法目的进行价值判断，衡平反不正当竞争法中的多元价值诉求，以校验第一步中所采用的尺度是否准确、合理。

一、客观标准的判断

认定单一客户名单附着的信息是否构成商业秘密，一般有以下几个客观要件：（1）具有秘密性、保密性、价值性。首先审查相关信息是否具备秘密性、保密性、价值性等基本特征。具体来说，审查相关信息是否不为公众所知悉，是否在权利人内部限定了知悉范围，是否采取了相适应的保密措施，是否可用来在相关领域内建立一定的竞争优势。（2）该信息系在长期稳定的交易关系中形成，正常情况下难以获得。一般来说，深度信息是在长期稳定的商务往来、相互信任的交易关系下获知的,偶然的、一次性的交易关系中形成的信息不在此列。深度信息一般包括客户的需求类型、特殊经营规律、交易习惯、交易倾向、验收标准、利润空间、价格承受能力,以及相关负责人的联络方式、性格特点等。以上信息若非通过长期的感知和总结,甚至进行有针对性的调研,是很难获知的。(3)权利人获取上述深度信息,付出了一定的人力、物力、财力、时间成本。通过公共渠道不需要耗费太多的精力即可获得的信息一般不在此列,在具体衡量时,亦应当注意对尺度的把握。简单整理的信息,虽然需要付出一定的劳动,但通常达不到商业秘密的高度。(4)侵权人利用不正当手段获取相关信息,或者为建立不正当竞争优势进行了相关准备工作。如果侵权人用不正当手段获取相关信息,或为谋求不正当竞争优势进行了准备工作,则从侧面表明了相关信息的秘密性、价值性。

本案中,陈某、石某某在2014年5月尚未离职时,就作为实际控制人共同发起成立了北京某科技公司,并于2014年6月双双离职。同年年底北京某科技公司即与某管道公司成功签署《技术服务合同》,该合同的服务内容正是陈某、石某某在北京某软件公司就职期间从事的工作内容。其利用在北京某软件公司获知的客户深度信息,短期内建立起不正当竞争优势,既有主观谋划又有长期准备,从侧面印证了相关信息属于商业秘密的事实。

二、根据《反不正当竞争法》的立法目的进行价值衡量

对基本符合以上特征的客户信息,要结合《反不正当竞争法》的立法目的进行价值衡量,既要避免权利人垄断市场,也要遏制侵权人不劳而获,合理确定判断尺度。如相关信息在未经权利人同意的情况下,被他人利用并建立起不正当的竞争优势,侵占原本属于权利人的交易机会和市场空间,则应按照商业秘密加以保护。如果对相关信息按照商业秘密进行认定,其结果却导致权利人垄断长期交易客户,不利于良性的市场竞争,则应当重新审视判断尺度,予以严格把握。

一审法院合议庭成员　张江洲　梁铭全　袁　卫
二审法院合议庭成员　张　宁　崔　宁　宋　晖
编写人　张　宁

35. 北京甲某公司诉北京乙某公司等侵害技术秘密和因恶意提起知识产权诉讼损害责任纠纷互诉案

——以综合类司法建议为抓手，促进智能网联汽车产业健康发展

关键词 综合治理类司法建议 侵害技术秘密纠纷 智能网联汽车产业协同落实

基本案情

原告北京甲某公司主张：其前员工潘某、孙某在离职后创立的北京乙某公司从事自动驾驶技术的研发、测试与应用，涉嫌侵犯北京甲某公司自动驾驶领域最核心的算法技术方案、硬件和源代码等技术秘密，于2022年7月28日向北京知识产权法院提起诉讼。本案审理过程中，北京乙某公司又以北京甲某公司在其融资关键时间节点提起的前述诉讼属恶意诉讼为由，将北京甲某公司作为恶意提起知识产权诉讼损害责任纠纷的被告诉至北京知识产权法院。北京知识产权法院受理前述两起互诉案件后，组织各方当事人进行了十余次技术勘验和对应性比对，形成了几百页技术勘验笔录，并在此基础上对两起互诉案件合并开庭审理。庭审中，围绕当事人争议的自动驾驶领域的硬件配备、源代码模块设置、算法的实现方案、保密措施等焦点问题进行了细致调查和充分辩论。通过庭审，明晰了案件的核心技术事实和法律关系。庭审后，双方当事人从节约诉讼成本、实现合作共赢、促进行业创新等因素考量，在法院主持下达成和解协议，并分别撤回了两案的起诉。

司法建议

案件审结后,北京知识产权法院走访调研智能网联汽车产业企业、北京市经济和信息化局汽车处、国家知识产权局等单位,围绕智能网联汽车产业发展的制约因素开展深入研究,发现北京市智能网联汽车产业在产业布局、商业化落地、数据安全和知识产权等方面存在制约因素。基于此,北京知识产权法院向北京市高级别自动驾驶示范区工作办公室(以下简称北京市自驾办)发送司法建议,提出了"引导市场主体做好知识产权布局""优化智能网联汽车产业链布局""确保智能网联汽车数据共享与安全"等具体建议。北京市领导专门作出批示,对该三点政策建议予以研究采纳。

北京市自驾办收到司法建议后高度重视,对于其中提出的问题与建议开展了研究,并于2023年11月7日复函北京知识产权法院,提出将结合司法建议及示范区工作实际,在强化市场主体知识产权保护意识、持续优化智能网联汽车产业布局、深入开展数据价值挖掘与保护等方面与法院加强合作。

北京知识产权法院同步紧抓市领导批示要求和司法建议相关工作的落实,对《北京市智能网联汽车数据安全监管沙盒实施方案》提出修改意见,发布《北京知识产权法院侵犯商业秘密民事案件当事人诉讼问题解答》,发挥司法服务保障作用。

裁判要旨

本案涉及自动驾驶领域头部企业的核心算法技术秘密,北京知识产权法院将案件纳入快速审理"绿色通道",积极稳妥推进秘点开示、载体确定、对应性勘验、不公开庭审、庭后调解等各项审理工作,最终促成了纠纷及时和解。

通过本案及后续调研发现,北京市智能网联汽车产业在产业布局、商业化落地、数据安全和知识产权等方面存在制约因素,北京知识产权法院基于此向北京市高级别自动驾驶示范区工作办公室提出综合治理类司法建议,并将相关信息专报至市领导,得到市领导专门批示。在落实批示要求过程中，北京知识产权法院与相关部门继续加强合作，深入发挥调查研究、宣传引导等司法职能作用，有效促进了北京市智能网联汽车产业健康发展，实现了"三个效果"的统一。

关联索引

《最高人民法院关于加强司法建议工作的意见》第七条第二项

一审：北京知识产权法院（2022）京73民初1237号、（2023）京73民初41号（2023年6月2日）

法官评析

《最高人民法院关于加强司法建议工作的意见》明确了司法建议的"创新社会管理"功能，《最高人民法院关于综合治理类司法建议工作若干问题的规定》进一步明确了综合治理类司法建议的目的和规范。综合治理类司法建议如同打开"社会治理之门"的"钥匙"，以一种"软性约束"的方式拓展司法介入社会的广度和深度，如运用得当可延伸审判效果、服务保障大局，以"小切口"书写社会治理"大文章"的典型路径。北京知识产权法院办理本案的过程就充分体现了人民法院紧密结合知识产权审判工作，延伸服务数字经济发展重点行业，针对制约智能网联汽车产业发展的深层次问题，深挖根源，找出症结，及时向有关主管机关或者其他有关单位提出改进工作、完善治理的建议，并开展协作，共同促进智能网联汽车产业健康发展。具体经验如下：

一、以高标准的司法服务确保高效解纷

数字经济时代，技术创新周期不断缩短，市场竞争越发激烈，知识产权司法保护方法和效率需要进一步提升，这对司法能力的现代化提出了更高的要求。近年来，北京知识产权法院架设高价值知识产权案件审理"绿色通道"。本案作为涉及自动驾驶领域头部企业北京甲某公司核心算法的侵害技术秘密案件，第一时间被纳入"绿色通道"，审理中通过将模块式流程分解，积极稳妥推进秘点开示、载体确定、对应性勘验、不公开庭审、庭后调解等各环节，最终促成纠纷和解解决。该案通过高质量庭审促

成纠纷的实质性化解,有效避免了诉讼纠纷对于自动驾驶行业创新活力的负面影响,促成了北京市自动驾驶行业的头部企业与初创企业之间的谅解与合作,实现了自动驾驶领域的良性竞争。

二、以高质量的司法建议为智能网联汽车行业发展提供司法和政策支持

北京知识产权法院充分发挥服务大局的职能,把知识产权保护融入国家发展数字经济的战略背景中,找准审判工作服务国家和首都发展大局的着力点,不但要妥善处理好各类数字经济知识产权案件,发挥司法裁判的指引和示范作用,还要进一步延展审判职能,通过司法建议、决策参考等方式为社会治理提供政策建议,为北京市全球数字经济标杆城市建设贡献司法智慧。智能网联汽车产业,是北京市全球数字经济标杆城市建设的核心产业链之一,是未来汽车产业重要的增长板块,也是未来北京市经济发展强劲的动力引擎。当前,智能网联汽车产业正处于由政策推动向市场化发展过渡的关键时期,自动驾驶解决方案作为智能网联汽车产业链的关键一环,已引发多起与知识产权相关的法律纠纷。因此,北京知识产权法院笃定做好纠纷化解的"后半篇"文章,紧抓案件反映出的苗头性问题不放松,与智能网联汽车产业企业、北京市经济和信息化局汽车处、国家知识产权局等单位开展走访座谈,经调研发现,结合司法实践反映出制约智能网联汽车产业发展的问题主要有以下三点:

一是市场主体知识产权布局亟待完善。由于专利保护需要以公开为代价,且存在授权难度高、周期长的先天不足,使得智能网联汽车行业更多选择商业秘密保护技术创新。但商业秘密保护的权利维护成本高于专利保护,需要市场主体自行采取制度、技术、人员等方面的保密措施。而且,泄密风险大,在商业秘密案件中,80%以上的案件是因员工跳槽引发。因此,为防泄密而单纯选择门槛较低的商业秘密保护路径,难以满足智能网联汽车行业的知识产权保护需求。

二是智能网联汽车产业链布局有待优化。北京市正在规划建设的"车路云网图"五大支撑体系,涉及传感器、芯片、操作系统、计算平台、智能终端、开发工具、动力系统、整车制造等多个技术领域。产业生态各个

链条的合理布局，是实现智能网联汽车产业迭代发展的关键。如何协同以智能技术为核心的初创企业和以制造工艺为优势的传统企业，并将网络服务商和基础设施企业不断融入智能网联汽车企业之中，防止重点企业在个别环节无效集聚，是产业生态完善的关键。

三是智能网联汽车数据共享与安全尤为关键。随着网联化程度的不断加深，人、车、路交互场景和频次增多，进而产生了海量数据。一方面，产业的发展需要数据互联互通，一旦形成数据封闭，出现数据"孤岛"将严重制约产业发展。另一方面，如果缺乏相应的技术支撑、制度保障，数据共享也会增加数据被窃取、泄露，甚至遭遇网络攻击等风险。因此，协调好数据共享与数据安全的关系成为产业发展的新挑战。

基于上述问题，北京知识产权法院从引导市场主体做好知识产权布局、优化智能网联汽车产业链布局、确保智能网联汽车数据共享与安全三个方面提出如下建议：

1. 引导市场主体做好知识产权布局

其一，充分发挥主管部门和行业协会的指导作用，提升市场主体科学的知识产权管理理念，完善企业内部的知识产权布局，采取商业秘密、专利、计算机软件等多种保护制度合力保护的格局。其二，有效发挥商业秘密的保护优势，探索推进行政部门、司法机关、鉴评机构、产业园区和重点企业等共同组建智能网联汽车行业商业秘密保护联盟。其三，注重发挥典型案例的示范警示作用，通过各部门单独或多部门联合发布典型案例的方式，展示智能网联汽车产业涉商业秘密、专利、计算机软件等方面的经验做法和保护成果，促进企业统筹运用知识产权保护工具，早日构筑知识产权"护城河"。

2. 优化智能网联汽车产业链布局

其一，促进产业链合作，鼓励产业链上下游企业建立紧密的合作关系，联合行业头部企业与科研机构共建联合实验室，围绕产业链和车规级芯片深入布局，共同攻克技术难题。其二，通过政策引导和支持，鼓励企业结合自身特点和优势选择不同的环节"上链"，保障产业链各环节布局合理、发展均衡、韧性强劲。其三，在产业链稳定均衡的前提下，推动重点环节的优化升级，强化核心算法、芯片、车载操作系统等关键环节的自主研发能力,实现核心产业价值的国产替代,推动产业链上下游的优化升级,提升整体智能网联汽车产业的竞争力。

3. 确保智能网联汽车数据的共享与安全

其一,制定数据共享标准和规范,明确数据共享协议及其知识产权的归属和保护,建立更加规范和透明的数据授权机制,促进数据互联互通。其二,推进建设数据交换平台,规范数据交易行为,避免数据的非法交易和不当使用,实施数据分类分级管理,实现车企数据价值的最大化。其三,充分利用区块链技术、流量监测技术等提升核心基础技术安全可控能力和数据安全综合防护能力,并在此基础上推进跨领域合作,重点关注跨境数据流动,实现数据要素的整合与创新。

北京知识产权法院将该司法建议发送给北京市智能网联汽车行业主管部门北京市自驾办,并报送市领导,以帮助行业提前预防风险、实质化解纠纷,助力北京市高级别自动驾驶示范区为智能网联汽车产业的创新发展提供更加坚实可靠的政策与平台。上述司法建议和信息获得市领导、管委会领导的专门批示。

三、以高效率的协作机制推动司法建议内容取得实效

为进一步实现司法建议的实效性,北京知识产权法院拓展原有行政司法协作机制,多措并举,协同北京市自驾办做好司法建议的落实工作。具体情况如下:

一是建立常态化协作机制。北京知识产权法院前往北京市高级别自动驾驶示范区进行调研,进一步了解行业企业和主管部门的需求,依托北京知识产权法院原有的与北京市知识产权局、市市场监督管理局、市经信局的常态化专项协作机制,进一步与北京市自驾办等建立常态化协作机制,促进司法、行政和产业保护协同合作。

二是参与地方立法,贡献司法智慧。对北京市经信局制定的《北京市数据安全与治理监管沙盒通用实施方案》《北京市智能网联汽车数据安全监管沙盒实施方案》提出具体修改建议。

三是开展商业秘密普法宣传。依托《北京知识产权法院侵犯商业秘密民事案件当事人诉讼问题解答》与侵犯商业秘密十大典型案例新闻发布

会,将相关资料第一时间提供给北京市自驾办及智能网联汽车行业企业学习使用,提升企业商业秘密的保护意识。

四是北京知识产权法院利用自身优势,与北京市自驾办、市知识产权局、市市场监督管理局、市经信局通力合作,通过向企业进行知识产权普法、开展行业知识产权保护专题调研、探索行业知识产权纠纷多元化解决机制的新举措等方式,加大行业知识产权保护力度,提升市场主体知识产权保护意识,共同营造安全第一、鼓励创新、稳妥推进的智能网联汽车产业发展环境。

一审法院合议庭成员　谢甄珂　李迎新　兰国红
编写人　李迎新

第十一条·商业诋毁条款

36. 北京某文化公司诉广州某文化公司因恶意提起知识产权诉讼损害责任及不正当竞争纠纷案*

——恶意提起知识产权诉讼的司法认定要件

关键词　恶意提起知识产权诉讼　损害责任　不正当竞争

基本案情

原告北京某文化公司诉称：2016年5月至9月，北京某文化公司制作和出品的《吃货宇宙》在戛纳电影节、多伦多电影节上参展引发热烈反响后，广州某文化公司为干扰、阻止北京某文化公司影片的制作和上映，以虚假的事实恶意提起多起知识产权诉讼，诉讼期间以向各种渠道投诉的方式诋毁北京某文化公司的商誉，给北京某文化公司带来困扰和各种损失，损害了北京某文化公司在世界相关公众中的形象。北京某文化公司认为，广州某文化公司实施的系列恶意起诉、恶意投诉、编造虚假信息向国际电影节投诉等行为，主观目的并不是维护其合法权益，而是以恶意提起诉讼的手段有计划、有预谋地针对北京某文化公司实施一系列的不正当竞争。为维护自身合法权益，北京某文化公司起诉至一审法院：（1）请求判令广州某文化公司立即停止所有针对北京某文化公司的不正当竞争行为；（2）请求广州某文化公司在新浪微博连续30天刊登致歉声明，并向其投诉的机构

---

* 本案例入选2021年中国法院年度案例。

发函澄清事实，消除影响；（3）请求判令广州某文化公司赔偿北京某文化公司经济损失100万元，其中包含律师费17万元，翻译费300元。

被告广州某文化公司辩称：北京某文化公司所诉无事实和法律依据，广州某文化公司不存在滥用诉讼的行为，不具有恶意提起诉讼的主观目的。广州某文化公司未曾散布不实言论、虚假投诉，未作出违背诚实信用原则的行为，广州某文化公司实施的系列行为系维护自身的合法权益，不构成不正当竞争行为。故请求法院驳回北京某文化公司的诉讼请求。

法院经审理查明：北京某文化公司是动画电影《吃货宇宙》的制作方和出品方，广州某文化公司是电影《美食大冒险》的制作方，两部电影的元素和定位存在重叠，均计划于2018年在国内上映。

2016年7月6日，广州某文化公司以侵害作品改编权纠纷为案由向北京市丰台区人民法院（以下简称丰台法院）起诉北京某文化公司的股东之一北京某影视科技有限公司（以下简称北京某影视公司），主张其《吃货宇宙》动漫卡通主要形象作品与广州某文化公司的形象作品相似，北京某文化公司模仿、抄袭、改编广州某文化公司已经公开发行的动画作品形象，并请求判令停止制作、对外宣发《吃货宇宙》动漫作品，并在国内著名动漫期刊上发表道歉声明、赔偿经济损失人民币1元。广州某文化公司于2016年11月23日向法院申请撤诉，理由为：起诉有误。

2016年11月17日，广州某文化公司以侵害作品改编权及不正当竞争为案由向北京市海淀区人民法院（以下简称海淀法院）起诉北京某文化公司及其某关联公司，该案事实与理由与丰台法院案件一致，诉讼请求为要求侵权人停止侵害、发表致歉声明，以及赔偿经济损失人民币1万元。2017年5月4日，海淀法院作出（2016）京0108民初40841号民事判决书，判决驳回了广州某文化公司的全部诉讼请求。广州某文化公司不服一审判决，向北京知识产权法院提出上诉。2018年2月20日，北京知识产权法院作出（2017）京73民终1410号民事判决：驳回广州某文化公司的上诉请求，维持一审判决。

2017年4月24日，广州某文化公司的某全资子公司向南京铁路运输法院提起诉讼，主张北京某文化公司及《吃货宇宙》的其他著作权人等实施的涉案行为侵害其《蒸盒号起航》电影作品中动画形象及故事情节的著作权，并主张构成不正当竞争，要求侵权人停止侵权、发表致歉声明并赔偿经济损失 10 万元。2018 年 3 月 20 日，南京铁路运输法院作出（2017）苏 8602 民初 440 号民事判决书。该判决书认为"原被告电影的角色名称不相似，角色的外在整体形象、细节的服饰搭配、五官及身形配比、颜色设置等方面都有明显区别，相似部分仅为食物本身固有外形的惯用表达……两部电影的故事情节并不相似……原告当庭陈述《蒸盒号起航》尚未在市场公映，现有证据无法证明被告有接触原告电影的可能……被告在宣传行为中明确表明其电影出品人为六被告，并无攀附原告的故意，不会造成相关公众混淆与误认，不构成不正当竞争行为"。据此，南京铁路运输法院驳回了广州某文化公司某全资子公司的全部诉讼请求。广州某文化公司的某全资子公司因不服南京铁路运输法院作出的前述一审判决，上诉至江苏省南京市中级人民法院。2018 年 7 月 23 日，江苏省南京市中级人民法院判决驳回上诉，维持原判。

海淀法院于 2018 年 10 月 8 日作出（2018）京 0108 民初 18662 号民事判决：一、广州某文化公司于判决生效之日起停止对北京某文化公司商业诋毁的不正当竞争行为；二、广州某文化公司于判决生效之日起 5 日内向北京某文化公司发送书面致歉声明，消除因本案侵权行为对北京某文化公司造成的影响（内容须事先经一审法院审核，如逾期不履行，法院将根据北京某文化公司的申请将生效判决的主要内容在全国性的媒体上予以公开，相应费用由广州某文化公司承担）；三、广州某文化公司于判决生效之日起 10 日内赔偿北京某文化公司经济损失及合理支出共计 50 万元；四、驳回北京某文化公司的其他诉讼请求。宣判后，广州某文化公司以涉案行为未构成侵权及不正当竞争为由提起上诉。北京知识产权法院于 2019 年 7 月 14 日作出（2019）京 73 民终 50 号民事判决：驳回上诉，维持原判。

裁判理由

法院生效裁判认为：

虽然广州某文化公司第一次起诉后又撤诉，但该起诉及撤诉的行为应属于其正常行使诉权的行为，并不能看出其提起诉讼具有恶意。从广州某文化公司第二次在海淀法院起诉的情况来看，广州某文化公司在起诉前确就相关的动漫卡通形象享有著作权，具有一定的权利基础。但从海淀法院随后作出的（2016）京 0108 民初 40841 号民事判决书和北京知识产权法院作出的（2017）京73民终1410号民事判决书中的相关认定来看，广州某文化公司的动漫卡通形象作品与北京某文化公司的动漫卡通形象作品具有"明显的区别"，故事情节等的区别也较为"明显"，最终法院判决驳回广州某文化公司的诉讼请求。当然，仅凭第二次诉讼生效判决中的前述认定尚不足以认定广州某文化公司提起本次诉讼存在恶意，毕竟行为人可能并不具有判断涉案行为是否构成侵害著作权及不正当竞争行为的法律素养和专业能力，只要其主观上认为他人实施的涉案行为构成侵权，其便有权提起诉讼。但二审法院认为，结合第三次诉讼及本案其他相关事实能够认定，广州某文化公司及其全资子公司提起前述系列诉讼具有主观恶意，其系在明知其诉讼行为缺乏法律上和事实上根据的情况下坚持诉讼，其诉讼目的显然已经超出了合法正当维权的范畴，表现出了较为明显的主观恶意。北京某文化公司为应对广州某文化公司等提起的系列侵权诉讼所支付的律师费，属于其为进行诉讼而支出的合理费用；该费用支出因广州某文化公司等提起的系列诉讼而直接引起，属于因广州某文化公司等发起的系列诉讼行为致使北京某文化公司遭受的直接经济损失。

因此，在案证据足以证明广州某文化公司在明知其请求缺乏正当理由的情况下，针对北京某文化公司恶意提起一系列侵权诉讼，致使北京某文化公司遭受经济损失，其提起的系列诉讼损害了北京某文化公司的合法利益，应当承担赔偿责任。

此外，二审法院确认广州某文化公司实施的三个涉案行为会使北京某文化公司的商业信誉、商品声誉遭受损害，构成商业诋毁行为，并判令广州某文化公司承担停止侵权、消除影响、赔偿损失的民事责任。一审判决相关处理均无不当，二审法院予以确认。

裁判要旨

恶意提起知识产权诉讼的判断要件包括：一是行为人具有主观恶意；二是行为人提起诉讼的行为具有违法性；三是行为人恶意提起的知识产权诉讼给相对方造成了损害后果；四是行为人恶意提起知识产权诉讼的行为与相对人的损害后果之间具有因果联系。

关联索引

《中华人民共和国民法通则》第一百零六条第二款
《中华人民共和国民法总则》第一百三十二条①
《中华人民共和国侵权责任法》第六条第一款②
2017年《中华人民共和国反不正当竞争法》第十一条
一审：北京市海淀区人民法院（2018）京0108民初18662号（2018年10月8日）
二审：北京知识产权法院（2019）京73民终50号（2019年7月14日）

法官评析

"因恶意提起知识产权诉讼损害责任纠纷"的案件，在本案审理时尚属于新类型疑难案件，本案的审理除涉及《著作权法》的相关规定外，还应适用《民法通则》《民法总则》和《侵权责任法》等民事法律中关于侵权行为的一般规定。本案判决围绕我国前述民事法律中关于侵权行为的一般规定，结合案件事实深入归纳分析了判断涉案行为是否构成恶意提起知识产权诉讼的构成要件，对类似案件的审理具有一定借鉴意义。

所谓恶意诉讼，通常是指当事人以获取非法或不正当利益为目的而故意提起一个在事实上和法律上无根据的诉，并致使相对人在诉讼中遭受损失的行为。"因恶意提起知识产权诉讼损害责任纠纷"是最高人民法院于2011年2月发布的《关于印发修改后〈民事案件案由规定〉的通知》中新增加的一项三级案由，隶属于第五部分"知识产权与竞争纠纷"项下的二级案由"十四、知识产权权属、侵权纠纷"。因恶意提起知识产权诉讼损害责任纠纷（以下简称知识产权恶意诉讼）虽然目前没有直接指向的具体法律条文，但从其归类于知识产权权属、侵权纠纷二级案由之下来看，其所反映的民事法律关系应为侵权之债，即因一方恶意提起知识产权诉讼的行为，损害了另一方的合法利益，另一方因此有权向对方提起诉讼，主张侵权损害赔偿责任。可见，知识产权恶意诉讼属于一种侵权行为，除本

---

① 对应《民法典》第一百三十二条。
② 对应《民法典》第一千一百六十五条第一款。

案涉及的《著作权法》相关规定外，还应适用《民法通则》《民法总则》和《侵权责任法》等民事实体法律中关于侵权行为的一般规定。

本案中，北京某文化公司诉称的知识产权恶意诉讼包括广州某文化公司及其某全资子公司针对类似事实先后提起的多起系列案件。结合我国前述民事实体法律中关于侵权行为的一般规定，本案较为深入地探讨论证了"恶意提起知识产权诉讼"的构成要件，认定广州某文化公司实施的涉案行为是否构成恶意提起知识产权诉讼，应当考虑如下要件：一是行为人有主观恶意；二是行为人提起诉讼的行为具有违法性，即行为人提起了在事实上和法律上没有依据的诉讼；三是行为人恶意提起的知识产权诉讼给相对方造成了损害后果；四是行为人恶意提起知识产权诉讼的行为与相对人的损害后果之间具有因果联系。

具体而言，在此类案件的认定中，首先应当审查的是行为人提起知识产权诉讼的主观要件，即是否具有主观恶意的认定。虽然民事侵权行为的可归责意思状态通常包括故意和过失，但知识产权恶意诉讼在其意思状态表现上具有特殊性，这不仅表现在行为人对于其提起的诉讼缺乏事实和法律依据是明知的，还表现为其意图通过诉讼手段干预商业竞争者，从而造成对方产生利益损失，即行为人提起诉讼具有侵害对方合法权益的不正当诉讼目的。其恶意不仅表现为主观故意，而且这种主观故意是确定、明显的，故不应当包括各种过失行为；否则将不利于保障当事人合法行使诉权，不利于保护和激励知识产权权利人维护其知识产权。据此，本案首先应当判断广州某文化公司及其某全资子公司提起系列知识产权诉讼时主观上是否具有恶意。本案中，法院通过综合分析广州某文化公司及其某全资子公司先后提起三次诉讼的过程及其他相关事实，最终认定广州某文化公司及其某全资子公司提起系列诉讼的诉讼目的已经超出合法正当维权的范畴，表现出了较为明显的主观恶意。广州某文化公司及其全资子公司提起前述系列诉讼具有主观恶意的主要理由在于：其一，广州某文化公司在海淀法院提起第二次诉讼的一审判决尚未作出时，其某全资子公司便以其系列作品中的另一部作品《蒸盒号起航》作为权利基础，再次向北京某文化公司提起著作权侵权及不正当竞争纠纷，该案中所涉及的主要动漫形象与第二次诉讼中的主要动漫形象相同，故事情节基本一致。其二，北京某文化公司的《一角钱拯救世界》于 2014 年 1 月进行电影剧本备案、立项并取得摄制电影许可证，2016年9月该电影名称由《一角钱拯救世界》更名为《吃货宇宙》，广州某文化公司于2016年7月针对北京某文化公司的《吃货宇宙》提起第一次诉讼。北京某文化公司和广州某文化公司同属于动画制作行业，北京某文化公司的《一角钱拯救世界》或《吃货宇宙》已经备案、立项并取得摄制电影许可证长达两年多，在当今时代信息获取具有极大便利性的情况下，广州某文化公司在其起诉北京某文化公司等之前，理应对北京某文化公司作品的主要角色形象、故事情节等具有一定了解；尤其是在第二次诉讼后海淀法院尚未作出判决前，广州某文化公司的某全资子公司以基本相同的事由在南京铁路运输法院再次提起诉讼，虽然从形式上看，两案件中的当事人、所涉作品及诉讼标的等并不完全相同，但实际上两作品中的主要动漫卡通形象和故事情节等实质内容基本无差别。此外，值得注意的是，第三次诉讼中的涉案作品《蒸盒号起航》不仅在广州某文化公司的某全资子公司起诉时尚未公开上映，且在江苏省南京市中级人民法院作出二审判决时尚未公开上映，故广州某文化公司的权利基础在其起诉时并不完备，从时间上看，北京某文化公司等也不存在抄袭电影《蒸盒号起航》之可能性；而且，在北京知识产权法院已经作出第二次诉讼生效判决的情况下，广州某文化公司的某全资子公司仍然在明知其诉讼行为缺乏法律上和事实上根据的情况下坚持诉讼，其诉讼目的显然已经超出了合法正当维权的范畴，表现出了较为明显的主观恶意。

其次，知识产权恶意诉讼作为另一起知识产权诉讼所引发的纠纷，如果该诉讼并未对相对方造成损害后果，后一纠纷可能就没有存在的必要。这种损害后果不仅包括因恶意提起知识产权诉讼给相对方造成的直接财产损害，还应当包括给相对方造成的间接财产损害和对其商业信誉等造成的损害。本案中，北京某文化公司为应对广州某文化公司等提起的系列侵权诉讼所支付的律师费，属于其为进行诉讼而支出的合理费用，该费用支出因广州某文化公司等提起的系列诉讼而直接引起，属于因广州某文化公司等发起的系列诉讼行为致使北京某文化公司遭受的直接经济损失。

最后，关于侵权行为与损害后果之间具有因果关系，即损害后果如社会声誉的降低、财产的损失等均是因对方当事人滥用诉讼权利的行为所导致的。本案中，北京某文化公司为维护自身合法权益聘请律师应对诉讼符合常理，其所支付的律师费与广州某文化公司恶意提起的侵权诉讼具有当

秩序之锚——北京知识产权法院竞争垄断典型案例

然的因果关系。虽然广州某文化公司起诉的系列诉讼并非全部由其直接提起,但其他起诉主体亦系其全资子公司,其在知晓广州某文化公司提起相关诉讼后又提起后续诉讼的行为,广州某文化公司亦必然知晓,故广州某文化公司的某全资子公司提起诉讼的行为并非为维护其合法权益,而是与广州某文化公司在先提起的诉讼共同构成不合理地损害北京某文化公司市场地位和商誉的起诉行为,因此,广州某文化公司的某全资子公司的行为应当与广州某文化公司的行为一并被视为制约、损害北京某文化公司利益的不当行为,北京某文化公司有权要求广州某文化公司对其一并承担责任。

一审法院合议庭成员 郭振华 刘佳欣 刘君婕
二审法院合议庭成员 刘义军 周丽婷 侯 艳
编写人 刘义军

37. 北京某投资公司诉北京
某影视公司等不正当竞争纠纷案*
——艺术评论正当性与不正当性的界限把握

关键词　不正当竞争　商业诋毁　艺术作品　文艺评论

基本案情

原告北京某投资公司诉称：原告享有电视剧《武林外传》所生产的全部版权及衍生物品的所有权。原告投资拍摄了电视剧《武林外传》，取得了巨大的成功，成为家喻户晓的电视剧集，获得了业界和观众的喜爱，成为知名品牌。其后，原告着手利用《武林外传》取得的巨大成功影响，继续投资开展后续剧集及相关衍生权利的开发。2013年7月，八被告联合投资出品的电视剧《龙门镖局》上映。八被告存在以下不正当竞争行为：（1）八被告在宣传过程中明示、暗示《龙门镖局》与《武林外传》存在前世今生的关系，且《龙门镖局》的编剧陈某某亦多次宣称《龙门镖局》系《武林外传》的升级版，构成虚假宣传。（2）八被告在宣传《龙门镖局》电视剧的过程中，编剧陈某某多次宣称"《龙门镖局》完胜《武林外传》"，有报道称"《龙门镖局》高端洋气""《武林外传》制作寒酸"等，贬损原告声誉，其行为属于商业诋毁。（3）《武林外传》电视剧的热播使得其成为知名商品，"武林外传"亦成为知名商品的特有名称，八被告在宣传《龙门镖局》电视剧的过程中，使用了"武林外传"的文字，造成了相关公众的误认。（4）八被告进行虚假宣传、商业诋毁，选取相同的编剧

---

* 本案例入选2019年度中国法院50件典型知识产权案例。

拍摄《龙门镖局》，故意突出编剧的地位，直接将《武林外传》获得的成果作为其宣传内容，不公平地占有了原告的市场优势和商业机会，违背了公平原则、诚信原则和公认的商业道德，属于"搭便车"的不正当竞争行为。据此，原告诉至一审法院，请求：判令八被告连带赔偿原告经济损失3000万元及合理支出1万元。

被告北京某影视公司、北京某传媒公司、西安某影视公司共同辩称：（1）《龙门镖局》系三被告委托编剧陈某某创作的作品，三被告摄制、发行40集电视剧《龙门镖局》系合法行使著作权。（2）原告仅享有电视剧《武林外传》的版权及衍生物品的所有权，并不包括剧本的著作权。（3）陈某某有权创作《龙门镖局》的剧本，原告无权予以干涉。三被告基于陈某某创作的剧本拍摄影视作品，并未侵害原告的利益，更未贬损原告及《武林外传》的声誉。（4）《武林外传》和《龙门镖局》两剧是编剧陈某某分别创作的两部完全独立的作品。

被告海南某影视公司辩称：尽管海南某影视公司是电视剧《龙门镖局》的联合出品人之一，但其事实上既未出资，亦未参与拍摄、发行等，因此，本案与海南某影视公司并无直接关联，其并非适格被告，不应当承担有关侵权或不正当竞争行为的法律后果。

被告东阳某影视公司辩称：东阳某影视公司仅代理被告北京某影视公司发行该剧，收取发行代理费用，虽在片尾署名为联合出品人，但仅享有署名权，并非该剧的著作权人，并非适格被告。且被告东阳某影视公司无权自主制作或对外公布宣传资料，所有宣传资料均由被告北京某影视公司提供。被告北京某影视公司应自行承担侵权责任，被告东阳某影视公司不应当承担连带责任。

被告北京某传播公司辩称：（1）本案与被告北京某传播公司并无直接关联，被告北京某传播公司并非适格被告。（2）原告所指控的包括被告北京某传播公司在内的八被告构成虚假宣传、商业诋毁、擅自使用知名商品特有的名称的不正当竞争行为均不成立。（3）原告的索赔数额过高，并无任何依据。（4）被告北京某传播公司与其他七被告无共同故意，无共同行为，不应承担连带责任。

被告安徽某传媒公司、某集团公司未提交书面答辩意见。

法院经审理查明：2005年2月26日，北京某投资公司（甲方）与陈某某（乙方）签订《委托聘用创作合同》，约定：甲方委托乙方担任电视剧《武林外传》的剧本编剧工作，该剧长度暂定为160集；甲方永久性地拥有该剧所生产的全部版权及衍生物品的所有权（包括电影、电视录像带、录音带、VCD、DVD、网络游戏、卡通形象及诉诸各种传媒的全部永久版权及一切与本剧有关的角色名称、人物造型、肖像、对白、动作、剧照、歌曲及文学材料等方面的所有权），甲方有权决定如何处理有关该剧所引发的一切权益及发行、宣传等事宜；乙方创作的剧本被甲方采纳并拍摄成电视剧后，乙方享有在电视剧、音像制品、宣传材料等相关产品上的署名权。

2012年11月27日，北京某影视公司（甲方）与陈某某（乙方）签订《电视剧〈龙门镖局〉编剧合同》，约定：电视剧《龙门镖局》暂定40集；乙方按照拍摄期限在开机前完成剧本工作；在本合同有效期内，甲方享有该剧本的专有影视许可使用权；甲方享有根据该剧本拍摄的影视作品的著作权，以及该影视作品的其他相关权利；本合同有效期三年；应甲方要求，乙方应当参加电视剧的开机仪式、首播仪式以及其他宣传活动；甲方为宣传、推广电视剧之目的，有权无偿使用或许可播放者、发行者使用受托人姓名和肖像并及于相关衍生产品或服务。

2013年2月6日，北京某影视公司（甲方）与西安某影视公司（乙方）、北京某传媒公司（丙方）签订《电视剧〈龙门镖局〉联合投资拍摄合同》，其中约定：与本剧有关的法定审批、许可事宜及发行审查由甲方负责办理，乙方、丙方予以配合；甲乙双方商定，根据摄制要求甲方有权在片中署名与其他公司或单位联合摄制；本片版权由三方享有，本剧参加的各类评奖活动所产生的费用由三方共同承担，奖金及荣誉归三方共同享有。2012年6月12日，北京某影视公司作为制作单位就《龙门镖局》（40集）获得北京市广播电影电视局颁发的乙第01584号《电视剧制作许可证（乙种）》，西安某影视公司系合作单位。

2013年6月25日，北京某影视公司就《龙门镖局》（40集）获得北京市广播电影电视局颁发的（京）剧审字（2013）第043号《国产电视剧发行许可证》。

2016年10月13日，北京某传媒公司、西安某影视公司分别出具《著作权声明》表示，关于电视剧《龙门镖局》，该两公司郑重承诺并保证其仅享有署名权,该剧完整著作权(包括但不限于:发行权、播映权、收益权、处分权)归北京某影视公司所有。

国家广播电影电视总局电视剧电子政务平台显示:《龙门镖局》的发行许可证公示制作单位为北京某影视公司;该剧的电视剧拍摄制作备案公示表显示的报备机构为北京某影视公司。(2014)京长安内经证字第27851号公证书显示:《龙门镖局》片尾标注的"联合出品方"为安徽广播电视台、北京某传媒公司、东阳某影视公司、北京某影视公司、西安某影视公司、北京某传播公司、某集团公司、海南某影视公司;同时,相关标注亦显示:"本作品版权归北京某影视公司独家所有"。

一审诉讼中,北京某投资公司主张的虚假宣传行为主要体现在两点:(1)明示或暗示《武林外传》与《龙门镖局》存在前世今生的关系;(2)编剧陈某某多次宣称《龙门镖局》系《武林外传》的升级版。商业诋毁行为体现为"编导宁财神表示该剧不仅能'完胜'《武林外传》"等多家媒体的报道中。北京某投资公司同时主张各被告在宣传过程中凡是使用"武林外传"字样的行为,均构成擅自使用知名商品特有名称的不正当竞争行为。

二审诉讼中,北京某投资公司提交的媒体报道中还包括下列内容:

《北京晚报》有关"《龙门镖局》堪称《武林外传》升级版"的报道中还有如下内容:"剧中主演虽然身穿古装,但台词和表演却充满了现代气息,剧情中穿插着各种网络游戏、流行歌曲、曲艺表演。"

《新民晚报》2013年7月31日报道:"较之于《武林外传》在置景和服装上的因陋就简,《龙门镖局》可以说是高端洋气。电视里没有情景喜剧的那种局促感,也不是横店那些熟悉的布景,原来《龙门镖局》剧组的确耗资在丽江束河古镇旁建造了一座占地二十亩的实景镖局。"

《青年报》报道:"《龙门镖局》衔接了20年后《武林外传》的故事,并从同福客栈转移到了佟湘玉家的龙门镖局。该剧的人物关系也承接了前作,但并不是简单的续集,而是在原有架构上的重新创作。因此,前作的一班人马也将出现,更有许多大牌客串。"

《武汉晚报》2013年7月24日报道:"宁财神表示对收视率不特别期待,'再想做一个《武林外传》那么火的,可能性几乎为零'。"

北青网2013年8月1日在发布"跟《武林外传》比,《龙门镖局》明显制作更大,情节更延展"一文的同时还有如下内容:"前者只是录影棚搭建的小客栈,80集里80%的戏份都是围绕着那张木饭桌,而后者不仅在丽江搭了真实的镖局,甚至平地建造了一个真实的小镇。"

《扬子晚报》除报道"《龙门镖局》不仅可以说是《武林外传》的升级版"之外,报道中还有如下内容:"毕竟7年前的《武林外传》珠玉在前,因此不少观众拿两部剧进行比较,并直言与《武林》相比,《龙门》演员和剧情上都差点火候。"

《羊城晚报》的报道中有如下内容:"宁财神接受了羊城晚报记者的采访,他表示《龙门镖局》与《武林外传》只有一点点关联而已,它其实是一部披着古装外衣的'职场菜鸟成长记'。""《龙门镖局》在故事上与《武林外传》并无直接联系。""《龙门镖局》能否复制当年的'武林狂潮'?宁财神谦虚地表示自己不敢把话说满:'品质上我不担心,但具体说能不能做一个横空出世、大家都喜欢的喜剧,我觉得这个太难了。'"

新浪网上登载的署名"吴某滨"的《〈龙门镖局〉:喜剧有观点何妨书生气》一文中写道:"从制作角度上,《龙门镖局》显然不能按照《武林外传》2.0版本来理解,无论是布景、摄像、服装都升级了好几个级别。看来,一次成功很重要,至少它会是下一个作品的基础,有了投资,什么装备就都不是问题,而装备升级了,看起来总是容光焕发。在内核上,《龙门镖局》跟《武林外传》倒是很相似,不过叙事从原来的单元结构变成了线性结构,这算是宁财神升级了吧。喜剧走线性结构的并不是很多,尽管还是单线程的,但也算是一大进步了,下一次宁财神要不要挑战一下多线程喜剧?而表达风格上这种夹叙夹议的设计方式,与《武林外传》是一脉相传,原味儿十足。从喜剧效果上,《龙门镖局》比前一部剧要用力一些,稍嫌过猛。"

金羊网2013年8月1日登载的署名"新快报记者 曾乐"的《〈龙门镖局〉反响两极化 袁咏仪引争议》一文中写道:"《龙门镖局》前晚连播三集,相比于《武林外传》情景剧模式,《龙门镖局》倾向于电视连续剧模式,剧情更连贯。此外,制作和场景也比棚拍的《武林外传》精良很多。"

电影《武林外传》的出品方和联合摄制单位包括北京某影业有限公司。

北京知识产权法院于2018年1月12日作出(2015)京知民初字第62

号民事判决：一、北京某影视公司赔偿北京某投资公司经济损失100万元；二、北京某影视公司赔偿北京某投资公司为本案支出的合理费用1万元；三、驳回北京某投资公司的其他诉讼请求。宣判后，北京某影视公司以一审法院认定事实错误为由提起上诉。北京市高级人民法院于2019年9月26日作出（2019）京民终229号民事判决：一、撤销北京知识产权法院（2015）京知民初字第62号民事判决；二、驳回北京某投资公司的诉讼请求。

裁判理由

法院生效裁判认为：

第一，根据查明的事实可知，《龙门镖局》和《武林外传》至少存在剧情元素、拍摄场地、制作手法、叙事结构等方面的改变或提升。由于艺术作品本身的特性，以及观众欣赏需求的多样性，其水平和质量的高低往往缺乏客观的标准，相关公众对于一部影视剧的质量评判通常也不会仅依赖于他人的推介。单就观众这一市场受众而言，不会因为观看了一部被宣传为好看的剧而当然地不再观看另一部被对比宣传为不好看的剧，即对于电视剧的观众而言，不会像购买商品的相关公众那样，基于某一产品系另一产品的升级版的表述就选择一个产品并当然地放弃另一个产品。电视剧与其他商品相比，对于观众而言，不同剧之间并不当然地具有替代性。就版权交易市场而言，在案证据无法证明上述宣传内容对北京某投资公司《武林外传》电视剧的版权授权市场带来了负面影响，也无证据证明北京某投资公司在《武林外传》电视剧的版权授权市场上因此遭受损失。故在案证据尚不足以证明陈某某有关《龙门镖局》是《武林外传》升级版的表述构成1993年《反不正当竞争法》规定的虚假宣传行为。

第二，《龙门镖局》和《武林外传》相比确实在某些方面有所改变或提升，考虑到影视剧等艺术作品在优劣的评判方面缺乏客观标准，因此上述改变或者提升能否达到"完胜"的程度，属于见仁见智的问题。据此，陈某某有关《龙门镖局》能"完胜"《武林外传》的陈述一方面确实缺乏客观标准或参数；但另一方面，该表述尚不足以使相关公众据此得出两剧优劣的评判结论，并进而降低或贬损《武林外传》出品方北京某投资公司的商业信誉、商品声誉。

裁判要旨

由于艺术作品本身的特性，以及观众欣赏需求的多样性，其水平和质量的高低往往缺乏客观的标准，相关公众对于艺术作品质量的评判通常不会依赖于媒体报道或他人推介。文艺评论普遍存在"仁者见仁，智者见智"的特点，针对先后两个作品的评论，仅因比较性措辞"升级版""完胜"，不足以判断两个作品的优劣，不构成虚假宣传或商业诋毁。文艺评论一方面为公众提供了欣赏视角，另一方面也体现了公众的表达自由，文艺作品权利人对他人多样化的评论应予以一定程度的容忍。

关联索引

1993年《中华人民共和国反不正当竞争法》第九条第一款、第十四条

一审：北京知识产权法院（2015）京知民初字第62号（2018年1月12日）

二审：北京市高级人民法院（2019）京民终229号（2019年9月26日）

法官评析

1993年《反不正当竞争法》第九条第一款规定，经营者不得利用广告或者其他方法，对商品的质量、制作成分、性能、用途、生产者、有效期限、产地等作引人误解的虚假宣传。《最高人民法院关于审理不正当竞争民事案件应用法律若干问题的解释》第八条第一款规定："经营者具有下列行为之一，足以造成相关公众误解的，可以认定为反不正当竞争法第九条第一款规定的引人误解的虚假宣传行为：（一）对商品作片面的宣传或者对比的；（二）将科学上未定论的观点、现象等当作定论的事实用于商品宣传的；（三）以歧义性语言或者其他引人误解的方式进行商品宣传的。"该条第三款规定，人民法院应当根据日常生活经验、相关公众的一般注意力、发生误解的事实和被宣传对象的实际情况等因素，对引人误解的虚假宣传行为进行认定。

根据上述规定，1993年《反不正当竞争法》规定的虚假宣传行为，其本质在于引人误解。真实诚信是商业行为的主要原则之一，禁止欺骗是公平竞争观念的应有之义。虚假宣传会使诚实的竞争对手失去客户，会使消

费者受错误信息的引导而花费更多的选择成本,进而降低市场的透明度,最终会对整个经济和社会福利带来不利后果。经营者应当对一般消费者的普遍理解给予足够的注意,尤其是在涉及他人商业信誉或商品声誉时,应当对相关事实作全面、客观的介绍,并采取适当措施避免使消费者产生歧义,进而造成误认。但同时,在认定某一宣传行为是否构成1993年《反不正当竞争法》所规制的虚假宣传行为时,不仅要对宣传内容的真实性、客观性进行分析,也要关注宣传行为的后果是否导致了相关公众的误认,造成了引人误解的实际后果或者可能性。

1993年《反不正当竞争法》第十四条规定,经营者不得捏造、散布虚伪事实,损害竞争对手的商业信誉、商品声誉。与虚假宣传相比,商业诋毁侧重于对竞争对手的营业活动、商品或者服务进行虚假陈述进而损害其商业信誉、商品声誉。上述规定中的虚伪事实,既包括虚假的事实,也包括其他引人误解的事实,只要导致损害竞争对手的商业信誉、商品声誉的后果,即构成商业诋毁行为。

本案涉及知名编剧陈某某(笔名宁财神)先后创作的两部电视剧《武林外传》和《龙门镖局》,因《龙门镖局》在推介宣传中存在与《武林外传》的比较宣传及评论而引发的文化创作与市场竞争的冲突纠纷,社会关注度非常高。同时,本案涉及的不正当竞争行为类型众多,包括虚假宣传、商业诋毁等。在我国影视产业日益成熟、影视消费者群体的鉴赏水平和能力不断提升的背景下,本案厘清了文艺评论的边界和尺度,为日后的司法实践提供了借鉴。

一审法院合议庭成员 赵 明 卓 锐 高 睿
二审法院合议庭成员 谢甄珂 俞惠斌 陈 曦
编写人 谢甄珂

38. 上海某信息公司、上海某网络公司诉北京某科技公司、北京某技术公司反不正当竞争纠纷案
——商业诋毁与侵害名誉权行为的界限

关键词　不正当竞争　商业诋毁　竞争关系

基本案情

原告上海某信息公司、上海某网络公司（以下合称时简称二原告）诉称：二原告发现北京某科技公司和北京某技术公司（以下合称时简称二被告）经营的"脉脉"平台上存在多条个人注册用户发布的针对二原告的言论（以下简称涉案言论），二原告认为涉案言论或为侮辱性言辞，或为明显的无中生有的虚假事实，构成对其商业信誉的诋毁。二被告作为平台经营者，应当承担商业诋毁的法律责任。同时，二被告将"拼多多"的4名离职员工王某甲、邵某某、王某乙及戴某某反复认证为在职员工的行为违反了1993年《反不正当竞争法》第二条的规定。据此，二原告诉至一审法院，请求判令：（1）被告立即修改王某甲、邵某某、王某乙及戴某某在职拼多多员工的认证状态；（2）被告立即删除"脉脉"网站、"脉脉"App上涉及二原告的12条"职言"链接，停止商业诋毁行为；（3）被告在"脉脉"网站（网址为maimai.cn）和"脉脉"App头条、"职言"版块置顶位置及在《解放日报》《新民晚报》中缝以外版面、连续30日刊登道歉声明、消除影响；（4）被告赔偿经济损失及合理支出共计500万元（其中合理支出包括律师费20万元、公证费1.3万元）。

二被告辩称：原被告不存在竞争关系。"脉脉"平台涉案言论的发布

者均为个人用户,并非《反不正当竞争法》规定的经营者,涉案言论本身不属于虚假信息或误导性信息,不构成商业诋毁,二被告作为提供信息存储服务的网络服务商,已及时采取合理措施,不应承担任何法律责任。二被告已尽到了关于用户职业认证的平台审核义务,出现本案情形系因用户实施了恶意篡改个人资料、提交虚假认证材料的行为,二被告的行为不构成《反不正当竞争法》第二条规定的不正当竞争行为。二原告起诉要求赔偿的损失没有任何依据。故请求法院驳回二原告的全部诉讼请求。

法院经审理查明:"拼多多" App 由原告上海某信息公司运营,"拼多多"网站由原告上海某网络公司运营,二者共享商誉。在先生效判决认定"拼多多"平台及品牌获得了较高的知名度,与二原告之间形成了对应关系。二被告共同运营"脉脉"软件及脉脉网站。

二原告提交了关于"脉脉"市值的新闻报道,主张脉脉平台商业化业务主要有"脉脉"会员和"脉课堂"两种盈利模式,2019年"脉脉"估值为10亿美元。因此,结合其会员占收入的40%估算,二被告通过认证混乱及发布、传播诋毁言论蹭企业热度吸引流量的不正当竞争行为可获得巨大的收益。

经查明:(2021)沪徐证经字第3049号、第2043号、第2044号公证书载明,在脉脉平台上,存在下述12条言论:

1.2021年2月27日,"少林弟子"发布言论"坐标拼多多。终于要走完流程,终于敢发言了。和两个月年终比起来,还是命更重要,给外面的人提个醒,如果要来,在职不要跟任何人聊关于公司的事,如果要聊,只能说好话。这里一言不合就开人。买好保险,很多同事生病了,然后直接被解除合同。拿钱换命一直是这公司的价值观,上次官方不过是实话实说"。

2.2021年2月18日,"徐××V"发布言论"各大互联网公司的年终奖金,唯独拼多多哈哈哈……拼多多 春节不加班辞退"。

3.2021年2月19日,"钉钉员工"发布言论"职言里真正发言的人太少,所以我继续发关注pdd那个删除用户手机相册照片,以及请黑客攻击友商的内容,还是会被不少人看见的"。

4."嵩山弟子"发布言论"拼多多员工发脉脉被赶出公司是真的吗?"

5. "郭×"发布言论"拼多多,真假"(下方为一则新闻截图,标题为"天才黑客 Flanker 疑因拒绝信息犯罪,被拼多多开除")。

6. 2021年1月7日,"拼多多员工"发布言论"第二位拼多多猛士倒下了(已实名声明)",该条言论具体情况见附件……

7. 2021年1月11日,"字节跳动员工"发布言论:拼多多员工在工作时抱怨道:"这公司糟透了",HR 马上过来把他开除,拼多多员工说:"我根本没讲是哪家公司,你怎么可以随便开除我呢?""你少骗人",HR 咆哮道,"我在这家公司待了五年了,哪个公司差劲我会不知道吗?"

8. 2021年1月21日,"索×"发布言论"来个 pdd 笑话。黄×在员工大会上发表讲话:我们要不惜一切代价,为拼多多人创造美好的未来。一个拼多多员工对另一个拼多多员工说,你看领导非常关心我们的未来。另一个员工说:不,我们是代价。"

9. 2021年1月11日,"年度大坏蛋"发布言论:"拼多多员工愤怒地在街上大喊:我们公司就是个 LJ!然后立刻被人事开除并被告上法庭要求赔偿50万元,开除原因是:发表极端言论。被告上法庭的原因是:泄露公司核心机密。"

10. 2021年2月17日,"嵩山弟子"发布言论"PDD 是靠着冻结商家资金和罚款做大的?"

11. 2021年2月9日,"武当弟子"发布言论"又到了年会抽奖的时候,拼多多员工个个摩拳擦掌地准备抽他个特等奖……凌晨2点,下班前,HR 找到他要检查他的手机""说了多少遍,不允许在微信聊天,绝对不允许在脉脉发言",HR 尖声尖气地说道,他被发现了,在脉脉上发匿名消息,还私自建同事微信群。以前在 pdd 需要半年才能办完的离职手续,当天就给他办好了……"

12. 2021年2月26日,"杜×"发布言论:"这是拼夕夕的打火机吗?"

(2021)沪徐证经字第1679号公证书显示,前述言论6被多个网站或者论坛转载,在热门评论第一位的是"脉脉小助手"回复称"你参与的职言已被实名声明,点击查看更多内容。网页链接",点击网页链接后,跳转到的页面中称"救护车又来了,不知道啥情况……希望没事,大家都平安"下方评论中有王某勇(拼多多平台治理经理)发布言论称:"上午11

点上班早高峰时，一位男同事肠胃不舒服，叫了120，经医生诊断为肠痉挛，人无大碍。"在其他网站的转载中查看到的该言论6的具体形式为附图2，很多标题为"拼多多员工又出事！""拼多多23岁女员工死了，能叫醒多少年轻人？"的网上文章中都引用了附图2（略）。

（2021）沪徐证经第2040号公证书显示二原告曾多次在"脉脉"就邵某某等4人（以下简称涉案4名用户）的在职员工认证进行投诉。二被告提交了其后台修改涉案4名用户工作经历的相关页面，以此证明二被告早发现戴某某多次自行修改离职时间后已将该用户封禁，已经对审核用户信息尽到了注意义务；对于"王某甲"的相关信息，在收到本案材料后已及时纠正等。关于"反复认证"的情况，二被告称二原告投诉的用户非企业员工后，二被告会先标注"离职状态"，同时给用户发推送告知其提交相关证据再进行认证。

关于二被告在企业已经向其发送离职证明的情况下仍给用户重复认证的问题。二被告称因为认证和投诉是两部门员工在处理，其之前没有遇见过离职用户再认证的情况，并无侵权故意。二被告称后台可以看到之前的审核记录，但不会主动去看，并辩称虽然反复认证，但是并不会增加认证用户的数量，因为其UID并未改变。

在本案发生时，二被告没有排查机制，关于专门的职业认证内容直至后期才在《社区管理规范》中进行了规定。

二原告还提交了（2019）京0108民初35520号、61262号民事判决书，以及二原告在脉脉平台上的截图，显示"拼多多"有8463名员工在脉脉平台，以此证明脉脉平台上的认证规则形同虚设，充斥着大量的不实言论，已经被生效判决认定，且二原告在脉脉平台上的员工数量与实际不符，可见二被告的平台认证规则仅仅是为了应付监管而虚设。

二原告为证明"脉脉"通过职言区为自身平台引流，蹭其他企业热度，存在主观恶意提交了网络新闻、"脉脉"微博官方声明等证据。

北京市海淀区人民法院于2022年12月6日作出（2021）京0108民初28777号民事判决：一、二被告在脉脉网刊登消除影响的声明以消除涉案不正当竞争行为给二原告带来的不利影响；二、二被告赔偿二原告经济损失及合理支出共计71.3万元；三、驳回二原告的其他诉讼请求。宣判后，原被告双方均不服一审判决并提起上诉。北京知识产权法院于2023年6月29日作出（2023）京73民终1258号民事判决：驳回上诉，维持原判。

裁判理由

一、关于商业诋毁

《反不正当竞争法》第十一条规定，经营者不得编造、传播虚假信息或者误导性信息，损害竞争对手的商业信誉、商品声誉。《民法典》第一千一百九十七条规定，网络服务提供者知道或者应当知道网络用户利用其网络服务侵害他人民事权益，未采取必要措施的，与该网络用户承担连带责任。

针对言论1、言论2、言论3、言论7、言论8、言论9、言论10、言论11、言论12（即第一类言论）和言论4、言论5（即第二类言论），二被告仅是提供信息存储空间服务的网络服务提供者，因此在认定二被告的行为是否构成商业诋毁时，应先对直接行为进行认定。第一类言论和第二类言论的发布者，均是脉脉平台上的个人注册用户。作为个人注册用户，即便其发布的上述言论对二原告的商业信誉和商品声誉造成负面影响，其也不会据此获得相应的交易机会或竞争优势，进而获得商业上的竞争利益。因此，该个人用户在本案中不构成二原告的竞争对手，其发布上述言论的行为也不构成《反不正当竞争法》规定的商业诋毁行为。在此基础上，二被告作为上述言论的发布平台经营者，也不应承担商业诋毁的帮助侵权责任。因此，对于第一类言论和第二类言论，二被告作为网络服务提供者，不论其是否在收到二原告的通知后于合理期限内履行了删除义务，均无须就此承担反不正当竞争法意义上的帮助侵权责任。一审判决就此认定部分有误，依法予以纠正。

对于言论6（即第三类言论），虽然二被告在二审诉讼中补充提交了证据证明第三类言论中的"实名声明"的评论内容是应二原告申请而添加，但由于二被告在一审诉讼中自认原言论前端的"【已实名声明】"字样系其自主进行筛选后添加，且在该发言帖上标注"已实名声明"盖戳的字样，故一审判决认定针对言论6（即第三类言论），二被告并非信息存储空间服务提供者，而是直接传播者的认定并无不当。鉴于第三类言论系二被告直接传播，故对于二被告的行为应当按照直接行为人进行评述。从竞争关系来看，二被告与二原告均为互联网领域的经营者，而互联网领域最核心的竞争就是流量的争夺，无论其从事的具体经营业务或经营模式是否相同，都存在着对于交易机会和消费对象的争夺。因此，二被告与二原告之间属于竞争对手关系。从主观意图来看，二被告作为二原告的竞争对手，将他人在其平台上发布的针对二原告的误导性言论进行筛选并添加"实名声明"字样，已经超出了其作为信息存储空间服务提供者的行为方式，主观上也存在不同于该言论最初发布者的主观意图，具有借助该误导性言论吸引更多网络用户关注的主观意图。从损害后果来看，二被告的直接传播行为，不仅增加了该误导性言论对于二原告可能造成的商业信誉等方面的损害，而且可能使自身借助该误导性言论获取更多的网络用户关注，获得更多的流量，进而取得竞争利益和竞争优势。因此，二被告作为第三类言论的直接传播者，其行为符合反不正当竞争法意义上商业诋毁行为的构成要件，应当就此承担相应的法律责任。

二、关于 2019 年《反不正当竞争法》第二条

2019 年《反不正当竞争法》第二条规定，经营者在生产经营活动中，应当遵循自愿、平等、公平、诚信的原则，遵守法律和商业道德。我国《互联网用户账号名称管理规定》第五条第一款明确规定，互联网信息服务提供者应当按照"后台实名、前台自愿"的原则，要求互联网信息服务使用者通过真实身份信息认证后注册账号。同时，第七条和第八条还规定，互联网信息服务使用者以虚假信息骗取账号名称注册，或其账号头像、简介等注册信息存在违法和不良信息的，互联网信息服务提供者应当采取通知限期改正、暂停使用、注销登记等措施。对冒用、关联机构或社会名人注册账号名称的，互联网信息服务提供者应当注销其账号，并向互联网信息内容主管部门报告。由此可知，互联网用户账号实名注册是行政主管部门制定的相关规范性文件中的要求。职业认证用户作为互联网用户账号类型的一种，在注册和认证过程中也应遵守上述规范。而且，互联网用户账号实名注册的目的是加强对互联网用户账号的管理，完善网络信息

安全和个人信息保护制度，维护网络空间的良好生态，故职业认证中实名注册的内容不仅包括账号信息与该用户的自然情况相一致，还应包括账号信息与所认证的真实职业信息相一致。在职业认证中，要求用户注册、使用的含有职业信息的账号与其个人真实职业信息相一致，属于该行业的商业道德。

网络平台上充斥错误或虚假的职业认证用户，会扰乱互联网领域的竞争秩序，损害其他经营者或者互联网用户的合法权益。对于网络环境下的竞争秩序而言，职业认证用户的多寡，直接影响平台对网络用户的吸引力，以及流量的增减，进而扰乱正常的网络竞争秩序。对于其他经营者而言，这种反复、错误的认证将增加本平台职业认证用户的数量，进而吸引更多的网络用户关注该平台，对作为争夺同一群体网络用户的其他经营者，将可能产生用户和流量损失。对于网络用户而言，非职业身份的用户被认证为职业身份，会使网络用户原本希望借助职业认证获取真实、准确的相关职业信息的需求无法实现，无法满足网络用户的个性化需求。同时，一旦大量错误的认证用户充斥在平台上，将会导致用户的体验感下降，用户的利益也会受到相应损害。

二被告采取的职业认证规则是否符合行业的惯常做法，属于企业经营自主权的范畴，法院不作评述。同时，即便不苛求二被告采取的职业认证规则必须确保每一名职业认证用户的信息真实客观，但其反复将涉案4名用户错误认证为二原告员工的行为，也明显违反了该行业的商业道德，主观上难谓善意，并造成了扰乱竞争秩序、损害其他经营者和互联网用户合法权益的后果。二原告是否就具体的损害后果提交证据，不影响对二被告的行为构成不正当竞争行为的认定。二被告的反复错误认证构成2019年《反不正当竞争法》第二条规定的不正当竞争行为。

裁判要旨

商业诋毁中的竞争关系与其他不正当竞争行为中的竞争关系应有所区别，但也不局限于狭义的竞争关系。除经营同类商品或者替代商品的经营者外，彼此之间在交易机会和消费对象方面存在此消彼长关系的经营者之间，也可能构成商业诋毁中的竞争对手。商业诋毁的行为人在主观上要有损害竞争对手商业信誉、商品声誉的意图，且在竞争对手的商业信誉、商品声誉遭受或者可能遭受损害的同时，其自身能够从中获得相应的交易机会或竞争优势，并由此获得商业利益。这种竞争关系也可以作为区分商业诋毁和侵害名誉权的考量因素。

关联索引

2019年《中华人民共和国反不正当竞争法》第二条、第十一条

《中华人民共和国民法典》第一千一百九十七条

一审：北京市海淀区人民法院（2021）京0108民初28777号（2022年12月6日）

二审：北京知识产权法院（2023）京73民终1258号（2023年6月29日）

法官评析①

竞争法的商业诋毁与民法的法人名誉权的保护客体不同。首先，商业诋毁行为保护的是经营者的商誉，以及影响竞争秩序的信用机制，而法人名誉权则是对"组织人格"自身及其组织成员个体性精神利益的集合保护。其次，为保护经营者的商誉，我国立法确立了法人名誉权条款与商业诋毁条款。法人名誉权条款和诋毁商誉条款在保护方式、举证责任、处罚方式等方面存在差异，对侵害经营者商誉的言论，何时采用民法上的法人名誉权予以保护，何时使用商业诋毁行为进行规制，理论和实践中均存在分歧。通过分析可知，法人名誉权条款的适用应保持适当克制，不宜将之保护范围拓展至商业诋毁的情形，因为这样可能会造成赔偿数额无法弥补商誉的损害，剥夺了不正当竞争执法机关的行政执法权，模糊了民法与反不正当竞争法的边界，最终无法实现反不正当竞争法维护市场竞争秩序的保护目标。同时，也应慎重对待将不具有竞争对手关系，未损害竞争秩序的侵害法人名誉权的行为纳入商业诋毁条款的规制范围，造成裁判不统一和法律冲突等影响司法公信力的不良后果。

侵害法人名誉权行为的边界在于被诉言论是否损害了反不正当竞争法

---

① 详见谢甄珂、李迎新：《涉网络商业诋毁行为"竞争对手"要件的体系化解读——兼论侵害法人名誉权条款和商业诋毁条款的适用边界》，载《电子知识产权》2023年第10期。

意义上的"竞争对手"的商誉。进言之,只有损害的是具有竞争对手关系的商业信誉、商品声誉,被诉言论方可纳入商业诋毁行为予以规制;反之,如损害的不是具有竞争对手关系主体的商誉,被诉言论仅能通过侵害法人名誉权的条款予以禁止。同时,竞争对手商誉的损害不限于同业竞争者的商誉损害,但也不能因互联网因素的加入而泛化为网络经营者均具有竞争对手关系,而应结合主观意图、竞争利益争夺和损害后果三个维度判断是否损害了竞争对手的商誉。

2019年《反不正当竞争法》第十一条使用的是竞争对手一词,而非经营者,故商业诋毁中的竞争关系,应与其他不正当竞争行为中的竞争关系有所区别,但也不当然局限于狭义的竞争关系。除经营同类商品或者替代商品的经营者外,彼此之间在交易机会和消费对象方面存在此消彼长关系的经营者,也可能构成商业诋毁中的竞争对手。同时,实施商业诋毁的行为人在主观上要有损害竞争对手商业信誉、商品声誉的意图,且在竞争对手的商业信誉、商品声誉遭受或者可能遭受损害的同时,其自身能够从中获得相应的交易机会或竞争优势,并由此获得商业利益。这种此消彼长的关系,也可以作为认定竞争对手意义上竞争关系的考量因素。

对于市场竞争秩序的维护,不仅依靠《反不正当竞争法》,还需依靠《民法典》《商标法》《专利法》《著作权法》等其他法律。当《民法典》、知识产权专门法等其他法律已经维护了市场竞争秩序,对扭曲市场机制的行为进行了规制时,无适用《反不正当竞争法》之必要。但如果传统的民事法律规范无法实现对竞争秩序的维护任务时,则有必要采用《反不正当竞争法》予以保护。因为信息成本的原因,法律调整社会关系,应当优先适用更为明确的权利法而非信息成本更高的行为法。因此,如主体之间不具有竞争对手关系,未损害竞争秩序,将上述情形纳入《反不正当竞争法》的规制范畴,短期可能会导致个案的裁判尺度不一,长期会产生架空民法中的法人名誉权条款的后果。相反,如将竞争对手关系局限于同业竞争者,则会明显限缩商业诋毁条款的适用范围,导致对经营者商誉保护的不足,长此以往,会消解商业诋毁条款保护市场信息机制,维持市场竞争秩序的独立价值,沦为法人名誉权的特别保护条款。具体而言,市场参与者捏造、散布虚假信息的行为即便可以解释为侵害法人名誉权的行为,但若以侵犯法人名誉权起诉,如前所述,因为人格利益保护的名誉侵权诉讼的赔偿数额一般参照普通自然人民事侵权确定,该保护力度无法实现"注意力经济"下商誉的价值。同时,原告在侵害法人名誉权纠纷中承担较重的举证义务和损害因果关系的证明责任,难以实现充分保护经营者的商誉,矫正扭曲的信用机制,恢复公平竞争秩序的目标。当然,从尊重当事人的诉权选择角度,即使构成了竞争对手关系,亦可以允许当事人选择法人名誉权作为请求权基础。

本案明确了商业诋毁中的竞争对手与其他不正当竞争行为中竞争关系的差异,强调系彼此之间在交易机会和消费对象方面存在此消彼长关系的经营者,并明晰了竞争法领域的商业诋毁行为和民法领域的侵害名誉权行为的界限,将交易机会或竞争优势上"此消彼长"的关系作为区分二者的考量因素。

一审法院合议庭成员　刘佳欣　尹　斐　刘君婕
二审法院合议庭成员　谢甄珂　兰国红　李迎新
编写人　谢甄珂

39. 某安全公司诉某传媒公司商业诋毁纠纷案
—— 自媒体编造、传播上市公司法定代表人的
虚假言论可能构成对上市公司的商业诋毁

关键词　商业诋毁纠纷　法人名誉权纠纷　竞争对手　自媒体

基本案情

原告某安全公司诉称：原告系 A 股上市公司，从事互联网信息服务等经营活动，周某为其大股东和法定代表人。被告某传媒公司运营微信公众号和微博"星球商业评论"（微信号：xqnews，以下简称涉案自媒体）。2021 年 5 月 11 日，百度百家号"人民资讯"发布题为《360 确认战略投资哪吒汽车，将成第二大股东》的文章。2021 年 5 月 31 日，360 集团关联公司曾向哪吒汽车控股公司支付 9 亿元注资款。2021 年 7 月 16 日，某传媒公司在其经营的涉案自媒体上发布题为《我最害怕的那个人也要造车了》的文章（以下简称涉案文章），文章涉及 360、哪吒汽车、周某，其中有如下内容（以下简称被诉言论）："360 的朋友告诉乃悟，他们和'哪吒'只是草签了一个协议，实际上一分钱都还没给，目前只是调了一些安全技术人员过去，属于精神上的股东；老周有一批股票要套现，想冲冲股价。"其中，"老周有一批股票要套现，想冲冲股价"一句被字体加黑予以突出显示。涉案言论通过涉案自媒体获得广泛关注，并被多平台转发。某安全公司主张被诉言论构成商业诋毁，请求判令某传媒公司停止不正当竞争行为、消除影响、赔偿经济损失及合理支出 50 万元。

被告某传媒公司辩称：其与某安全公司并不存在竞争关系，本案不应认定为商业诋毁行为。涉案文章评价的是个人的合理评价，而非针对某安

全公司，周某作为公众人物，应接受合理的评价。因此请求法院判决驳回某安全公司的全部诉讼请求。

一审法院经审理认为：某传媒公司的行为构成商业诋毁，于2021年12月31日作出（2021）京0105民初75950号民事判决：一、某传媒公司于判决生效之日立即删除新浪微博"星球商业评论"中题为《我最害怕的那个人也要造车了》的文章；二、某传媒公司于判决生效之日起30日内在微信公众号"星球商业评论"（微信号：xqnews）及官方微博账号"星球商业评论"中刊登书面声明以消除涉案商业诋毁行为的影响；三、某传媒公司于判决生效之日起10日内赔偿某安全公司经济损失40万元；四、某传媒公司于本判决生效之日起10日内赔偿某安全公司制止侵权的合理开支10万元。宣判后，某传媒公司不服，提起上诉。

二审法院审理后认为：某安全公司与某传媒公司之间具有竞争对手意义上的竞争关系；被诉言论中"某安全公司仅草签协议未实际支付投资款"的事实陈述系虚假事实；涉案言论会降低社会公众对某安全公司的正面社会评价，损害某安全公司的企业形象，构成损害某安全公司商业信誉的行为；某传媒公司发布、传播涉案言论符合反不正当竞争法意义上商业诋毁行为的构成要件。因此，北京知识产权法院于2023年6月30日作出（2022）京73民终3163号民事判决：驳回上诉，维持原判。

裁判理由

法院生效裁判认为：

2019年《反不正当竞争法》第十一条规定，经营者不得编造、传播虚假信息或者误导性信息，损害竞争对手的商业信誉、商品声誉。在案证据足以证明被诉言论构成虚假陈述或误导性陈述，本案的争议焦点为某传媒公司发布、传播被诉言论是否属于损害竞争对手的商业信誉、商品声誉。2019年《反不正当竞争法》第十一条使用的是竞争对手，而非经营者或他人等语，故商业诋毁中的竞争关系，应与其他不正当竞争行为中的竞争关系有所区别，但也不当然局限于狭义的竞争关系。除经营同类商品或者替代商品的经营者外，彼此之间在交易机会和消费对象方面存在此消彼长关系的经营者，也可能构成商业诋毁中的竞争对手。同时，商业诋毁的行为人在主观上要有损害竞争对手商业信誉、商品声誉的意图，且在竞争对手的商业信誉、商品声誉遭受或者可能遭受损害的同时，其自身能够从中获得相应的交易机会或竞争优势，并由此获得商业利益。这种此消彼长的关系，也可以作为认定竞争对手意义上竞争关系的考量因素。

从竞争关系来看。首先，在案证据显示，某传媒公司运营微信公众号、微博，从事为互联网提供信息资讯服务，虽然某安全公司的主营业务并非在互联网内提供信息资讯服务，但该公司作为多元化的互联网公司，业务领域亦涵盖该服务，进而与某传媒公司的经营范围存在重合，因此，双方当事人均系提供信息资讯服务的同业竞争者，存在直接竞争关系。其次，某安全公司作为互联网领域的上市公司，商业声誉是重要的竞争优势。对运营微信公众号、微博的某传媒公司而言，增加用户浏览量、吸引更多订阅用户关注，是该公司获取竞争利益的根本。本案中，某传媒公司通过发布涉案文章，显然会提高其涉案微博、涉案微信公众号的热度、关注度，增加流量并吸引更多用户，从而获得直接或间接的竞争优势。因此，某传媒公司的行为具有损害某安全公司竞争优势的可能性，某传媒公司亦会基于这一行为而获得现实或潜在的竞争利益，双方当事人构成竞争关系。

从损害后果来看。商业诋毁的结果是使竞争对手的商业信誉和商品声誉受到损害，即导致竞争对手在商业形象或商品形象方面的社会评价降低。就商誉的损害而言，除了商品质量、商品价格、交易条件、企业形象、生产经营状况等诋毁信息外，被诉言论所指向的经营者的法定代表人、控股股东、实际控制人、董事、监事或高级管理人员的信用状况、品质、能力等亦属于与商誉密切相关的诋毁信息。根据在案证据显示，涉案言论误导公众相信，某安全公司的法定代表人周某利用虚假的项目合作，实现推高某安全公司股票价格、违规套现的目的。涉案言论会降低社会公众对某安全公司的正面社会评价，损害某安全公司的企业形象，构成损害某安全公司商业信誉的行为。

从主观意图来看。某传媒公司不属于消费者和新闻媒体，涉案言论具有借助该虚假性言论吸引更多网络用户关注的主观意图。

因此，某传媒公司发布、传播涉案言论符合2019年《反不正当竞争法》规定的商业诋毁行为的构成要件，应当就此承担相应的法律责任。

关于赔偿数额的确定。一审法院综合涉案文章的发布时间、影响范围、某传媒公司主观过错程度、涉案商业诋毁行为的性质和情节等因素确定 40 万元的经济损失，数额尚属合理，二审法院予以确认。某安全公司为制止涉案侵权行为支出的律师费属于合理开支的范畴，亦予以支持。

裁判要旨

1. 侵害法人名誉权条款和商业诋毁条款的适用边界在于原被告之间是否具有"竞争对手"关系。进言之，当商业组织的商誉被不具有竞争对手关系的一般主体侵害时，适用法人名誉权条款；当商业组织的商誉被具有竞争对手关系的经营者侵害时，则适用商业诋毁条款。

2. 商业诋毁的结果是使竞争对手的商业信誉和商品声誉受到损害，即造成竞争对手在商业形象或商品形象方面的社会评价降低。就商誉的损害而言，除了商品质量、商品价格、交易条件、企业形象、生产经营状况等诋毁信息外，被诉言论所指向的经营者的法定代表人、控股股东、实际控制人、董事、监事或高级管理人员的信用状况、品质、能力等亦属于与商誉密切相关的诋毁信息。

关联索引

2019 年《中华人民共和国反不正当竞争法》第十一条

一审：北京市朝阳区人民法院（2021）京 0105 民初 75950 号（2021 年 12 月 31 日）

二审：北京知识产权法院（2022）京 73 民终 3163 号（2023 年 6 月 30 日）

法官评析

本案涉及商业经营的微信公众号针对上市公司高管发布不实言论的行为，该行为应属于侵害法人名誉权行为抑或商业诋毁行为。对此，理论和实践中分歧较大。本案判决从商业诋毁中竞争对手的认定出发，提出可结合主观意图、损害后果和客观获益三个考量因素，明确了彼此之间在交易机会和消费对象方面存在此消彼长关系的经营者之间，也可能构成商业诋毁中的竞争对手。通过这一准确界分，厘清了互联网环境下侵害法人名誉权和商业诋毁行为的边界。同时，本案确定了针对企业高管的诋毁言论损害企业利益的认定标准，即被诉言论所指向的经营者的法定代表人、控股股东、实际控制人、董事、监事或高级管理人员的信用状况、品质、能力等亦属于与商誉密切相关的诋毁信息，构成对经营者的商誉损害。本判决对于优化营商环境，净化互联网舆论空间，弘扬社会主义核心价值观具有积极意义。

关于商业诋毁行为的主体要件是否要限定在竞争对手之间这一问题，理论和实践中有如下几种观点：

一是狭义竞争关系说。即认为商业诋毁行为的主体应当限定在同业竞争对手之间，[①] 如果不构成同业竞争对手，则属于一般性质的法人名誉权纠纷。其理由主要是基于对反不正当竞争法中竞争关系的认定限于狭义竞争关系的观点。

二是广义竞争关系说。该观点认为《反不正当竞争法》虽规定为损害"竞争对手"的商业信誉、商品声誉，但此处亦应作广义理解，此处可将竞争对手关系理解为竞争关系。尤其是在互联网领域，互联网企业的经营范围相对模糊化，涉及信息、资讯、技术等的提供并不存在明显的分界线。该观点可以进而分解为两类：一是经营者是指"从事商品经营或者营利性服务的法人、其他经济组织和个人"，但应当排除媒体、行业协会等非营利性组织，且具有直接或间接竞争关系的经营者都能实施商业诋毁；[②] 二是竞争对手不限于经营者，应以被诉主体与市场竞争秩序的关系去界定是否可适用《反不正当竞争法》，消费者、新闻媒体、行业协会等均可能构成竞争对手关系。[③]

[①] 与该观点相同的学者观点包括江帆：《商誉与商誉侵权的竞争法规制》，载《比较法研究》2005年第5期。与该观点相一致的案例还有（2016）粤53民初55号罗定市某房地产开发有限公司诉黎某等商业诋毁纠纷案。法院认定，根据原告罗定市某房地产开发有限公司起诉的事实以及提供的相关证据，被告黎某、钟某仅是购买了原告罗定市开发的商住小区房屋的业主，被告欧某为并非该小区业主的社会人员，故三被告均不是从事房地产开发的经营者。因此，原告罗定市某房地产开发有限公司以三被告侵害了其商业信誉和商品声誉为由提起的本案诉讼不属于商业诋毁纠纷，仅属一般性质的名誉权纠纷。在互联网因素介入前，此观点为司法实务界的主流观点。

[②] 持此观点的学者有马景顺、郑新建等人。参见马景顺、郑新建：《论商誉侵权行为及其反不正当竞争法规制》，载《河北法学》2005年第3期。

[③] 详见李友根：《论经济法视野中的经营者——基于不正当竞争案判例的整理与研究》，载《南京大学学报（哲学人文科学社会科学版）》2007年第3期。与此观点相似，有学者认为可引入竞争程度变量，平衡商业言论自由与维护市场秩序之间的冲突，具体而言，在认定言论是否构成"编造、传播虚假信息或者误导性信息"以及"损害商业信誉、商品声誉"时，要考虑双方的竞争关系强度以及相关市场秩序的实际状况。沈冲：《网络环境下的竞争关系与商业诋毁行为的认定》，载《电子知识产权》2012年第3期。

三是竞争对手适中说。该观点认为，虽然《反不正当竞争法》中的竞争关系应作广义理解，但考虑到2019年《反不正当竞争法》第十一条中特别规定了"竞争对手"，故在商业诋毁案件中，对于主体要件的认定，应当与其他不正当竞争行为中的竞争关系有所区别。具体而言，取决于以下两个条件：该经营者的行为是否具有损害其他经营者竞争优势的可能性；该经营者是否会基于这一行为而获得现实或潜在的竞争优势。进言之，只要经营者的行为具有对其他经营者的竞争优势造成损害的可能性，且该经营者会基于这一行为而获得现实或潜在的竞争优势，则可以认定二者具有竞争关系；同时，如双方争夺相同的竞争优势，则可以认定双方为竞争对手。进言之，商业诋毁的行为人在主观上要有损害竞争对手商业信誉、商品声誉的意图。如果不构成商业诋毁，则仅能按照一般名誉权侵权处理。该观点主要考虑2019年《反不正当竞争法》第十一条规定的文义解释、历史解释，同时考虑反不正当竞争法与民法对企业商誉的协调保护。

笔者认同竞争对手适中说的观点。诋毁商誉行为与侵害法人名誉权行为的边界在于被诉言论是否损害了反不正当竞争法意义上的"竞争对手"的商誉。进言之，只有损害的是具有竞争对手关系的商业信誉、商品声誉，才能将被诉言论纳入商业诋毁行为予以规制；反之，如损害的不是具有竞争对手关系主体的商誉，被诉言论仅能通过侵害法人名誉权予以禁止。同时，竞争对手商誉的损害不限于同业竞争者的商誉损害，但也不能因互联网因素的加入而泛化为网络经营者间均具有竞争对手关系，而应结合主观意图、竞争利益争夺和损害后果三个维度，判断是否损害了竞争对手的商誉。详言之，商业诋毁的行为人在主观上要有损害竞争对手商业信誉、商品声誉的意图，且在竞争对手的商业信誉、商品声誉遭受或者可能遭受损害的同时，其自身能够从中获得相应的交易机会或竞争优势，并由此获得商业利益。具体理由如下：

首先，符合《反不正当竞争法》规定的文义和立法本意。从立法沿革上分析，各阶段的《反不正当竞争法》关于商业诋毁条款的表述中未采纳竞争关系的表述方式。1993年《反不正当竞争法》第十四条行为对象是竞争对手，2016年修订草案送审稿第十一条曾提议修改为"损害他人的商业信誉、商品声誉"，修订草案的潜台词为淡化竞争关系在认定商业诋毁行为中的作用;但在随后 2017 年修订草案二次审议稿第十一条又修改回"竞争对手",并修订通过。进言之,由"竞争对手"到"他人"(淡化竞争关系)再到"竞争对手"的变化过程,可推知立法者明确将"竞争对手"作为认定商业诋毁行为的约束性条件。笔者同意《反不正当竞争法》以"竞争对手"作为限定商业诋毁行为主体的立法观点,因为只有在损害竞争对手的商誉时,才会直接影响市场经济的信用机制,进而影响竞争秩序;单纯的损害他人的商誉,不必然影响市场经济的信用机制,影响的可能仅为他人的人格权,无法达到通过影响信用机制,进而影响相关市场竞争秩序的程度。

其次,符合法人名誉权条款和诋毁商誉条款的保护客体。① 对于市场竞争秩序的维护,不仅依靠《反不正当竞争法》,还需依靠《民法典》《商标法》《专利法》《著作权法》等其他法律。当《民法典》、知识产权专门法等其他法律已经维护了市场竞争秩序,对扭曲市场机制的行为予以规制时,无适用《反不正当竞争法》之必要。但如果传统的民事法律规范无法实现对竞争秩序的维护任务时,则有必要采用反不正当竞争法予以保护。因为信息成本的原因,法律调整社会关系,应当优先适用更为明确的权利法而非信息成本更高的行为法,因此,如主体之间不具有竞争对手关系,未损害竞争秩序,而将上述情形纳入《反不正当竞争法》的规制范畴,短期可能会导致个案的裁判尺度不一,长期则会产生架空民法中的法人名誉权条款的后果。如离职员工评论案中,原告公司的前员工发布的被诉言论并无获取竞争利益的目的,又无被诉言论中获取竞争优势的结果,如将之以商业诋毁行为规制,不但与商业诋毁条款规制竞争秩序的保护客体有悖,而且可能会导致前员工被雇主以商业诋毁方式举报至有权机关处以行政处罚乃至刑罚。因而,竞争关系扩大说的观点明显扩大了商业诋毁

---

① 鉴于法律文本本身无法实现对全部概念的精准表达,语义学上永远存在着含混的概念,同时,法律规范的滞后性导致其应对多元化的社会生活实践时总是力所不逮,因此,有必要对不确定的概念进行合目的性解释,并在实践中检验目的解释的实际效果,即是否可以胜任该法律规范的立法目的。在反不正当竞争法中,功能主义的解释路径不再仅仅从形式规则本身的推论而获取唯形式理性的求解,而是将更多目光聚焦在对目的与结果的双重判断上,以"目标匹配"和"后果验证"的方式完成对裁判结论正当性的有效检验,从而为疑难问题的解答提供更广阔的视域范围。龙俊:《论反不正当竞争法中功能主义解释方法的适用》,载《甘肃政法学院学报》2019 年第 5 期。

条款的规制范围,与商业诋毁条款保护经营者商誉和维护市场竞争秩序的目标有悖。

相反,如将竞争对手的关系局限于同业竞争者,则会明显限缩商业诋毁条款的适用范围,从而导致经营者商誉保护的不足,长此以往,会消解商业诋毁条款保护市场信息机制,维持市场竞争秩序的独立价值,沦为法人名誉权的特别保护条款。具体而言,市场参与者捏造、散布虚假信息的行为即便可以解释为侵害法人名誉权的行为,但若以侵害名誉权起诉,如前所述,因为人格利益保护的名誉侵权诉讼的赔偿数额一般参照普通自然人民事侵权确定,该保护力度无法实现"注意力经济"中商誉的价值。同时,原告在侵害法人名誉权纠纷中承担较重的举证义务和损害因果关系的证明责任,难以实现充分保护经营者的商誉,矫正扭曲的信用机制,恢复公平竞争秩序的目标。比如,在企业家评论案中,如认可原告与被告不属于同业经营者,即排除商业诋毁行为的适用,那么原告公司只能以法人名誉权条款作为请求权基础,一方面,原告公司需证明被告具有主观故意或过失;另一方面,某安全公司还需证明损害与被诉言论的因果关系,上述两方面的证据均难以提举,即使原告成功证明了上述要件,其所能获得的赔偿金额也往往较低,难以弥补对其商誉的损害。

当然,从尊重当事人的诉权选择的角度,即使构成了竞争对手关系,亦可以允许当事人选择法人名誉权作为请求权基础。因为反不正当竞争法系随着社会分工日益深入,社会化大生产的开展,原有的私权保护制度无法适应新的社会经济关系,因而有必要在原有的民事权利保护基础上提供不正当竞争行为禁止的补充保护而产生的。泛言之,民商法是对社会经济生活的一次调整,而包含竞争法在内的经济法是在民商法对社会经济生活进行一次调整力所不逮之时的二次调整。基于此,原告可以主张侵害法人名誉权,鉴于法人名誉权保护的法益并不包含维护公平竞争秩序,因而其无法实现商业诋毁行为所欲达致的在无须证明因果关系的情况下确定法定赔偿、行政处罚乃至刑事处罚的秩序维护功能,同时在适用中,不宜扩大侵害法人名誉权纠纷的损害赔偿范围、降低行为与损害之间的因果联系,不宜随意将不属于"侮辱、诽谤"的行为纳入规制范畴,以实现民法和反不正当竞争法的保护范围的界分。

再次,与损害商誉罪条款相协调。如前所述,商誉本身具有不同于法人名誉的经济利益特点，同时，作为经营者市场竞争工具的商誉，属于影响市场竞争秩序的市场信用机制的重要组成部分。保护经营者商誉与维护公平竞争秩序是法律规则的要求。为维护市场竞争秩序，保护社会公共利益，《反不正当竞争法》在《民法典》中的"法人名誉权条款"的基础上，规定了禁止损害经营者商誉的商业诋毁条款，《刑法》不但规定了侮辱罪、诽谤罪，还设置了损害商誉罪的选择性罪名。

刑法作为"二次保障"法的功能在于对于前置法律部门的违法行为加大惩罚程度，但一般不会在前置法律不认为违法时，扩大适用范围而认定为犯罪。主流观点认为，《反不正当竞争法》等行政法是损害商誉罪刑法规制的主要前置法，《民法典》等民商法是损害商誉罪刑法规制的次要前置法。① 因此，合理界分商业诋毁条款和法人名誉权条款的适用范围，还需与《刑法》的损害商誉罪条款相协调。

虽然侵犯商业信誉、商品声誉罪的主体并未限定于竞争对手，但该罪名要求具有主观故意或重大过失方可构成该罪的主观构成要件。换言之，被诉主体应当在主观意图上具有损害经营者商业信誉、商品声誉的动机，而非单纯的评论、评价。该要件与竞争对手适中说的从主观意图、损害后果、竞争利益争夺三个层面确定竞争对手关系的逻辑是一致的。即被诉主体虽然不限定于经营者或是同业经营者，但需主观上具有诋毁其他经营者商业信誉、商品声誉的故意或重大过失。如此解释，方可避免将自然人出于一般过失批评企业商业信誉、商品声誉入罪的错误结论，同时，也可以将虽不属于经营者主体，但具有诋毁他人商业信誉的主观意图的自然人主体纳入该罪的范畴。② 唯有如此，方可实现《反不正当竞争法》与《刑法》罪名之间的融贯。

此处需要进一步明确的是如何判断主观意图。主观意图指的是善意和恶意两个方面。笔者认为，主观意图中的恶意可视为主观过错中的直接故意，二者均是希望甚至追求损害结果的发生。因此，若能证明行为人具有主观恶意，既满足了商业诋毁的主观要件，又具有更强的可归责性。对于主观恶意，要结合现实情况、整体表述、言论的普通意义以及评论的语境

---

① 田宏杰、周时雨：《损害商业信誉、商品声誉罪：司法认定与治理完善》，载《法律适用》2022年第12期。

② 如鸿茅药酒事件和孟某损害商业信誉、商品声誉案。

等因素去综合判断。① 若无法证明行为人具有主观恶意,则需进一步考查行为人对于损害后果的形成是否存在间接故意或过失。

最后,此观点与域外国家的立法趋势相一致。因互联网因素的加入,特别是近年来自媒体、直播带货、社交平台、视频平台等新兴商业模式的兴起,商业诋毁行为的类型更趋复杂。为应对新型商业诋毁行为,德国、日本等国法律虽明确"竞争关系"的市场主体系商业诋毁行为的构成要件,但司法实务也不拘泥于同业竞争者,而是认定具有竞争利益争夺关系的主体之间不得从事商业诋毁行为。美国、瑞士等国的司法实践中已将商业诋毁的主体扩展到消费者、新闻媒体、行业协会等非营利性主体。同时,世界知识产权组织(WIPO)制定的《反不正当竞争保护的示范条款》中也认定新闻媒体、消费者等非营利主体同样可能构成商业诋毁。总结上述域外国家和国际组织对商业诋毁行为的主体要件已经明显出现不限于"同业竞争者"的趋势,这也与竞争关系适中说的观点相一致,其背后的原因为随着数字技术等因素的参与,固守原有的同业竞争者主体要件,已经不能回应实践中的矛盾和纠纷,而且大量的虽不具有同业竞争者关系,但仍具有此消彼长的竞争利益争夺的主体间的诋毁商誉行为推至民法的法人名誉权规制范畴,因为法人名誉侵权的构成要件、举证责任均重于商业诋毁行为,赔偿又往往较低,所以从微观上会导致经营者商誉保护的不周,影响经营者商誉的积累,从宏观上可能导致不负责任的网络言论泛滥,经营者疲于应对诋毁言论,最终影响市场竞争秩序,损害社会公共利益。

此外,对于广义竞争关系说中有关"将消费者或新闻媒体等实施的商业诋毁行为,以民法或侵权责任法中的名誉侵权处理,容易导致类案不同判"的担心。笔者认为,对于商誉的法律保护应当坚持体系化的视角,即《反不正当竞争法》仅仅是从行为规制的角度对商业诋毁行为进行调整,并不意味着不构成不正当竞争的传播行为或侵害法人名誉权的行为无法受

---

① 例如,在某实业集团有限公司诉孟某公司等商业诋毁纠纷案中,法院认为,被告发送函件的对象为地方职能部门和行业协会,如果只是向这些部门反映情况,旨在督促处理存在的问题,没有商业竞争上的不当企图,不能仅仅由于激烈的言辞等而认定其散布了虚假的情况。在北某投资咨询服务有限责任公司等与北京某科技有限公司等名誉权纠纷案中,法院认为,相关否定性评论只要仍在"就事论事"的讨论范畴,未达到恶意歪曲、夸大,并借机进行侮辱、诽谤的程度,即便措辞尖锐、带有感情色彩,令人不悦,亦应在北京某科技有限公司等适度宽容的范围内。

到其他法律的规制。从民事权益保护的角度，《民法典》关于知识产权以及侵权责任的规定仍可以为权利人提供救济。首先，如前所述，法人名誉权系权利人应当享有的民事权利。消费者或新闻媒体的诋毁商誉行为虽然不构成《反不正当竞争法》规定的损害"竞争对手"商誉行为，但由于其发表或传播的言论具有侮辱、诽谤的言辞，侵害了权利人合法的民事权利，应当承担停止侵权的民事责任，即应当停止被诉侵权言论，并承担侵权责任。其次，根据《民法典》第一千一百六十五条的规定，行为人因过错侵害他人民事权益给他人造成损害的，应当承担侵权责任。因此，如果消费者或新闻媒体主观上知道或者应当知道其发表或传播的被诉言论系商业诋毁行为，仍然发表或传播，权利人可以主张其构成侵权，进而要求其承担赔偿损失的民事责任。最后，如果有证据证明新闻媒体系出于故意，受竞争对手的委托诋毁经营者商誉的，则构成《民法典》规定的共同侵权，应当承担商业诋毁行为的连带责任。

综上，侵害法人名誉权条款和商业诋毁条款的适用边界在于原被告之间是否具有"竞争对手"关系。进言之，当商业组织的商誉被不具有竞争对手关系的一般主体侵害时，适用法人名誉权条款；当商业组织的商誉被具有竞争对手关系的经营者侵害时，则适用商业诋毁条款。

此外，商业诋毁条款作为损害商业信誉、商品声誉罪的主要前置法条款，应采竞争对手适中说之观点认定主体之间关系，即竞争对手关系不限于同业竞争者，但也不能因为互联网因素的加入而泛化为网络经营者均具有竞争对手关系，而应结合主观意图、竞争利益争夺和损害后果三个维度，判断是否损害了竞争对手的商誉。详言之，商业诋毁的行为人在主观上要有损害竞争对手商业信誉、商品声誉的意图，且在竞争对手的商业信誉、商品声誉遭受或者可能遭受损害的同时，其自身能够从中获得相应的交易机会或竞争优势，并由此获得商业利益。

一审法院独任审判员　崔树磊
二审法院合议庭成员　谢甄珂　兰国红　李迎新
编写人　李迎新

40. 北京某时装公司诉瑞士某公司商业诋毁纠纷案
——发送侵权警告函与商业诋毁的区分

关键词 侵权警告函 商业诋毁 不正当竞争

基本案情

原告北京某时装公司诉称：北京某时装公司在第25类服装、鞋、帽等商品上获准注册有"ZELINIA及图"和"ZELINIA"商标。2020年7月至2021年4月，被告瑞士某公司先后向销售北京某时装公司上述品牌商品的多家商场发出侵权警告函，称北京某时装公司持有的上述商标系对瑞士某公司"ZEGNA"品牌及商标的摹仿，侵犯了瑞士某公司的商标专用权，瑞士某公司已经针对上述商标提起异议或无效宣告请求，并已采取包括诉讼在内的多项法律行动，相关民事纠纷正在法院审理中。北京某时装公司认为瑞士某公司上述侵权警告函的内容构成商业诋毁，故诉至一审法院，请求判令：（1）瑞士某公司向鑫某百货公司、密云某百货店、国某百货公司、国某百货公司平谷店、贵某公司通州店发送书面声明，消除影响；（2）瑞士某公司赔偿北京某时装公司经济损失20万元及合理支出10万元。

被告瑞士某公司辩称：瑞士某公司发送的侵权警告函内容属实，系正当的维权行为，并未"编造、传播虚假信息或误导性信息"，国家知识产权局作出的在先裁定曾经认定北京某时装公司的"ZELINIA"商标与瑞士某公司的"ZEGNA"商标构成近似商标，且侵权警告函发出后，相关商场并未因此受到误导，北京某时装公司的诉讼请求缺乏依据。

法院经审理查明：北京某时装公司成立于2004年2月4日，瑞士某公司成立于 1977 年 12 月 23 日，经营范围均包括服装销售。2020 年 7 月 1 日，瑞士某公司向鑫某百货公司及密云某百货店发送《关于 ZELINIA 店铺的违法行为》的函件，内容为：北京某时装公司持有的 ZELINIA 商标系对 ZEGNA 商标的摹仿。针对北京某时装公司持有的与 ZEGNA 系列商标近似的 ZELINIA 商标，瑞士某公司已向国家工商行政管理总局商标局（以下简称原商标局）、国家工商行政管理总局商标评审委员会（以下简称原商评委）提起商标异议或者商标无效宣告请求等行政程序，请求对 ZELINIA 系列商标不予注册或者作出无效宣告。瑞士某公司并已采取包括诉讼在内的多项法律行动，北京某时装公司商标状态不稳定。2021 年 4 月 13 日，瑞士某公司向国某百货公司、国某百货公司平谷店发送《关于 ZELINIA 店铺》的函件，内容为：北京某时装公司持有的"ZELINIA"商标系对"ZEGNA"商标的摹仿，二者在商标构成、呼叫及整体视觉效果等方面极其近似，易使相关公众对商品来源产生混淆误认，要求国某百货公司、国某百货公司平谷店采取措施制止签署 ZELINIA 店铺的侵权行为，不再为 ZELINIA 侵权商品的销售提供经营场所或任何其他便利等。其针对 ZELINIA 商标的行动不会停止，相关民事纠纷正在北京市东城区人民法院审理中。

2019 年 3 月 18 日，原商评委作出商评字〔2019〕第 0000054986 号关于第 1807018 号"ZELINIA 及图"商标无效宣告请求裁定书。该裁定书载明，申请人瑞士某公司于 2018 年 1 月 12 日对第 1807018 号"ZELINIA 及图"商标提出无效宣告请求，经商评委审理后认为，申请人的无效宣告理由不成立，裁定对争议商标予以维持。2018 年 12 月 11 日，原商评委作出商评字〔2018〕第 0000230347 号关于第 1807018 号"ZELINIA"商标撤销复审决定书。该决定书载明，申请人瑞士某公司因第 1807018 号"ZELINIA"商标撤销一案，不服商标局商标撤三字〔2018〕第 Y005855 号决定，于 2018 年 5 月 17 日向商评委申请复审，经商评委审理后作出复审商标予以撤销的决定。北京某时装公司不服该决定，向北京知识产权法院提起行政诉讼。2019 年 10 月 10 日，北京知识产权法院作出（2019）京 73 行初 1010 号行政判决书，判决撤销商评字〔2018〕第 230347 号关于第 1807018 号"ZELINIA"商标撤销复审决定，并判决国家知识产权局重新就第 1807018 号"ZELINIA"商标作出复审决定。瑞士某公司不服该判决，向北京市高级人民法院提起上诉。2020年8月14日，北京市高级人民法院作出（2020）京行终1040号行政判决：驳回上诉，维持原判。2020年9月21日，国家知识产权局作出商评字〔2018〕第0000230347号重审第0000004471号关于第1807018号"ZELINIA"商标撤销复审决定书。该决定书载明，复审商标在服装、衬衫、T恤等复审商品上予以维持，在其余复审商品上予以撤销。2021年3月13日，国家知识产权局发布注册商标撤销公告，公告第1807018号"ZELINIA"商标在第25类别的领带、鞋、帽上的商品项目予以撤销。2019年3月18日，原商评委作出商评字〔2019〕第0000054987号关于第12229856号"ZELINIA Weekend"商标无效宣告请求裁定书。该裁定书载明，瑞士某公司于2018年1月12日对第12229856号"ZELINIA Weekend"商标提出无效宣告请求，经原商评委审理后裁定对争议商标予以无效宣告。

另查明：（1）国家知识产权局作出的商评字〔2021〕第308038号关于第35942123号"ZELINIA Weekend"商标无效宣告请求裁定书、商评字〔2022〕第4056号关于第35498393号"定制 ZELINIAZ"商标无效宣告请求裁定书、商评字〔2022〕第4056号关于第35953203号"ZELINIA"商标无效宣告请求裁定书，上述裁定书中认定第35942123号"ZELINIA Weekend"、第35498393号"定制 ZELINIAZ"商标、第35953203号"ZE-LINIA"与瑞士某公司的"ZEGNA"商标、"ZENIA"商标构成近似商标。（2）密云某百货店对侵权警告函复函称："经了解商标持有人并查询商标局数据库，显示第1807018号注册商标'ZELINIA及图'为有效状态，有效期至2022年7月13日。同时，商标持有人提供的商评字〔2019〕第0000054986号《第1807018号'ZELINIA及图'商标无效宣告请求裁定书》显示针对上述商标的宣告商标无效请求已被驳回。针对ZELINIA商标的撤销申请，相关案件尚在审理过程中，未形成最终判决。通过上述情况，目前暂无法认定ZELINIA商标合法性存在问题。贵某公司亦回函称目前无法认定ZELINIA商标的合法性存在问题。"

北京市东城区人民法院于2021年12月28日作出（2020）京0101民初19636号民事判决：一、瑞士某公司于判决生效之日起10日内向鑫某百货公司、密云某百货店、国某百货公司、国某百货公司平谷店、贵某公司通州店发送澄清声明，以消除影响；二、瑞士某公司于判决生效之日起10

日内赔偿北京某时装公司经济损失 6 万元及合理支出 2 万元；三、驳回北京某时装公司的其他诉讼请求。宣判后，瑞士某公司以涉案行为不构成商业诋毁为由提起上诉。北京知识产权法院于 2023 年 5 月 25 日作出（2022）京 73 民终 1093 号民事判决：一、撤销北京市东城区人民法院（2020）京 0101 民初 19636 号民事判决；二、驳回北京某时装公司的诉讼请求。

裁判理由

法院生效裁判认为：

2019 年《反不正当竞争法》第十一条规定，经营者不得编造、传播虚假信息或者误导性信息，损害竞争对手的商业信誉、商品声誉。

一、瑞士某公司未实施编造、传播虚假信息或者误导性信息的行为

瑞士某公司发送的侵权警告函中的相关内容未构成虚假或误导性的信息。涉案侵权警告函中称北京某时装公司存在侵犯瑞士某公司注册商标专用权的行为，并详细描述了瑞士某公司就"ZELINIA"商标已经向相关行政机关提起商标无效、商标异议等申请，相关行政程序正在进行中。此外，结合瑞士某公司在一审程序中提交的无效宣告请求裁定的相关内容，在瑞士某公司发送侵权警告函时，原商评委已于 2019 年 3 月 18 日作出商评字〔2019〕第 54987 号关于第 12229856 号"ZELINIA Weekend"商标无效宣告请求裁定书，该裁定书中认定，"ZELINIA Weekend"商标与瑞士某公司的"ZEGNA""ZENIA"商标构成同一种或类似商品上的近似商标。该份裁定中涉及的"ZELINIA Weekend"商标的显著识别部分为文字"ZE-LINIA"。此外，北京某时装公司名下注册了多枚包含文字"ZELINIA"的商标，尽管第 1807018 号"ZELINIA 及图"经商标无效宣告及商标撤销程序仍被予以维持，但仍有若干包含"ZELINIA"文字的商标因与瑞士某公司的"ZEGNA""ZENIA"商标构成同一种或类似商品上的近似商标而被宣告无效。基于上述事实，瑞士某公司关于北京某时装公司存在侵犯注册商标专用权的行为的相关表述，有前述商标行政裁定结果等事实作为支持，能够证明瑞士某公司在发送侵权警告函时对北京某时装公司涉嫌商标侵权的事实判断具有其合理的逻辑推理和事实基础，对侵权警告函内容已经尽到谨慎注意义务,不属于编造、传播虚假信息的情形。关于侵权警告函中"针对ZELINIA商标的行动不会停止。相关民事纠纷目前正在北京市东城区人民法院审理中"的相关表述,瑞士某公司并未明确表示"相关民事纠纷"系商标侵权民事纠纷,且本案确系因瑞士某公司进行商标维权行为而引发的相关民事纠纷,瑞士某公司以"相关民事纠纷"措辞并无明显不当,上述表述不会必然令北京某时装公司的合作方误认为瑞士某公司已就北京某时装公司的相关商标侵权行为提起诉讼,不具有误导性。

二、瑞士某公司主观上不具有损害北京某时装公司商誉的故意

2020年《最高人民法院关于审理注册商标、企业名称与在先权利冲突的民事纠纷案件若干问题的规定》第一条第二款规定,原告以他人使用在核定商品上的注册商标与其在先的注册商标相同或者近似为由提起诉讼的,人民法院应当根据《民事诉讼法》第一百二十四条第三项的规定,告知原告向有关行政主管机关申请解决。鉴于北京某时装公司名下有若干枚包含"ZELINIA"文字的有效注册商标,瑞士某公司必须先向国家知识产权局申请通过行政程序解决相关商标的效力问题,才可以向人民法院提起侵害注册商标专用权民事诉讼。瑞士某公司在相关商标的行政程序尚未完结、无法提起商标侵权之诉的情况下,依据前述合法享有的商标权及商标行政程序的结果,通过向涉嫌商标侵权的特定销售商发送侵权警告函进行侵权警告的方式提前进行维权,且相关表述较为准确地披露了涉嫌侵权的信息,不包含虚假或误导性内容,符合商业惯例,可以认定其目的是出于行使权利和维护自身合法权益,而非损害北京某时装公司的商业信誉或商品声誉。即便在维权时机等方面进行有意选择,也属于瑞士某公司行使自身权利的自由,不足以认定其行为具有不正当性。

三、被诉行为未对北京某时装公司的商业信誉或商品声誉造成损害后果

结合涉案侵权警告函的相关表述,根据百货销售行业内相关主体的认知水平和判断能力,销售商能够通过向供货商或品牌方了解相关信息或公开途径的检索查询等方式,对涉案侵权警告函内容的真实性和准确性作出

合理判定，不易对相关表述产生确定无疑构成侵权的理解。并且，根据侵权警告函的回函内容可知，作为北京某时装公司的销售商，能够及时知悉并判定瑞士某公司及北京某时装公司的相关商标纠纷的进展，并明确表示将根据相关案件的处理结果采取相应的措施。涉案侵权警告函的相关内容并未使发函对象产生北京某时装公司已经确定无疑地构成侵权的理解和认知，从而对北京某时装公司的商业信誉和商品声誉作出负面评价，据此能够合理认定涉案侵权警告函并未产生损害北京某时装公司商誉的后果。

综上，瑞士某公司发送涉案侵权警告函的行为披露了较为充分的涉嫌商标侵权信息，对其内容真实性尽到了必要的谨慎注意义务，且并未不适当扩大发送对象或采取不适当发送方式，主观上亦不具有诋毁北京某时装公司商誉的故意，结果上也并未损害北京某时装公司的商业信誉或商品声誉，系正当的维权行为，不违反诚信原则和商业道德，不构成2019年《反不正当竞争法》第十一条规定的商业诋毁行为，无须承担相应的民事责任。一审法院将是否已经经过有权机关认定构成商标侵权行为等作为侵权警告函的发送条件和判断依据，从而认定被诉行为构成商业诋毁行为，适用法律错误，应予纠正。

裁判要旨

权利人发送侵权警告的行为是否具有正当性，应当根据权利状况、警告内容及发送的意图、对象、方式、范围等多种因素进行综合判断。关于商标侵权警告的内容，权利人在侵权警告中依据的涉嫌侵权事实应当具有较高程度的确定性，但又不能对其确定性程度要求过高和过分，否则会妨碍侵权警告制度的正常效用，有悖于制度设立的初衷。关于商标侵权警告的发送对象，则应着重考虑竞争对手的上下游客户对于涉嫌知识产权侵权问题的判断能力、避险意识和影响后果等因素。

关联索引

2019年《中华人民共和国反不正当竞争法》第十一条

一审：北京市东城区人民法院（2020）京0101民初19636号（2021年12月28日）

二审：北京知识产权法院（2022）京73民终1093号（2023年5月25日）

法官评析

本案就权利人向竞争对手发送侵权警告函的行为是否构成商业诋毁行为进行了认定,明晰了权利人正当维权与不正当竞争的边界。2019年《反不正当竞争法》第十一条规定,经营者不得编造、传播虚假信息或者误导性信息,损害竞争对手的商业信誉、商品声誉。构成商业诋毁行为,应当具备以下要件:(1)经营者实施了编造、传播虚假信息或者误导性信息的行为;(2)经营者主观上具有损害竞争对手商誉的故意;(3)被诉行为的结果应当是有可能造成竞争对手商业信誉或商品声誉的损害。

一、侵权警告函是权利人维权的正当手段

2019年《商标法》第六十条第一款规定,有该法第五十七条所列侵犯注册商标专用权行为之一,引起纠纷的,由当事人协商解决;不愿协商或者协商不成的,商标注册人或者利害关系人可以向人民法院起诉,也可以请求工商行政管理部门处理。为保护商标权而发送侵权警告,可视为当事人协商解决纠纷的重要途径和环节,符合法律有关鼓励当事人协商解决纠纷规定的精神,也是商标权人行使商标权的应有之义。发送侵权警告函进行提前维权同样适用于专利权、著作权等其他知识产权权利人。例如,2020年《专利法》第六十五条规定:"未经专利权人许可,实施其专利,即侵犯其专利权,引起纠纷的,由当事人协商解决。"专利权人认为他人的行为涉嫌侵犯其专利权的,可以在诉诸法律程序之前通过发送侵权警告的方式维护其自身权利。法律对于在法院判决之前权利人自行维护其权益的行为,并无禁止性规定。允许以此种方式解决争议显然有利于降低维权成本、提高纠纷解决效率和节约司法资源,符合经济效益。

二、侵权警告函与商业诋毁的边界

权利人发送侵权警告要适当,不能滥用侵权警告而损害他人合法权益、扰乱市场竞争秩序。如果权利人为谋求市场竞争优势或者破坏竞争对手的竞争优势,以不正当方式滥用侵权警告,损害竞争对手合法权益,则超出权利行使的范围,可以构成商业诋毁或其他不正当竞争行为。最高人民法院在(2014)民三终字第7号案件中指出:"权利人发送侵权警告维

护自身合法权益是其行使民事权利的应有之义,但行使权利应当在合理的范围内。在采取维护权利行为的同时,也要注重对公平竞争秩序的维护,避免滥用侵权警告,打压竞争对手合法权益。判断侵权警告是正当的维权行为,还是打压竞争对手的不正当竞争行为,应当根据发送侵权警告的具体情况来认定,以警告内容的充分性、确定侵权的明确性为重点。"权利人发送侵权警告的行为是否具有正当性,应当根据权利人的权利状况、警告内容及发送的意图、对象、方式、范围等多种因素进行综合判断。关于侵权警告的内容,权利人在侵权警告中依据的涉嫌侵权事实应当具有较高程度的确定性,但又不能对其确定性程度要求过高和过分,否则会妨碍侵权警告制度的正常效用,并且有悖于此类制度的设计初衷。具体而言:

首先,权利人发送侵权警告应当具有事实依据,在发送侵权警告时应当善尽谨慎注意义务,充分披露据以判断涉嫌构成侵权的必要信息,避免不当损害他人的商业信誉。但是,由于侵权警告毕竟是权利人谋求解决商标侵权争议的单方意愿,且由于知识产权本身在效力上的相对不确定性及侵权判断上的专业性,因此不能苛求侵权警告内容完全确定和毫无疑义,应当根据案件具体情况对侵权警告的内容是否属于虚假或误导性信息进行分析。本案中,瑞士某公司系"ZEGNA"等商标的权利人,侵权警告函所称的相关商标行政诉讼及民事诉讼已真实发生,故其发送侵权警告函的内容有具体的事实依据,不属于虚假信息或误导性信息。

其次,权利人发送侵权警告函的目的应为维护自身合法权益,而非打压竞争对手。主观意图通常根据行为人的客观行为状态进行推定。最高人民法院在(2015)民申字第191号案件中指出:"正当的侵权警告与不正当竞争的划分涉及权利保护与维护公平竞争之间的利益平衡,要求既允许正当的侵权警告行为及保护权利的行使,又有效防止滥用侵权警告及保护竞争对手的合法权益。侵权警告是属于正当维权还是构成不正当竞争,应当根据发送侵权警告的具体情况和有关法律规定进行认定。"此处的具体情况和有关法律规定,包括法律关于行使权利的程序性规定、发送侵权警告函的时机、方式、对象等。本案中,瑞士某公司在相关商标行政程序尚未完结、无法提起商标侵权之诉的情况下,通过向涉嫌商标侵权的特定销售商发送侵权警告函的方式提前进行维权,符合商业惯例,可以认定其目的是出于维护自身合法权益,而非损害北京某时装公司的商业信誉或商品声誉。

最后,发送侵权警告函的行为是否事实上造成了商业信誉或商品声誉损害的后果,是判断是否构成商业诋毁行为不可或缺的因素。如果侵权警告函的发送对象事实上并未因警告函的内容而受到影响,亦未采取不利于竞争对手的措施,则并未产生误导性结果,也未对权利人造成任何损害,显然不构成商业诋毁的不正当竞争行为。本案中,根据商场回函可知,相关销售商并未产生北京某时装公司已经构成侵权的理解和认知,亦未对北京某时装公司的商业信誉和商品声誉作出负面评价,足见并未产生损害商誉的实际后果。

本案从侵权警告函的函件内容是否虚假或存在误导性信息、发函对象和方式是否适当、主观上是否具有损害竞争对手商誉的故意,以及客观上是否导致了商誉受损的后果等方面,明确了权利人通过侵权警告函维权的正当性边界,平衡了维护权利人利益和防止权利滥用之间的关系。

一审法院独任审判员 刘虹蕴
二审法院合议庭成员 谢甄珂 兰国红 杨 钊
编写人 兰国红

第十二条·互联网条款

41. 北京某人才服务公司、北京某咨询公司诉北京某科技公司不正当竞争纠纷案*
——《反不正当竞争法》中的"一般条款"与"互联网条款"的关系界定

关键词　不正当竞争　法律适用　不正当性

基本案情

原告北京某人才服务公司、北京某咨询公司诉称：网址为 www.zhaopin.com 的"智联招聘"网站系提供人力资源网络服务的网站，由北京某人才服务公司、北京某咨询公司共同经营。北京某科技公司开发了一款名为"省钱招"的浏览器插件。北京某科技公司通过"省钱招"浏览器插件实施了一系列不正当竞争行为，其通过"搭便车"的方式，将大量原本打算在"智联招聘"网站交易的用户吸引至其网站，导致"智联招聘"网站交易量减少，服务费遭受损失。此外，北京某科技公司还向北京某人才服务公司、北京某咨询公司的员工发送大量广告邮件，邮件内容宣称其能够以更低的价格提供"智联招聘"简历。同时，北京某科技公司还在"智联招聘"网站上发布大量虚假简历，点击打开简历后其内容为北京某科技公司业务介绍和推广。北京某科技公司的上述行为容易导致用户认为上述广告

---

* 本案例入选《人民法院案例选》2021 年第 12 辑。

系"智联招聘"网站所加载,从而降低对"智联招聘"网站的评价。北京某科技公司的上述行为违反了《反不正当竞争法》第十二条第二款第一项、第四项的规定。北京某科技公司还在其微信公众号上登载了"可免费赠送'智联招聘'简历"的广告。北京某科技公司擅自使用"智联招聘"企业简称,引人误认为其与北京某人才服务公司之间存在合作,违反了2019年《反不正当竞争法》第六条第二项的规定。据此,北京某人才服务公司、北京某咨询公司请求法院:(1)判令北京某科技公司停止涉案不正当竞争行为;(2)判令北京某科技公司在其官方网站、微信公众号显著位置连续30日公开澄清事实,消除影响、赔礼道歉;(3)判令北京某科技公司赔偿北京某人才服务公司、北京某咨询公司经济损失1324667.52元、合理费用75261元。

被告北京某科技公司辩称:(1)北京某咨询公司并非本案适格原告。北京某人才服务公司、北京某咨询公司提交的证据无法证明"智联招聘"系其企业简称;(2)北京某科技公司不存在以不正当竞争为目的恶意低价揽客的行为,用户选择通过"省钱招"插件获取招聘服务是市场竞争机制的自然结果,用户仅在成为北京某科技公司客户后方可使用"省钱招"插件,知悉服务提供者,不会产生混淆;(3)北京某人才服务公司主张北京某科技公司以极低的价格抢占用户,但未举证证明网络招聘服务相关成本及市场价格,其该项主张缺乏事实依据,且求职信息属于网络平台的公开资源,北京某人才服务公司将求职信息垄断高价卖出有碍中介服务行业的健康发展;(4)北京某科技公司已于2019年3月25日停止使用"省钱招"插件,且北京某人才服务公司、北京某咨询公司未举证证明其经济损失与北京某科技公司的被诉行为之间存在法律上的因果关系,其主张的经济损失数额没有事实依据。

法院经审理查明:域名为zhaopin.com的"智联招聘"网站系提供人才招聘服务的网站,由北京某人才服务公司、北京某咨询公司共同经营。"智联招聘"网站"智联简介"页面介绍:智联招聘创立于1994年,目前拥有1.7亿职场人用户,累计合作企业数达450万家……域名为sheng.mofanghr.com的网站系北京某科技公司运营。网站首页设置了"职位管理""搜索简历""简历管理"等主要栏目。

2018年10月11日,登录域名为sheng.mofanghr.com的网站。网站页面显示"35个招聘渠道同步比价最低1元即可采购三大网站简历智联/前程/猎聘 省钱神器·操作简单·全网比价""省钱招 简历省钱神器 用省钱招每天下载10份简历1年节省84000元,相比于其他网站1份简历高达50元、60元,同一份简历通过省钱招全网比价后仅需5元,省钱招可实现全网简历最低价购买,节省企业70%简历购买费用"。该页面还介绍"省钱招"插件于2018年3月上线,支持多种浏览器安装,通过35个渠道搜索简历。下载并安装"省钱招"插件,注册"省钱招"账户后该插件可正常使用。打开"智联招聘"网站,登录"智联招聘"账户,浏览并选择一份简历,简历上显示有求职者个人信息、照片、履历等内容,此时页面右侧空白处弹出窗口"省钱招提示 已找到更低价格的下载渠道 通过省钱招下载 最低仅需5元",点击下载该份简历,页面中央弹出小窗口显示"此份简历最低价格为6元,比智联下载节约21元",窗口底部显示有"通过省钱招下载"与"通过智联下载"按钮。点击"通过省钱招下载"按钮并下载简历后,再打开北京某科技公司网站,亦显示有上述下载的简历,显示下载渠道为"智联(省)",点击简历可浏览其中全部信息。

2018年10月12日,登录域名为sheng.mofanghr.com的网站,重复上述浏览步骤,在"智联招聘"网站搜索到一份孙先生的简历,此时页面右侧窗口显示"省钱招提示 未找到更低价格的下载渠道 请使用当前渠道下载"。在"智联招聘"网站点击下载该简历后,页面右侧窗口显示"省钱招提示 已经找到更低价格的下载渠道 通过省钱招下载 最低仅5元",点击"立即下载",显示"简历省钱招通过全网比价,下载此份简历最低价格为5元,比智联下载节约25元",用户可选择通过"省钱招"下载或通过"智联招聘"下载。北京某科技公司自述"省钱招"插件的一项功能为:将用户不同平台账户中的简历自动同步于其"省钱招"账户,便于用户对通过不同渠道下载的简历进行集合管理。同时,北京某科技公司认可,在进行设置时,用户"省钱招"个人账户中的简历信息自动同步于"省钱招"的共享云端存储空间,即简历作为北京某科技公司所提供的简历资源,可供其他用户进行浏览和下载。

此外,在案证据显示,北京某科技公司曾以求职者的身份向"智联招聘"网站投放了内容完全一致的"简历"19份,其中虚构求职者年龄、学历、职位等信息,但内容主体为"省钱招"插件的推广宣传。北京某科技公司还存在向北京某人才服务公司、北京某咨询公司的员工批量发送广告邮件的行为。

北京市朝阳区人民法院于 2020 年 12 月 30 日作出（2019）京 0105 民初 22451 号民事判决：一、北京某科技公司于判决生效之日起立即停止涉案不正当竞争行为；二、北京某科技公司于判决生效之日起 10 日内，在其微信公众号上发布声明，消除影响；三、北京某科技公司赔偿北京某人才服务公司、北京某咨询公司经济损失 100 万元；四、北京某科技公司赔偿北京某人才服务公司、北京某咨询公司合理费用 65261 元；五、驳回北京某人才服务公司、北京某咨询公司的其他诉讼请求。宣判后，北京某科技公司以一审判决程序违法、认定事实有误、判赔数额畸高为由提起上诉。北京知识产权法院于 2021 年 7 月 27 日作出（2021）京 73 民终 1092 号民事判决：驳回上诉，维持原判。

裁判理由

法院生效裁判认为：

北京某人才服务公司、北京某咨询公司基于其商业模式获得的竞争优势受法律保护。北京某科技公司通过"省钱招"插件在"智联招聘"网站插入链接，进行比价及获取简历资源的行为，损害了北京某人才服务公司、北京某咨询公司的经济利益。北京某科技公司通过"省钱招"插件在"智联招聘"网站插入链接，进行比价及获取简历资源的行为具有不正当性，具体理由如下：

一、2019 年《反不正当竞争法》第十二条第二款第一项、第四项和第二条的关系解读

2019 年《反不正当竞争法》第二条第一款规定，经营者在生产经营活动中，应当遵循自愿、平等、公平、诚信的原则，遵守法律和商业道德。第十二条第二款第一项、第四项规定："经营者不得利用技术手段，通过影响用户选择或者其他方式，实施下列妨碍、破坏其他经营者合法提供的网络产品或者服务正常运行的行为：（一）未经其他经营者同意，在其合法提供的网络产品或者服务中，插入链接、强制进行目标跳转；……（四）其他妨碍、破坏其他经营者合法提供的网络产品或者服务正常运行的行为。"通常认为，2019年《反不正当竞争法》第十二条第二款第一项中规定的"插入链接、强制进行目标跳转"在互联网领域内的主要表现为，在原经营者网络产品或服务基础上插入新的链接或标志，拦截或屏蔽原有"目标"内容，使网络用户"跳转"到新网络产品或服务"通常由侵权人提供"的行为，该种行为性质主要表现为在他人的网站页面上强行实现自己的意志和操作指令，对他人网站的用户访问量进行直接分流，导致他人网站的用户访问量减少，增加所链接或强制跳转进入网站的用户访问量，从而损害他人网站的经济利益，违反诚信原则和商业道德。

2019年《反不正当竞争法》第十二条第二款第四项规定的"其他妨碍、破坏其他经营者合法提供的网络产品或者服务正常运行的行为"属于兜底性的概括条款，该项规定的立法目的主要在于随着网络技术的发展，新的互联网不正当竞争行为类型还会不断出现，仅通过列举具体行为类型的方式恐怕难以完全涵盖，故通过该规定发挥其互联网不正当竞争领域一般条款的规制作用。从字面上看，该兜底条款并没有为本条有关竞争行为的正当性与不正当性划清界限或作出指引，某种行为是否属于"妨碍、破坏其他经营者合法提供的网络产品或者服务正常运行的行为"仍需结合《反不正当竞争法》的立法目的和基本原则进行具体问题具体分析。基于商业机会的开放性和不确定性，权利人的合法权益因被诉行为而遭受损害，并不意味着该被诉行为必然构成不正当竞争。网络环境下，新的商业模式和竞争业态不断涌现，某些被诉构成妨碍、破坏他人提供网络产品或服务的行为可能并不违反商业惯例，甚至可能是正当竞争的新常态，从长远看，这类行为有利于消费者利益和社会公共福祉，故司法应当对新类型的网络竞争行为采取适度审慎规制的态度。但是，这并不意味着司法应当对网络环境下的不正当竞争行为采取有别于线下不正当竞争行为的裁判尺度。任何被诉侵权行为，无论其发生于网络环境中还是发生在线下，只要该行为不遵循诚信原则和公认的商业道德，通过不正当手段攫取他人合理预期的商业利益，均应当为反不正当竞争法所禁止。

二、涉案被诉侵权行为构成不正当竞争

其一，虽然"省钱招"插件需要用户下载安装并注册"省钱招"账户后才能正常使用，但在"省钱招"插件安装后，从"智联招聘"网站中显

示的简历比价方式看,其仅显示智联招聘网站和自身的比价,明显不具有中立性,该插件显然系北京某科技公司专门针对包括"智联招聘"网站在内的相关招聘网站开发的、以低价简历下载为营销噱头和诱因的导流性插件。北京某科技公司明知用户在看到相关低价的简历比对信息时,通常均会选择价格更低的网站的情况下,仍然积极进行宣传并向用户提供"省钱招"插件进行下载,主观上明显具有通过该插件获取北京某人才服务公司、北京某咨询公司网站相关简历资源并进行导流的故意,客观上也确实通过诱导客户安装该插件实现了获取"智联招聘"网站简历资源和导流的效果。

其二,北京某科技公司通过"省钱招"插件获取用户个人账户中简历的行为,无论其是否获得用户的授权许可,均不影响该行为的不正当性。北京某科技公司通过"省钱招"插件,直接将"智联招聘"网站的用户规模、产品价值作为自身的经营基础和竞争优势,此种行为明显属于"搭便车"。而且,在北京某科技公司依附用户与"智联招聘"网站之间的业务往来为自身积累简历资源的同时,又以相同的简历和更低的价格转而截取"智联招聘"网站的流量,该行为的不正当性在此过程中体现得愈加明显。

其三,北京某科技公司开展自身经营业务时不应当妨碍、破坏北京某人才服务公司、北京某咨询公司在合法商业模式下开展的经营活动,"省钱招"插件的使用,使北京某科技公司在持续、便捷地获取"智联招聘"网站内简历资源的同时,也节省了自身的大量经济投入,其有计划、分步骤地从"智联招聘"网站获取简历资源并进行导流的行为,本质上属于不正当地利用他人通过长期经营积累的市场成果,为自己快速谋取商业机会和竞争优势的行为,具有明显的主观恶意,妨碍、破坏了北京某人才服务公司、北京某咨询公司在合法商业模式中开展的正常经营活动,违反了诚信原则和公认的商业道德,构成不正当竞争行为,应当为 2019 年《反不正当竞争法》所禁止。

三、规制涉案被诉侵权行为应适用 2019 年《反不正当竞争法》第十二条第二款第四项

2019 年《反不正当竞争法》第十二条第二款在列举具体侵权行为的形态前,先对侵权行为实施方式这一前提进行了明确,即"利用技术手段,通过影响用户选择或者其他方式"。本案中,"省钱招"插件需要用户下载安装并注册"省钱招"账户后才能正常使用,属于诱导用户进行相应操作以实现北京某科技公司所意欲追求的不正当竞争行为和后果。故该行为尚不同于北京某科技公司利用技术手段主动、强行在"智联招聘"网站中插入链接、强制进行目标跳转,以影响用户选择等情形,故应认定该行为未违反 2019 年《反不正当竞争法》第十二条第二款第一项的规定。但如前文所述,北京某科技公司通过"省钱招"插件,在用户浏览"智联招聘"网站的简历时弹出窗口,提示可以更低的价格提供此份简历,以低价引流用户的行为明显具有不正当性,违反了诚信原则和公认的商业道德,应认定构成"其他妨碍、破坏其他经营者合法提供的网络产品或者服务正常运行的行为",违反了 2019 年《反不正当竞争法》第十二条第二款第四项的规定。此外,北京某科技公司在其网站未收录有某份简历的情况下,通过用户从"智联招聘"网站下载该简历后,提取该简历至其数据库,再将该简历以更低价格出售给其他用户,无论其获取用户个人账户中简历的行为是否获得了用户的授权许可,该行为均不具有正当性,妨碍了北京某人才服务公司和北京某咨询公司基于其合法商业模式开展的人力资源服务经营活动,亦构成 2019 年《反不正当竞争法》第十二条第二款第四项规定的"其他妨碍、破坏其他经营者合法提供的网络产品或者服务正常运行的行为"。

裁判要旨

2019 年《反不正当竞争法》第十二条第二款第一项规制的"插入链接、强制进行目标跳转"行为,主要指在他人的网站页面上强行实现自己的意志和操作指令,对他人网站的用户访问量进行直接分流等行为。行为人在网络环境下诱导用户进行相应操作以实现其所意欲追求的不正当竞争行为,不属于利用技术手段主动、强行在他人网站中"插入链接、强制进行目标跳转"而影响用户选择的情形,故不违反 2019 年《反不正当竞争法》第十二条第二款第一项的规定。

关联索引

2019 年《中华人民共和国反不正当竞争法》第二条、第十二条

一审:北京市朝阳区人民法院(2019)京 0105 民初 22451 号(2020

年12月30日)

二审：北京知识产权法院（2021）京73民终1092号（2021年7月27日）

法官评析

随着网络经济和信息技术的飞速发展，互联网领域利用技术手段扰乱市场竞争秩序的各种新型被诉侵权行为不断涌现，这些行为是1993年《反不正当竞争法》规定的11项具体侵权行为类型所不能涵盖的，故法院在判断此类行为是否构成不正当竞争时，通常援引1993年《反不正当竞争法》第二条原则性条款的"诚实信用原则和公认的商业道德"进行个案裁判。我国2017年修订的《反不正当竞争法》第十二条首次新增了规制互联网领域不正当竞争行为的"互联网条款"，第二款第一项至第三项基于在先裁判归纳、列举了三种网络领域不正当竞争的具体情形；第二款第四项为防止挂一漏万的兜底性条款。2019年《反不正当竞争法》未对"互联网条款"进行修改。

司法实践中，关于2019年《反不正当竞争法》第十二条第二款第一项至第四项的规定应当如何理解和适用、第一项至第三项和第四项的关系应如何界定和选择适用，第二条和第十二条的适用关系应当如何协调等问题，均存在较多争议和困惑。近年来，我国法院虽然先后作出若干适用"互联网条款"进行裁判的不正当竞争纠纷案件，对2019年《反不正当竞争法》第十二条的适用进行了有益的探索，积累了一些实践经验，但鲜有判决对2019年《反不正当竞争法》第二条和第十二条的适用关系进行界定和协调，对第十二条第二款第一项至第三项和第四项的关系解读及适用范围等进行深入探讨。本案二审判决尝试在个案裁判的分析论证中，对上述条款的具体内涵、适用情形及相互关系等进行解读、界定和协调，以期对未来互联网领域不正当竞争纠纷案件审理中的法律适用提供参考和借鉴。①

---

① 需要说明的是，本案中原告起诉主张被告实施了多种不正当竞争行为，鉴于本文主要探讨2019年《反不正当竞争法》第十二条第二款第一项、第四项和第二条的法律适用及其关系协调问题，故笔者在下文中仅围绕被告通过"省钱招"插件在"智联招聘"网站插入链接、进行比价及获取简历资源的行为，在"智联招聘"网站以虚假简历形式投放广告的行为是否构成不正当竞争的法律适用问题展开分析和探讨，对其他涉案不正当竞争行为的法律适用不再探讨。

2019年《反不正当竞争法》第十二条第二款在列举具体侵权行为形态前，先对侵权行为实施方式这一前提进行了明确，即"利用技术手段，通过影响用户选择或者其他方式"。本案中，"省钱招"插件需要用户下载安装并注册"省钱招"账户后才能正常使用，属于诱导用户进行相应操作以实现北京某科技公司所意欲追求的不正当竞争行为和后果。故该行为尚不同于北京某科技公司利用技术手段主动、强行在"智联招聘"网站中插入链接、强制进行目标跳转，以影响用户选择等情形，故应认定该行为未违反2019年《反不正当竞争法》第十二条第二款第一项的规定。但如判决所述，北京某科技公司通过"省钱招"插件，在用户浏览"智联招聘"网站的简历时弹出窗口，提示可以更低的价格提供此份简历，以低价引流用户的行为明显具有不正当性，违反了诚信原则和公认的商业道德，应认定构成"其他妨碍、破坏其他经营者合法提供的网络产品或者服务正常运行的行为"，违反了2019年《反不正当竞争法》第十二条第二款第四项的规定。此外，北京某科技公司在其网站未收录某份简历的情况下，通过用户从"智联招聘"网站下载该简历后，提取该简历至其数据库，再将该简历以更低价格出售给其他用户，无论其获取用户个人账户中简历的行为是否获得了用户的授权许可，该行为均不具有正当性，妨碍了北京某人才服务公司和北京某咨询公司基于其合法商业模式开展的人力资源服务经营活动，亦构成2019年《反不正当竞争法》第十二条第二款第四项规定的"其他妨碍、破坏其他经营者合法提供的网络产品或者服务正常运行的行为"。一审判决相关法律适用存在不当之处，但相关认定的主要理由充分，结论正确，二审法院在对其适用法律不当予以指明的基础上，对其认定结论予以确认。

北京某科技公司在"智联招聘"网站以虚假简历形式投放广告的行为违反了2019年《反不正当竞争法》第二条规定。本案中，北京某科技公司以求职者的身份向"智联招聘"网站投放了内容完全一致的"简历"19份，其中虚构求职者年龄、学历、职位等信息，但内容主体为"省钱招"插件的推广宣传。对此，二审法院认为，"智联招聘"网站系专门提供招聘服务的平台，以提供真实、准确、充足的简历，为求职者与企业用户之间创造可靠的招聘机会为主要服务。北京某科技公司作为同业竞争者，以虚假简历的形式向"智联招聘"网站投放广告，扰乱了北京某人才服务公司、北京某咨询公司对"智联招聘"网站的正常经营，客观上容易降低用户在"智联招聘"网站上筛选简历的体验感，系以不正当手段削弱北京某人才服务公司、北京某咨询公司竞争力的行为，违反了诚信原则和公认的商业道德，扰乱了市场公平的竞争秩序，构成不正当竞争行为。

需要注意的是，该行为虽然发生于网络环境中，但从其行为性质和表现形式看，应不属于经营者利用技术手段实施的妨碍、破坏其他经营者合法提供的网络产品或者服务正常运行的行为，故不宜认定为违反了2019年《反不正当竞争法》第十二条第二款第四项的规定，应认定为违反了2019年《反不正当竞争法》第二条的规定。

一审法院合议庭成员 乔 迪 李一可 谭雅文
二审法院合议庭成员 刘义军 兰国红 李 想
编写人 刘义军

42. 北京甲公司诉北京乙公司不正当竞争纠纷案*
——技术中立并非不正当竞争行为的法定抗辩事由

关键词　不正当竞争　技术中立　抗辩事由

基本案情

原告北京甲公司诉称：北京甲公司是中国领先的视频网站爱奇艺的经营者，是中国高品质视频娱乐服务的提供者。北京甲公司投入重金获得《芸溪传》《延禧攻略》《人际关系事务所》《我和两个他》《中国新说唱》《北方一片苍茫》《甜蜜暴击》《博物奇妙夜》《亲爱的活祖宗》《钟馗捉妖记》《我是你妈》《家有儿女初长成》《偶像练习生》《同学两亿岁》《热血街舞团》共15部热门综艺（电视剧、电影）的独家信息网络传播权。北京乙公司是www.360.cn网站的所有人，360浏览器是上述网站的核心产品。北京乙公司通过其360浏览器开发的边播边录功能、一键分享功能，鼓励用户通过360浏览器访问北京甲公司网站，盗播和向第三方平台传播北京甲公司投入重金采购的作品，北京乙公司的行为一方面严重侵害了北京甲公司的著作权，同时也构成了不正当竞争。双方之间具有明确的竞争关系。北京乙公司软件提供的边播边录、一键分享功能具有明确的导向，并非中立免费的技术服务。北京乙公司的上述侵权行为，客观上使盗版视频在互联网上泛滥，给北京甲公司造成严重的损害结果。北京乙公司的行为不具有公益性，其行为是为了自身吸引用户，扩大市场份额，进而获得经济收益。北京乙公司的行为也不具有合法性，边播边录和一键分享构成

---

* 本案例入选北京法院第二十五批参阅案例。

著作权侵权中的帮助侵权,也给北京甲公司造成了巨大的经济损失。因此,北京甲公司请求判令:北京乙公司赔偿北京甲公司经济损失人民币500万元,在360网站首页、《法制日报》《人民法院报》上向北京甲公司书面赔礼致歉。

被告北京乙公司辩称:"边录边播""一键分享"的功能,性质上属于中立的网络技术服务,并未针对北京甲公司网站的视频,北京乙公司难以监测网络用户利用上述功能侵害北京甲公司著作权的行为,离开网络用户的操作,仅有该功能不可能造成损害后果,故北京乙公司并无过错。被诉侵权行为也不构成2019年《反不正当竞争法》第二条规定之情形,且双方没有竞争关系。本案无实际损害结果的发生,不应当进行赔偿。

法院经审理查明:北京甲公司成立于2007年3月27日,经营范围包括技术开发、技术咨询、技术服务、技术转让;互联网信息服务业务不含新闻、出版、教育、医疗保健、含药品和医疗器械、电子公告服务(互联网信息服务增值电信业务经营许可证有效期至2021年9月8日)等。北京甲公司是视频网站"爱奇艺"的经营单位。北京乙公司是www.360.cn网站的所有人,经营范围包括技术开发、技术咨询、技术推广、网络技术服务;从事互联网文化活动;互联网游戏出版(网络出版服务许可证有效期至2021年12月31日);互联网信息服务;经营电信业务等。北京甲公司以及北京乙公司的工商营业执照显示,双方的经营范围均涉及互联网信息服务。

北京甲公司对《芸汐传》《延禧攻略》《我和两个他》《中国新说唱》《博物奇妙夜》《亲爱的活祖宗》《钟馗捉妖记》《我是你妈》《家有儿女初长成》《同学两亿岁》《热血街舞团》《北方一片苍茫》等作品享有独家信息网络传播权。

北京乙公司开发的360浏览器为用户提供"边播边录""一键分享"功能。互联网用户通过360浏览器观看爱奇艺视频时,360浏览器会主动弹出"边播边录"及"一键分享"提示,"边播边录"功能可以将爱奇艺网站视频下载并保存为mp4格式至本地电脑,且去除爱奇艺水印,录制完成后,浏览器会再次提示用户是否使用分享功能将录制完成的作品分享到百家号、企鹅号、大鱼号、今日头条、youtube等第三方平台进行传播,并提示"用户分享到以下平台可以获得分成收入"。北京甲公司通过公证的方式对北京乙公司的上述行为进行取证,为此支出律师费和公证费。2019年7月,北京乙公司停止提供针对北京甲公司"边播边录""一键分享"的功能。

北京市西城区人民法院于 2020 年 11 月 18 日作出(2020)京 0102 民初 17017 号民事判决:一、被告北京乙公司在 360 浏览器(网址为 www.360.cn)首页、《法制日报》《人民法院报》连续 24 小时刊登声明,就本案不正当竞争行为为原告北京甲公司消除影响;二、被告北京乙公司赔偿原告北京甲公司经济损失 30 万元人民币;三、驳回原告北京甲公司的其他诉讼请求。宣判后,北京乙公司不服提起上诉。北京知识产权法院于 2021 年 11 月 11 日作出(2021)京 73 民终 496 号民事判决:驳回上诉,维持原判。

裁判理由

法院生效裁判认为:

关于本案是否应适用 2019 年《反不正当竞争法》进行调整。北京乙公司主张,本案不应适用 2019 年《反不正当竞争法》,而应适用《著作权法》及其相关规定。对此,法院认为:首先,从法律保护的客体来看,2019 年《反不正当竞争法》保护的是市场竞争秩序及经营者的合法权益,而《著作权法》保护的是权利人对作品享有的著作权相关权益。本案中,北京甲公司主张的是北京乙公司开发涉案浏览器的"边播边录"功能破坏了爱奇艺网站正常合法的服务,损害了其经营利益,构成不正当竞争行为。故其请求保护的客体并非著作权相关权益,一审法院未适用《著作权法》进行审理并无不当。其次,从行为实施主体的角度来看,2019 年《反不正当竞争法》规定的不正当竞争行为的实施主体与相对方应具有竞争关系。北京乙公司认为,其为浏览器的开发经营主体,而北京甲公司系经营视频播放主体,双方不存在直接竞争关系。对此,法院认为:北京乙公司与北京甲公司均为互联网业务的经营主体,而依托于互联网的经营竞争,往往是相互交织和跨界的,其市场界限日趋模糊,跨界经营日趋便利。二者经营使用的获利平台、渠道、途径、对象等互有交叉,二者的利益有着紧密联系。此外，竞争行为除直接使同业竞争者受到损害外，亦会使其他参与市场竞争的经营者受到损害。因此，一审法院认定上述两主体之间存在竞争关系正确。综上，北京乙公司的行为可以落入2019年《反不正当竞争法》的调整范围，其关于一审法院适用2019年《反不正当竞争法》不当的相关上诉主张不能成立，法院不予支持。本案应适用2019年《反不正当竞争法》。

北京甲公司主张北京乙公司的涉案行为违反2019年《反不正当竞争法》第二条、第十二条第二款第四项之规定。2019年《反不正当竞争法》第二条为原则性条款，该条规定的适用前提之一是法律对该种竞争行为未作出特别规定，故本案应首先判断被诉行为是否符合2019年《反不正当竞争法》第十二条第二款第四项之规定情形。根据该条款规定，经营者不得利用技术手段，通过影响用户选择或者其他方式，实施其他妨碍、破坏其他经营者合法提供的网络产品或者服务正常运行的行为。

本案中，北京乙公司的被诉行为是360浏览器提供的"边播边录"和"一键分享"功能，即用户使用360浏览器访问爱奇艺网站，通过"边播边录"功能，可以一边观看作品，一边对作品进行同步录制，并在作品录制完成后向用户提供一键分享的方式，向多家第三方平台进行传播。

对于上述行为是否落入2019年《反不正当竞争法》第十二条第二款第四项之调整范围，法院认为：首先，360浏览器提供的"边播边录"和"一键分享"功能属于一种技术手段，北京乙公司亦认可其提供的上述功能属于一种网络技术服务，故其涉案行为符合"经营者利用技术手段"这一要件。其次，根据在案事实，"边播边录"功能是用户在爱奇艺网站观看视频时在浏览器播放窗口内主动弹出的；同时，在录制完成后会再次提示用户是否使用分享功能将录制完成的作品分享到第三方网站进行传播，并显示有"分享到以下平台可以获得分成收入"等字样。故上述功能的设置对用户具有一定的诱导性，符合"通过影响用户的选择或其他方式"的情形。再次，经营需要成本，互联网网站的经营优势依托于其用户流量，视频网站公司会投入重金采购影视作品版权以吸引用户及流量，进而通过广告投放、会员特权以及单独收费点播等方式获取收益。同时，为了保护其经营资源，视频网站一般会设置禁止用户将视频下载到本地等技术措施。北京甲公司的经营模式符合上述特点，其经营利益具有正当性、合法性，应当予以保护。一审法院对此认定并无不当。基于此，用户如果使用了北京乙公司浏览器提供的"边播边录"和"一键分享"功能，即可对北京甲公司享有权利的作品进行免费复制并分享至第三方平台，该功能使用户可以避开"禁止下载"等技术措施，并对作品实现免费传播，导致北京甲公司的经营资源受损，进而造成其用户流量的流失，致使其合法提供的网络服务的正常运行受到一定破坏。最后，如果合法的经营活动可以被其他经营者随意干涉、妨碍、破坏，并无法得到保护，则必将使得经营者对自己的经营活动无法预期，并进而导致合法有序的市场竞争秩序无法形成。故北京乙公司的涉案行为已对良好的市场竞争秩序造成损害，北京乙公司关于其技术中立的辩称，法院不予采信。

综上，北京乙公司的涉案行为已构成2019年《反不正当竞争法》第十二条第二款第四项之规定情形，不再适用2019年《反不正当竞争法》第二条。

裁判要旨

技术中立并非法定抗辩事由。经营者主动诱导或暗示他人其提供的新技术手段可以用于某种违法的用途，或技术运用的后果直接妨碍或破坏其他经营者合法提供的网络产品或者服务正常运行，弱化其他经营者的竞争优势的，应当认定该行为构成不正当竞争。

关联索引

2019年《中华人民共和国反不正当竞争法》第十二条

一审：北京市西城区人民法院（2020）京0102民初17017号（2020年11月18日）

二审：北京知识产权法院（2021）京73民终496号（2021年11月11日）

法官评析

近年来，随着互联网技术的迅猛发展，现有的法律规则不断面临着科技带来的挑战。在新型网络不正当竞争案件中，提供被诉技术服务的一方往往以技术中立为抗辩事由,并据此主张其行为具有正当性。本案中,北京乙公司对于其提供的"边播边录"和"一键分享"功能即提出了技术中立的抗辩。在我国现行法律规定中,技术中立并非法定抗辩事由,对于其成立要件亦缺乏明确的裁判标准和统一的裁判尺度。这使得在新型网络不正当竞争案件中,如何平衡保护技术创新与维护竞争秩序之间的关系,成为一道关乎技术层面和法律层面的双重难题。

一、技术中立抗辩存在的基础及其内涵

技术创新带动了互联网行业的飞速发展,也使得竞争行为呈现出各种新模式、新特点。技术创新带来的新型竞争行为在给互联网用户带来便利的同时,往往对竞争对手造成一定的影响或损害。竞争的本质就是优胜劣汰,如果仅因竞争对手受到损害就否定技术的正当性,无疑会挫败技术创新的积极性,故应当允许经营者在市场竞争中利用技术手段,并有权以技术中立为由提出合理抗辩。技术中立抗辩的逻辑在于让"技术归技术、市场归市场、法律归法律",因此,司法实践中对于技术中立抗辩要秉持审慎态度,准确把握其适用标准,谨防技术中立抗辩被滥用。技术中立原则要求,不能仅因技术本身被用于侵权用途而推定技术提供方存在过错。因此,技术中立原则的内涵包括技术本身和技术行为两个方面。

(一)技术本身

技术中立是指"技术本身"中立,这一观点已被司法实践所认可,即技术创新作为一种生产力,可以提升产品质量、消费者福利等,其本身并无善恶之分。技术本身的中立体现在两方面:其一,即使技术开发者或技术提供者在开发或提供技术时知道该技术可能被用于侵权,技术开发者或技术提供者也不会因此而直接被认定为侵权;其二,鉴于同一项技术可能会被应用于多种场合,且基于不同的应用方法及应用场景,同一项技术可能体现出不同的功能效果,因此,即使某一种应用行为被认定为不正当竞争行为,也并不影响该技术的其他合法应用。

(二)技术行为

技术行为可分为技术提供行为和技术使用行为,提出技术中立抗辩的

主体应当限于技术提供行为主体。在新型网络不正当竞争案件中，若被告仅提供了相关技术，而不参与技术使用行为，则可以其提供的技术具有实质性非侵权用途而提出技术中立抗辩。这是技术中立抗辩适用的逻辑前提。

一般来说，技术提供者不对技术作用于社会的负面效果承担责任，只要他们对此没有主观上的故意。[①] 比如经典的"菜刀理论"，菜刀既可以用于切菜，也可以用于杀人，如果因为售卖的菜刀用于杀人而向菜刀的生产者追责，显然是不公平的。同样，在技术提供者并不能左右该技术被用于何种用途的情况下，如果根据技术使用者的使用行为构成侵权，而让技术提供者为技术使用者的使用行为买单，则对技术提供者显失公平，也不利于市场的良性发展。但如果技术提供者的主观中立被打破，其技术中立抗辩则不能成立。例如，当技术提供者为了自身利益，教唆或者引诱他人并为他人使用其研发的技术实施侵权行为提供便利时，其因不再具有"主观中立性"而无法通过主张技术中立进行抗辩。

二、技术中立抗辩事由适用的具体考量因素

根据前述分析，对技术中立抗辩的事由审查并非针对技术本身，而应当落脚于技术提供行为的正当性。一般来说，行为是否具有正当性的判断应同时考虑主观状态与客观结果两个方面。因此，在新型网络不正当竞争案件中，法官需要审查的不是技术提供者的某一项特定技术本身，而是技术提供者的主观状态，以及该技术行为所带来的客观损害后果。

（一）技术提供者的主观状态

如前所述，技术提供者主观上应具有中立性，即技术提供者是否具有主观过错，应作为技术中立抗辩能否成立的一个重要判断标准。因技术提供者的主观状态难以直接知悉，故应结合技术提供者的行为进行推断分析。举例来说，技术提供者的如下两种行为可推定为其存在主观故意或过错：第一，技术提供者存在教唆或引诱他人侵权的行为。如果技术提供者

[①] 郑玉双：《破解技术中立难题——法律与科技之关系的法理学再思》，载《华东政法大学学报》2018年第1期。

主动诱导或暗示他人该技术可以被用于某种非法的、侵权的用途，则可认定技术提供者存在主观故意或过错。第二，技术提供者的技术提供行为具有针对性。其所提供的技术直接或仅仅针对特定竞争对手的产品或服务，则一般被认定为主观故意明显。但需要指出的是，2019年《反不正当竞争法》维护的是市场整体竞争秩序。如果利用技术手段实施的不正当竞争行为损害了不特定经营者的合法利益，受损害的经营者均有权提起不正当竞争之诉。因此，技术行为是否具有针对性并非对技术提供者主观过错认定的必要条件。本案中，北京乙公司的"边播边录"功能是用户在爱奇艺网站观看其享有独家网络传播权的视频时在360浏览器播放窗口主动弹出的；同时，在录制完成后浏览器会再次提示用户是否使用分享功能将录制完成的作品分享到第三方网站进行传播，且提示用户"分享到以下平台可以获得分成收入"。上述功能的设置对用户具有一定的诱导性，即北京乙公司具有诱导、暗示他人传播北京甲公司享有独家信息网络传播权作品的主观意图，故该行为不应得到正面评价。

（二）技术行为造成的损害后果

因不正当竞争行为必然会带来利益受损，故技术中立抗辩是否成立，除需对技术提供者的主观状态进行考察外，还需从客观层面分析该技术行为带来的损害后果。市场竞争涉及多元化的利益，如经营者利益、公共利益以及竞争秩序等。尽管经营者利益是《反不正当竞争法》保护的直接利益，但仅经营者利益受损仍不足以打破技术中立抗辩，还应全面考量是否损害了公共利益以及竞争秩序等，而竞争秩序的损害应为技术行为是否具有不正当性的判断核心。同时，在互联网市场环境中，经营者的竞争已演变为"流量之争"和"数据之争"，在判断竞争者之间是否获利或受损时需要重点考察流量、数据等新型判断因素，而不应将视野局限于是否盈利等传统判断因素。在本案审理过程中，北京乙公司关于技术中立的主要抗辩理由为北京甲公司不存在实际损害后果。事实上，在大数据时代背景下，数据所具有的价值超越以往任何时期所拥有的价值。北京乙公司的涉案行为会导致本应付费才能观看的影视作品可以在互联网中免费获取，从而导致爱奇艺网站用户流失、流量降低，进而带来广告收入的减损等，使其合法提供的网络服务正常运行受到破坏。同时，如果放任该行为，将不利于鼓励产业创新和诚信经营，最终将损害健康的竞争机制，破坏公平的竞争秩序。

通过上述具体考量因素可知，北京乙公司关于技术中立的抗辩事由不能成立，其行为构成不正当竞争。当然，虽然在本案中，法院对于技术中立秉持审慎的态度，防止"以技术中立为由、行不正当竞争之实"，但对新型网络不正当竞争行为的判定仍应为科技创新预留充分余地，更加关注长期利益的实现。

一审法院合议庭成员 梁　良　郑宇昕　黄　丹
二审法院合议庭成员 夏　旭　李　洹　李迎新
编写人 夏　旭　梁　良

43. 深圳市某计算机公司诉北京某科技公司、南京某技术公司不正当竞争纠纷案

——RPA自动点击技术在微信中进行批量操作的正当性评价及数据经营领域的商业道德认定

关键词　知识产权　竞争　微信　数据　RPA批量操作

基本案情

原告深圳市某计算机公司诉称：深圳市某计算机公司运营的微信软件用户量巨大，北京某科技公司和南京某技术公司共同经营云客手机、微小助产品（以下简称被诉侵权产品），利用技术手段破解了深圳市某计算机公司加密建立的信息保护机制，实现对微信数据的监测和备份，同时可实现微信批量营销操作、微信数据统计分析等。其行为违反公认的商业道德，妨碍、破坏了微信软件和服务的正常运行，扰乱市场竞争秩序的同时也损害了深圳市某计算机公司的合法权益，且该行为未获得微信聊天相对方的同意，侵犯微信用户权益，势必会导致用户对微信平台安全性的信赖降低，损害微信的竞争优势，构成2019年《反不正当竞争法》第十二条第二款第四项或第二条规定之情形。综上，请求法院判令北京某科技公司和南京某技术公司停止不正当竞争行为，并赔偿其经济损失和合理开支共计2000万元。

被告北京某科技公司和南京某技术公司辩称：被诉侵权产品与微信属于不同的产品，不存在竞争关系。北京某科技公司和南京某技术公司从手机厂商获得底层权限，并利用中立的自动化技术，可提升微信等软件的操

作效率，且北京某科技公司和南京某技术公司对被诉侵权产品的功能进行了一定的限制，不会增加深圳市某计算机公司的运营负担。因此，被诉侵权产品属于技术进步并具有积极的有益效果，应认定为合法。而深圳市某计算机公司并不对微信用户的聊天数据拥有所有权，无权对聊天数据主张权利，其利益没有被损害。且北京某科技公司和南京某技术公司系在获得手机硬件的底层授权，并经用户同意的基础上进一步利用微信聊天数据，具有合法性。综上，请求驳回深圳市某计算机公司的诉讼请求。

法院经审理查明：微信软件（for Android）5.0、（for IOS）V5.0系一款即时通信软件，至2018年其用户量达到10亿，2019年其活跃用户超过9亿，深圳市某计算机公司系微信软件的运营者。微信软件的《腾讯微信软件许可及服务协议》《微信个人账号使用规范》及《微信隐私保护指引》等约定，深圳市某计算机公司采用加密存储、传输等方式保护用户个人信息安全；深圳市某计算机公司不收集、存储用户聊天数据，相关数据由用户自己存储……

北京某科技公司和南京某技术公司系云客手机、微小助（安卓端手机App）、云客网等被诉侵权产品的经营者，其通过云客网等销售云客手机、微小助。云客手机、微小助相互配合，可实现对包括云客手机安装的微信在内的软件进行批量化操作，如"自动批量添加好友""自动批量消息群发""一键转发朋友圈""自动评论""自动点赞"等，同时可以监控微信的运行状态，配合使用技术手段，实现对微信聊天数据的统计分析、备份等功能。

云客手机的软件服务费/台/年在380元至980元之间。北京某科技公司在对外宣传资料当中宣称有近千家付费企业客户、8万多台手机用户。

北京市朝阳区人民法院于2021年6月29日作出（2020）京0105民初21578号民事判决：一、北京某科技公司和南京某技术公司于一审判决生效之日起立即停止涉案不正当竞争行为；二、北京某科技公司和南京某技术公司于一审判决生效之日起10日内共同赔偿深圳市某计算机公司经济损失500万元；三、北京某科技公司和南京某技术公司于一审判决生效之日起10日内共同赔偿深圳市某计算机公司合理开支223830元；四、驳回深圳市某计算机公司的其他诉讼请求。宣判后，北京某科技公司和南京某技术公司认为，被诉产品实现对微信的批量化操作系对中立技术的合法运用，其收集、利用微信数据是在获得手机厂商授权的基础上征得用户同意的合法行为，深圳市某计算机公司不享有相关数据的所有权，也没有由此而遭受损失，因此提起上诉。北京知识产权法院于2023年9月22日作出（2021）京73民终3409号民事判决：驳回上诉，维持原判。

裁判理由

法院生效裁判认为：

一、关于2019年《反不正当竞争法》第十二条第二款第四项的适用

现代商业环境下，某一商业行为对各方利益产生的影响往往是复杂的，评价相关行为是否构成不正当竞争，应在分析被诉行为性质的基础上，综合考虑其可能对其他经营者、消费者造成的影响，是否符合公平、诚信原则及商业道德，是否有利于促进技术进步，是否有利于社会总体福祉的提升。

在案证据表明，被诉软件采用的是RPA技术，该技术可以模拟人类在计算机等数字化设备中的操作，并利用和融合现有各项技术减少人为重复、烦琐、大批量的工作任务，实现业务流程自动化。对于部分用户群体如营销人员而言，被诉软件可通过预先设置而实现在微信上自动批量添加好友、搜索附近的人、消息群发、"克隆"好友朋友圈内容、自动点赞或评论等功能，进而提高操作效率，具有一定的便利性。但微信产品系通过相互"添加好友"的方式建立联系，进行信息沟通、情感交流，具有很强的社交属性。在正常的微信运行环境下，对批量化操作进行了严格的限制。被诉软件将模拟点击应用于微信操作，直接导致在微信中出现大量人为正常操作速度、频率下无法实现的操作。用户的每一次操作，均对应微信后台的数据请求与反馈，大量非人为的模拟点击操作，必然增加深圳市某计算机公司运营微信的成本，进而导致深圳市某计算机公司的利益受损。微信产品对于搜索添加好友、朋友圈等功能的设置，符合微信社交软件的基础定位，符合绝大多数微信用户的真实社交需求。而二上诉人提供的云客手机、微小助产品，系利用中立技术即RPA自动化技术，配合云客手机、微小助等软硬件的预先运行设置，改变了微信软件原有的正常功能设定,最终在微信软件中实现了批量化添加、一键点赞等营销功能。上述行为破坏了微信作为社交软件的正常运行环境,增加了微信服务的运营负担,以此作为获取收益的条件,并对多数微信用户造成不当滋扰,系将 RPA 自动化技术作为实施不正当竞争行为的工具。综上,被诉批量营销行为系以深圳市某计算机公司运营成本的增加作为二上诉人获取利益的条件,以少数用户的便利造成对绝大多数用户的滋扰,社会整体利益不升反降,不利于公平有序的良好竞争秩序,应当认定其构成不正当竞争。

二、关于 2019 年《反不正当竞争法》第二条的适用

(一) 对被诉行为而言,深圳市某计算机公司对基于微信正常运行所产生的微信数据具有竞争利益

首先,深圳市某计算机公司投入了大量的经营资源,微信用户数量也经历了从少到多的累积过程,而微信产品的海量用户所带来的数据流量正是微信产品的核心竞争力之一;其次,深圳市某计算机公司通过对微信的长期运营,积累了巨量微信数据,蕴含着巨大的后续开发、产生增值的机会利益;最后,微信用户对于聊天数据、个人信息具有很高的敏感性。微信数据的安全,直接关系到微信用户对于深圳市某计算机公司相关服务的基本信任与评价,对深圳市某计算机公司运营微信产品的竞争力具有重要影响。

(二) 二上诉人收集、使用相关数据的方式有悖于商业道德

根据《民法典》第一千零三十五条、第一千零三十八条等的规定,在提供互联网服务的过程中,保护用户个人信息安全和隐私构成服务提供商的法定义务。进一步参考在案《腾讯微信软件许可及服务协议》《微信隐私保护指引》及国内主流互联网服务提供商拟定的用户使用协议、在先生效判决等证据,在提供互联网服务的过程中,保护用户个人信息安全和隐私是服务商应当遵循的行业规则与基本的商业道德,在收集处理相关个人信息时,服务提供商应当以提供服务的实际需求为限收集个人信息,处理相关数据之前应当将处理的方式明确告知用户并征得其同意,且不应超过必要的限度,即"明确告知、征得同意、不超过必要限度"构成相关行业

的基本商业道德。本案中,"云客手机"收集的微信数据包括云客手机用户及其聊天相对方的信息,部分数据与个人信息密切相关。微信聊天数据是一类性质特殊的数据,虽然存储于微信用户的个人终端,但不代表用户因此具有处理相关数据的所有权能。原因在于,虽然微信聊天数据存储于聊天各方的手机硬件中,但数据内容包含了聊天相对方的个人信息,基于对其他用户合法权益的考虑,在处理相关数据时应受到一定的限制。根据《民法典》第一千零三十五条之规定,个人信息的处理包括向他人提供个人信息,而个人信息处理应征得自然人或监护人的同意。《微信个人账号使用规范》亦约定:"为保护用户数据安全,腾讯禁止微信用户从事以下违规行为:未经其他微信用户明确同意,或未向其他微信用户如实披露数据用途、使用范围等相关信息的情形下复制、存储、使用或传输其他微信用户数据。"本案中,云客手机用户作为营销人员,系利用微信平台实施营销活动的特殊用户,其注册、使用微信产品的目的与多数普通微信用户不同。根据《微信个人账号使用规范》的上述约定,无论是作为特殊用户,还是普通用户,在未经微信聊天相对方等相关用户的明确同意下,均无权复制、存储、使用或传输微信聊天记录等涉及其他微信用户的数据。综合上述分析,云客手机用户并无单方向二上诉人提供其他微信好友个人信息的数据并允许其进一步使用、加工、处理的权利。据此,即使云客手机用户同意二上诉人收集、分析、使用相关数据系其真实意思表示,也难以据此认定二上诉人收集相关信息的方式正当、合法。

(三)被诉行为损害了深圳市某计算机公司对于微信用户的数据安全保障利益

《网络安全法》第二十一条规定了网络运营者应当履行保障免受干扰、破坏或者未经授权的访问,防止网络数据泄露或者被窃取、篡改等义务。《腾讯微信软件许可及服务协议》第 6.1 条明确载明"保护用户个人信息是腾讯的一项基本原则,腾讯将采取合理的措施保护用户的个人信息"。可见,保障用户数据安全不仅是合同义务,还是法定义务。微信数据的安全保障水平,关系到微信用户对于深圳市某计算机公司相关服务的信任度与使用体验,对于深圳市某计算机公司微信产品的竞争力影响巨大。《微信隐私保护指引》载明"我们努力为用户的信息安全提供保障,以防止信息的丢失、不当使用、未经授权访问或披露""我们不会收集你的聊天记录。你在微信中的聊天记录会储存在你的终端设备，你可以选择自行备份、删除或在不同设备中转移"。从商业利用的角度，海量的聊天数据无疑具有巨大的商业价值，但相关数据包含了大量的个人信息或隐私等敏感信息。对深圳市某计算机公司而言，其在主观上不可能不知晓微信聊天数据的巨大商业价值，客观上也并非没有能力对微信聊天数据进行技术处理和商业开发，但深圳市某计算机公司选择由用户存储相关聊天数据，显然系出于合规与保障微信用户个人信息安全的考虑。在微信数据中，无论是双方或多方形成的聊天数据，还是在特定范围内公开的朋友圈数据，均具有一定的私密性与封闭性。微信聊天数据涉及个人信息，深圳市某计算机公司亦对相关数据设置了加密手段，二上诉人作为互联网服务行业的经营者，应当知晓并遵循"明确告知、征得同意、不超过必要限度"等行业规则，对相关数据的收集、利用应当具有审慎的注意义务。而二上诉人通过技术手段将微信聊天数据进行商业性存储、分析、使用，明显超出了微信用户对于个人信息安全保护的原有预期，亦妨碍了深圳市某计算机公司对微信用户数据安全保障义务的履行，损害了其就此享有的合规利益。长此以往，微信用户对于微信产品的安全感和信任度必然降低，最终损害深圳市某计算机公司的竞争利益。

（四）被诉行为损害了相关微信用户应享有的信息安全利益

《民法典》第一百一十一条规定："自然人的个人信息受法律保护。任何组织或者个人需要获取他人个人信息的，应当依法取得并确保信息安全，不得非法收集、使用、加工、传输他人个人信息，不得非法买卖、提供或者公开他人个人信息。"个人信息安全是用户使用网络产品服务时应享有的基本权益。置于云客手机的运行环境中，在未得到聊天相对方等微信用户的许可且未尽到合理告知义务的情况下，包括微信聊天记录等在内的个人信息被存储至二上诉人的服务器并进行分析、使用，明显损害了相关微信用户的个人信息安全。

（五）被诉行为扰乱了良好的市场秩序

如前所述，在数字信息时代，数据收集及后续应用均蕴含着巨大的商业价值，部分数据因涉及个人信息则更为敏感，相关行业从业者应审慎地评估其行为给相关用户及市场其他主体造成的影响。本案中，被诉行为违背了"明确告知、征得同意、不超过必要限度"的基本规则，损害了深圳市某计算机公司、相关微信用户的合法权益，扰乱了数据收集、保护、开发、利用等系列生产活动中形成的良好市场秩序。如放任该类行为，还会进一步导致围绕数据收集、利用所产生的利益机制失衡，削弱相关主体投入资源进行数据收集、保障的意愿，网络用户信息保护也无从谈起。

综上，二上诉人不正当获取微信数据的行为，违背了互联网服务行业保护个人信息安全的商业道德，损害了深圳市某计算机公司就数据安全保障享有的利益，扰乱了市场竞争秩序，构成了对深圳市某计算机公司的不正当竞争。在此基础上，二上诉人后续对相关数据进行分析、使用等行为也不具有正当性。

裁判要旨

1. 现代商业环境下，某一商业行为对各方利益产生的影响往往是复杂的，评价相关行为是否构成不正当竞争，除了在形式上要满足2019年《反不正当竞争法》第十二条第二款第四项的规定外，还应在分析被诉行为性质的基础上，综合考虑其可能对其他经营者、消费者造成的影响，是否符合公平、诚信原则及公认的商业道德，是否有利于促进技术进步，是否有利于社会总体福祉的提升。

2. 在提供互联网服务的过程中，保护用户个人信息安全和隐私是服务商应当遵循的行业规则与基本的商业道德。在收集处理相关个人信息时，服务提供商应当以提供服务的实际需求为限收集个人信息。在处理相关数据之前，应当将处理的方式明确告知用户并征得其同意，且不应超过必要的限度，即"明确告知、征得同意、不超过必要限度"构成相关行业的基本商业道德。

关联索引

2019年《中华人民共和国反不正当竞争法》第二条、第十二条第二款第四项

一审：北京市朝阳区人民法院（2020）京0105民初21578号（2021

年 6 月 29 日）

二审：北京知识产权法院（2021）京 73 民终 3409 号（2023 年 9 月 22 日）

法官评析

该案充分体现了竞争法的行为法属性。本案中，被诉行为兼具利弊双重效果，对此类行为的正当性评价，需要从被诉行为的具体发生情境出发，综合考虑其对公共利益、技术进步、社会福祉等方面的影响，从价值衡量的角度给出结论。此外，数据权益具有主体多元性的特点，围绕数据的生成及收集、存储、流转等过程，不同主体可能享有不同的权益，需要在厘清数据权益主体权利边界、平衡各方利益的同时，关注个人信息的保护，并准确把握数据经营领域应遵循的商业道德，促进数字经济的有序、健康发展。

一、复杂不正当竞争行为的判断思路与价值衡量

某一商业行为产生的影响可能利弊共存，对此正当性进行评价时，应当基于反不正当竞争法的行为法属性，放到被诉行为发生的具体情境中观察，综合考虑其可能对其他经营者、消费者造成的影响，判断其是否符合公平、诚信原则及公认的商业道德，是否有利于促进技术进步，是否有利于社会总体福祉的提升。本案被诉行为通过利用 RPA 技术，可以在微信软件中实现"一键添加多个好友""自动评论或点赞"等批量化操作功能，减少了人为重复、大批量的工作任务，带来了一定的便利。但是，考虑到微信社交软件的基础定位，被控行为实现的批量化操作功能与微信本身的功能定位相悖，系以少数用户的便利造成对绝大多数用户的滋扰，并以深圳某计算机公司运营成本的增加作为被告获取利益的条件，社会整体利益不升反降，不利于公平有序的良好竞争秩序，应当认定其构成不正当竞争。

二、数据要素各参与方的权利边界与利益平衡

数据作为新型生产要素，其中数据资源的持有与加工使用及数据产品的经营等权益往往具有分置的特点，不同参与者在数据生成、流通、使用等过程中会产生不同的权益。本案涉及微信聊天数据、个人信息数据等多

种数据集合。在法律允许的范围内，对于上述数据的开发和利用，存在微信用户、微信平台、微信平台以外的数据加工使用主体等多个权益主体。

由于上述数据的多个权益主体均指向同一数据内容，故应当准确界定其权利边界，妥善处理权利冲突，具体而言，有以下几点：第一，单一数据和数据集合之间的关系。微信用户对其聊天记录即单个数据享有权益，而海量的聊天记录及其他信息在微信平台集成之后衍生出新的价值，深圳市某计算机公司即使对单个微信聊天数据不享有权利，但基于平台的个人信息保护义务，以及对微信平台的投入和运营，深圳市某计算机公司对其合法持有的数据集合享有竞争利益。第二，用户与微信平台、数据开发主体之间的关系。包括聊天记录在内的微信数据具有与相关个人信息一并记录的特点，无论是微信平台的经营者深圳市某计算机公司，还是上述数据的加工使用主体，在对上述数据进行商业性使用时，均应当遵循"明确告知、征得同意、不超过必要限度"的原则。第三，用户与用户之间的关系。虽然交互性的微信聊天数据完整地存储于某一微信用户的个人终端，但由于聊天数据包含了聊天相对方的信息，聊天一方对整个聊天数据并不享有物权意义上的所有权，其在处分上述数据时亦受到一定限制。

三、数据经营领域的商业道德

在数据服务领域，保护用户个人信息安全和隐私是服务商应当遵循的行业规则与基本的商业道德。服务提供商应当以提供服务的实际需求为限收集个人信息，处理相关数据之前应当将处理的方式明确告知用户并征得其同意，且不应超过必要的限度，即"明确告知、征得同意、不超过必要限度"构成相关行业的基本商业道德。

一审法院合议庭成员 崔树磊 谭雅文 胡晓霞
二审法院合议庭成员 张 宁 范米多 马兴芳
编写人 张 宁 王仲阳

特许经营篇

44. 尹某某诉北京某皮具公司特许经营合同纠纷案
——涉虚假宣传问题的特许经营合同纠纷之法律解释路径和法律适用规则

关键词 法律解释 特许经营合同 虚假宣传

基本案情

原告尹某某诉称：2009年12月31日，原告与北京某皮具公司签订《班××皮具区域代理合同》，约定由北京某皮具公司许可原告在某省范围内代理销售韩国产品班××皮具。由于店面装修等事宜，双方约定将合同期间变更为自2010年6月5日至2011年6月5日。原告实际向北京某皮具公司支付区域代理费25万元，该代理费按原告从北京某皮具公司处进货额的5%返还（每进货2万元返还1000元）。由于在实际经营中双方沟通出现问题，2011年3月18日，双方约定终止2009年12月31日签订的《班××皮具区域代理合同》，同时约定将原告亲自投资经营班××皮具的三家店铺变为单店经营，原告将某省发展的其他经营班××皮具的12家店铺交给北京某皮具公司供货和管理，北京某皮具公司补偿原告6万元货物后，仍然按照从北京某皮具公司处进货额的5%返还所交代理费（保证金）。至原告起诉起计从北京某皮具公司处领取代理费（保证金）5835.25元。在原告经营班××皮具期间，北京某皮具公司并没有按照其承诺那样进行培训和辅导，对原告提出的问题也不予理睬。原告发现北京某皮具公司不具备《商业特许经营管理条例》第七条所规定的特许人从事特许经营活动应当拥有成熟的经营模式，并具备为被特许人持续提供经营指导、技术支持和业务培训等服务的能力。起诉前，有顾客反映班××皮具不是韩国品牌，一位顾客拿着工商人员查扣班××皮具的报道来退货引起原告的警觉。经调查，原告发现北京某皮具公司近几年来发生过多起与特许经营有关的诉讼，对此类信息北京某皮具公司根本没有向原告披露过，也没有向原告披露在中国境内拥有的被特许人的数量、分布地域以及经营状况评估和最近两年的会计师事务所审计的财务会计报告摘要和审计报告摘要，侵犯了原告的知情权。北京某皮具公司的行为违反了《商业特许经营管理条例》的强制性规定，原告依据该条例第二十三条之规定请求解除经营协议，并依据《合同法》第九十七条规定，请求北京某皮具公司返还代理费（保证金）并赔偿原告为经营班××皮具租赁柜台、装修店铺等发生的多项损失。据此，请求法院判令：（1）解除原告与北京某皮具公司签订的班××皮具特许经营协议；（2）北京某皮具公司退还保证金及同期贷款利息共计277414.75元；（3）原告向北京某皮具公司退货357件，北京某皮具公司返还货款29361.5元；（4）北京某皮具公司赔偿经济损失276632.2元。

被告北京某皮具公司辩称：不同意尹某某的诉讼请求，理由如下：（1）尹某某要求解除区域代理合同、协议书、保证金返还协议书和两份返利协议书，应属于五个不同的案件分别审理，尹某某的诉讼请求不明；（2）区域代理合同已经解除，双方就此不再拥有任何债权债务关系，尹某某的诉讼请求没有事实依据；（3）尹某某依据协议书要求返还代理费，没有合同依据，协议书中并没有代理费返还的约定；（4）协议书、保证金返还协议书和两份返利协议书不属于特许经营合同，不适用《商业特许经营管理条例》；（5）尹某某之诉严重偏离实际情况，旨在获得非法利益。

法院经审理查明：

一、北京某皮具公司的主体信息及从事的特许经营活动

2003年12月11日，北京某皮具公司成立，原名北京某美皮具公司。2010年1月8日，经核准变更为现名称。2008年3月20日，广州某皮具公司成立，原名为广州某美皮具公司。两公司原法定代表人均为罗某。广州某皮具公司出具证明称，广州某皮具公司与北京某皮具公司系关联企业，广州某皮具公司拥有自己的工业园，是公司所经营的各类产品的研发和生产基地。

2004年9月30日，北京某皮具公司开设第一家加盟店。2007年7月

26日,北京某皮具公司向商务部进行商业特许经营特许人备案。

2005年3月7日,北京某皮具公司经核准注册"班××"文字商标。2010年6月21日,北京某皮具公司经核准注册"×××"英文商标。二商标核定商品均为第18类,包括钱包、手提包、旅行包等,二商标现在注册有效期内。

在与尹某某签订班××皮具区域代理合同书(以下简称合同书)的过程中,北京某皮具公司向尹某某发放了招商邀请函。招商邀请函载明:"班××作为亚洲时尚前沿的韩国贴身全系列皮具品牌,从为韩国汉城的时尚女性定做皮革制品开始,就赢得了挑剔的韩国人的喜爱;2005年,班××入驻中国,已经发展成为国际化的皮具新贵。在广州,班××整合珠江三角洲中心人才、科技、交通和信息优势,建立集设计、开发、生产、货物供应于一体的大型综合基地;在北京,班××依托首都的政治、经济、文化优势,设立商务中心;拥有国际皮具行业顶端设计师,第一时间把握欧美和亚洲的潮流趋势;班××品牌起源于东方时尚国度韩国,所有产品均由国际一流设计师精心设计;一站输出、竞争零风险,统一开店培训,统一门面形象,统一店铺管理系统,全程退换货服务,真正做到零库存,让经营者轻松经营;店铺设计装修:客户提供详细的店铺平面图纸,设计员根据图纸设计店铺效果图、施工图、电路图,客户确认后下单制作货柜。"此外,招商邀请函的"招商政策"中对单店加盟和区域代理所享受的权利进行了列明,其中代理商的权益包括享有自有直营店的垂直收益等。招商邀请函最后注明:"品牌监控:某皮具实业有限公司班××品牌运营(中国)总部",并列明了北京与广州两地的联系电话及地址。招商邀请函中多处同时出现班××中、英、韩文标识,三种文字标记从上至下排列,其中"班××"右上角有注册商标标记。

另,2008年11月28日,北京市第二中级人民法院在(2008)二中民终字第10110号民事判决中认定北京某皮具公司的"金××"品牌并非韩国品牌。

二、双方签订的合同情况

2009年12月31日,北京某皮具公司(甲方)与尹某某(乙方)签订合同书。双方约定:"鉴于乙方经对甲方之经营理念、营销模式、管理能力等多方面考察及市场明确定位后，认同甲方的产品及企业文化，向甲方提出代理班××品牌产品申请，自愿成为甲方提供产品的代理商，愿意按照甲方销售模式开展业务以维护产品商业形象和销售渠道；甲方许可乙方在以下范围内使用甲方班××商标：某省；协议期满，或终止协议，乙方应将属于甲方授权的物品交还甲方，包括相关文件、手册、资料及招牌等。协议终止后乙方不得使用甲方商号、商标、服务标志等一切包含甲方标识的装饰用具、店面装修、灯箱、宣传品等；为规范乙方之经营行为，乙方需在签订本合同时交纳代理费50万元，经营期间，乙方在没有违反本合同的前提下，甲方根据乙方实际净进货额进行返还，返还标准为每进货2万元返还1000元，根据乙方进货额返完为止。乙方未达到实际进货额相应标准的，或任何原因导致合同无法履行的，代理费不予返还；甲方同意乙方成为甲方提供的班××品牌系列产品（和服务）的代理商，自营店地址为：某国际箱包城；甲方应向乙方提供统一的CIS系统光碟及店铺运营指导手册、广告及形象，根据乙方店铺现状设计装修图纸，按照图纸要求制作统一形象的货柜供应给乙方；为乙方颁发下列证书：特许专营店授权铜牌、商标使用许可证等相关证件；乙方有权获得甲方统一的商标、商号及整套识别系统CIS的使用及甲方的营运辅导、经营知识、技术资料；乙方有权获得甲方产品在授权区域内的销售权，并享受营销中的各种优惠；乙方应自行承担销售所需之一切资金及经营上的盈亏，自主承担经营期间的一切民事法律责任；乙方只能在甲方授权的区域内经营，并且保证合同期内有8家以上专营店正式经营（包括商场专柜），不得有跨地域经营，不得有一店多品牌，不得私自授权他人；甲方对乙方提供一级折扣供货优惠，即在甲方全国统一供货价的基础上优惠12%供货，此折扣优惠每年结算一次；甲方违反本协议规定，协议生效一个月内未向乙方提供知识产权的，应承担赔偿乙方缔约费用的责任，乙方有权解除本协议；合同到期后，如乙方要求续约，应在合同期满前两个月内向甲方提出书面续签申请，并签订正式合同，乙方续签合同时不再交纳品牌使用费，同时享受甲方品牌升级带来的利益，逾期则视为乙方自动放弃；本合同期限为一年，从2009年12月31日至2010年12月30日；签约地点：北京某皮具公司。"双方另在合同条款"第八部分未尽事宜"中手书约定："一、乙方代理费分期支付，首付定金伍万元整，乙方首次拿货时补交壹拾万元人民币，2010年2月24

日前补交壹拾万元人民币,余款贰拾伍万元乙方于 2010 年 6 月 30 日补齐。甲方根据乙方补款进度赠送乙方市值伍拾万元和铺货伍拾万元市场价格的货物双方合同期满结算给乙方;二、乙方全年进货额不得低于壹佰万元人民币进货价的货物,乙方全年进货量在 100 万元至 279 万元之间,享受本合同约定返点,如全年进货量超过 280 万元,则甲方另奖励 1% 给乙方;三、乙方样板店、直营店、写字楼等硬件设施完善后,甲方将某市场转交给乙方管理。"北京某皮具公司对手写部分中的第一条最后的表述提出异议,其所持的合同书的表述为"双方合同期满结算给甲方"。合同书双方签名盖章部分,北京某皮具公司注明电话 020-××。北京某皮具公司称在签订合同书时已向尹某某提供了商标注册证复印件及授权牌,但尹某某表示其仅收到授权牌。

2009 年 12 月 31 日,尹某某交付 5 万元班××首批货款,收据上盖有广州某皮具公司财务专用章。2010 年 3 月 17 日、3 月 23 日,尹某某往广州班××汇款 10 万元和 95818 元。对 2010 年 3 月 23 日汇款中出现的差额 4182 元,尹某某解释称系北京某皮具公司对其前往广州进货的路费和住宿费的报销款。北京某皮具公司认可收到代理费共计 25 万元。

关于合同书的签订地点,北京某皮具公司主张尹某某是到广州某皮具公司签订的合同,并考察过生产工厂。尹某某表示:在本案起诉前,其在广州和魏某某接触过,但合同书已经明确表明合同是在北京签订的。对 25 万元代理费相关单据上出现的广州某皮具公司财务专用章及"汇广州班××"的表述,尹某某解释是北京某皮具公司称发货及结算以广州某皮具公司为准,并称货物虽来源于广州,但北京某皮具公司从未向其告知"班××"皮具是在广州生产的。

2010 年 10 月 1 日,北京某皮具公司(甲方)与尹某某(乙方)签订保证金返还协议书。协议书载明:"乙方自 2009 年 4 月 1 日至 2010 年 7 月 31 日期间,共从甲方……净进货金额 79587.00 元,本次就其中 6 万元进货部分进行保证金返还,共应返还保证金 3000.00 元,净进货金额余款 19587.00 元累计到下次保证金返还进货额中。本次返还保证金后,共计已经返还保证金 3000.00 元,还剩余 247000.00 元押金未返还完毕,留待后期进货后进行返还。另根据双方协议,甲方应给予乙方总进货额 12% 的进货奖励,本次应给乙方奖励金额为 9550.00 元,以上两项共计 12550.00

元。本次返利前货物视同销售，不得退换。"关于本协议书中出现的统计期间的起始时间为2009年4月1日，早于双方签订合同书时间的问题，双方均认可系笔误，尹某某认为开始时间为2010年6月6日，北京某皮具公司认为开始时间为2010年4月1日。

2011年3月18日，北京某皮具公司（甲方）与尹某某（乙方）签订协议书。协议书载明："因乙方代理甲方班××品牌某省经营权后，未能按照双方所签合同中约定的时间补交给甲方代理费余款二十五万元，同时，在乙方经营过程中，存在甲乙双方沟通出现问题，不能将班××品牌在某省进行良好推广和销售，经乙方申请，双方同意终止原代理合同，该合同终止后，双方解除该合同的权利义务关系，乙方将目前某省尚在经营的客户转交甲方供货和管理，甲方不再追究乙方未补款项，乙方同意转为3家单店经营，享受单店经营的权益，即可享受进货款5%的返点，甲方对乙方补助6万元货物（会员价格的货物），乙方可分批次提取，乙方转为单店经营后，不得将货物批发给其他经销商或皮具经营者，否则，甲方有权无条件终止和乙方的合作。"

2011年6月19日，北京某皮具公司（甲方）与尹某某（乙方）签订返利协议书。协议书载明："乙方自2011年3月18日至2011年6月11日期间，共从甲方进货35545.00元，（此进货款乙方使用双方原代理合同解除权利义务关系协议中，甲方补助给乙方的6万元）……净进货为35545.00元，按照双方所签协议，甲方给予乙方净进货额5%的返点奖励，本次乙方应获得返利1777.25元，加上乙方原6万元补助作货款使用后余额21637.70元，乙方共有23414.95元余额在甲方账户，可作货款使用。"

2011年10月1日，北京某皮具公司（甲方）与尹某某（乙方）再次签订返利协议书。协议书载明："乙方自2011年6月12日至2011年9月30日期间共从甲方进货21175.00元，此进货款为甲乙双方所签协议中甲方补助给乙方的6万元其中的一部分，至2011年6月12日，此6万元乙方已作进货款用完，按双方所签协议，甲方应给予乙方净进货额的5%作为返利，本次共应返利给乙方1058.00元，乙方所进货物视同已销售，不得退换。"

合同书、保证金返还协议书、协议书、2011年6月19日的返利协议书，北京某皮具公司除盖章外，均由魏某某代表签名。北京某皮具公司称魏某某系公司副总经理。

另查明：在一审诉讼过程中，尹某某出示了由其签字，落款时间为2010年9月8日的申请书。申请书载明："广州某皮具公司：本人（尹某某）于2009年12月31日和北京某皮具公司（现广州某皮具公司）签订在某省代理其班××品牌产品，原合同约定2010年6月30日前补交给广州某皮具公司25万元人民币代理费，因本人在和公司签约后开始积极准备展厅和货物以及直营店，所占用资金比较大，特申请将补款日期延迟到2010年12月20日，同时，本人接管某省经销商的供货时间为2010年6月6日，因此，申请公司将原合同中的全年进货额度考核时间，约定为从2010年6月6日到2011年6月5日。本人目前正在积极准备开设除了位于某国际箱包城的形象展厅及办公场地外，还在积极准备2家直营店的开业，预计在2010年11月30日前会开业，因此，为了加快本人的资金流转速度，特申请公司将本人及本人接管某省后的进货额根据合同约定给予对应返点，同时，申请公司给予本人按照每进货2万元返还1000元的比例进行的代理费返还。"尹某某据此主张合同书从2010年6月6日开始实际履行，并称申请书的模板系由魏某某提供并进行了电话沟通。北京某皮具公司否认申请书的真实性。

三、尹某某的经营活动

某公司出具证明，指出："尹某某自2010年3月17日至2011年4月26日止，在某国际箱包城某档口，开设某省韩国班××形象专卖店。"此外，尹某某提供视频光盘及盖有财务专用章的收据，拟证明2010年3月19日，为经营该档口制作"班××"柜台支出3.6万元。

2010年7月18日，某公司将档口租赁给尹某某开设韩国"班××"专卖店，时间从2010年7月18日至2012年6月30日止。除摊位租赁合同、证明外，尹某某还提供了收条、出兑协议书及抵押金、租金、管理费、取暖费单据及电费收缴通知单，拟证明为经营该档口所产生的经济损失为115532.2元。

2010年12月28日，某公司将某档口租赁给尹某某开设韩国"班××"专卖店，时间从2010年12月28日至2012年6月30日止。除摊位租赁合同、证明外，尹某某还提供了出兑合同及出兑约定、抵押金、租金、管理费、取暖费单据及电费收缴通知单,拟证明为经营该档口所产生的经济损失为 125101 元。

2012 年 1 月 13 日,北京某皮具公司的委托代理人在公证处公证人员的监督下,使用该处计算机,通过百度搜索"尹某某 班××"登录尹某某在阿里巴巴开设的网店,对相关内容进行了公证证据保全。公证书反映如下信息:(1)尹某某在阿里巴巴开设的网店百度搜索显示的该网址的最后更新时间为 2010 年 12 月 3 日;(2)网店联系方式处显示联系人为尹某某,地址为某批发城;(3)尹某某对网店进行了个人实名认证,认证时间为 2010 年;(4)网店销售的大部分商品为标示"法国××"的皮具,同时也存在部分"班××"皮具,并且品牌均标示为"韩国班××";(5)班××箱包拎包,标注的产地为广州;(6)网店中公司动态栏目有《法国××中国市场攻略》一文,该文的创建时间为 2010 年 8 月 18 日,文章写道:"法国××品牌源于东方时尚国度——韩国……在中国推出的每一款设计理念都与韩国本土设计同步,与世界最新时尚力量保持一致……法国××产品推广,立足中国政治、经济、文化的中心——北京市……占地 15000 平方米的广州设计开发基地,集产品研发、设计和销售为一体……为了使这古老的韩国文化再次焕发光芒,法国××总部邀集了意大利及韩国本土的皮革及设计公司共同发展"。

2012 年 2 月 7 日,北京某皮具公司的委托代理人与公证处的公证人员一道来到某箱包城。首先到某店铺,该店面上方有"香港燃点 法国××"几个红色大字,委托代理人从该店铺购得"班××"棕色男包一个,并取得名片一张,名片正面上部左侧"法国××""某国际皮具有限公司授权""某省总代理"文字从上至下排列,右侧"班××"中、英、韩文标识、"韩国班××某省总代理"文字从上至下排列;下部为尹某某的联系方式。随后到某店铺,该店面上方有"法国×× 某省总代理"字样,委托代理人从该店铺购得"班××"黑色男包一个。

对经营"法国××"一节,尹某某先称是为了减少损失,在要求解除合同之后经营的其他品牌,后承认 2010 年已在经营"法国××",最后又改称本案开始诉讼后,才把"法国××"引入经营。

四、其他事实

（一）双方的货物往来情况

在一审诉讼过程中，北京某皮具公司出示了 2010 年 3 月 19 日至 2010 年 4 月 28 日广州某皮具公司出库单打印件及该时间段物流公司托运单及运输公司货运发票，主张向尹某某发送了市场价值 263232 元的赠货和市场价值 263196 元的售后结算货物。尹某某否认上述证据的真实性，主张出货单据是伪造的，广州某皮具公司与其没有合同关系，其没有接收过广州某皮具公司或者北京某皮具公司赠送的货物，并且北京某皮具公司提供的出货单显示的收货地址是某箱包城，与尹某某租赁该档口的时间不符。同时，出库单显示的是第一次打印，也说明本案进入诉讼程序之前没有打印过出库单，也证明了尹某某并没有收到相应的货物，相关的托运单及货运发票上也没有尹某某的签字确认。

2011 年 4 月 2 日至 9 月 18 日期间，北京某皮具公司为履行协议书的约定，通过广州某皮具公司向尹某某发送会员价格为 62769 元的货物。

2011 年 10 月 22 日，北京某皮具公司通过广州某皮具公司向尹某某发送会员价格为 3948 元的货物。尹某某认可该批货物是其订购，但称其目前仍未收到货物。

2012 年 2 月 22 日，某物流公司出具证明称："我司于 2010 年 3 月至 4 月期间，接受广州某皮具公司的委托，发往尹某某的货物及批次情况，经我公司核查，2010 年 3 月 19 日、3 月 21 日、3 月 31 日、4 月 5 日、4 月 13 日及 4 月 28 日，共发 6 批货物，商品名称均为皮具，商品数量 1526 个，包装箱共计 28 件，收货地址均为某箱包城，收货人尹某某，收货人电话，运费提付，收货人均已签收。"尹某某否认该证明的真实性。

在一审诉讼过程中，尹某某出示了一份自制的库存明细表，主张其现存"班××"皮具 357 个，要求将上述皮具退还北京某皮具公司，北京某皮具公司返还 29361.5 元货款。北京某皮具公司认可存在库存明细表中所列的皮具，但库存明细表中部分皮具属于赠货性质。

另查明：尹某某按照市场价格 2.5 折的会员价进货。保证金返还协议书及两份返利协议书中确定的应返还给尹某某的金额作为抵扣货款使用。

（二）其他与能否解除协议相关的事实

经一审法院释明，尹某某明确其诉讼请求第一项中要求解除与北京某皮具公司签订的班××皮具特许经营协议包括合同书、保证金返还协议书、协议书及两份返利协议书。解除理由有三：一是其签订合同是为了经销韩国品牌，但事实上"班××"并不是韩国品牌，北京某皮具公司存在欺诈；二是北京某皮具公司没有向其披露签订合同5年内的诉讼事宜，在合同经营期间，也没有披露涉及诉讼的事项；三是北京某皮具公司没有向其披露全国的经销商数量及最近两年的财务审计报告。上述三个原因导致其合同目的无法实现，故要求解除相关协议。北京某皮具公司主张其已经进行了相应的信息披露。

2010年11月2日，《某都市报》在以《满身韩文的"班××"不是韩货》的报道中称："满身韩文的'班××'皮具并非产自韩国，工商部门昨借本报提醒市民，当心其招商骗局……记者看到，各式标称'班××'皮具的注册商标下印有韩文，产品吊牌上产地有'韩国'和'广州'两种，还明确标注着'仅供中国大陆市场销售'；企业简介里强调是'韩国贴身全系列皮具品牌'……工商人员依反不正当竞争的相关法规，当即暂扣了16箱涉嫌虚假宣传的皮具。"

另查明："班××"皮具及尹某某出示的北京某皮具公司提供的经营用品及特约经销商授权牌、品牌服务承诺牌上多处出现"班××"的韩文标识。"班××"皮具的吊牌上产地存在韩国和广州两个选项，尹某某向一审法院出示的三个"班××"皮具均用人工方法标注产地为韩国。北京某皮具公司经公证从尹某某经营的两个档口购买的"班××"皮具，一个用人工方法标注产地为广州，一个未进行标注。此外，五个"班××"皮具的吊牌上均有班××品牌管理经营总部在北京及生产基地在广州的信息，并在最下方用繁体字标注"仅供中国大陆市场销售"。

北京市丰台区人民法院于2012年4月27日作出（2012）丰民初字第01256号民事判决：驳回尹某某的全部诉讼请求。尹某某不服一审判决提起上诉。北京市第二中级人民法院于2012年8月20日作出（2012）二中民终字第09483号民事判决：驳回上诉，维持原判。尹某某不服二审判决提出再审申请。北京市高级人民法院于2014年12月19日作出（2013）高民申字第 1907 号民事裁定：驳回尹某某的再审申请。再审申请被驳回后，尹某某向北京市人民检察院第二分院申请检察监督，北京市人民检察院第二分院提请北京市人民检察院向北京市高级人民法院抗诉。北京市人民检察院于 2018 年 8 月 10 日作出京检民监（2017）11000000018 号民事抗诉书。北京市高级人民法院于 2018 年 9 月 19 日作出（2018）京民抗 20 号民事裁定：一、本案指定北京知识产权法院再审；二、再审期间，中止原判决的执行。经再审审理，北京知识产权法院于 2019 年 8 月 12 日作出（2018）京 73 民再 5 号民事判决：维持北京市第二中级人民法院（2012）二中民终字第 09483 号民事判决。

裁判理由

法院生效裁判认为：

本案再审焦点集中于二审判决的法律适用问题，即北京某皮具公司在招商邀请函及皮具吊牌等处将"班××"宣传为韩国品牌的行为，是否足以导致涉案合同解除的法律后果。对于这一问题的认定直接影响到对二审判决是否存在法律适用错误的判断，关系着尹某某的再审请求能否得到支持。

各方当事人对涉案合同属于特许经营合同没有异议，故从法律适用选择来说，应当首先适用《商业特许经营管理条例》。《商业特许经营管理条例》第二十三条第三款规定："特许人隐瞒有关信息或者提供虚假信息的，被特许人可以解除特许经营合同。"该条赋予了被特许人在特许人未履行信息披露义务时解除合同的权利。但是本案中，被特许人尹某某因特许人北京某皮具公司在招商邀请函及皮具吊牌等处将"班××"宣传为韩国品牌的行为而请求依据《商业特许经营管理条例》第二十三条第三款规定解除涉案合同的主张能否得到支持，取决于隐瞒有关信息或者提供虚假信息与合同解除之间关系的解释。

法律解释在于探究法律客观的规范意旨，是法律适用的前提。法律解释中的体系解释方法，是以法律条文在法律体系上的地位，即依其编章节条款项的先后关联位置，或相关法条的法意，阐明其规范意旨的解释方法。在运用体系解释方法进行法律解释时，须使下位阶层的规范不与上位阶层的规范发生矛盾；为维护法律用语的同一性，同一概念用语应作相同的解释。

对《商业特许经营管理条例》第二十三条第三款规定的理解，不能与其上位法原《合同法》中的相关规定发生冲突。原《合同法》第五十四条第二款规定，一方以欺诈手段，使对方在违背真实意思的情况下订立的合同，受损害方有权请求人民法院或者仲裁机构变更或者撤销。对于何为"欺诈行为"，原《最高人民法院关于贯彻执行〈中华人民共和国民法通则〉若干问题的意见（试行）》第六十八条规定："一方当事人故意告知对方虚假情况，或者故意隐瞒真实情况，诱使对方当事人作出错误意思表示的，可以认定为欺诈行为。"据此，在原《合同法》中，隐瞒有关信息或者提供虚假信息达到欺诈程度使对方在违背真实意思的情况下订立的合同属于可撤销的合同。而原《合同法》第九十四条是关于合同解除的规定："有下列情形之一的，当事人可以解除合同：（一）因不可抗力致使不能实现合同目的；（二）在履行期限届满之前，当事人一方明确表示或者以自己的行为表明不履行主要债务；（三）当事人一方迟延履行主要债务，经催告后在合理期限内仍未履行；（四）当事人一方迟延履行债务或者有其他违约行为致使不能实现合同目的；（五）法律规定的其他情形。"据此可知，当特许人存在隐瞒有关信息或者提供虚假信息的行为时，被特许人可以在行使撤销权和解除权之间作出选择。而因受欺诈而行使撤销权需要满足特许人具有欺诈行为、特许人具有欺诈的故意、被特许人因欺诈而陷入错误且因错误而为意思表示、欺诈具有违法性等欺诈构成要件，且撤销权应当在被特许人知道或者应当知道撤销事由之日起一年内行使，否则撤销权归于消灭。本案中，尹某某称因有顾客找其退货故获知北京某皮具公司存在虚假宣传行为的时间为 2011 年 11 月，其于 2011 年 12 月向一审法院起诉时主张的是合同解除而非请求撤销。因此，认定本案北京某皮具公司在招商邀请函及皮具吊牌等处将"班××"宣传为韩国品牌的行为是否足以导致尹某某可以依据《商业特许经营管理条例》第二十三条第三款的规定解除涉案合同，应当结合北京某皮具公司隐瞒的信息、提供的虚假信息或夸大的经营资源与合同目的的关联性、与真实信息的背离程度及其对特许经营合同订立和履行的影响程度等因素进行综合考量和确定，作出与合同法有关合同解除的规定相一致的解释。

根据本案查明的事实可知，北京某皮具公司在与尹某某签订合同书的过程中向尹某某发放的招商邀请函上载明了"班××"是韩国品牌，北京某皮具公司提供的"班××"皮具吊牌上也标注了韩国和广州两个产地。北京某皮具公司在招商邀请函及皮具吊牌等处将"班××"宣传为韩国品牌的行为是一种信息披露不真实的虚假宣传行为，北京某皮具公司对此也予以承认。而从尹某某与北京某皮具公司签订涉案合同、北京某皮具公司的虚假宣传行为被报道、尹某某获知该虚假宣传行为及尹某某经营"班××"品牌皮具等行为发生的时间顺序来看：尹某某与北京某皮具公司于2009年12月31日签订合同书，尹某某分别于2009年12月31日、2010年3月17日、2010年3月23日支付代理费，双方于2010年10月1日签订保证金返还协议书。在此期间，尹某某支付货款、北京某皮具公司交付货物，尹某某在北京某皮具公司的指导下使用相关经营资源，在特定经营模式下开展特许业务、经营"班××"品牌皮具。2010年11月2日，《某都市报》以《满身韩文的"班××"不是韩货》为题报道了北京某皮具公司存在虚假宣传行为。在此时间之后，尹某某与北京某皮具公司又于2011年3月18日签订协议书，于2011年6月19日、2011年10月1日签订了返利协议书，2011年10月22日尹某某也订购了货物。尹某某仍然在特许经营模式下经营"班××"品牌皮具。而且，北京某皮具公司提交的公证书显示，尹某某在阿里巴巴开设的网店在2012年1月13日仍然销售部分"班××"皮具，尹某某经营的实体店铺在2012年2月7日也仍然销售"班××"皮具。虽然尹某某主张北京某皮具公司在一审诉讼期间从其店铺公证购买"班××"皮具的行为是引诱销售行为，对该公证购买的效力不予认可。但是，根据我国2012年《民事诉讼法》第六十九条的规定："经过法定程序公证证明的法律事实和文书，人民法院应当作为认定事实的依据，但有相反证据足以推翻公证证明的除外。"北京某皮具公司在一审诉讼期间从尹某某店铺购买"班××"皮具系经公证进行证据保全的行为，有公证书予以佐证，尹某某对该公证购买行为的效力提出异议但没有提供相反证据予以证明。通过上述事实可知，虽然北京某皮具公司存在虚假宣传行为并被公开报道，是一种不诚信、不应提倡的商业行为，但从2009年12月31日尹某某与北京某皮具公司签订合同，到2011年11月尹某某获知北京某皮具公司存在虚假宣传行为，该时间点之后直至一审诉讼期间的两年多时间内，尹某某即使是在获知北京某皮具公司的虚假宣传行为之后，仍然在北京某皮具公司的特许经营模式下经营"班××"品牌皮具。而且,从 2010 年 11 月 2 日媒体报道北京某皮具公司的虚假宣传行为,到 2011 年 11 月尹某某称有顾客拿着 2010 年 11 月 2 日的上述报道找其退货致其获知北京某皮具公司存在虚假宣传行为,时间间隔一年,尹某某并未提交证据证明此期间其"班××"品牌皮具的经营活动因北京某皮具公司的该种虚假宣传行为且被公开报道受到何种实质性影响,难以认定北京某皮具公司的虚假宣传行为与涉案合同目的难以实现之间具有直接因果关系。因此,对于尹某某依据《商业特许经营管理条例》第二十三条第三款主张涉案合同解除的请求,不予支持。二审判决未支持尹某某据此主张合同解除的诉讼请求之结论正确,予以维持。但是,由于《最高人民法院关于适用〈中华人民共和国民事诉讼法〉的解释》第二百四十七条在关于重复起诉的构成条件的规定中,明确了当由诉讼请求、原因、事实及法律依据加以特定的诉讼标的与前诉不同时,当事人另行起诉并不会构成重复起诉。因此,对于本案可能涉及的其他法定解除的情形,当事人可以依据原《合同法》第九十四条的规定另行起诉进行主张。

裁判要旨

1. 再审判决运用体系解释的方法,探讨《商业特许经营管理条例》第二十三条第三款与其上位法原《合同法》中相关规定的关系。判断特许人的虚假宣传行为是否足以导致被特许人可以依据《商业特许经营管理条例》第二十三条第三款的规定解除合同,应当结合特许人隐瞒的信息、提供的虚假信息或夸大的经营资源与合同目的的关联性、与真实信息的背离程度及其对特许经营合同订立和履行的影响程度等因素进行综合考量和确定,作出与有关合同解除的规定相一致的解释。

2. 当现有证据难以证明被特许人的经营活动因特许人的虚假宣传行为而受到了实质性影响,难以认定特许人的虚假宣传行为与特许合同目的难以实现之间具有直接因果关系时,对于被特许人的解除特许经营合同的主张,法院不予支持。

关联索引

《商业特许经营管理条例》第二十三条第三款

《中华人民共和国合同法》第六条、第七条、第五十二条、第五十四条第二款、第九十四条

《最高人民法院关于贯彻执行〈中华人民共和国民法通则〉若干问题的意见（试行）》第六十八条

《中华人民共和国民事诉讼法》第六十九条、第一百七十条第一款第一项、第二百条第六项、第二百零七条第一款

《最高人民法院关于适用〈中华人民共和国民事诉讼法〉的解释》第二百四十七条、第四百零五条第一款、第四百零七条第一款

一审：北京市丰台区人民法院（2012）丰民初字第01256号（2012年4月27日）

二审：北京市第二中级人民法院（2012）二中民终字第09483号（2012年8月20日）

申请再审：北京市高级人民法院（2013）高民申字第1907号（2014年12月19日）

抗诉：北京市人民检察院京检民监（2017）11000000018号（2018年8月10日）

再审：北京知识产权法院（2018）京73民再5号（2019年8月12日）

法官评析

在涉虚假宣传的特许经营合同纠纷中，被特许人常依据《商业特许经营管理条例》第二十三条第三款"特许人隐瞒有关信息或者提供虚假信息的，被特许人可以解除特许经营合同"的规定主张合同解除。该条规定为协调特许人与被特许人之间的利益平衡、避免信息不对称给被特许人带来的投资风险而赋予被特许人在特许人未履行信息披露义务时解除合同的权利。但是，上述规定与其上位法即原《合同法》的相关规定并非完全一致。一方面，结合《最高人民法院关于贯彻执行〈中华人民共和国民法通则〉若干问题的意见（试行）》第六十八条"一方当事人故意告知对方虚假情况，或者故意隐瞒真实情况，诱使对方当事人作出错误意思表示的，可以认定为欺诈行为"的规定可知，原《合同法》第五十四条第二款将隐瞒有关信息或者提供虚假信息达到欺诈程度使对方在违背真实意思的情况下订立的合同归属为可撤销合同：一方以欺诈手段，使对方在违背真

实意思的情况下订立的合同,受损害方有权请求人民法院或者仲裁机构变更或者撤销。另一方面,原《合同法》第九十四条将合同解除的法定情形规定为以下几种:"有下列情形之一的,当事人可以解除合同:(一)因不可抗力致使不能实现合同目的;(二)在履行期限届满之前,当事人一方明确表示或者以自己的行为表明不履行主要债务;(三)当事人一方迟延履行主要债务,经催告后在合理期限内仍未履行;(四)当事人一方迟延履行债务或者有其他违约行为致使不能实现合同目的;(五)法律规定的其他情形。"鉴于此,便产生了特许经营合同中,隐瞒有关信息或者提供虚假信息的行为与特许合同解除之间的关系为何的问题。如何正确理解和适用《商业特许经营管理条例》第二十三条第三款的规定至关重要。

目前司法实践中对《商业特许经营管理条例》第二十三条第三款规定的适用存在两个方面的问题:一是部分案件在认定特许人存在隐瞒有关信息或者提供虚假信息等虚假宣传行为后,甚至在认定特许人对被特许人构成欺诈后,未有相关论证即径行适用《商业特许经营管理条例》第二十三条第三款的规定解除合同;二是部分案件在裁判依据上适用《商业特许经营管理条例》第二十三条第三款的规定,在裁判理由上结合原《合同法》第九十四条有关合同目的不能实现的法定解除规定进行论述,但并未探讨二者之间的关系为何。

在北京知识产权法院首例检察院抗诉案件中,包括当事人、一审及二审法院、抗诉机关在内的各方均未对涉及虚假宣传的特许经营合同如何适用《商业特许经营管理条例》第二十三条第三款的规定作出正确的理解和解释,由此对于该案相关事实的认定和涉案合同是否应当解除的问题产生了争议。

面对这一问题,再审判决运用体系解释的方法探究法律客观的规范意旨,坚持下位阶层的规范与上位阶层的规范相协调、同一性法律用语作相同解释的解释规则,系统梳理、客观探讨《商业特许经营管理条例》第二十三条第三款与其上位法原《合同法》中相关规定的关系,作为法律适用的前提。据此认为,当特许人存在隐瞒有关信息或者提供虚假信息的行为时,被特许人可以在行使撤销权和解除权之间作出选择。如果被特许人针对特许人的虚假宣传行为选择依据《商业特许经营管理条例》第二十三条第三款规定解除合同,法院应当结合特许人隐瞒的信息、提供的虚假信息或夸大的经营资源与合同目的的关联性、与真实信息的背离程度及其对特许经营合同订立和履行的影响程度等因素进行综合考量和确定，作出与原《合同法》有关合同解除的规定相一致的解释。

再审判决探讨梳理的法律解释路径和法律适用规则具有重要意义：一是通过体系解释方法对具体规范进行符合整体要求的解释，理顺了并非完全一致的《商业特许经营管理条例》与上位法原《合同法》相关规定的关系，解决了由于对法律的不同理解而可能存在的规范冲突，维护了法律体系的完整性和协调性；二是统一了涉虚假宣传问题的特许经营合同纠纷案件的审判标准和裁判尺度，明确了当适用《商业特许经营管理条例》第二十三条第三款解除特许经营合同时，应当作出与原《合同法》有关合同解除规定相一致的解释的裁判规则，为类案的审理提供了可借鉴的思路指引。

一审法院合议庭成员　李丕赋　康　运　张　炎
二审法院合议庭成员　宋　光　张　剑　王二环
再审法院合议庭成员　张晓霞　刘　辉　郑伯存
编写人　杨　振

45. 王某诉北京某公司特许经营合同纠纷案

——特许经营合同中解除事项判断规则

关键词　民事　特许经营　解除权

基本案情

原告（上诉人）王某诉称：原告与被告北京某公司于 2015 年 12 月 31 日签订《芝麻街英语培训中心合作协议》（以下简称《协议》）及《芝麻街英语培训中心合作协议之补充条款（一）》［以下简称《协议补充条款（一）》］，约定被告授权原告在辽宁省丹东市开设"芝麻街英语"培训中心，原告有权在培训中心使用"芝麻街英语"的商标及标识，并在统一经营模式、教材供应体系下开展"芝麻街英语"课程体系培训，《协议》期限自 2015 年 12 月 31 日至 2021 年 3 月 30 日。《协议》签订后，原告交纳了基本许可使用费 55 万元、履约保证金 6 万元、培训中心设计费 3.8 万元，并在辽宁省丹东市租用经营场所筹备开展培训中心经营活动，共投入房屋租金 260257 元。其间，原告发现被告存在无法提供有效的经营资源的问题。本案中被告隐瞒第 8086058 号、第 8086059 号商标的使用期限、隐瞒其因无"两店一年"①而被工商部门查处，还隐瞒了《协议》第三十四条约定的教材供货商北京某文化公司不具备出版物批发资质，因原告并不是所购买教材的最终使用者，如果原告向北京某文化公司购买教材，该公司对原告是批发行为，原告购买也是违法的。被告还虚构"芝麻街英语"

---

① "两店一年"指特许人应当拥有至少两家直营店，并且这些直营店的经营时间超过一年。这是《商业特许经营管理条例》中规定的一个基本条件。

与"芝麻街"美国著名儿童教育品牌之间的关联性,"芝麻街英语"是被告的特许经营品牌,"芝麻街"是美国芝麻街工作室拥有的儿童教育品牌。被告在上述三个手册中对外宣称其教材为美国原版教材,并声称为美国9000万名儿童接受的教育,都是虚假宣传,其教材著者为日本企业,与美国毫无关系。原告对被告的经营实力、市场前景、品牌价值产生了错误的判断和认知,致使合同目的无法实现。依据《商业特许经营管理条例》第十二条,原告享有单方解除权。《协议》解除后,被告应当返还基本许可使用费55万元、履约保证金6万元、培训中心设计费38000元,赔偿原告经济损失260257元。

被告(被上诉人)北京某公司辩称:同意原被告于2015年12月31日签署的《协议》和《协议补充条款(一)》于2017年2月21日解除,但不同意原告解除合同的理由,且不同意原告的其他诉讼请求。被告已取得了第8086058号、第8086059号商标新的授权,新授权截止日期为2023年12月31日;依据上海某商贸公司和被告签订的许可合同的约定,被告在原告所述三个手册上的商标使用情况没有问题,也没有超过使用范围。《协议》中没有明确约定教材的购买时间,按照被告的运营管理流程,原告应在开业后购买相关教材,原告没有实际向被告购买过教材。北京某文化传播公司是被告指定的教材供应商,该公司曾因2014年9月总数为1000套的K1-K3(3~5岁年龄段)纸质教材没有书号就印刷的行为被文化执法部门处罚,处罚的内容是出版文号备案手续没有完成,而不是针对教材内容的违法问题;该公司对涉及违规的所有教材都进行了销毁及回收。2014年10月后,被告特许经营使用的教材都获得了书号,每个年龄段的教材对应一个书号,上海某商贸公司直接委托某出版社进行出版印刷发行。被告和上海某商贸公司的相关许可合同载明,3~12岁的教材已经开发完毕,即K1-P6的所有课程、教材内容已经开发完成。被告教材的使用需向上海某商贸公司申请,由上海某商贸公司委托某出版社出版,而目前被告许可经营的培训学校最高只开设到P2的课程;目前已经出版的K1-P2教材均申请有书号。卡通形象属于美国芝麻街工作室,被告和上海某商贸公司的相关许可合同条款显示被告获得了卡通形象的使用权。被告没有隐瞒过第8086058号、第8086059号商标于2018年到期的时间,也没有隐瞒在商标到期前能够获得新的授权。关于"两店一年",《协议》是

2015年年底签订的，签订时被告没有因"两店一年"被处罚，所以《协议》签订前不存在隐瞒处罚事实的情况；北京某文化公司是被告指定的教材供应商，其不具备批发出版物的资质，向许可经营的培训学校提供购买教材的学员名单后又对学员个人开具发票，是零售行为。"芝麻街英语"是由美国"芝麻街"开发的，"芝麻街"是一个品牌，可以经营英语教育也可以经营其他，被告并没有虚构情况。美国"芝麻街"参与了教材开发并享有全部著作权，教材的内容是百分百来源于美国"芝麻街"工作室的原版教材，被告经授权使用教材并用于被告的经营方式，在美国的节目中也使用了原版教材中的内容向美国儿童播放，被告没有虚假宣传。合同履行过程中，被告给原告提供了行业市场调研、招聘指导、平面规划图等服务，上述服务使用了许可品牌的元素；被告还提供了教务指导、课程计划表，而课程体系与经营资源直接关联。《协议》许可给原告的经营资源包括芝麻街英语的商号、商标、课程体系等《协议》第一条的内容，原告已经使用的经营资源包括《协议》中约定的有效的服务支持体系、成熟的课程体系。原告主张单方解除权以冷静期为一年的期间过长，被告认为冷静期最长不能超过半年，故原告不享有涉案合同的单方解除权，无权解除《协议》及《协议补充条款（一）》，应该继续履行。但鉴于原告从《协议》签订至今未履行其合同义务，并明确提出不继续履行涉案《协议》及《协议补充条款（一）》，被告同意于2017年2月21日开庭之日解除涉案《协议》及《协议补充条款（一）》，但导致涉案合同解除的原因在原告，被告不同意原告主张合同解除的理由及退还费用的要求。

法院经审理查明：2015年12月31日，原告（乙方）与被告（甲方）签订《协议》及《协议补充条款（一）》。《协议》包括"鉴于与定义"、总则、各方权利和责任、告知和充分协商、前期运营和市场推广、"芝麻街英语"课程体系的运营、支持服务、费用与支付、续签、保密与不竞争、其他。该《协议》的附件包括：(1)《对象商标一览》、(2)《选址确认书》、(3)《确认书》、(4)《芝麻街英语中国VI守则》、(5)《芝麻街英语中国形象使用审批流程》。《协议》签订后，原告于2016年1月4日向被告支付了基本许可使用费27.5万元、履行协议保证金33.5万元、设计费3.8万元。庭审中，原被告均认可原告交纳的55万元基本许可使用费为特许经营费的性质、6万元为履约保证金；原告要求被告依据《协议》

第三十一条至第三十四条及《协议补充条款（一）》的约定返还基本许可使用费55万元、履约保证金6万元、培训中心设计费3.8万元。被告为证明向原告提供了涉案合同约定的相关服务，提交了原被告的往来邮件。北京某公司当庭表示同意与原告签订的《协议》及《协议补充条款（一）》于2017年2月21日解除，原告予以认可；双方均认可涉案《协议》及《协议补充条款（一）》解除后不存在需要返还的与经营资源相关的物品。

北京市东城区人民法院于2018年1月8日作出（2016）京0101民初12840号民事判决：一、确认王某与北京某公司于2015年12月31日签订的《协议》及《协议补充条款（一）》于2017年2月21日解除；二、驳回王某的其他诉讼请求。宣判后，王某不服原审判决，提起上诉。北京知识产权法院于2018年11月5日作出（2018）京73民终349号民事判决：驳回上诉，维持原判。

裁判理由

法院生效裁判认为：

一审法院认定王某无权行使单方解除权正确，予以确认。我国合同法规定了解除合同的三种方式：合意解除、约定解除和法定解除。本案并不存在约定解除条件成就的情形，亦如上阐述王某无权行使法定解除权。

二审中，王某称对涉案《协议》解除的依据存在异议。对此，二审法院认为：根据一审庭审笔录的记载，王某当庭明确诉讼请求之一为确认王某、北京某公司于2015年12月31日签订的《协议》及《协议补充条款（一）》于2017年2月21日解除，北京某公司对该诉讼请求当庭表示同意。虽然双方对不再继续履行涉案合同的意思表示一致，但鉴于双方对合同解除的依据存在争议，且双方对解除合同的效力及解除后果均未达成新的合意，故并不符合原《合同法》第九十三条第一款所规定的当事人协商一致解除合同的情形。一审判决对此认定属于合意解除，属于认定错误，二审法院予以纠正。但鉴于王某在一审开庭时当庭明确表示要求解除涉案合同并当庭通知对方，北京某公司亦当庭表示同意，故涉案合同应于2017年2月21日解除。一审法院虽在合同解除条件的确认与适用上存在认定错误，但确认王某与北京某公司于2015年12月31日签订的《协议》及《协议补充条款（一）》于2017年2月21日解除，并无不当，二审法院在纠正相关认定的基础上对此结果予以确认。本案中,王某虽主张解除涉案《协议》,然而其并无权行使合同解除权,涉案《协议》应当继续履行。因此,在此种情况下王某主张解除合同,并不能否定其因解除合同而应承担的相应责任,即承担合同不能履行的相应责任。

裁判要旨

在特许经营合同纠纷案件中,双方同意解除合同,但清算等事项未能达成协议,则不能视为合意解除,法院仍应判断当事人享有何种解除权,双方合同是否可继续履行,进而确定合同是否解除及解除的后果。

关联索引

《中华人民共和国合同法》第八条、第六十条、第九十三条第一款、第九十七条、第一百零七条①

一审:北京市东城区人民法院(2016)京0101民初12840号(2018年1月8日)

二审:北京知识产权法院(2018)京73民终349号(2018年11月5日)

法官评析

伴随着我国立法的逐步完善,特许经营经过高潮阶段后进入了冷静期,特许人与被特许人已经能够相对冷静、客观地对待特许经营活动。但是因特许经营固有的特殊性,特许人与被特许人掌握信息的差距,使得在签订特许经营合同后,被特许人因各种原因主张解除特许经营合同仍然是此类案件审理中的难点。本案原告主张解除合同,被告亦同意解除合同,一审法院认为根据双方意见已合意解除合同,对此认定是否正确,合同应当如何解除是本案的争议焦点之一。对此问题,主要有三种观点:第一种观点认为,双方已达成合意,故合同已经解除。合同是双方自愿达成,关于合同解除双方亦无争议,均无意愿继续履行合同,双方合意符合合同法关于合同解除的规定,法院应予以确认。第二种观点认为,双方虽同意解

---

① 分别对应《民法典》第四百六十五条、第五百零九条、第五百六十二条第一款、第五百六十六条第一款、第五百七十七条。

除合同，但是并未就合同解除后的责任承担、返还财产等事项达成一致意见，因此双方并非合意解除合同，因被告对原告主张返还财产存在争议，法院应认定原告是否有权解除合同，若原告无权解除合同，双方应继续履行合同。第三种观点认为，法律已明确规定了合同解除的各种情况，应审查原告主张解除合同的理由及法律依据，主要包括单方解除权、法定解除权、约定解除、合意解除的审查判断，若原告主张符合法律规定，则确认合同解除。若原告无权解除合同，再需审查被告是否愿意继续履行合同，若被告愿意继续履行合同，则驳回原告的诉讼请求；若被告亦同意解除合同，法院可确认合同解除，同时仍应根据双方违约情况判决双方的责任承担问题。

笔者支持第三种观点，主要理由如下：第一，关于合同解除的一般理论。合同解除是指合同有效成立后，在具备一定的解除条件时，因一方或双方当事人的意思表示使合同关系消灭的一种法律制度。按照合同解除主体的不同，可以分为单方解除和双方解除，双方解除又称合意解除。根据解除权产生依据的不同，单方解除又可分为约定解除和法定解除。第二，关于《商业特许经营管理条例》第十二条的理解。该条款规定，特许人和被特许人应当在特许经营合同中约定，被特许人在特许经营合同订立后的一定期限内，可以单方解除合同。该条规定实质上给予了被特许人在一定条件下任意解除合同的权利。[①] 第三，判断合同是否解除时的规则。原告主张解除合同，若双方并未就合同后续事项达成一致意见，法院不应认定双方合意解除合同。法院仍应审理原告是否享有其主张的单方解除权、法定解除权、约定解除、合意解除。若经审查系原告违约主张解除合同，则需释明被告是否同意继续履行合同。在被告亦愿意解除合同的情况下，法院仍应审查合同不能履行的原因，确定双方责任的承担。

一审法院合议庭成员 刘世红　高　翡　孙　敬
二审法院合议庭成员 李志峰　杨　洁　宋　鹏
编写人 李志峰

---

① 北京市高级人民法院知识产权审判庭编著：《商业特许经营合同原理解读与审判实务》，中国法制出版社 2015 年版，第 228 页。

46. 孙某诉北京某教育公司特许经营合同纠纷案
——特许经营许可方协助选址开店义务的认定

关键词　特许经营合同　　选址　　商圈保护

基本案情

原告孙某诉称：2018年，孙某与北京某教育公司签订《品牌加盟合同》，约定北京某教育公司授权孙某在上海市经营1家"鱼乐贝贝婴幼儿水育馆"。约定费用包括：产品费18.8万元（合同签订当日支付首款11万元，已交付）；管理费每年1万元；履约保证金5000元（已交付）。并约定北京某教育公司为孙某提供经营指导、技术支持、业务培训等服务内容。从2018年合同签订起至2021年，孙某先后向北京某教育公司的业务人员申请7处地址作为经营地址，但北京某教育公司业务人员离职频繁，长达数个月联系不上，加之疫情影响，已经错过了选店时机。另外，北京某教育公司始终未向孙某提供已经支付的11万元对应的产品。合同期限届满后，孙某要求北京某教育公司返还11万元和5000元履约保证金，北京某教育公司予以拒绝。故孙某请求法院：（1）判令北京某教育公司返还已经支付的特许经营加盟产品费11万元；（2）判令北京某教育公司返还特许经营加盟费用履约保证金5000元；（3）判令北京某教育公司支付资金占用期间的利息，支付标准为以115000元为基数，自2021年6月2日起按照全国银行间同业拆借中心公布的一年期贷款市场报价利率计算至北京某教育公司实际支付之日止。

被告北京某教育公司辩称：认可孙某所述涉案合同的签订、交纳费用、合同到期终止未续约的情况。许可的经营资源主要指鱼乐贝贝商标、统一的经营模式、统一的装修风格等。合同签订后,孙某通过微信方式将选择的地址发给北京某教育公司的工作人员,北京某教育公司工作人员均告知受商圈保护的影响,所选地址不能开店,双方一直就选址进行沟通,最终孙某没有选择到北京某教育公司能够审批通过的地址,故孙某并未实际开店,涉案合同现已到期终止。选址是孙某的义务,北京某教育公司只是负责协调区域之间不能出现加盟商的地域冲突,不负责帮忙选址,导致孙某未能开店经营的责任是孙某自身的原因,因为孙某没有开店,北京某教育公司相应的服务也无法开展。北京某教育公司向孙某提供产品,但因孙某最终没有确定店面的选址,北京某教育公司还未为其制作相应的游泳池等设备。现北京某教育公司同意退还孙某履约保证金5000元,但不同意孙某的其他诉讼请求。

法院经审理查明:北京某教育公司于2011年5月27日成立,在第41类服务上注册了第14071502号鱼乐贝贝汉字、图形、字母组合商标,核定服务项目为:教育;培训;幼儿园;安排和组织培训班;演出制作;摄影;俱乐部服务(娱乐或教育);提供体育设施;出借书籍的图书馆;书籍出版(已截止);注册商标有效期限自2015年4月21日至2025年4月20日。计算机软件著作权登记证书载明:软件名称为鱼乐贝贝早教OA管理系统(安卓版)V1.0、鱼乐贝贝早教OA管理系统(iPhone版)V1.5、鱼乐贝贝CRM管理系统(安卓版)V2.0、鱼乐贝贝CRM管理系统等作品的著作权人均为北京某教育公司。

2018年6月1日,孙某(乙方)与北京某教育公司(甲方)签订合同编号为20180601028的《品牌加盟合同》,合同载明:第一条定义:除非本合同条款另有特别说明,本合同中使用的字词与表述的含义如下:(1)"特许经营体系",是指甲方的特许经营体系,其特征包括但不限于注册商标、商号、专利和专有技术、产品经营模式等。(2)"加盟店",是指乙方在认同并同意遵守特许经营体系的基础上,获得甲方授权而设立的从事特许经营活动的经营实体,包括但不限于个人独资企业、合伙企业及公司等。(3)"特许标识",是指与特许经营体系相关的识别符号,包括但不限于注册商标、商号、招牌(店铺标志)、特有的外部与内容设计(装修、装饰、颜色配置、布局、家具等)、制服、广告等。(4)"特许地址",是指甲方授予乙方特许经营权的经营地址。(5)"经营内容",以营业执照批准经营内容为准。第二条合同期限："本合同期限为 2018 年 6 月 1 日至 2021 年 6 月 1 日。乙方在合同签订生效之日起 3 日内，可以单方解除本合同，同时乙方应按照已付费用 50% 的标准支付甲方为履行合同做准备而支出的费用。"第三条权利的授予："1. 甲方的商号、商标、专利及其管理制度、经营模式等均为甲方合法拥有的所有权或使用权，受法律保护。未经甲方或其他所有人书面授权许可，其他单位、个人无权使用。2. 在乙方认同并接受甲方的经营管理统一规范的基础上，甲方授权乙方在上海市经营壹家'鱼乐贝贝婴幼儿水育馆'单店。3. 在合同有效期内，未经明确授权或甲方书面同意，乙方不得登记、注册、使用与甲方相同或近似的商标、标识、装潢或设计、广告宣传语、域名、软件等，也不得以其他任何形式侵犯甲方的各项权利。"第四条费用约定：（1）产品费：根据甲方经营管理的相关规定，乙方向甲方支付产品费共 188000 元，合同签订当日先支付首款 11 万元。尾款需在设备正式投入生产前支付给甲方，如未支付，甲方有权单方面终止合同。首款费用不予退还并保留追究乙方法律责任的权利。①鱼乐贝贝品牌授权牌+培训+设计方案，②鱼乐贝贝 ERP 管理平台，③鱼乐贝贝微营销平台，④鱼乐贝贝会员 App，⑤鱼乐贝贝员工 App，⑥鱼乐贝贝 HR 管理平台，⑦鱼乐贝贝统一标准设备套餐。（2）管理费：自第二年度起，品牌管理费用为每年 1 万元，自 2019 年起，每年的 6 月 1 日前进行支付。（3）履约保证金：①为确保乙方完整履行和承担本合同规定的义务和责任，遵守本合同及各项手册规定的经营模式、管理制度及其他各项要求，同时确保乙方各项债务、费用和违约金、赔偿金的支付和履行，乙方需向甲方一次性支付保证金人民币 5000 元……③合同期限届满、提前解除或终止后，如乙方没有任何违反本合同规定的情况，则甲方应向乙方无息退还保证金。本合同另有约定的除外。（4）乙方向甲方支付各项费用的方式为：现金支付、支票支付、转账支付。合同签订 3 日内支付所有相关特许经营费用。第五条甲方的权利义务："1. 在签订合同后，甲方为乙方提供经营指导、技术支持、业务培训等服务内容，具体如下：经营指导：甲方向乙方提供运营指导培训及书面《标准化运营手册》资料，技术支持：总部集中培训、视频音频培训资料、技术资料，业务培训：服务接待礼仪、销售技巧、沟通技巧、活动策划，软件支持：公司提供店面运营系统软件鱼乐贝贝 ERP 管理平台一套……3. 甲方有权要求乙方按照甲方统一经营模式、统一技术培训、统一品牌形象、统一服务规范经营体系进行经营……5. 为达到甲方统一经营管理的目的，甲方有权对乙方经营的店面进行店面选址评估、店面平面设计、店面场地布局进行指导……10. 甲方应保证及时向乙方提供开业、经营、培训等所需产品以及技术培训、产品质量，以保证乙方顺利开展约定的经营活动……12. 甲方有责任为乙方提供本合同规定地点为圆心，直径1公里的商圈保护。"第六条乙方的权利和义务："1. 享有甲方商标及VI的使用权以及合同约定的其他权利……4. 乙方申请加盟合同签订后，须在10日内，向甲方提供企业的相关资料及备选经营地址信息，并对所提供资料信息的真实性、准确性负责……5. 乙方应在本合同签订之日起12个月内正式开业，并在开业前完成如下工作：根据合同的要求选定经营场所，并根据甲方的要求进行装修；提前5天向甲方提出书面开业申请，待甲方验收合格……14. 乙方作为独立的法律主体进行经营活动，采取独立核算、自担风险、自负盈亏的运营模式，并在合同签订之日起12个月内必须开业，否则按违约处理。"第九条：乙方有下列情况的，甲方有权解除合同，所收取的合同款项不予退回，并依法追究乙方的违约责任：（1）未经甲方批准擅自开业的；（2）擅自在甲方批准的经营地点以外开设并经营亲子游泳馆的。第十条：乙方出现下列情况的，甲方应提前30日书面通知乙方纠正，如乙方未在通知确定的期限内予以纠正，甲方有权解除合同，所收取的合同款项不予退回，并依法追究乙方的违约责任：（1）未按约定按期、足额向甲方支付有关费用的；（2）未按甲方的服务标准、技术标准、装潢设计标准、卫生环境标准以及各项操作手册中的其他规定的；（3）未按本合同和各项手册的规定维护甲方和甲方特许经营体系的声誉和统一形象的。第十一条："甲方出现下列情况的，乙方应提前30日书面通知甲方纠正，如甲方拒不纠正，乙方有权解除合同：1. 无正当理由，甲方拒不提供商标、ERP管理系统、经营模式和管理制度的使用权；2. 甲方故意违反商圈保护的规定，严重影响乙方正常运营的。"第十六条："本合同因故（包括但不限于期限届满、停业或提前解除）终止时，乙方不再是甲方的加盟商，因此有义务遵守和完成所有下列约定及事项：1. 立即停止使用、销售甲方提供的产品、服务、设备、制服和其他物品，并永久停止使用甲方的经营模式、管理制度、服务技巧和其他诀窍，包括但不限于本合同、各项手册、培训资料、广告及促销资料以及甲方依本合同约定交付乙方使用的一切专有资料及商业秘密，不得有任何复制和保留；2. 结清欠付甲方的费用。"第十八条："涉及本合同权利义务变化的或其他必要通知，应以书面形式传递，收到方应签收。如无法向他方直接送达或收到方不予签收的，可邮寄送达，邮件寄至本合同记载之地址时，即视为送达。"第十九条："双方保证，下述的联系人、地址、电话、传真、电子邮箱均真实有效，任何一方的联系方式等发生变化，均应及时书面通知对方，否则任何一方通知送达下述地址的，即视为被送达方收到，由此引发的法律后果由被送达方承担。"第二十条："套餐内赠送设备不得退换其他类型……设备套餐外，如有产品设备增加或调换需加收设备成本费用。设备增项款需同加盟尾款一同交付，交付后设备下单生产。"第二十三条："……2. 发货时间：甲方在收到乙方加盟尾款及其他已确定增加项费用之日起 30 个工作日内发货。"第二十五条违约责任："……如甲方因非不可抗力未按规定时间向乙方交付设备及产品，应按未到设备货款的 1% 支付每日违约金，并承担因此所造成的其他损失。"第二十六条：如乙方签约门店入驻的场地或建筑有特殊建设要求，需乙方自行解决。第三十条：乙方确认在合同签订前，甲方已就鱼乐贝贝项目法律规定的相关信息向乙方进行了全面介绍，乙方对鱼乐贝贝项目进行了多方考察核实及市场明确定位，就相关鱼乐贝贝品牌全部合同条款进行了详尽的了解和协商，已阅读及明白本合同所列条款的含义，并同意接受其约束。双方在此确认，任何一方的其他资料（包括但不限于宣传册、网站、电视等媒体广告）、说明性文件都不是本合同的条款，如双方发生争议和纠纷，不得作为证据使用。双方均应以本合同约定的条款为准。孙某认可涉案合同系由北京某教育公司盖好章后向其邮寄，孙某没有签名，但认可双方签署涉案合同的事实。

2018 年 6 月 1 日，孙某向北京某教育公司交纳涉案合同第 4.1 条所涉款项 11 万元、第 4.3 条第 1 项所涉保证金 5000 元。双方认可涉案合同现已到期终止未续签，孙某在合同期限内未确定经营地点开店经营。北京某教育公司确认向孙某提供产品，是按照孙某店铺大小、规制、实体店面的设计来制作适合店铺使用的游泳池等设备，因孙某最终没有确定店面的选址，北京某教育公司还未为其制作相应的游泳池等设备，未向孙某交付过产品。

孙某称其积极地履行了涉案合同，从合同签订起至 2019 年 11 月 24 日，最后向北京某教育公司工作人员提出选址位置，其间一直与北京某教育公司的工作人员联系在上海开设加盟店的事宜，北京某教育公司告知孙某所选择的位置在区域保护范围内。因北京某教育公司员工离职频繁，长达数个月联系不上，而且 2020 年疫情发生，对本合同履行的选店均造成了影响及致使错过选店时机，北京某教育公司未在 2018 年至 2021 年合同期内履行约定的义务，应该退还孙某费用及支付资金占用费。孙某就其所述提交了与"鱼乐贝贝蔡经理""陈某兰（上海）鱼乐贝贝""鱼乐贝贝雪某"的微信聊天记录、工商信息查询信息、邮件。微信内容显示，孙某自 2018 年 6 月 1 日至 2019 年 11 月 24 日期间，通过微信告知北京某教育公司其所选的场所地址，包括嘉定新城的万达、闵行区永寨路与鲁南路交叉口西北 150 米的浦江万达、浦东新区沪南路 2419 号、安亭镇墨玉南路 1055 号嘉亭荟、嘉定区南翔镇宝翔路 801 号五彩城、大华虎城嘉年华广场、三德广场等，北京某教育公司通过微信告知孙某其所提供的选择地址均在区域保护范围内。工商信息查询显示北京某教育公司上海分公司于 2019 年 1 月 3 日注销。2021 年 7 月 14 日的邮件内容显示：北京某教育公司："……虽然合同到期终止了，但是未履行的义务仍然会继续履行。您选完址的话邮件联系我们，设备仍然会如期给您发货，只是您不能使用鱼乐贝贝的商标进行经营"，孙某："……孙某……与北京某教育公司签署的品牌加盟合同……约定的日期为 2018 年 6 月 1 日至 2021 年 6 月 1 日。三年期间由于贵司未同意选址，及去年新冠疫情的影响，导致三年来加盟店未在上海开店经营。贵司也未按约定给予我价值 11 万元的产品。现与贵司协商续签合同，贵司要求再支付壹万元，本人认为没有任何的依据。如贵司要终止本合同并不再续签，还请贵司退还本人已支付的合同费用"。

北京知识产权法院二审补充查明：微信页面显示，自 2018 年 6 月 1 日涉案合同签订起，孙某开始与北京某教育公司工作人员沟通选址事宜，其间其工作人员先后变更为蔡经理、陈某兰、雪某、孙总，主要内容均为孙某提出选址，鱼乐贝贝以区域保护为由予以拒绝。北京某教育公司上海分公司于 2019 年 1 月 3 日注销。北京某教育公司对上述事实予以认可。孙某对涉案合同的效力予以认可，并明确表示不主张解除涉案合同。

另查明：鱼乐贝贝承认未向孙某提供已有保护区域如加盟区域或清单

等信息。

北京市东城区人民法院于 2021 年 12 月 17 日作出（2021）京 0101 民初 17579 号民事判决：一、自本判决生效之日起 7 日内，北京某教育公司退还孙某保证金 5000 元并支付利息；二、驳回孙某的其他诉讼请求。宣判后，孙某不服，提起上诉。北京知识产权法院于 2022 年 9 月 2 日作出（2022）京 73 民终 670 号民事判决：一、维持一审判决第一项；二、撤销一审判决第二项；三、北京某教育公司于判决生效后 7 日内赔偿孙某人民币 11 万元并支付利息（利息以 11 万元为基数，以全国银行同业拆借中心公布的一年期贷款市场报价利率为标准，自 2021 年 6 月 2 日起计算至实际付清之日止）；四、驳回孙某其他上诉请求。

裁判理由

法院生效裁判认为：

双方当事人以及一审法院对涉案合同属于特许经营合同的认定均无异议，对涉案合同效力均无异议，故本案的争议焦点在于孙某要求返还 11 万元是否具有事实和法律依据。

《商业特许经营管理条例》第二十一条和第二十二条规定，特许人应当在订立特许经营合同之日前至少 30 日，以书面形式向被特许人提供包括在中国境内现有的被特许人的数量、分布地域以及经营状况评估等在内的信息。为保证合同的顺利履行，北京某教育公司告知孙某其在上海的受保护区域应当是涉案合同中北京某教育公司应当承担的法定义务。选址是孙某开店的前提，合同签订后孙某就其选址与北京某教育公司的工作人员进行了长期、反复、多次申请，北京某教育公司就孙某所选择的地址提供了否定意见，告知孙某其提供的地址受商圈保护的影响不适合，也未向孙某提供已有保护区域如加盟区域或清单，除此之外，并未有任何履约行为。尽管涉案合同并未约定北京某教育公司负有为孙某选择经营场所的义务，但在其未提供已有保护区域如加盟区域或清单的情况下，孙某难以避开其所谓保护区域，进而导致选址失败和下一步合同无法继续履行。因此，北京某教育公司构成违约，原审判决关于"孙某未确定经营场所地址没有实际开店，不能归责于北京某教育公司"的认定不能成立。

由于各方当事人均对涉案合同的效力不持异议，且涉案合同已过有效期,但其违约条款仍有效。根据涉案合同第十二条的约定,因一方违约造成合同不能履行,由违约方承担违约责任并赔偿对方经济损失。尽管孙某签订涉案合同及相关经营行为存在一定的市场经营风险,但如果损失是由合同相对方不当或者恶意行为导致的,该损失应当由行为违法或不当的一方承担。正是由于北京某教育公司不履行其法定义务且拒绝孙某开店地址申请等原因,孙某的店面没有实际开设,也并未实际使用北京某教育公司的许可资源和合同约定的产品。在北京某教育公司未举证证明其履行了相关义务并付出成本的情况下,原审判决认定孙某"在一定地域范围、时间范围内占用北京某教育公司的经营资源及影响其开展特许经营业务的规划、规模等"不具有事实依据。孙某支付给北京某教育公司的11万元以及利息损失构成其经济损失,北京某教育公司应予赔偿,其相关诉讼请求法院予以支持。

裁判要旨

特许经营人在合同有效期内故意不告知被许可人已有加盟店面地址和地区保护范围,而持续以经营范围保护为由拒绝被许可人的选址申请,未能履行"经营指导"行为。特许经营人的行为导致被许可人店面在合同期内无法开设,致使合同目的无法实现的,该违约责任应当由特许经营人承担。

关联索引

《中华人民共和国民法典》第一百七十九条、第四百九十六条、第五百七十七条

《商业特许经营管理条例》第二十一条、第二十二条

一审:北京市东城区人民法院(2021)京0101民初17579号(2021年12月17日)

二审:北京知识产权法院(2022)京73民终670号(2022年9月2日)

法官评析

该案明确了特许经营许可人在协助选址开店方面的附随义务,并明确特许经营许可人在没有付出资源且存在过错的情况下,不应取得许可使

用费。

首先,作为特许经营合同强势一方的特许经营人,不能违反诚信原则,利用信息不对称优势,恶意对被许可人设置开店经营的困难及门槛。《商业特许经营管理条例》第二十一条和第二十二条规定,特许人应当在订立特许经营合同之日前至少30日,以书面形式向被特许人提供包括在中国境内现有的被特许人的数量、分布地域以及经营状况评估等在内的信息。选址是孙某开店的前提,为保证合同顺利履行,北京某教育公司告知孙某其在上海的受保护区域,应当是涉案合同中北京某教育公司承担的法定义务。尽管涉案合同并未约定北京某教育公司负有为孙某选择经营场所的义务,但在其未提供已有保护区域如加盟区域或清单的情况下,孙某难以避开其所谓保护区域,进而导致选址失败和下一步合同无法继续履行。

其次,特许经营人在未付出任何成本和经营资源的情况下,不当取得经营许可费用,应予返还。尽管孙某签订涉案合同及相关经营行为存在一定的市场经营风险,但如果损失是由合同相对方不当或者恶意行为所导致的,该损失应当由行为违法或不当的一方承担。正是北京某教育公司不履行其法定义务且拒绝孙某开店地址申请等原因,孙某的店面没有实际开设,也并未实际使用北京某教育公司的许可资源和合同约定的产品,故不能视为"在一定地域范围、时间范围内占用北京某教育公司的经营资源及影响其开展特许经营业务的规划、规模等"情形。

一审法院独任审判员 刘世红
二审法院合议庭成员 陈　栋　张琳琳　逯　遥
编写人 陈　栋

反垄断法篇

47. 北京某药业公司诉某药业集团公司、江苏某药业公司拒绝交易纠纷管辖权异议案[*]

——拒绝交易行为侵权结果发生地的司法认定

关键词 拒绝交易　侵权结果发生地　工厂停产地

基本案情

原告北京某药业公司（以下简称北京某公司）诉称：北京某公司是我国目前唯一具有巴曲酶注射液生产资质和生产能力的企业，从事巴曲酶注射液的生产和销售。2019年5月起，某药业集团公司（以下简称某集团公司）和江苏某药业公司（以下简称江苏某公司）获得了在中国巴曲酶浓缩液原料药（以下简称巴曲酶原料药）销售市场上100%的份额，并拒绝与我公司交易。国家市场监督管理总局于2021年1月22日作出国市监处（2021）1号处罚决定书（以下简称1号处罚决定），认定某集团公司和江苏某公司构成拒绝交易的垄断行为，并处以罚款。随后，江苏某公司与北京某公司签订了2022年度购销合同，但仍拒绝履行，导致北京某公司自2022年4月起一直处于停产状态。据此，北京某公司诉至法院，请求判令某集团公司、江苏某公司立即停止滥用市场支配地位的垄断行为；连带赔偿北京某公司经济损失及合理费用合计人民币2亿元。

被告某集团公司在提交答辩状期间，对本案管辖权提出异议，其认为：（1）根据《最高人民法院关于审理因垄断行为引发的民事纠纷案件应用法律若干问题的规定》（以下简称《审理垄断案件解释》）第四条以及

---

[*] 本案例入选最高人民法院发布的2023年人民法院反垄断和反不正当竞争典型案例。

2021年《民事诉讼法》第二十九条之规定，北京知识产权法院对本案不具有管辖权。（2）本案无任何证据证明被控"拒绝交易行为"实施地在北京，北京某公司也未提供证据证明原告住所地为侵权结果发生地。综上，北京知识产权法院对本案无管辖权，请求将本案移送至江苏省南京市中级人民法院审理。

经查，北京某公司生产巴曲酶注射液的工厂位于北京市，该地址亦是北京某公司与江苏某公司签订的购销合同约定的交货地。

北京知识产权法院于2022年12月30日作出（2022）京73民初1136号民事裁定：驳回被告某集团公司对本案管辖权提出的异议。

裁判理由

法院生效裁判认为：

《审理垄断案件解释》第四条规定："垄断民事纠纷案件的地域管辖，根据案件具体情况，依照民事诉讼法及相关司法解释有关侵权纠纷、合同纠纷等的管辖规定确定。"2021年《民事诉讼法》第二十九条规定："因侵权行为提起的诉讼，由侵权行为地或者被告住所地人民法院管辖。"《最高人民法院关于适用〈中华人民共和国民事诉讼法〉的解释》第二十四条规定："民事诉讼法第二十九条规定的侵权行为地，包括侵权行为实施地、侵权结果发生地。"根据前述法律和司法解释的规定，对于侵权纠纷，被诉侵权行为实施地、侵权结果发生地、被告住所地人民法院均有权管辖。

本案系拒绝交易的滥用市场支配地位纠纷，属于侵权纠纷，故除被告住所地人民法院外，被诉侵权行为实施地或被诉侵权行为结果发生地的人民法院亦有管辖权。界定滥用市场支配地位侵权纠纷的侵权行为实施地和侵权结果发生地，应当根据案件的具体情况综合判断。同时，在管辖权异议案件中，人民法院只需审理与建立案件管辖连结点相关的事实。如果与建立案件管辖连结点相关的事实同时涉及案件实体争议内容的，只需审查案件初步证据能否证明一个可争辩的管辖连结点事实即可。

2022年《反垄断法》第二十二条第一款第三项规定，禁止具有市场支配地位的经营者从事没有正当理由，拒绝与交易相对人进行交易的行为。拒绝交易行为的侵权结果发生地，应是拒绝交易行为所直接产生的结果发生地。

本案中，1号处罚决定已经认定，某集团公司控制中国巴曲酶原料药销售市场后，拒绝向下游制剂企业销售原料药，使下游制剂企业因无原料药供应而停产，无法继续向市场稳定供应巴曲酶注射液。由此可知，本案被诉拒绝交易行为对北京某公司直接产生的结果是其作为下游制剂企业因没有原料药而停产。而根据查明的事实，北京某公司的生产工厂位于北京市，购销合同中的巴曲酶原料药交付地址亦可进一步印证该事实，故北京某公司因被诉拒绝交易行为而遭受的直接侵权结果发生地为停产工厂所在地北京市。据此，北京市有垄断民事纠纷案件管辖权的法院有权管辖本案。同时，根据前述司法解释第三条的规定，第一审垄断民事纠纷案件由知识产权法院，省、自治区、直辖市人民政府所在地的市、计划单列市中级人民法院以及最高人民法院指定的中级人民法院管辖。综上，北京知识产权法院对本案有管辖权。某集团公司提出的管辖权异议缺乏事实和法律依据，法院不予支持。

裁判要旨

侵权类垄断纠纷，被诉侵权行为实施地、侵权结果发生地、被告住所地人民法院均有权管辖。拒绝交易行为的侵权结果发生地，应是拒绝交易行为所直接产生的结果发生地。控制原料药销售市场的上游公司拒绝向下游制剂企业销售原料药的拒绝交易行为，造成的直接侵权结果是下游制剂企业因无原料药供应而停产。下游制剂企业因没有原料药而停产的工厂所在地为拒绝交易行为所直接产生的结果发生地。

关联索引

《最高人民法院关于审理因垄断行为引发的民事纠纷案件应用法律若干问题的规定》第四条

2021年《中华人民共和国民事诉讼法》第二十九条

《最高人民法院关于适用〈中华人民共和国民事诉讼法〉的解释》第二十四条

一审：北京知识产权法院（2022）京73民初1136号（2022年12月30日）

法官评析

滥用型垄断民事案件的侵权结果发生地应当为相关地域市场还是垄断行为的直接侵权结果地？对此问题，实践中存在分歧，该问题直接影响该类案件的管辖，进而妨碍诉讼进程。实践中，对滥用型垄断民事案件中侵权结果发生地的认定分为以下几种观点：一是相关地域市场说，即认为滥用型垄断民事案件的侵权结果发生地为受垄断行为影响的相关市场地域范围，据此，原告住所地可作为管辖连接点；① 二是侵权结果发生地狭义说，即认为原告住所地不能视为侵权结果发生地，《民事诉讼法》第二十九条不宜适用于此类案件，理由为如果按照相关地域市场说的标准认定，则会造成"管辖权泛化"的问题，故应限制《民事诉讼法》第二十九条的适用范围，并对侵权结果发生地作狭义理解；② 三是侵权直接结果地说，该说认为，侵权结果发生地应为被诉垄断行为所直接产生的结果发生地，不包括因被诉垄断行为间接影响的无法供应商品（限定交易等）所影响的地点。综合《反垄断法》的立法目的、避免管辖权泛化、利于查明案件事实三个因素，笔者认为，滥用型垄断民事案件的侵权结果发生地应当是被诉垄断行为所直接产生的结果发生地，不包括因被诉垄断行为所间接影响的无法供应商品或者商品价格提升所影响的地点，理由如下：

首先，符合法律规定和司法解释的文义。侵权结果发生地，是指侵权行为直接产生的结果发生地。③ 垄断行为的结果发生地应当理解为垄断行为直接产生结果的发生地，不能以利益受损方受到损害就将原告住所地视为侵权结果发生地。在本案中，江苏某公司拒绝提供涉案原料药的意思表示发生之时（或者合理期限内未提供涉案原料药之时），北京某公司主张的涉案损害后果——停产、减产既已存在，拒绝交易发生后，北京某公司受到损害的后果随即发生，该垄断行为的直接结果是制造涉案药品的工厂

---

① 持上述观点的主要案例有：（2021）沪73知民初220号金某某与某电脑贸易（上海）有限公司垄断纠纷管辖异议纠纷案。

② 持上述观点的主要案例为：最高人民法院（2019）最高民辖终130号京某公司诉浙江某网络有限公司、浙江某技术有限公司等滥用市场支配地位纠纷管辖异议纠纷案。

③ 参见（2012）民三终字第3号某科技（深圳）有限公司、深圳市某计算机系统有限公司诉北京某科技有限公司、某软件（北京）有限公司不正当竞争纠纷案。

停产，故该工厂所在地为侵权结果发生地。同时，法院未认可北京某公司所提出的因拒绝交易造成的巴曲酶注射液无法供应这一结果发生地为直接侵权结果发生地的观点。因为如果按照该逻辑，中国作为巴曲酶注射液的相关市场，境内任何一地均为直接侵权结果发生地，这一推导结论明显与案件事实不符，也导致了管辖权的泛化。因此，相关市场内原料短缺只是本案垄断行为导致的间接结果，而非直接结果。综上，北京某公司主张相关地域市场为本案侵权结果发生地不符合文义解释，且会造成管辖权的不确定。

其次，符合《反垄断法》的预防和制止垄断行为的立法目的，有利于查明损害事实。《反垄断法》所欲保护的是以公平竞争秩序、经济运行效率为表现的社会整体利益，不单是经营者利益。因而，滥用型反垄断民事案件既要查明被告是否具有市场支配地位、是否实施了滥用行为，又要查明该行为的排除限制竞争效果和造成的损害。一方面，囿于涉嫌实施滥用行为的经营者往往系当地的重点企业，如仅将被告住所地法院作为案件管辖法院，存在案件能否公正裁判的疑虑，与《反垄断法》的立法目的和法治精神不符；另一方面，滥用行为所造成的损害，最为直接的证据均存在于侵权的直接结果地，将被诉滥用行为的直接结果地法院确定为管辖法院，便于查明与损害赔偿相关的案件事实，准确判定赔偿责任，进而实现《反垄断法》制裁垄断行为、维护公平竞争秩序、保护社会整体利益的价值目标。

最后，实现规则接轨，避免管辖权泛化。虽然各国因经济发展阶段等因素的不同，导致主要垄断行为的表现形式不同，但并不会因此而形成明显差异的管辖确定规则。比如，1975年《美国反托拉斯程序处罚法》规定，反垄断民事诉讼案件的司法管辖权由被告所在地的各州法院管辖，联邦最高法院享有审理反垄断上诉案件的司法管辖权。[①]《日本禁止垄断法》第85条和第86条规定，日本全国范围内的反垄断诉讼案件全部由东京高等法院进行专属管辖。[②] 上述两国的反垄断民事管辖的目的均是实现反垄断诉讼管辖法院的相对集中，以避免裁判不统一。综上，域外主要国家的

---

① 参见万宗瓒：《反垄断私人诉讼制度创新研究》，厦门大学出版社2012年版，第168页。
② 参见万宗瓒：《反垄断私人诉讼制度创新研究》，厦门大学出版社2012年版，第170页。

反垄断民事管辖均采取了避免管辖权泛化的规则，以减少管辖权泛化带来的司法标准难以统一等问题。上述规则与域外反垄断案件管辖规则保持了一致，又避免了将被诉垄断行为产生的排除、限制竞争影响的结果地作为侵权结果发生地而引起的管辖权泛化问题。如按照相关地域市场说，则会导致全国范围内，任一具有垄断案件管辖权的法院均有可能受理相关垄断案件，虽然《审理垄断案件解释》第六条第二款规定，两个或者两个以上原告因同一垄断行为向有管辖权的不同法院分别提起诉讼的，后立案的法院可移送先立案的法院，但仍会因管辖泛化给当事人带来困惑，增加诉累，且容易导致审理程序的繁杂和审理期限的延长。同时，该观点将垄断行为的间接影响地纳入侵权结果发生地，还可能引发反垄断民事诉讼原告主体适格泛化的问题，① 无法实现反垄断民事诉讼中基本概念的融贯。

　　本案明确了反垄断法上拒绝交易纠纷管辖法院的确定规则，即拒绝交易行为的侵权结果发生地是拒绝交易行为所直接产生的结果发生地。上述规则既解决了表现为消极不作为的拒绝交易行为地难以确定的难题，又避免了将侵权结果发生地认定为被诉垄断行为产生排除、限制竞争影响的结果地（拒绝交易造成的原料无法供应短缺地为全国），而引起的管辖权泛化问题。上述规则的确定，为拒绝交易类垄断案件的管辖提供了指引。

一审法院合议庭成员　谢甄珂　兰国红　李迎新
编写人　李迎新

---

① 如在本案中，拒绝交易的间接后果被假定为无法在全国范围内供应该原料药生产的注射液，则可能受到间接影响的主体还包括医院和患者，如果将间接影响主体亦认定为反垄断民事诉讼的适格主体，可能会导致现有《审理垄断案件解释》的目的和实践有所冲突。

48. 某油井服务公司诉某石油公司、某国际公司滥用市场支配地位纠纷案

——买方垄断情形中的"相关市场"认定

关键词 垄断纠纷 滥用市场支配地位 买方垄断 相关市场

基本案情

原告某油井服务公司诉称：某石油公司、某国际公司（以下合称时简称二被告）作为经国家特批专门从事油田开采具有自然垄断地位的国有企业，在某油田冷家堡区块油田开采所需的注汽服务市场具有绝对的市场支配地位。原告作为一家民营企业，出于对被告的充分信任和依赖，为给被告提供注汽服务而筹巨资建设的两台锅炉，作为被告冷家堡区块项目基础设施及辅助设备的一部分，具有专属性和依赖性，被告的行为决定着原告企业的生死存亡。然而，被告却利用其拥有的绝对市场支配地位，通过实施差别待遇和拒绝交易的滥用市场支配地位的行为，排除、限制了原告在正常竞争秩序中可以合法获取的企业经营利益，严重损害了原告的合法民事权益，违反2008年《反垄断法》第十七条第一款第三项、第六项的规定，应当承担相应的法律责任。据此，原告某油井服务公司诉至一审法院，请求：（1）二被告立即停止实施差别待遇的滥用市场支配地位行为；（2）二被告承担因实施差别待遇给原告造成的损失3217617.48元；（3）二被告立即停止实施拒绝交易的滥用市场支配地位行为；（4）二被告承担因实施拒绝交易而给原告造成的损失30919000元；（5）二被告承担原告因制止违法行为所发生的合理费用204038元。

被告某石油公司辩称：无论是从股权的控制层面，还是从油田项目的

管理层面，某石油公司均非本案适格被告。某石油公司与某国际公司签订了石油合作合同，某国际公司作为油田作业者，负责采办装置、签订承包和作业合同等，某石油公司不参与某油田冷家堡区块的具体经营和交易决策。

被告某国际公司辩称：（1）本案属于合同纠纷，而非垄断纠纷。（2）原告关于某国际公司在相关市场具有支配地位的理由不成立。（3）原告主张某国际公司实施了差别待遇的滥用市场支配地位行为的理由不成立。（4）原告主张某国际公司实施了拒绝交易的滥用市场支配地位的行为理由不成立。（5）原告未提供任何证据证明其存在实际损失，其对于损失的测算方法没有事实和法律依据。

法院经审理查明：被告某石油公司、某国际公司享有某油田冷家堡区块的相关权益。原告某油井服务公司在某油田冷家堡区块建设了两台锅炉，为被告二提供注汽服务，双方自 2001 年至 2013 年逐年签订了多份协议。2015 年双方协议终止后，被告二通知原告不再续签合同。

原告主张本案的相关商品市场为固定式锅炉注汽服务市场，相关地域市场为辽河油田冷家堡区块，二被告在相关市场内具有支配地位。原告向法院提交了由美国约翰霍普金斯大学客座教授、明德经济研究公司董事、总经理谭某博士制作的经济学分析报告作为其相关市场确定的佐证。

被告主张的本案的相关商品市场为油田开采所需的热注汽服务市场，相关地域市场为全国市场，并主张其所在的某油田冷家堡区块注汽需求占全国油田开采所需的热注汽市场的份额远低于 3%，不具有市场支配地位。

原告提交了其两台注汽锅炉被迫停工的现场照片、中国石油某油田特种设备检验中心 2017 年 5 月 30 日出具的两份《油田专用湿蒸汽发生器内部检验报告》、原告向被告发送的多份律师函等，用以证明原告已被迫停工，原告的两台锅炉不存在安全质量问题，被告拒绝交易无合理理由。

被告主张其在 2016 年之后不再与原告继续交易有以下正当理由：第一，原告的注汽服务存在安全隐患。第二，在双方既有合同已经善意履行完毕且期限届满之后，被告有权决定是否继续订立合同，以及选择合同相对人。第三，某油田冷家堡区块原油产量下降，热注汽需求减少。原告认为，随着稠油井开采时间的延长，单位出油量所需的注汽量是逐渐增加的，故产能减少并不必然导致注汽量减少。从商业角度看，油价下跌，在同质量服务的情况下，被告更应该选择更为经济的交易对象即原告，而不是价格畸高的交易相对人。因此，油价下跌、产量降低不是拒绝交易的正当理由。

原告主张某油田分公司概预算管理中心发布的油辽概发〔2013〕6号《关于调整某石油勘探局主体单位注汽服务结算价格的通知》限定调价主体为某石油勘探局主体单位，据此，某华油公司自2013年7月1日注汽价格上涨为72元/方，原告被排除在此次价格调整的范围之外，注汽服务价格依然为23.46元/吨，被告实施了差别待遇。同时，原告提交了四张被告某国际公司与某华油公司之间的热注汽劳务结算单以证明2013年之前某华油公司的注汽结算价格与原告并无区别，被告在此后对原告采取差别待遇没有合理理由；某华油公司为被告提供固定式锅炉注汽和移动式锅炉注汽，二者费用相差约50%，因此，固定式锅炉注汽服务构成一个独立的商品市场。

被告提交了原告与某华油公司的企业信用信息、行政处罚决定书及某华油公司官网打印页以证明原告与某华油公司并非"条件相同的交易相对人"，原告要求与某华油公司服务价格一致不具有合理性。

原告企业信用信息显示，其社保信息参与人数为0人，其曾因未建立安全生产事故隐患排查治理制度于2014年被盘锦市安全生产监督管理局处罚。某华油公司企业信用信息显示，其社保信息参与人数为1840人，无行政处罚信息。某华油公司网页介绍信息显示"是某油田具有注汽安全生产资质的单位之一、辽宁省非煤矿矿山企业安全生产许可证取证单位"等。被告主张，无论从公司资产数量、员工人数、公司信用、荣誉资质方面，还是在意外事件发生后的应急处理和赔偿能力方面，某华油公司与原告明显不是"条件相同的交易相对人"。对被告而言，采购原告的热注汽服务时，生产过程中的安全隐患较大，需要投入更多的管理力量进行检查和安全监督。被告某国际公司另提交了2013年至2015年其与某华油公司之间的热注汽结算单及相关发票以证明其与某华油公司并未从2013年7月1日起按照72元/方的价格进行结算。之所以在2014年之后与某华油公司的结算价格提高至46元/方，而与原告的结算价格不变，与原告在2014年1月21日因为安全问题被主管部门处罚有关。

原告为说明其所主张的经济损失的计算方式，提交了自行制作的

《23T/H锅炉注汽劳务单价构成》《停炉损失计算及说明》《停炉不发生费用构成》《差别待遇损失计算表》等材料。关于拒绝交易的损失数额，原告主张系根据中国石油某油田冷家堡油田开发公司概预算管理中心批复的23.46元的价格构成，同比例推出71.37元的价格构成，拒绝交易的损失数额由71.37元减去停炉期间不发生的费用39.49元，再乘以每年的注汽量得出。关于差别待遇的损失数额，原告主张用2015年1~6月的46元定价和7~12月的71.37元定价减去原告的交易价23.46元，再乘以原告在此期间的注汽量得出。

北京知识产权法院于2020年8月28日作出（2017）京73民初1788号民事判决：驳回原告的全部诉讼请求。一审宣判后，各方当事人均未上诉，一审判决已生效。

裁判理由

法院生效裁判认为：

一、原告主张二被告在相关市场内具有支配地位不能成立

（一）关于相关市场的认定

固定式锅炉和移动式锅炉具有某种程度上的不可替代性，将固定式锅炉注汽服务视为一个单独的服务市场较为合理。关于相关地域市场，本案要考察的是原告所提供的固定式锅炉注汽服务能否为某油田冷家堡区块之外的其他油田服务。相关证据均表明原告所提供的固定式锅炉注汽服务存在其他潜在买家。原告主张，虽然注汽服务商在投资建设锅炉之前，可以到全国的油田去招标，但注汽站一旦建成，由于注汽服务商只能通过油田的管网为所在的油田注汽，搬迁固定式锅炉的成本太大，通过锁定效应，油田就拥有了市场支配地位。对此法院认为，交易关系的一方对另一方有一定的依赖性，一方相对于另一方有优势地位，这在交易关系中并不鲜见。如果在有依赖性的交易关系中，都以交易双方已有的交易范围确定相关市场，则很容易得出被依赖一方具有该相关市场内支配地位的结论。这与我国《反垄断法》对市场支配地位的界定不符。本案原告在订立合同之初对于合同订立的方式、交易对象的情况、履行合同需要付出的成本、履行合同所能产生的收益、注汽服务市场吸收民营资本运营的状况、转换交易对象的可能性等均清楚了解,原告在此情况下与被告建立交易关系并一年一签注汽服务协议,应当视为市场主体的理性选择。原告在享受交易所带来的收益的同时,亦应承担此种交易模式可能产生的风险和负担。因此,原告的上述主张不能成立。本案的相关地域市场应为全国稠油油田产区。

(二) 关于市场支配地位

本案中,原告主张相关地域市场为某油田冷家堡区块,因被告系该区块注汽服务市场的唯一需求者,故可推定被告具有市场支配地位。但本案的相关地域市场应为全国稠油油田产区,故原告的上述推断不能成立。同时,原告认为,即使是在被告所主张的全国稠油油田产区所需热注汽服务市场,被告也依然具有市场支配地位,但对此原告并未提交证据予以证明。被告提交的证据表明,某国际公司并不具备市场支配地位。关于被告某石油公司,本案中,与原告签订注汽服务协议并通知原告不再续约的是被告某国际公司,与原告按照23.46元/吨的价格结算的也是被告某国际公司,并无证据表明被告某石油公司参与了与原告有关的经营决策活动,实施了原告所指控的拒绝交易和差别待遇行为,且原告并未提交证据证明被告某石油公司在全国稠油油田产区所需的固定式锅炉注汽服务市场内具有支配地位。综上,现有证据不足以证明被告在本案所涉及的全国稠油油田产区固定式锅炉注汽服务市场内具有支配地位。

二、原告主张被告实施了拒绝交易的滥用市场支配地位的行为不能成立

首先,被告某国际公司两次通知原告停止注汽服务时,二者间签订的相关年份注汽服务协议的履行期限均已届满。被告某国际公司选择不再与原告续约,符合合同自由原则。原告在了解交易双方和交易性质的情况下,与被告一年一签注汽服务协议,其对于合约期满后被告不再与其签订协议的风险应当有所预见。在知道风险存在而选择进行交易的情况下,理应承担风险发生时的后果。原告称双方之间尽管结算协议是一年一签,但原告建设注汽站成本高昂,双方虽然没有签订长年服务协议,但长期合作

才是双方的真实意思表示。法院认为：首先，双方签订的是注汽劳务协议书，而非结算协议。其次，即便双方的初衷并非短暂合作，然而，何为"长期合作"并无评价标准，双方均可作适当理解。从时间上看，至2014年被告某国际公司第一次通知原告停止注汽服务时，双方合作已逾13年，而相关设备的折旧期为8年。从投资收益比例来看，原告称其位于冷家堡区块的锅炉注汽站的建设投资近2000万元，被告某国际公司称原告通过向其提供热注汽服务所获收益共计约9304.8万元，早已超过锅炉建设成本。原告主张，在其锅炉还能够正常安全运转、被告仍有注汽服务需求的情况下，双方应当继续合作。对于这样一个可能限制被告缔约自由的"合作意向"，原告未能提供证据证明被告在合同订立或履行过程中有相关意思表示，或者这种合作模式是行业惯例。冷家堡区块2013年至2016年热注汽总量整体亦呈下降趋势。在需求下降的情况下，被告某国际公司不再从原告处采购热注汽服务有合理理由。因此，被告拒绝与原告交易有正当理由，原告关于被告违反2008年《反垄断法》第十七条第一款第三项规定的主张不能成立。

三、原告主张被告实施了差别待遇的滥用市场支配地位的行为不能成立

2014年至2015年间，被告与某华油公司之间关于23T/H热注锅炉注汽劳务的结算价格确实高于与原告之间的结算价格。但现有证据表明，原告和某华油公司在规模和能力、信用状况、交易成本、交易安全等方面存在明显差别，这些差别足以影响被告的交易选择，故原告和某华油公司并非条件相同的交易相对人，原告关于被告违反2008年《反垄断法》第十七条第一款第六项规定的主张亦不能成立。

法院指出：虽然原告以垄断纠纷为由提起本案诉讼，但事实上，受被诉拒绝交易行为和差别待遇行为影响的是交易关系的一方即原告，而非需要由《反垄断法》所调整的竞争关系和竞争秩序。原告寻求以反垄断诉讼解决合同法律框架内的争议，失之偏颇。

裁判要旨

反垄断法保护的是竞争而非单个竞争者。在有依赖性或相对优势地位

的交易关系中，不能简单以交易双方已有的交易范围确定相关市场。否则，不仅会导致本属于合同法或其他民事法律关系框架内的争议被纳入反垄断法的范畴，亦与反垄断法保护竞争秩序、维护消费者利益和社会公共利益的立法目的不符。

关联索引

2008年《中华人民共和国反垄断法》第十七条

《最高人民法院关于审理因垄断行为引发的民事纠纷案件应用法律若干问题的规定》第八条

一审：北京知识产权法院（2017）京73民初1788号（2020年8月28日）

法官评析

本案属于买方被控滥用市场支配地位的纠纷，此类情形在垄断纠纷中比较少见。

判断被告是否具有相关市场内支配地位的起点，是确定什么是相关市场。相关市场是指经营者在一定时期内就特定商品或者服务进行竞争的商品范围和地域范围。现有的法律规定和规范性文件关于相关市场的界定，都是从经营者系商品供给者的角度作出的界定，是判断卖方是否具有市场支配地位的规则，主要从需求者的角度进行分析。本案中，原告所诉行为系买方滥用市场支配地位，要判断的是商品需求者是否具有市场支配地位。因此，本案审理中面临的第一个难点就在于如何确定需求者的市场支配地位。法院经审理认为：此时，界定相关市场考察的重点应在于供给者，应当考察供给者的产品能够在哪些市场上流通和销售，供给者的产品具备哪些现实或潜在的需求者，与供给者的产品存在紧密替代关系的产品范围等因素。

遵循上述思路，能够得出固定式锅炉和移动式锅炉在建设成本、单位产汽量、适应场景上有所差别。固定式锅炉虽然不排除在某些情境下可以替代移动式锅炉进行提供注汽服务，但在某些需要移动式锅炉的场合，比如油田勘探阶段或注汽量需求小的区块，固定式锅炉不具备替代移动式锅炉的条件，或者替代程度较低、替代成本较高。因此，将固定式锅炉注汽服务视为一个单独的服务市场较为合理。

秩序之锚——北京知识产权法院竞争垄断典型案例

关于相关地域市场的判断,原告主张其作为服务提供商,相关设备具有专属性和依赖性,服务购买方通过锁定效应拥有了市场支配地位,因此本案的相关地域市场应为某油田冷家堡区块,即双方合同约定的服务范围。判决分析了在有依赖性或相对优势地位的交易关系中相关市场的确定规则。判决指出,交易关系的一方对另一方有一定的依赖性,一方相对于另一方有优势地位,这在交易关系中并不鲜见。如果在有依赖性的交易关系中,都以交易双方已有的交易范围确定相关市场,则很容易得出被依赖一方具有该相关市场内支配地位的结论。这与我国反垄断法对市场支配地位的界定不符,也会导致很多本属于合同法或其他民事法律关系框架内的争议被纳入反垄断法的范畴,这亦与反垄断法保护竞争秩序、维护消费者利益和社会公共利益的立法目的不符。交易双方的实力对比以及是否会形成对交易对方的依赖,往往在交易关系达成之前就能够辨明。理性的市场主体在与可能形成依赖关系的交易方或具有相对优势地位的交易方进行交易时,理应全面评估交易的收益和风险,谨慎作出交易决定。

本案中,原告在与被告交易的过程中,对于合同订立的方式、交易对象的情况、转换交易对象的可能性等均清楚了解,在此情况下其与被告一年一签注汽服务协议,应视为市场主体的理性选择,理应承担此种交易模式下可能产生的风险。原告关于其现有的固定式锅炉是为适应某油田冷家堡区块的需求而建设,通过锁定效应,本案的相关地域市场应为某油田冷家堡区块的主张不能成立。

一审法院合议庭成员 周丽婷　宋巧丽　张艳萍
编写人 周丽婷

49. 周某诉惠某公司滥用市场支配地位纠纷案
——售后市场产品的相关市场界定

关键词　售后市场　前端市场　相关市场　滥用市场支配地位

基本案情

原告周某诉称：周某在淘宝店铺"苏宁易购官方旗舰店"购买了一台惠普品牌型号 LaserJet MFP M232dw 打印机（以下简称涉案型号打印机），惠某公司为该打印机的生产者。涉案型号打印机的原装 W137A 型号硒鼓（以下简称涉案型号打印机硒鼓）焊接有芯片，周某主张该硒鼓油墨用尽后，其购买的第三方硒鼓因未配备芯片导致涉案型号打印机无法识别和使用，且涉案型号打印机硒鼓价格远远高于第三方硒鼓价格，据此主张惠某公司的行为构成《反垄断法》禁止的限定交易相对人只能与其进行交易（以下简称限定交易行为）和以不公平高价销售商品（以下简称不公平高价行为）的滥用市场支配地位行为（上述行为统称时简称被诉滥用市场支配地位行为）。故诉至法院，请求判令：惠某公司停止滥用市场支配地位的垄断行为，包括但不限于惠普品牌型号 LaserJet MFP M232dw 打印机只能使用配备原厂芯片的硒鼓的行为，并使周某所有的涉案打印机可以使用未安装原厂芯片的第三方硒鼓。

被告惠某公司辩称：（1）周某未能证明其因所谓的垄断行为遭受了损害，其与本案没有直接利害关系，其起诉不符合《民事诉讼法》的规定，应依法驳回周某的起诉。（2）周某未能说明或举证证明本案相关市场的范围，亦未举证证明惠某公司是否具有市场支配地位。本案相关市场应当为中国大陆打印耗材市场，本案证据充分显示出中国打印耗材市场的竞争高度激烈，市场活跃，惠某公司显然不具有市场支配地位。即便将相关市场界定为周某所主张的涉案打印机硒鼓市场，惠某公司也明显不具有市场支配地位。（3）周某未能证明惠某公司实施了所谓的限定交易行为和不公平高价行为，相反，本案证据充分显示有大量第三方品牌的硒鼓适用于涉案打印机。周某关于原装硒鼓与非原装硒鼓使用体验差异的主张并非限定交易行为所关注的问题，亦无证据支持。（4）周某未能证明被诉行为具有任何的排除、限制竞争的效果，相关市场的实际竞争状况也充分反证了不存在任何的竞争损害。

法院经审理查明：

一、与被诉滥用市场支配地位行为相关的事实

2022年2月11日，周某在淘宝店铺"苏宁易购官方旗舰店"购买了一台涉案型号打印机，价格为1639元。淘宝交易记录显示收货人为周某，发票信息主体为国鼎律师事务所。

打印机机体显示越南制造及惠普商标，并标注有"扫描二维码获取客户支持"的二维码。扫描二维码可以跳转至"惠普服务"微信公众号，认证主体为惠某公司。

周某提交的网页截图显示，涉案型号打印机硒鼓价格为399元。第三方硒鼓品牌彩格、格之格的硒鼓价格分别为79元、85元。

周某提交的GB/T 34988—2017国家标准《信息技术 单色激光打印机用鼓粉盒通用规范》显示的起草单位包括惠某公司，其中第4.8条的内容为：产品不应使用以阻碍拆卸和再使用为目的的芯片。周某提交的闲鱼App截屏显示有店铺回收惠普的硒鼓。

2023年8月29日，周某在京东店铺购买了品牌为彩格、格之格的硒鼓，价格分别为67元和68.1元。周某与彩格耗材京东自营旗舰店的客服聊天记录显示，客服称彩格硒鼓的芯片是原装回收改装过的，不会显示实时油墨，可以打印，但装上打印机后可能会提示硒鼓用尽。庭审中，周某称非涉案型号打印机硒鼓虽能打印，但会提示硒鼓用尽，导致其使用体验不佳。周某据此主张惠某公司实施了限定交易和不公平高价行为。

惠某公司提供的证据显示：格之格品牌销售涉案型号打印机硒鼓，其中包括带芯片和不带芯片两种类型，并提供芯片安装工具；商品评价数量

显示 2 万+条，好评度 98%，客户评价称购买多次，容量大，价格优惠，虽然不是原装墨盒，但非常好用，使用时间长等。彩格品牌亦销售涉案型号打印机硒鼓，也包括带芯片和不带芯片两种类型，商品评价数量显示 2 万+条，好评度 98%，评价包括符合要求、匹配完美、打印清晰、方便快捷等。格之格、彩格、巨威、连盛、天威、众诚等通用耗材厂商的硒鼓产品目录显示，适用的打印机品牌包括惠普、佳能、奔图、爱普生、兄弟、联想、三星、夏普等十余种。金印达、众诚、巨威等品牌在淘宝网销售适用于不同打印机品牌的芯片，其中包括适用于涉案型号打印机硒鼓的芯片。佳能打印天猫旗舰店客服回复显示，非原装耗材导致打印机机器出故障不能质保。惠某公司据此辩称被诉限定交易及不公平高价行为不成立。

二、与市场竞争情况相关的事实

周某主张本案相关市场为中国大陆涉案型号打印机硒鼓市场。周某未就其主张的相关市场竞争情况提供证据，其主张涉案型号打印机硒鼓的生产商只有惠某公司，故惠某公司当然具有市场支配地位。

惠某公司主张本案相关市场为中国大陆打印耗材市场，其提交的证据显示：

IDC 发布的《中国打印外设市场季度跟踪报告》记载，2021 年第四季度，喷墨打印机出货量 189.8 万台，激光打印机出货量 253.2 万台，针式打印机出货量 51.3 万台。市场上活跃的打印机品牌包括爱普生、佳能、三星、理光、京瓷、富士施乐、奔图、联想、得力、方正等众多品牌。2023 年 1 月至 4 月，天猫平台第一名至第四名的打印机品牌销量份额分别为 5.4%、3.2%、2.6%、2.4%，其中惠普为 5.4%。华为、小米、作业帮等品牌亦销售打印机。

IDC 发布的《中国打印耗材市场年度跟踪报告》记载，2021 年中国喷墨和激光打印耗材市场总体呈增长趋势，墨盒在喷墨打印市场是主流，原装和通用是国内激光打印耗材市场的两大阵营，其中通用激光耗材市场份额从 15 年前的 36.7% 增长到目前的 77.9%，成为激光打印产品的首选。格之格、天威为头部品牌，奔图品牌增长迅速。珠海是全球最大的打印通用耗材及零配件生产基地，珠海有 600 多家高端打印设备及耗材领域高新技术企业，全球超过 50% 的通用硒鼓来自珠海。珠海市香洲区打印耗材基地被誉为"世界打印耗材之都",有近700家企业,如珠海赛纳、天威飞马、华人科技、极海微电子等企业,其中赛纳和天威飞马是全球最大的通用耗材生产企业。纳思达官方微信公众号显示,其打印机通用耗材芯片业务为10.6亿元,鼎龙控股2023年半年度报告显示,该公司为打印复印通用耗材龙头企业,主要产品包括通用耗材芯片、硒鼓、墨盒等;打印复印通用耗材上游产品包括彩色聚合碳粉、载体、通用耗材芯片、显影辊等,是生产硒鼓、墨盒等通用打印耗材的重要原料与部件;终端产品包括硒鼓和墨盒,硒鼓用于激光打印机,墨盒用于喷墨打印机。以涉案打印机型号硒鼓作为关键词分别在淘宝、京东购物平台进行检索,京东平台显示存在大量用于涉案型号打印机的第三方品牌硒鼓,京东排行榜的硒鼓榜显示,惠普品牌的硒鼓销量为10万件左右,其他品牌硒鼓的销量为10万件至100万件左右,如得力为100万件,彩格、添彩、绘威为50万件,天色为20万件,奔图、兄弟均为10万件;淘宝平台的搜索结果显示的内容共有18页,销量排名前三位的硒鼓店铺品牌为连盛、京呈、彩格,惠普打印旗舰店排名第六。

惠某公司据此主张,从需求替代和供给替代的角度分析,本案相关市场为中国大陆打印耗材市场。同时,打印耗材市场竞争充分,其他品牌硒鼓厂商生产的硒鼓可以适用于涉案型号打印机,打印耗材市场及周某主张的涉案型号打印机硒鼓市场均竞争激烈,惠某公司不具有市场支配地位。

北京知识产权法院于2023年12月29日作出(2022)京73民初1383号民事判决:驳回周某的诉讼请求。宣判后,周某未上诉,本案判决已生效。

裁判理由

法院生效裁判认为:

一、关于周某是否为本案适格原告

当事人主张因垄断行为受到损失的,应当提供证据予以证明。本案中,周某主张因惠某公司实施的限定交易、不公平高价行为,导致其受到损失,并提供了其购买的涉案型号打印机的网络购买交易订单页面截图。虽然该交易订单页面显示的发票信息主体为国鼎律师事务所,但支付记录显示的付款主体为周某。结合国鼎律师事务所出具的说明及周某实际占有涉案型号打印机的事实可以认定，涉案型号打印机的所有权人为周某。周某虽未实际购买第三方硒鼓，但其主张的损失不仅包括购买第三方硒鼓可能造成的损害，还包括因无法使用第三方硒鼓所造成的无法使用涉案型号打印机产生的损失，以及因需要购买的涉案型号打印机硒鼓的价格高于其他品牌硒鼓的价格而可能产生的损失。上述损失或已实际发生，或即将发生。因此，周某已经就其损失提供了初步证据，其与本案存在直接利害关系，符合反垄断民事诉讼的原告主体资格。惠某公司关于周某不是本案适格原告的辩称缺乏依据，法院不予采信。

二、惠某公司是否具有市场支配地位

判断经营者是否具有市场支配地位，应当首先界定经营者所处的相关市场；其次，就经营者在相关市场中的市场地位进行分析并判断其是否具有支配地位，如果具有市场支配地位，则进一步分析其是否实施了滥用市场支配地位的行为及是否具有正当理由；最后，就滥用市场支配地位行为是否具有排除、限制竞争效果进行分析，并最终判断经营者的行为是否构成反垄断法所禁止的滥用市场支配地位的行为。

（一）关于相关市场的界定

本案中，双方争议的商品为硒鼓，故应以该商品作为相关商品市场的分析起点。从需求替代的角度分析，硒鼓属于打印机的耗材，硒鼓与打印机配合共同实现打印的功能，硒鼓本身无法实现打印功能。因此，从满足消费者打印需求这一基本需求出发，在界定相关市场时，既要考虑硒鼓所处的相关市场，也要考虑与硒鼓配合实现打印功能的激光打印机所处的相关市场。

就激光打印机所处的相关市场而言，在案证据显示，市面上流通的打印机类型主要包括激光打印机、喷墨打印机和针式打印机，上述打印机均能实现打印功能，在性能、价格等方面各有优势，均能满足消费者的打印需求，因此，激光打印机、喷墨打印机和针式打印机之间具有紧密的替代关系，应界定为同一相关市场，即打印机市场。

就硒鼓所处的相关市场而言，市场上流通的同样具有着色功能的打印耗材主要为硒鼓、墨盒和色带。因打印耗材与打印机相匹配，基于上述三种打印机之间具有紧密替代关系，相应地，硒鼓、墨盒、色带之间亦具有紧密替代关系，应界定为同一相关市场，即具有着色功能的打印耗材市场。

关于周某主张的涉案型号打印机硒鼓市场，基于上述分析可知，硒鼓与墨盒、色带之间具有紧密替代关系，将相关商品市场界定为硒鼓市场明显过窄，更不应将硒鼓市场限缩为涉案型号打印机的硒鼓市场。各品牌、各型号打印机之间在功能上没有明显区别，均能实现打印功能，相互之间显然具有替代关系。周某有关其他品牌硒鼓打印体验不佳的主张属于其个人喜好问题，不属于界定相关市场的考量因素，对其该项主张不予支持。

关于惠某公司主张的打印耗材市场，由于打印耗材的种类比较广泛，还包括纸张、打印头等，其与硒鼓的功能不同，不具有替代关系。基于硒鼓、墨盒、色带的主要功能为打印时进行着色，故应将相关商品市场界定为具有着色功能的打印耗材市场。

相关地域市场，是指需求者获取具有较为紧密替代关系的商品的地理区域。本案中，硒鼓、墨盒、色带等具有着色功能的打印耗材便于运输，不存在较高的运输成本，因此中国大陆均属于经营者竞争的地域范围。境外经营者进入中国市场面临运输、关税、销售渠道建设等成本，境外与境内不属于同一竞争区域范围，且双方当事人对本案地域市场为中国大陆并无争议，故本案相关地域市场应为中国大陆。

供给替代是根据其他经营者改造生产设施的投入、承担的风险、进入目标市场的时间等因素，从经营者的角度确定不同商品的替代程度。原则上，其他经营者生产设施改造的投入越少，承担的额外风险越小，提供紧密替代商品越迅速，则供给替代程度就越高，界定相关市场尤其在识别相关市场参与者时就应考虑供给替代。

从供给替代的角度分析，本案中，无论是激光、喷墨、针式打印机，还是硒鼓、墨盒、色带等用于着色的打印耗材，相互之间的原材料相近，获取容易，不存在较高的技术门槛，经营者之间的转产成本低，风险小。本案证据亦显示，经营激光打印机的厂商同时也经营其他类型的打印机，经营硒鼓的厂商同时亦经营墨盒、色带等其他打印耗材，因此上述打印机之间及用于着色的打印耗材之间的供给替代性较强。

综上，无论是从需求替代的角度分析，还是从供给替代的角度分析，在中国大陆，各种类型的打印机之间、具有着色功能的打印耗材之间的替代性均较强，各自应当界定为同一相关市场。故据此认定本案相关市场为中国大陆打印机市场和具有着色功能的打印耗材市场。

（二）惠某公司是否具有市场支配地位

2022年修正的《反垄断法》第二十三条规定，认定经营者具有市场支配地位，应当依据下列因素："（一）该经营者在相关市场的市场份额，以及相关市场的竞争状况；（二）该经营者控制销售市场或者原材料采购市场的能力；（三）该经营者的财力和技术条件；（四）其他经营者对该经营者在交易上的依赖程度；（五）其他经营者进入相关市场的难易程度；（六）与认定该经营者市场支配地位有关的其他因素。"

就打印机市场而言，关于市场竞争状况，在案证据显示，市场上流通的打印机品牌众多，包括惠普、爱普生、佳能、三星、理光、京瓷、富士施乐等传统国际打印机品牌，还包括奔图、联想、得力、兄弟等新兴崛起的国内打印机品牌。此外，华为、小米等企业也纷纷进入打印机市场。因此，在案证据可以证明中国大陆打印机市场竞争者众多，竞争活跃。

关于市场份额，在案证据显示天猫平台前四名的打印机品牌销量份额分别为5.4%、3.2%、2.6%、2.4%，惠普虽排名第一，但其与其他品牌的差距不大，且各品牌所占份额均较小，市场集中度低，故在案证据可以证明惠某公司在中国大陆打印机市场不具有较大份额。

关于其他经营者进入相关市场的难度，打印机的原材料均为常见材料，获取容易；打印机虽然存在一定的技术门槛，但并非难以逾越，华为、小米、作业帮等企业进入该市场的事实亦表明其他竞争者进入上述相关市场的障碍不大。

关于市场控制力和市场依赖度，并无证据显示惠某公司控制了打印机的销售市场或原材料采购市场，相反，淘宝平台显示相关市场内活跃品牌众多，销售渠道畅通。本案亦无证据显示其他经营者对惠某公司在交易上存在任何依赖，相反，其他品牌均为惠某公司的有力竞争者。

关于财力和技术条件，并无证据显示惠某公司通过其强大资本或相关技术控制了打印机市场。

综上，周某提供的证据无法证明惠某公司在中国大陆打印机市场具有控制商品价格、数量或其他交易条件的市场力量，或具有阻碍、影响其他经营者进入相关市场的能力。而惠某公司提供的证据显示中国大陆打印机市场竞争激烈，竞争者众多，故根据在案证据无法认定惠某公司在中国大陆打印机市场具有市场支配地位。

就具有着色功能的打印耗材市场而言，鉴于在案证据无法证明惠某公司在打印机市场具有市场支配地位，而用于着色的打印耗材需要配合打印机使用，故在案证据亦无法证明惠某公司通过打印机市场的市场力量控制具有着色功能的打印耗材市场并据此获得强大的市场力量。此外，关于具有着色功能的打印耗材市场的市场竞争状况，在案证据显示，打印耗材品牌主要分为原装耗材品牌和通用耗材品牌。原装耗材品牌与打印机品牌一致，主要包括惠普、爱普生、佳能等。通用耗材可以适用于各品牌打印机，包括格之格、天威、彩格、添彩、绘威、奔图、兄弟、巨威、连盛、众诚等众多品牌。近年来，适用于激光打印机的通用耗材市场份额大增，占77.9%，其中，格之格、天威为头部品牌，奔图品牌增长迅速。珠海有600多家高端耗材生产企业，珠海市香洲区被誉为"世界打印耗材之都"，有近700家企业。因此，在案证据可以证明中国大陆具有着色功能的打印耗材市场存在众多市场竞争者，既包括原装品牌竞争者，也包括诸多通用品牌竞争者，市场竞争激烈。

关于市场份额，在案证据显示，通用耗材的市场份额明显高于原装耗材，从淘宝和京东购物平台的交易记录看，并无证据显示惠普品牌的销量明显高于其他品牌，相反，得力、彩格、添彩、绘威等品牌反而高于惠普品牌。因此，在案证据无法证明惠某公司在中国大陆具有着色功能的打印耗材市场中占有较大的市场份额。

关于其他经营者进入相关市场的难度，打印耗材的原材料均为常见材料，获取容易；打印耗材技术门槛低，转产成本低，其他竞争者进入上述相关市场的难度小。

关于市场控制力和市场依赖度，并无证据显示惠某公司控制了具有着色功能的打印耗材的销售市场或原材料采购市场，相反，淘宝和京东平台显示相关市场内活跃品牌众多，销售渠道畅通。本案亦无证据显示其他经营者对惠某公司在交易上存在任何依赖。

关于财力和技术条件，并无证据显示惠某公司通过其强大资本或相关技术控制具有着色功能的打印耗材市场。虽然惠某公司在其提供的原装打印耗材上设置了芯片，但并不影响其他品牌的着色打印耗材销售，亦不构成对其他竞争者进入该相关市场的技术障碍。

综上，周某提供的证据无法证明惠某公司在中国大陆具有着色功能的打印耗材市场具有控制商品价格、数量或其他交易条件的市场力量，或具有阻碍、影响其他经营者进入相关市场的能力。而惠某公司提供的证据显示中国大陆具有着色功能的打印耗材市场竞争激烈，竞争者众多，故根据在案证据无法认定惠某公司在中国大陆具有着色功能的打印耗材市场具有市场支配地位。

三、惠某公司是否实施了被诉滥用市场支配地位的行为

关于限定交易行为，在案证据显示，除了涉案型号打印机硒鼓可以适用于涉案型号打印机之外，其他品牌厂商生产的通用硒鼓也可以用于涉案型号打印机，且因价格优势销量巨大，用户评价良好。消费体验具有个人主观因素，即便存在周某所称的消费体验不佳的情况，也不影响打印功能的实现。因此，周某主张惠某公司通过在涉案型号打印机机体上设计芯片识别特征的方式，限定消费者只能购买涉案型号打印机硒鼓构成限定交易的行为不成立。

关于不公平高价行为，商品的价格与其生产成本、销售成本、产品质量、售后服务、品牌效应等众多因素密切相关，在判断是否构成以不公平的高价销售商品时，应当综合考虑上述因素，确定同类商品的基准价格，经比对后确定是否存在利用市场支配地位向交易相对人索取不合理的超高销售价格的行为。本案中，周某并未提供涉案型号打印机硒鼓有关生产成本、销售成本等数据，亦未就售后服务、品牌效应对商品价格产生的影响进行分析说明。由于各个品牌的硒鼓在成本、质量、服务等方面的不同，价格亦存在差异，这种价格差异是市场竞争的正常现象。周某仅仅基于惠某公司提供的硒鼓价格与通用耗材品牌硒鼓价格存在较大差异而主张惠某公司存在不公平高价行为缺乏依据，故对其主张不予支持。

综上，在案证据无法证明惠某公司在中国大陆打印机市场和具有着色功能的打印耗材市场具有市场支配地位以及实施了滥用市场支配地位的行

为，在案亦无证据显示存在任何竞争损害，故周某关于惠某公司实施了《反垄断法》所禁止的滥用市场支配地位行为，并据此要求惠某公司停止实施滥用市场支配地位行为的主张缺乏依据。

裁判要旨

对于具有搭配使用功能的商品，通常包括前端市场和售后市场。在界定售后市场中的商品所处的相关市场时，基于锁定效应或兼容性问题，应当同时对前端市场的商品所处的相关市场进行界定。在综合考虑经营者在两个相关市场上的市场力量以及相关市场之间是否存在市场力量传导等因素的基础上，就经营者在两个相关市场是否具有市场支配地位进行判定。

关联索引

2022年《中华人民共和国反垄断法》第二十二条

一审：北京知识产权法院（2022）京73民初1383号（2023年12月29日）

法官评析

本案涉及对处于售后市场中的产品所处的相关市场的界定问题。如何界定售后市场产品的相关市场是相关市场界定中的一个难点，目前尚未形成统一定论。

一、相关市场界定的传统分析路径

《反垄断法》的立法目的是反对垄断和保护竞争，而垄断和竞争都需要在一定的范围内进行评估，故在反垄断案件中，通常需要界定相关市场，进而对市场竞争状况进行分析。

2022年《反垄断法》第十五条第二款规定，该法所称相关市场，是指经营者在一定时期内就特定商品或者服务进行竞争的商品范围和地域范围。界定相关市场的目的是评估对竞争者形成竞争约束的范围，包括商品范围和地域范围。《国务院反垄断委员会关于相关市场界定的指南》指出，任何竞争行为均发生在一定的市场范围内，科学合理地界定相关市场，对识别竞争者和潜在竞争者、判定经营者市场份额和市场集中度、认定经营者的市场地位、分析经营者的行为对市场竞争的影响、判断经营者行为是否违法以及在违法情况下需承担的法律责任等关键问题,具有重要的作用。

界定相关市场主要采用替代分析法,包括需求替代分析和供给替代分析。通常而言,相关商品市场分析的起点是案件所诉争的商品,从消费者的需求出发,分析哪些商品能够同样实现诉争商品所具有的功能用途,同时综合价格、消费者喜好、品牌效应等多重因素,界定具有较为紧密替代关系的商品范围的大小,并据此确定相关商品市场的范围。

以上是界定相关市场的传统分析路径,目前,对于前端市场商品的相关市场界定,基本上遵循上述分析路径。对于处于前端市场的产品而言,作为一名理性消费者,在选择产品的时候,主要考虑的是该产品自身的用途、价格等因素,对于该产品售出后与其相关的配件、耗材、维修服务等,在进行需求替代分析时,一般不纳入考虑范围,即便予以考虑,所占的权重也较小。但在界定售后市场商品的相关市场范围时,则还要考虑与其相关的前端市场的竞争状况。

二、域外售后市场的理论分歧及司法实践

售后市场(亦称二级市场)是相对于前端市场(亦称一级市场)而言的,其并非反垄断法上的法定概念,而是市场销售领域基于销售流程的不同环节,对商品售出后与该商品相关的产品或服务所处的市场的一种俗称。常见的售后市场中的产品或服务包括初级产品的配件、耗材、维修服务等,如汽车零配件或维修服务、设备耗材等。

围绕售后市场垄断问题,主要存在芝加哥学派和后芝加哥学派。芝加哥学派的观点认为,通过在售后市场收取高价以剥削消费者,对于在一级市场经营的企业而言,总体来说是无利的。芝加哥学派对售后市场垄断的观点主要基于三个论点:(1)消费者是理性和有远见的,基于一级市场商品和二级市场商品的生命周期成本的完全信息,能够作出理智的购买决策;(2)鉴于售后市场的垄断收益会被一级市场竞争带来的降价所抵消,一级市场的竞争会危及二级市场的垄断策略,从而逐渐消除企业在售后市场收取高价的动机;(3)售后市场垄断可以由一些促进竞争的原因驱动,例如促进质量提升的投资和创新、产品质量信号,以及计量与促进竞争的

价格歧视。该学派观点的主旨在于，消费者认为，一级市场和二级市场的产品是密切相关的，就好像一级市场与二级市场的产品属于同一更大范围的市场，从而作出充分知情的购买选择。只要这一更大范围的市场能有效竞争，执法者便不用对售后市场的垄断策略有所担忧，因为这种策略最终是不会有收益的。

后芝加哥学派的观点则相反，其主张即使存在芝加哥学派所提出的条件，即完全知情、有远见的顾客和一个充分竞争的一级市场，实际上售后市场垄断仍然会产生反竞争损害。后芝加哥学派对售后市场垄断的观点主要基于两个论点：（1）消费者行为通常是短视的，购买选择不一定理性和有远见；（2）即使一级市场是完全竞争的，售后市场垄断在某些情况下仍然会导致消费者损害。该学派观点的主旨是，生产商一般拥有从既存用户那里攫取利益的能力与动机。换言之，后芝加哥学派确信，从锁定的消费者那里获得的利益要大于由声誉效应导致的销售损失，进而导致总价格水平高于正常水平。①

最早涉及售后市场的反垄断案件是美国的图像技术服务公司诉柯达公司案。该案中，柯达公司的复印机不能和其他厂商的设备或零配件兼容，柯达公司还要求柯达设备的所有者和零件经销商不得将柯达零配件销售给第三方零件提供商。于是，第三方销售商起诉至法院，认为柯达公司的行为排除、限制竞争，构成垄断。法院在该案中提出了消费者在购买初级产品后被"锁定"的概念，"锁定"的转换成本削弱了消费者替换复印机的能力。虽然消费者在前端市场能够事前选择其他替代产品，但一经"锁定"就会失去在售后市场作出选择的主动权。最终，法院认定柯达公司的行为意在将第三方维修商排除出维修市场，具有明显的反竞争效果，违反了《谢尔曼法》。②

柯达案也引发了一定的争议和反思，仅在售后市场收取更高的价格是否必然会削弱消费者福利？如果消费者在最初购买柯达设备时即有途径获得完整的信息，知悉柯达零配件及维修政策及价格，相关市场是否仍限于

---

① 参见《OECD"售后市场的竞争问题"论坛摘要》，载微信公众号"数字市场竞争政策研究"，2018年10月16日。

② 参见《应用商店、售后市场与反垄断》，载微信公众号"新金融法"，2021年12月1日。

售后维修市场？上述问题值得思考。

三、国内售后市场的相关规定及司法实践

国务院反垄断委员会制定的《关于相关市场界定的指南》仅就界定相关市场的方法作出了原则性规定，并未就界定售后市场中商品的相关市场作出专门规定。国务院反垄断委员会制定的《关于汽车业的反垄断指南》（以下简称《指南》）中涉及了汽车售后市场的反垄断问题。《指南》规定，汽车售后市场可以分为售后配件经销市场和售后维修保养市场；汽车售后市场由于存在锁定效应和兼容性问题，可能限制、削弱售后市场的有效竞争，损害消费者利益；在个案中界定汽车售后市场，汽车品牌是需要考虑的一个重要因素。从《指南》的上述规定来看，与汽车产品相关的零配件销售和维修市场可以单独构成一个相关市场。国内已有相关案件对此进行了认定，如在（2012）湘高法民三终字第22号案件中，原告刘某主张某日产公司的配件销售和维修政策具有反竞争性，所提供的门锁配件价格远远高于市场价，构成滥用市场支配地位的行为。湖南省高级人民法院将涉案相关商品市场界定为适用于某汽车的门锁配件商品市场，即以诉争商品门锁的初级产品限定门锁的可替代产品范围。

上述案件中的汽车产品与柯达案中的复印机产品有着很大的不同。汽车作为前端市场中的初级产品，消费者在购买时，通常仅考虑该品牌汽车本身的用途、价格、品牌等因素，售后配件及服务对初级产品的选择影响较小，即便存在影响，作为一名理性消费者，其在选择汽车品牌时，已经对该品牌的售后服务有所了解，售后产品的价格变化一般不会影响消费者选择初级产品。因此，在考虑售后市场产品所处的相关市场范围时，一般无须将初级产品的功能用途纳入考虑范围，售后产品本身有可能单独构成一个相关市场。复印机的配件或耗材则与汽车有所不同，部分复印机配件和耗材属于高损耗产品，消费者在购买初级产品时一般都会考虑耗材价格的问题，将配件市场范围锁定在一定品牌的初级产品范围项下，很有可能忽略了初级产品对售后产品的影响，不合理地缩小了售后市场产品的相关市场范围。

四、售后市场产品相关市场的界定考量因素

世界各国的竞争执法与司法实践表明,相关市场的界定需要基于个案进行分析。鉴于初级产品与售后产品之间的关联性,在运用需求替代分析法界定售后市场产品的相关市场范围时,一般要考虑以下因素:(1)初级产品的种类、价格、功能用途;(2)初级产品与售后产品是否存在锁定效应,锁定效应的强弱、转换成本的大小;(3)消费者获得售后市场信息的途径和难易程度;(4)初级产品所处的前端市场竞争状况;(5)售后市场竞争状况变化对前端市场是否存在传导作用及传导作用的大小;(6)其他可能影响消费者选择或市场竞争结构变化的因素。此外,售后市场竞争分析亦可采用 SSNIP 测试法,通过对特定初级产品的售后市场进行小而显著的非临时性涨价,从而判断售后产品是否应该纳入更大的整体市场。比如,消费者如果因售后产品价格过高而选择转换其他初级产品,则该售后市场应当纳入一个更大的市场范围。

本案诉争产品为处于售后市场的打印机耗材即硒鼓,其前端市场的初级产品为打印机。基于打印机与硒鼓之间的关联关系,在界定硒鼓所处的相关市场时,应当同时考虑其初级产品即打印机所处的相关市场。首先,从产品的种类、价格而言,打印机是日常办公用品,硒鼓是常见的打印机耗材,且硒鼓属于高消耗耗材,消费者在购买打印机时,一般会同时考虑耗材的价格;其次,就产品的功能而言,消费者购买硒鼓的目的是实现打印功能,硒鼓本身无法实现打印功能,硒鼓与打印机配合才能实现打印的功能。从满足消费者打印需求这一基本需求出发,在界定相关市场时,既要考虑硒鼓所处的相关市场,也要考虑与硒鼓配合实现打印功能的激光打印机所处的相关市场。再次,从信息获取的途径和难易程度而言,消费者获得打印机及其耗材在价格上并无障碍,信息获取容易。复次,惠普品牌打印机在前端打印机市场的市场力量很有可能传导到硒鼓市场,惠普打印机是否在打印机市场具有市场支配地位是应当纳入考量的因素。最后,打印机的价格与汽车等产品相比,不属于大件商品,品牌锁定效应相对而言较小。硒鼓价格的变化可能会传导到打印机市场。如果硒鼓价格畸高,消费者可能转而选择其他品牌的打印机。

综上,在界定本案诉争商品所处的相关市场时,既要考虑硒鼓所处的

相关市场，也要考虑激光打印机所处的相关市场。就激光打印机所处的相关市场而言，在案证据显示市面上流通的打印机类型主要包括激光打印机、喷墨打印机和针式打印机，上述打印机均能实现打印功能，在性能、价格等方面各有优势，均能满足消费者的打印需求，因此，激光打印机、喷墨打印机和针式打印机之间具有紧密的替代关系，应界定为同一相关市场，即打印机市场。就硒鼓所处的相关市场而言，市场上流通的同样具有着色功能的打印耗材主要为硒鼓、墨盒和色带。因打印耗材与打印机相匹配，基于上述三种打印机之间具有紧密替代关系，相应地，硒鼓、墨盒、色带之间亦具有紧密替代关系，应界定为同一相关市场，即具有着色功能的打印耗材市场。此外，从供给替代的角度分析，本案中，无论是激光、喷墨、针式打印机，还是硒鼓、墨盒、色带等用于着色的打印耗材，相互之间的原材料相近，获取容易，不存在较高的技术门槛，经营者之间转产成本低，风险小。经营激光打印机的厂商同时也经营其他类型的打印机，经营硒鼓的厂商同时亦经营墨盒、色带等其他打印耗材，因此上述打印机之间及用于着色的打印耗材之间供给替代性较强。故无论是从需求替代的角度分析，还是从供给替代的角度分析，在中国大陆，各种类型的打印机之间、具有着色功能的打印耗材之间的替代性均较强，各自应当界定为同一相关市场。故本案相关市场应界定为中国大陆打印机市场和具有着色功能的打印耗材市场。

  本文对售后市场产品的相关市场的分析路径进行了探索，明确提出在界定相关市场时，既要考虑售后市场中的商品所处的相关市场，也要考虑与之搭配使用的前端市场中的商品所处的相关市场。对于类似反垄断案件相关市场的界定具有借鉴意义。

一审法院合议庭成员 谢甄珂 兰国红 李迎新
编写人 兰国红

50. 北京某数字新媒体公司诉中国某管理协会滥用市场支配地位纠纷案
——认定滥用市场支配地位时"正当理由"的认定

关键词　民事纠纷　滥用市场支配地位　正当理由

基本案情

原告北京某数字新媒体公司诉称：原告系 KTV 市场中的 VOD（Video on Demand）点播设备生产商，需取得音像节目权利人的授权才能进行合法经营。被告中国某管理协会系国内唯一的音像节目著作权集体管理组织，集中行使音像节目权利人的有关权利并以自己的名义与使用者订立著作权许可使用合同。2017 年 1 月 19 日，原告与被告签订《卡拉 OK 曲库许可协议》（以下简称许可协议），合同有效期为 2016 年 11 月 1 日至 2018 年 10 月 31 日。2017 年 4 月 21 日，被告解除许可协议，在其官方网站发布公告声明《中国某管理协会授权书》作废。许可协议到期后，原告要求与被告续约，但被告拒绝签约。原告认为，被告在 KTV 领域著作权许可市场具有市场支配地位，其拒绝签订许可协议的行为构成 2008 年《反垄断法》第十七条第一款第三项规定的"拒绝交易"的情形；且许可协议的第 3.3 条至 3.6 条等内容属附加不合理的交易条件。被告的涉案行为构成滥用市场支配地位的垄断行为，给原告造成了经济损失，故向法院提起诉讼，请求判令被告中国某管理协会：（1）以合理条件与原告签订复制权许可使用合同；（2）提供依法制定的音像节目复制权许可使用收费依据与标准；（3）提供其受托管理复制权的音像节目名称及授权管理期限明细；（4）提供授权音像节目的视频内容；（5）赔偿原告经济损失 602400 元并承担本案诉讼费。

被告中国某管理协会辩称：（1）原告的诉讼请求第一项至第四项实质上是以被告违反《著作权集体管理条例》等相关规定为由提起民事诉讼，要求被告履行集体管理组织的相关义务，应当裁定予以驳回。此外，原告的第二项、第四项诉讼请求并非集体管理组织的义务。（2）原告对本案相关市场的界定错误，且原告并未举证证明被告在相关市场具有市场支配地位。（3）即使被告具有市场支配地位，被告也没有实施滥用市场支配地位的行为。综上，请求法院驳回原告的诉讼请求。

法院经审理查明：2017年1月19日，甲方中国某管理协会与乙方北京某数字新媒体公司签订许可协议。2017年4月20日，中国某管理协会向北京某数字新媒体公司发出中国某管理协会字〔2017〕第032号《关于解除〈卡拉OK曲库许可协议〉的函》。2018年11月1日，北京某数字新媒体公司向中国某管理协会发出《续约通知函》。2018年11月5日，中国某管理协会向北京某数字新媒体公司发出《就〈续约通知函〉的复函》。原告要求与被告续约，但被告在收到原告的续约通知书后拒绝签约。

北京某数字新媒体公司微信公众号刊载《北星传媒：我们不一样!!……》一文，该文载明"歌曲版权免费代缴唯一VOD集成产商""歌曲版权唯一代缴单位北星传媒授权书"等内容。2017年4月19日，深圳市福田区娱乐行业协会向各娱乐场所发出《关于最终解决福田区娱乐场所KTV版权收费问题的通知》，该通知载明，"凡安装'北星VOD点歌系统'，北京某数字新媒体公司书面承诺所有歌曲版权问题由其解决，与KTV无关；并长期免费更新歌曲，长期免费进行系统维护等。安装该系统，场所服务器、点歌屏等硬件符合要求的，无需更换，仅需更换机顶盒"等。被告还提交了相关宣传册、简介、联系方式等，以及相关公证书及判决，用于证明中国某管理协会拒绝签约系因原告北京某数字新媒体公司违约所致。

北京知识产权法院于2021年11月8日作出（2018）京73民初1527号民事判决：驳回北京某数字新媒体公司的诉讼请求。宣判后，双方当事人均未上诉，本案一审判决已经生效。

裁判理由

法院生效裁判认为：

中国某管理协会在中国大陆以类似摄制电影的方法创作的作品（以下简称类电影作品）及录音录像制品（以下简称音像制品）在 KTV 经营中的许可使用服务市场具有市场支配地位。在案证据可以证明原告作为 VOD 点播设备生产商，在经营过程中声称或许诺所有歌曲版权问题由其解决、"一揽子"解决版权问题等，违反了许可协议中"乙方不得向使用乙方提供曲库之卡拉 OK 歌厅承诺解决放映权问题"等相关约定；在案证据可以证明原告被列为失信被执行人，具有不良信用记录，故中国某管理协会拒绝与其签约具有正当理由。许可协议中约定的原告"应提示 KTV 经营者向中国某管理协会支付著作权使用费"等相关义务没有产生阻碍或限制竞争的效果。综上，被告的涉案行为未违反 2008 年《反垄断法》第十七条第一款第三项、第五项的规定。

裁判要旨

2008 年《反垄断法》第十七条第一款关于滥用市场支配地位相关行为所称的"正当理由"，通常包括因不可抗力等客观原因导致无法进行交易、交易相对人有不良信用记录或者出现经营状况恶化等影响交易安全的情形、与交易相对人进行交易将使经营者利益发生不当减损以及其他能够证明行为具有正当性的理由。

关联索引

2008 年《中华人民共和国反垄断法》第十七条、第十八条

一审：北京知识产权法院（2018）京 73 民初 1527 号（2021 年 11 月 8 日）

法官评析

本案通过归纳相关市场界定的方法、步骤、要件，对相关市场的服务范围和地域范围进行了准确界定，并基于中国某管理协会的法律地位、其管理的曲目数量等情况认定：中国某管理协会在中国大陆类电影作品及音像制品在 KTV 经营中的许可使用服务市场中具有市场支配地位。在此基础

上进一步提出，具有市场支配地位并不当然意味着经营者的行为不合法，还需要对行为的合法性，即是否具有 2008 年《反垄断法》第十七条第一款第三项规定的"正当理由"作出判断。

2008 年《反垄断法》第十七条第一款第三项禁止具有市场支配地位的经营者没有正当理由，拒绝与交易相对人进行交易。具有市场支配地位的经营者，拒绝与交易相对人进行交易，损害了交易相对人的合法权益，破坏了正常的市场秩序和竞争机制，应予以禁止。该项所称的"正当理由"，通常包括因不可抗力等客观原因致使无法进行交易、交易相对人有不良信用记录或者出现经营状况恶化等影响交易安全的情形、与交易相对人进行交易将使经营者利益发生不当减损以及其他能够证明行为具有正当性的理由。本案中，被告提交了原告网站刊载的新闻报道、相关会议发言记录等证据为证明其拒绝与原告续约具有正当理由：一是原告在其经营过程中声称或许诺所有歌曲版权问题由其解决、"一揽子"解决版权问题等，违反了许可协议中"乙方不得向使用乙方提供曲库之卡拉 OK 歌厅承诺解决放映权问题"的相关约定。二是因原告拒不履行生效判决被列入失信被执行人名单，具有不良信用记录。在此情况下，被告中国某管理协会拒绝与其签约具有正当理由，且没有产生阻碍或限制竞争的效果，未损害交易相对人的合法权益，亦未损害社会公共利益或者消费者利益。

2008 年《反垄断法》第十七条第一款第五项禁止具有市场支配地位的经营者没有正当理由搭售商品，或者在交易时附加其他不合理的交易条件。具有市场支配地位的经营者，强迫交易相对人购买与交易合同本身无关的产品或者服务，目的是将其拥有的市场支配地位的优势，扩大到被搭售的产品或者服务的市场上，或者阻碍潜在竞争者进入该市场，违反了公平交易原则，应予以禁止。本案中，许可协议第 3.3 条至第 3.5 条约定了原告的相关义务，目的在于协助被告中国某管理协会收取著作权使用费，引导 KTV 经营者合法经营，并未损害交易相对人原告的利益，亦未阻止潜在竞争者进入市场，没有产生阻碍或限制竞争的效果。许可协议第 3.6 条约定，原告按被告中国某管理协会的要求，向其提供歌曲使用情况、新歌传送、技术管控等协助，该约定的目的在于便于中国某管理协会作为集体管理音像节目许可人对北京某数字新媒体公司生产的 VOD 点播设备的相关内容予以跟进，亦未产生阻碍或限制竞争的效果。

综上所述，被告中国某管理协会虽然在相关市场上具有市场支配地位，但涉案行为并未构成滥用市场支配地位。

本案基于对集体管理制度设计的理解，运用需求替代、供给替代等方法，厘清市场中各方主体的关系，界定了相关市场，并详细论证了中国某管理协会是否具有市场支配地位。在此基础上，通过对 2008 年《反垄断法》第十七条第一款关于滥用市场支配地位的法理解释，以及对该条款中"正当理由"的把握，对涉案行为进行了全面分析，最终认定中国某管理协会的涉案行为未构成滥用市场支配地位的行为。一方面，该案明确了 VOD 点播设备生产商等主体相关行为的界限，促进 VOD 点播设备生产商依法依规经营；另一方面，该案明确了并非所有中国某管理协会具有正当理由不与交易相对人签约的行为，均构成拒绝交易的滥用市场支配地位的行为，给音像著作权的集体管理提供了指引。

一审法院合议庭成员 张晓津　刘义军　范米多
编写人 张晓津　范晓玉

51. 田某诉北京某公司双井店、上海某贸易公司垄断纠纷案

——间接消费者基于行政处罚决定提起反垄断后继民事诉讼的主体资格和举证责任问题

关键词　纵向垄断协议　反垄断后继诉讼

基本案情

原告田某诉称：2013 年 2 月 7 日，其在北京某公司双井店购买上海某贸易公司生产的婴儿配方奶粉一件，金额 261 元。2013 年 7 月 9 日，上海某贸易公司向《每日经济新闻》记者表示，即日起对主力产品系列进行价格调整，下降幅度为 4%~12%。2013 年 8 月 2 日，国家发展和改革委员会（以下简称国家发改委）以上海某贸易公司的行为违反 2008 年《反垄断法》的有关规定为由，对上海某贸易公司作出了行政处罚。原告认为其以不公平的高价购得上海某贸易公司生产的婴儿配方奶粉，故诉至法院，请求判令：（1）北京某公司双井店和上海某贸易公司共同赔偿田某 10.44 元；（2）北京某公司双井店和上海某贸易公司承担维权合理开支 3000 元。

被告北京某公司双井店辩称：（1）北京某公司双井店不是适格的民事主体。北京某公司双井店是分公司，不具备独立的法人资格，没有独立的账户，没有独立的资金，不能独立承担民事责任。（2）原告田某购买某品牌奶粉的行为发生在北京某公司慈云寺店，与北京某公司双井店无关。（3）北京某公司不是国家发改委处罚决定针对的对象，处罚决定针对的是上海某贸易公司，与北京某公司无关。（4）北京某公司与上海某贸易公司

签订的商品合同及附件由北京某公司提供，其中不包括垄断协议。（5）涉案产品的价格是由北京某公司自主决定的，与上海某贸易公司无关，小票显示价格为261元，建议零售价是251元，不存在固定商品价格的行为。

被告上海某贸易公司辩称：（1）北京某公司双井店执行上海某贸易公司与北京某公司之间的合同，该合同不存在固定转售价格的情形，没有原告主张的价格管控、销售返利等行为。（2）上海某贸易公司与北京某公司的合同与国家发改委作出的处罚决定之间没有关联关系，国家发改委在作出处罚决定时也没有审查上海某贸易公司与北京某公司之间的合同。（3）上海某贸易公司的降价行为是自主的经营行为，与国家发改委调查无关。

法院经审理查明：2013年2月7日，田某在北京某公司慈云寺店作为普通消费者购买了某品牌奶粉，并取得购物小票及加盖北京某公司双井店发票专用章的发票一张。2013年8月2日，国家发改委认为，上海某贸易公司的行为违反了2008年《反垄断法》第十四条第一项的规定，与交易相对人达成并实施了固定向第三人转售商品的价格的垄断协议，排除和限制了市场竞争，损害了消费者的利益和社会公共利益，依法对上海某贸易公司作出了处罚决定。

北京知识产权法院于2015年12月31日作出（2014）京知民初字第146号民事判决：驳回原告田某的诉讼请求。宣判后，原告田某提起上诉。北京市高级人民法院于2016年8月22日作出（2016）京民终214号民事判决：驳回上诉，维持原判。

裁判理由

法院生效裁判认为：

2008年《反垄断法》第十四条规定："禁止经营者与交易相对人达成固定向第三人转售商品的价格的垄断协议。"该法第十三条第二款规定："本法所称垄断协议，是指排除、限制竞争的协议、决定或者其他协同行为"，该条规定对垄断协议的定义适用于整部法律，因此，2008年《反垄断法》第十四条所规定的纵向协议，必须符合"排除、限制竞争的协议、决定或者其他协同行为"才构成垄断协议。根据《最高人民法院关于审理因垄断行为引发的民事纠纷案件应用法律若干问题的规定》第七条，认定

2008年《反垄断法》所禁止的第十三条所规定的横向垄断协议，应以该协议具有排除、限制竞争的效果为前提。举重以明轻，限制竞争效果相对较弱的纵向协议更应以具有排除、限制竞争效果为必要条件。由于现行法律和司法解释没有对针对固定向第三人转售商品价格的垄断协议提起的损害赔偿诉讼的举证责任作出特别规定，故通常来讲，依据固定转售价格协议提出损害赔偿诉讼的，举证责任应当根据"谁主张、谁举证"原则，即由原告举证证明存在固定转售价格协议、协议具有限制竞争效果、原告受到的损失以及垄断协议与损失之间具有因果关系。

与一般的依据纵向限制竞争协议提起的反垄断民事诉讼不同，本案属于在反垄断执法机关作出处罚决定后提起的反垄断民事诉讼。反垄断执法机关出具的《处罚决定书》已经认定上海某贸易公司与交易相对人达成了固定向第三人转售商品价格的垄断协议，该协议具有排除和限制市场竞争的效果。上海某贸易公司对《处罚决定书》中认定的事项予以认可。根据《最高人民法院关于适用〈中华人民共和国民事诉讼法〉的解释》第一百一十四条的规定，在没有相反证据足以推翻的情况下，在民事诉讼中应当推定《处罚决定书》记载的事项为真实。由于《处罚决定书》中未具体披露反垄断执法机关调查依据的证据，处罚只针对实施价格控制的上游生产者，而不包括下游经销商。因此，单独依据《处罚决定书》难以认定北京某公司双井店与上海某贸易公司之间具有固定转售商品价格的协议。但是，由于《处罚决定书》中已经认定上海某贸易公司与交易相对人达成了固定向第三人转售商品价格的垄断协议，上海某贸易公司和北京某公司双井店均认可在《处罚决定书》作出时，北京某公司与上海某贸易公司订立有《商品合同》，北京某公司双井店与上海某贸易公司之间执行该《商品合同》。如果要排除该《商品合同》属于《处罚决定书》针对的范围，上海某贸易公司和北京某公司双井店有义务提交二者之间的协议。

上海某贸易公司和北京某公司双井店分别提交了双方之间的《商品合同》，其中没有固定向第三人转售商品的价格的约定。虽然该《商品合同》规定有建议零售价，但是没有约定该建议零售价具有约束力，不具有排除和限制竞争的效果，因此不违反2008年《反垄断法》的规定。《商品合同》签订的时间为2013年11月30日，根据第一页定义部分关于"累计标准采购价"和"单独累计标准采购价"的约定可以看出,《商品合同》约定的事项是从 2013 年 1 月 1 日起实施,田某购买涉案商品的行为发生在该《商品合同》履行期间。同时,北京某公司与其他奶粉企业签署的《商品合同》和北京某公司与上海某贸易公司之间的《商品合同》结构基本相同,为依据同一合同模板制作的合同,亦可以佐证该《商品合同》为上海某贸易公司与北京某公司双井店之间交易的依据。田某如主张《商品合同》及所附商品清单之外二被告之间另存在有其他约定应举证予以证明。综上,田某并未举证证明北京某公司双井店与上海某贸易公司之间的《商品合同》中存在固定转售价格的约定。依据现有证据不能认定上海某贸易公司与北京某公司双井店之间存在垄断协议。

田某主张即使不能证明上海某贸易公司与北京某公司双井店之间的《商品合同》在《处罚决定书》所列的范围内,但由于其是上海某贸易公司产品的最终购买者,而上海某贸易公司受到了处罚,故作为消费者提起赔偿请求。其主张涉及的是学理上所探讨的作为间接购买商品的消费者针对垄断行为提起的民事诉讼问题。2008 年《反垄断法》的立法目的之一是保护消费者利益,由于消费者多数情况下是垄断利润的最终承担者,如果只允许直接购买者提起反垄断民事诉讼,作为间接购买者的消费者不能基于受损提起赔偿诉讼,将会形成非常不公平的局面,也不利于实现 2008 年《反垄断法》保护消费者利益的立法目的。同时,《最高人民法院关于审理因垄断行为引发的民事纠纷案件应用法律若干问题的规定》第二条规定,该规定所称因垄断行为引发的民事纠纷案件,是指因垄断行为受到损失以及因合同内容、行业协会的章程等违反反垄断法而发生争议的自然人、法人或者其他组织,向人民法院提起的民事诉讼案件。其中也没有排除间接购买产品的消费者提起反垄断民事诉讼的资格。但是,在《处罚决定书》已经认定上海某贸易公司存在垄断行为,该垄断行为具有排除和限制竞争效果的情况下,田某仍然应当对其主张的损失与上海某贸易公司垄断行为之间存在因果关系承担证明责任。田某主张上海某贸易公司对其他渠道的价格管控导致北京某公司双井店的定价高于市场充分竞争时的定价,导致其被迫支出更多费用购买商品,该主张并无事实和法律依据,不足以证明其主张的损失与《处罚决定书》认定的上海某贸易公司的垄断行为之间存在因果关系，对该主张法院不予支持。

裁判要旨

1. 间接购买商品的消费者作为垄断行为的受害者，可以直接提起反垄断民事诉讼，但应当对其损失及与垄断行为之间存在因果关系承担证明责任。

2. 原告基于垄断行政处罚决定提起的民事诉讼中，在没有反证的情况下，应确认处罚决定中记载的事项真实，由被告证明其行为不属于处罚决定的范围。

关联索引

2008年《中华人民共和国反垄断法》第十四条、第五十条

一审：北京知识产权法院（2014）京知民初字第146号（2015年12月31日）

二审：北京市高级人民法院（2016）京民终214号（2016年8月22日）

法官评析

本案是关于受到垄断行为间接影响的消费者在反垄断执法机关作出处罚决定后提起的后继民事诉讼。本案的审理时间在2014年，当时的《反垄断法》及其司法解释对于反垄断民事诉讼和行政执法的关系、消费者的诉讼资格以及反垄断行政执法机关作出的处罚决定对民事诉讼举证责任的影响都没有明确规定，直至2022年《最高人民法院关于审理垄断民事纠纷案件适用法律若干问题的规定（征求意见稿）》中才对行政、司法的衔接问题作出了具体的规定，[①] 与本案明确的裁判规则基本相同，而距离北京知识产权法院作出本案裁判已经过去了7年。本案对反垄断的后继诉讼及后继诉讼中行政和司法的衔接问题进行了有益探索，为相关制度的制定和完善贡献了实践经验。

[①] 2024年6月24日，最高人民法院发布《关于审理垄断民事纠纷案件适用法律若干问题的解释》。

一、行政执法与反垄断诉讼的衔接

在反垄断领域存在双轨制，对于在行政处罚之后是否可以提起民事诉讼，在裁判时学术界存在争议。学术界主要存在三种意见：一是主张行政执法前置；二是将行政执法决定作为判决的依据；三是将行政执法决定作为初步证据。本案例采用了第三种观点。2024年6月发布的《最高人民法院关于审理垄断民事纠纷案件适用法律若干问题的规定》第二条规定，原告依据《反垄断法》直接向人民法院提起民事诉讼，或者在反垄断执法机构认定垄断行为的处理决定作出后向人民法院提起诉讼，且符合法律规定的其他受理条件的，人民法院应予受理。同时，规定了行政执法与司法的衔接规定，将执法机关的处罚决定作为无需举证证明的，但允许反证推翻的证据，肯定了本案法院的裁判观点。

二、存在反垄断处罚决定时的民事诉讼举证责任分配

2008年《反垄断法》第十四条第一项①规定，禁止经营者与交易相对人达成固定向第三人转售商品的价格的垄断协议。同时，垄断协议认定应以具有排除、限制竞争效果为必要条件。通常来讲，举证责任应当根据"谁主张、谁举证"原则，即由原告举证证明存在固定转售价格协议、协议具有限制竞争效果、原告受到的损失以及垄断协议与损失之间具有因果关系。

但是，与以往的依据纵向限制竞争协议提起的反垄断民事诉讼不同，本案属于在反垄断执法机关作出处罚决定后提起的反垄断民事诉讼。根据《最高人民法院关于适用〈中华人民共和国民事诉讼法〉的解释》第一百一十四条的规定，在没有相反证据足以推翻的情况下，在民事诉讼中应当推定《处罚决定书》记载的事项为真实。本案中反垄断执法机关出具的《处罚决定书》已经记载了上海某贸易公司与交易相对人达成了固定向第三人转售商品价格的垄断协议，且该协议具有排除和限制市场竞争的效果。但《处罚决定书》中未具体披露反垄断执法机关调查依据的证据，除

---

① 对应2022年修正的《反垄断法》第十八条第一项。

上海某贸易公司外，处罚并未明确纵向垄断协议的合同相对方为何主体。不能据此直接认定二被告之间当然存在纵向垄断协议。在此情形下，由于《处罚决定书》已认定存在固定的纵向垄断协议及协议具有限制竞争的效果，举证责任应当转移给二被告，由上海某贸易公司和北京某公司双井店证明其行为不属于《处罚决定书》针对的范围，即二者有义务提交双方之间的协议。上海某贸易公司及北京某公司双井店分别提供了内容相同的《商品合同》及附件，其中规定有建议零售价，但是没有约定该建议零售价具有约束力，并未导致排除、限制竞争的效果，没有影响在完全、公开竞争市场中商品的定价机制。田某亦未能举证证明二者间存在其他协议，因而依据现有证据无法认定上海某贸易公司与北京某公司双井店之间存在垄断协议。2024年6月发布的《最高人民法院关于审理垄断民事纠纷案件适用法律若干问题的规定》才首次对反垄断处罚决定对民事诉讼的影响作出了规定。该解释第十条规定，反垄断执法机构认定构成垄断行为的处理决定在法定期限内未被提起行政诉讼或者已为人民法院生效裁判所确认，原告在相关垄断民事纠纷中据此主张该处理决定认定的基本事实为真实的，无须再举证证明。

三、间接购买者的诉讼资格

根据2008年《反垄断法》第五十条[①]、最高人民法院有关司法解释和《民事诉讼法》第一百二十二条的规定，只要原告能够证明因垄断行为受到损害，便可提起诉讼。纵观其他法域，对于受到垄断行为间接影响的消费者是否享有诉权的观点不一致，我国法律对此没有明确规定。在以往的司法实践中，原告大多为直接受到垄断行为影响的其他经营者。此时，由于被诉的垄断行为对市场竞争秩序及交易价格的扭曲，会直接导致其他横向竞争者或者纵向的交易方受到排除限制竞争的垄断行为的影响，处于更加不利的交易地位，当然有权提起反垄断民事诉讼，通常对此没有争议。比如，强生案是纵向垄断协议中的下游经销商作为原告，而本案原告则是终端消费者，其受到固定转售价格的垄断行为的影响是间接的，即由于存

---

① 对应2022年修正的《反垄断法》第六十条第一款。

在着纵向垄断协议,导致市场价格高于自由竞争时的定价,导致其购买的商品价格上涨,此时消费者是否属于与垄断行为之间存在"直接利害关系",能否由受垄断行为影响的间接消费者直接提起民事诉讼并要求赔偿则存在争议。

对此,笔者认为,市场经济的实际运行过程中,尽管绝大多数消费者与垄断企业之间并不存在直接的交易关系,但现实的损害往往会转嫁到消费者身上。在立法上,2008年《反垄断法》第五十条仅仅规定"经营者实施垄断行为,给他人造成损失的依法承担民事责任",但没有明确该"损失"仅仅是直接损失还是包含间接损失。《民事诉讼法》第一百二十二条第一项规定"原告是与本案有直接利害关系的公民、法人和其他组织",也没有明确"直接利害关系"的范围。这些立法的留白与现实中消费者的受损引发了这些间接购买者的诉讼资格问题。尽管司法实践中还没有明确过间接消费者的诉讼资格,但学界已作过探讨,比如有些人认为在反垄断民事诉讼中对民事诉讼的"直接利害关系"作最宽泛解释,① 或通过比较法上欧盟、美国对此问题的认定,而认为欧盟确立的间接购买者在反垄断民事诉讼中的原告主体资格代表着未来的发展方向。②

我国《反垄断法》的立法目的之一是保护消费者利益,由于消费者多数情况下是垄断利润的最终承担者,如果只允许直接购买者提起反垄断民事诉讼,作为间接购买者的消费者不能基于受损提起赔偿诉讼,将会形成非常不公平的局面,也不利于《反垄断法》保护消费者利益的立法目的的实现。同时,《最高人民法院关于审理因垄断行为引发的民事纠纷案件应用法律若干问题的规定》第一条规定,"本规定所称因垄断行为引发的民事纠纷案件……是指因垄断行为受到损失以及因合同内容、行业协会的章程等违反反垄断法而发生争议的自然人、法人或者其他组织,向人民法院提起的民事诉讼案件",③ 也没有排除间接购买产品的消费者提起反垄断民

---

① 陈建勋:《消费者反垄断民事诉讼若干问题的思考》,载《法治研究》2008年第5期。
② 王健:《反垄断法私人执行制度初探》,载《法商研究》2007年第2期。
③ 参见《最高人民法院关于审理垄断民事纠纷案件适用法律若干问题的解释》第一条第一款:"本解释所称垄断民事纠纷案件,是指自然人、法人或者非法人组织因垄断行为受到损失以及因合同内容或者经营者团体的章程、决议、决定等违反反垄断法而发生争议,依据反垄断法向人民法院提起民事诉讼的案件。"

事诉讼的资格。因而,本案中作为间接消费者的田某具有诉讼主体资格。但在已经证明上海某贸易公司存在垄断行为,且该垄断行为具有排除和限制竞争效果的情况下,田某作为原告仍然应当对其主张的损失与上海某贸易公司垄断行为之间存在因果关系承担证明责任。

一审法院合议庭成员 张晓霞 张玲玲 张晓丽
二审法院合议庭成员 谢甄珂 陶钧 王晓颖
编写人 高瞳辉 张嘉艺